La mayoría de los cristi[...] [igno]rancia acerca de cómo h[...] con respecto a cuántas [...] ben simplemente a una [acumulación de tradiciones], que tienen poco (o ningún) fundamento en las Escrituras. Este libro brinda un servicio útil al ir quitando las capas de tradición y mostrar el origen de mucho de lo que hoy llamamos «iglesia». Los cristianos que desean ser fieles al texto bíblico, independientemente de sus particulares tradiciones o de las formas de su iglesia, pueden aprender y salir beneficiados a partir de la lectura de este libro.

DR. HOWARD SNYDER
Profesor de historia y teología de la misión en Asbury
Theological Seminary; autor de catorce libros, incluyendo
The Community of the King [La comunidad del Rey].

Paganismo, ¿en tu cristianismo? Contiene una amplia variedad de información histórica, interesante y útil sobre la que la mayoría de los cristianos (y no cristianos) tal vez no tengan ningún conocimiento. El libro identifica (parcial o totalmente) las raíces paganas de muchas de las prácticas corrientes dentro de la iglesia, al tiempo que señala algunas otras que se han tomado prestadas del judaísmo temprano y, ocasionalmente, de costumbres más recientes.

DR. ROBERT BANKS
Teólogo y erudito en Nuevo Testamento; Autor de *Paul's Idea of
Community* [La idea de Pablo sobre la comunidad], y de *Reenvisioning
Theological Education* [Reenfocar la educación teológica]

Este es un libro importante que demuestra que muchos de los aspectos prácticos de la vida contemporánea, el ministerio y la estructura de la iglesia tiene poca o ninguna base bíblica y que, en realidad, están inspirados en una amplia variedad de patrones e ideas no cristianos, la mayoría de ellos se contraponen a la vida y crecimiento de los cristianos. Muchos lectores encontrarán que este libro resulta desafiante en extremo, pero todos los que se preocupan por el futuro de la iglesia deberían leerlo.

DAVE NORRINGTON
Profesor de estudios religiosos en Blackpool y en Fylde College;
Autor de *To Preach or Not to Preach?* [¿Predicar o no predicar?]

¿Por qué «hacemos iglesia» de la manera en que lo hacemos? La mayor parte de las personas parecen dar por sentado que los procedimientos religiosos característicos de nuestro cristianismo se pueden trazar hasta el mismísimo siglo primero. Pero no es así. Las cosas que tanto apreciamos (los edificios sagrados en los que nos reunimos, los púlpitos, las mesas sacramentales, el clero, las liturgias, y otras cosas) eran desconocidas dentro de las asambleas en las que se movía Pablo. *Paganismo, ¿en tu cristianismo?* analiza nuestros documentos y tradiciones eclesiásticas principales, y considera cómo y cuándo aparecieron en períodos muy posteriores al de los apóstoles. ¿Nunca se preguntaron por qué la gente viste sus mejores ropas para la reunión del domingo a la mañana? *Paganismo, ¿en tu cristianismo?* devela la respuesta de esta y numerosas otras cuestiones que a muchos les dan vuelta en la cabeza. Leer *Paganismo, ¿en tu cristianismo?* les abrirá los ojos al hecho de que el emperador eclesiástico no llevaba ropas.

DR. JON ZENS
Editor de *Searching Together*

Paganismo, ¿en tu cristianismo? documenta áreas específicas en las que la vida contemporánea de la iglesia viola los principios bíblicos. Sea que concordemos o no con las conclusiones a las que llegan los autores, no tendremos forma de argumentar en contra de esta documentación. Se trata de una obra erudita que arriba a conclusiones explosivas. En particular para aquellos de nosotros que estamos dentro del movimiento moderno de la iglesia celular, ésta constituye una herramienta valiosa que nos obliga a repensar el sentido de la palabra *ecclesia*.

DR. RALPH W. NEIGHBOUR
Autor de *Where Do We Go from Here?* [¿A dónde vamos a partir de aquí?]

Cualquiera que se interese por la adoración en la iglesia del Nuevo Testamento y por la forma en que fue alterada a través de los siglos encontrará muy útil la lectura de *Paganismo, ¿en tu cristianismo?* La postura de los autores es clara y está bien documentada.

DR. GRAYDON F. SNYDER
Profesor de Nuevo Testamento (retirado), del Chicago Theological Seminary; autor de *Ante Pacem: Archeological Evidence of Church Life before Constantine* [Ante Pacem: Evidencia arqueológica de la vida de la iglesia antes de Constantino]

paganismo

¿EN TU CRISTIANISMO?

EXPLORA LAS RAÍCES DE LAS PRÁCTICAS DE LA IGLESIA CRISTIANA

FRANK VIOLA

GEORGE BARNA

Vida

La misión de Editorial Vida es ser la compañía líder en satisfacer las necesidades de las personas, con recursos cuyo contenido glorifique al Señor Jesucristo y promueva principios bíblicos.

PAGANISMO, ¿EN TU CRISTIANISMO?
Edición en español publicada por
Editorial Vida – 2011
Miami, Florida

© 2011 por Editorial Vida

Originally published in the USA under the title:
Pagan Christianity?
Copyright © 2002, 2008 by Frank Viola and George Barna
Spanish edition © 2011 by Editorial Vida with permission of Tyndale House Publishers, Inc. All rights reserved.

Traducción: *Silvia Himitian*
Edición: *Silvia Himitian*
Diseño interior: *Base creativa*

RESERVADOS TODOS LOS DERECHOS. A MENOS QUE SE INDIQUE LO CONTRARIO, EL TEXTO BÍBLICO SE TOMÓ DE LA SANTA BIBLIA NUEVA VERSIÓN INTERNACIONAL. © 1999 POR BÍBLICA INTERNACIONAL.

Esta publicación no podrá ser reproducida, grabada o transmitida de manera completa o parcial, en ningún formato o a través de ninguna forma electrónica, fotocopia y otro medio, excepto como citas breves, sin el consetimiento previo del publicador.

ISBN: 978-0-8297-5886-3

CATEGORÍA: Cristianismo/ Historia

IMPRESO EN ESTADOS UNIDOS DE AMÉRICA
PRINTED IN THE UNITED STATES OF AMERICA

13 14 15 16 ❖ 7 6 5 4 3 2

Para nuestros hermanos y hermanas olvidados a través de los siglos, que con valentía se atrevieron a salir de los límites seguros de un cristianismo institucional a riesgo de su vida y de quedarse solos. Ustedes llevaron la antorcha con fidelidad, sufrieron la persecución, renunciaron al derecho a una buena reputación, perdieron su familia, sufrieron torturas y derramaron su sangre para preservar el testimonio primitivo de que Jesucristo es Cabeza de su iglesia. Y de que cada creyente es un sacerdote... un ministro... y un miembro en funciones dentro de la casa de Dios. Este libro está dedicado a ustedes.

PREFACIO de la editorial

Estimados lectores:

Quizá se pregunten por qué una editorial de libros cristianos querría publicar un libro que cuestiona tantas prácticas comunes dentro de la iglesia. Por favor, tomen en cuenta que los autores no cuestionan la validez o importancia de la iglesia. En lugar de eso, ellos requieren de nosotros que consideremos concienzudamente la fuente de las tradiciones de nuestras iglesias y después nos preguntemos cómo encajan esas prácticas con las Escrituras y con las prácticas de la iglesia del primer siglo. Mucho de lo que vemos en la iglesia se remite a la tradición, aun cuando esta no se fundamente en las Escrituras. Y las mismas personas que lo hacen se preguntan luego por qué la iglesia parece estar perdiendo relevancia e impacto dentro del mundo contemporáneo.

Editorial Vida no necesariamente está de acuerdo con todas las posturas que toman los autores y sabe que algunos lectores tampoco. Al mismo tiempo, nos unimos a Frank y George en su deseo de ver a la iglesia funcionar según los principios bíblicos y ser una expresión cabal de la gracia y la verdad de Dios. Por lo demás, los autores plantean cuestiones importantes basadas en una cuidadosa investigación, estudio y experiencia, y creemos que esas cuestiones no deben ser ignoradas. Nuestra meta es que ustedes consideren las conclusiones a las que ellos han llegado y luego oren con seriedad para darles una respuesta.

La editorial

Prefacio de la editorial .... *vii*
Reconocimientos .... *xiii*
Prefacio por Frank Viola .... *xvii*
Introducción: ¿Qué le sucedió a la iglesia?, por George Barna ...... *xxv*
Algunas definiciones .... *xxxiii*

Capítulo uno
¿Realmente hemos estado haciendo las cosas según el libro? . . 1

Capítulo dos
El edificio de la iglesia: la herencia del complejo edilicio 9

Capítulo tres
El orden del culto: en concreto, se establece el domingo
por la mañana 49

Capítulo cuatro
El sermón:
la vaca más sagrada del protestantismo 87

Capítulo cinco
El pastor: un obstáculo para el funcionamiento
de cada uno de los miembros 107

Capítulo seis
La ropa del domingo a la mañana: encubrir el problema . . . 147

Capítulo siete
Los ministros de la música: clero dedicado a la música..... 159

Capítulo ocho
El diezmo y el salario de los clérigos: puntos dolorosos
de nuestras billeteras................................. 173

Capítulo nueve
El bautismo y la cena del Señor: diluir los sacramentos 189

Capítulo diez
La educación cristiana: expandir el craneo 201

Capítulo once
Reenfocar el Nuevo Testamento: la Biblia no es un
rompecabezas 223

Capítulo doce
Una segunda mirada al Salvador: Jesús, el revolucionario. . . 243

Palabra final: El próximo paso *253*
Pensamiento Finales: Preguntas y respuestas con
Frank Viola y George Barna *261*
Resumen de los orígenes *269*
Figuras claves de la historia de la iglesia *275*
Bibliografía *279*
Acerca de los autores *293*

«La experiencia nos proporciona la dolorosa comprobación de que las tradiciones que alguna vez llamamos a existir, primero fueron consideradas útiles y luego se volvieron necesarias. Finalmente, con mucha frecuencia, se convirtieron también en ídolos, y tuvimos que inclinarnos ante ellas so pena de ser castigados».
—J. C. RYLE, ESCRITOR Y MINISTRO INGLÉS DEL SIGLO DIECINUEVE

«Toda verdad pasa por tres etapas. Primero, ser ridiculizada. En segundo lugar, enfrentar una violenta oposición. En tercer lugar, ser aceptada como algo obvio.
—ARTHUR SCHOPENHAUER, FILÓSOFO ALEMÁN DEL SIGLO DIECINUEVE

Reconocimientos

NO MUCHO DESPUÉS DE DEJAR la iglesia institucional para comenzar a reunirme con los cristianos de una manera orgánica, busqué comprender cómo fue que la iglesia cristiana acabó en su presente condición. Durante años intenté poner las manos sobre algún libro documentado que trazara los orígenes de cada práctica no bíblica que guardamos semana a semana.[1]

Revisé una cantidad impresionante de bibliografía y tarjetas de catálogos. También me puse en contacto con numerosos historiadores y eruditos, para preguntarles si sabían acerca de alguna obra por el estilo. Mi búsqueda aportó una sola respuesta constante: Jamás se ha escrito un libro de ese tipo. Así que en un momento de locura, decidí poner mis manos sobre el arado.

Admito que hubiera deseado que algún otro encarara este proyecto desbordante, ¡alguien como un profesor sin hijos y sin un trabajo fijo! Me hubiera evitado una incalculable cantidad de horas de trabajo meticuloso y una enorme dosis de frustración. Sin embargo, ahora que la obra está completa, me alegro de haber tenido el privilegio de roturar el terreno de esta área completamente descuidada.

Algunos se preguntarán por qué dedicar tanto tiempo y energía documentando el origen de las prácticas de nuestra iglesia contemporánea. Es simple. Al comprender la génesis de nuestras tradiciones, bien podemos cambiar el curso de la historia de la iglesia. Como el filósofo Søren Kierkegaard lo expresó en cierta ocasión: «La vida se vive hacia delante, pero se comprende hacia atrás». Sin comprender los errores del pasado, estamos condenados a un futuro erroneo. Por esta razón es que me determiné a realizar el primer intento de este proyecto de la dimensión del Himalaya.

Mi esperanza en cuanto a la publicación de esta obra es tan simple como sombría: que el Señor la utilice como una herramienta para traer de regreso a la iglesia a sus raíces bíblicas.

Habiendo señalado esto, me gustaría hacer un reconocimiento a las siguientes personas: mi coautor, George Barna, por haberle dado fuerza al libro; a Frank Valdéz, por su aguda percepción y su amistad a toda prueba; a Mike Biggerstaff, Dan Merillat, Phil Warmanen, Eric Rapp y Scot Manning, por su corrección del manuscrito original; a Howard Snyder, por

---

1. La única obra que pude hallar que traza algunos de los orígenes de nuestras modernas prácticas eclesiales es el pequeño volumen de Gene Edwards titulado *Beyond Radical* [Más allá de lo radical], Seedsowers, Jacksonville, 1999. Pero no contiene documentación.

la incomparable retroalimentación que solo los eruditos pueden dar; a Neil Carter por su decidida tenacidad a ayudarme a investigar todo lo que fuese posible bajo el sol; a Chris Lee y Adam Parke por realizar reiterados viajes a la biblioteca y cargar a cuestas pilas incontables de libros polvorientos hasta mi oficina; a Dave Norrington por enviarme periódicamente por correo invalorables pistas desde el otro lado del Atlántico; a Gene Edwards por sus esfuerzos pioneros y por su aliento personal; a aquellos profesores del seminario que respondieron amablemente mis interminables y persistentes preguntas y pedidos, cuyos nombres son demasiado numerosos como para mencionarlos; al equipo de Tyndale, por sus invalorables sugerencias y magnífica edición; y a Thom Black: sin él esta nueva edición nunca se hubiera concretado.

—*Frank Viola*

«Aquellos que no recuerdan el pasado están condenados a repetirlo».
GEORGE SANTAYANA, POETA Y FILÓSOFO ESPAÑOL DEL SIGLO VEINTE

«¿Y por qué ustedes quebrantan el mandamiento de Dios a causa de la tradición?».
JESUCRISTO, EN MATEO 15:3

Prefacio POR FRANK VIOLA

CUANDO EL SEÑOR JESÚS CAMINÓ POR ESTA TIERRA, su principal oposición provino de los dos partidos religiosos principales de sus días: los fariseos y los saduceos.

Los fariseos hicieron agregados a las sagradas Escrituras. Obedecían la ley de Dios tal como era interpretada y aplicada por los escribas, los expertos en la ley que llevaban vidas pías y disciplinadas. Como intérpretes oficiales de la Palabra de Dios, a los fariseos se les concedía el derecho de crear la tradición. Ellos añadían a la Palabra de Dios páginas y páginas de leyes humanas que se pasaban a las generaciones subsiguientes. A ese cuerpo de costumbres, guardadas por largo tiempo, con frecuencia se le llamaba «la tradición de los ancianos», y llegó a ser visto en un nivel de igualdad con las Sagradas Escrituras.[1]

El error de los saduceos iba en la dirección opuesta. Ellos quitaban segmentos enteros de las Escrituras, juzgando solo la ley de Moisés como digna de observarse.[2] (Los saduceos negaban la existencia de espíritus, ángeles, el alma, la vida después de la muerte, y la resurrección).[3]

No es de extrañar entonces que cuando el Señor Jesús entró en escena en la historia humana, su autoridad fuera fuertemente desafiada (ver Marcos 11:28). No encajaba dentro del molde religioso de ninguno de los bandos. Como resultado, Jesús fue mirado con sospechas tanto por el sector de los fariseos como por el de los saduceos. Esas sospechas no tardaron en convertirse en hostilidad. Y tanto fariseos como saduceos dieron los pasos necesarios para llevar a la muerte al Hijo de Dios.

La historia se repite hoy. El cristianismo contemporáneo ha caído tanto en el error de los fariseos como en el de los saduceos.

En primer lugar, el cristianismo contemporáneo es culpable del error de los fariseos. O sea, ha añadido montañas de tradiciones humanamente creadas que han suprimido el liderazgo vivo, palpitante, funcional de Jesucristo como Cabeza de su iglesia.

En segundo lugar, siguiendo la tradición de los saduceos, se ha eliminado del panorama cristiano la mayor parte de las prácticas neotestamentarias. Gracias a Dios, tales prácticas están siendo restauradas en una pequeña escala por aquellas almas

---

1. Hervert Lockyer Sr., ed., *Nelson's Illustrated Bible Dictionary*, Thomas Nelson Publishers, Nashville, 1986, pp. 830-831, 957-958. Ver también Mateo 23:23-24.
2. Al decir la ley de Moisés hacemos referencia a los cinco primeros libros del Antiguo Testamento, i.e., Génesis a Deuteronomio. También se lo denomina como la Torah (la Ley) y el Pentateuco, lo que en griego significa un «volumen de cinco partes».
3. I. Howard Marshall, *New Bible Dictionary*, segunda edición, InterVarsity Fellowship, Wheaton, IL., 1982, p. 1055-

osadas que han dado el paso aterrador de dejar el campamento seguro del cristianismo institucional.

Aun así, tanto los fariseos como los saduceos nos enseñan una lección a menudo ignorada: Es perjudicial diluir la autoridad de la Palabra de Dios sea por adición o por sustracción. Quebrantamos las Escrituras tanto por enterrarlas debajo de una montaña de tradiciones humanas como por ignorar sus principios.

Dios no se ha quedado en silencio en lo que hace a los principios que gobiernan las prácticas de su iglesia. Permítanme explicarlo planteándoles algunas preguntas: ¿Dónde buscamos las prácticas a desarrollar en nuestra vida cristiana? ¿Dónde encontramos, en primer lugar, el modelo que nos permite comprender lo que es un cristiano? ¿No lo hallamos acaso en la vida de Jesucristo tal como está descrita en el Nuevo Testamento? ¿O lo tomamos prestado de algún otro lado? ¿Acaso de algún filósofo pagano?

Pocos cristianos pondrían en discusión que Jesucristo, tal como lo presenta el Nuevo Testamento, es el modelo para la vida cristiana. Jesucristo *es* la vida cristiana. Del mismo modo, cuando Cristo se levantó de los muertos y ascendió al cielo, produjo el nacimiento de su iglesia. Esa iglesia era él mismo en una forma diferente. Ese es el sentido de la expresión «el cuerpo de Cristo».[1]

Por lo tanto, en el Nuevo Testamento encontramos la génesis de la iglesia. Yo creo que la iglesia del primer siglo fue la iglesia en su estado más puro, antes de contaminarse y corromperse. Eso no quiere decir que la iglesia primitiva no tuviera problemas; las epístolas de Pablo dejan en claro que los tenían. Sin embargo, los conflictos que Pablo enfrentó resultan inevitables cuando gente que viene de un estado caído procura formar parte de una comunidad unida.[2]

La iglesia del primer siglo era una entidad orgánica, un organismo vivo, palpitante, que se expresaba de una manera muy diferente de lo que se expresa la iglesia institucional en nuestros días. Y esa expresión revelaba a Jesucristo sobre la tierra por

---

1. En 1 Corintios 12:12, Pablo hace referencia a la iglesia como el cuerpo de Cristo. De acuerdo con la enseñanza paulina, la iglesia es el Cristo corporativo. La cabeza está en el cielo, en tanto que el cuerpo se halla en la tierra (Hechos 9:4-5; Efesios 5:23; Colosenses 1:18, 2:19). Pensada apropiadamente, la iglesia es un organismo espiritual, no una organización institucional.

2. Un dato interesante es señalar que una iglesia que funcione orgánicamente enfrentará problemas idénticos a aquellos de la iglesia del primer siglo. Por otro lado, la iglesia institucional encara hoy toda una línea de problemas completamente diferentes, que no cuentan con un antídoto bíblico, dado que su estructura es muy diferente de aquella de la iglesia del Nuevo Testamento. Por ejemplo, dentro de una iglesia institucional, al laicado puede no gustarle el predicador y despedirlo. Eso nunca hubiera sucedido durante el primer siglo, porque no existía tal cosa como un pastor contratado.

medio de su cuerpo, funcionando a través de cada uno de sus miembros. En este libro intentamos mostrar de qué manera ese organismo estaba desprovisto de muchas de las cosas que nosotros abrazamos hoy.

Las prácticas normativas de la iglesia del primer siglo constituyeron la expresión natural y espontánea de la vida divina que inhabitaba a los cristianos primitivos. Y esas prácticas se fundamentaron sólidamente en los principios y enseñanzas del Nuevo Testamento, que son eternos. Por contraste, una gran cantidad de las prácticas de muchas iglesias contemporáneas están en conflicto con esos principios y enseñanzas bíblicas. Cuando profundizamos un poco, nos vemos forzados a preguntarnos: ¿De dónde vienen las prácticas de la iglesia contemporánea? La respuesta resulta perturbadora: La mayoría de ellas han sido tomadas prestadas de la cultura pagana. Escuchar semejante afirmación les produce un corto circuito mental a muchos cristianos. Pero se trata de un hecho histórico incuestionable, y este libro lo va a demostrar.

Así que alegaremos que, en los terrenos teológico, histórico y pragmático, la visión de la iglesia que nos brinda el Nuevo Testamento es la que mejor representa el sueño de Dios: la amada comunidad que él intenta crear y recrear a través de cada capítulo de la historia humana. La iglesia del Nuevo Testamento nos enseña cómo se expresa la vida de Dios cuando un grupo de personas comienzan a vivir juntas de esa manera.

Más aun, mi propia experiencia al trabajar con iglesias de un funcionamiento orgánico, confirma este descubrimiento. (Una iglesia que funciona como un organismo es aquella que ha nacido a partir de una vida espiritual en lugar de ser construida por una institución humana y sostenida a través de programas religiosos. Las iglesias orgánicas se caracterizan por llevar a cabo reuniones guiadas por el Espíritu y abiertas a la participación, y por un liderazgo no jerárquico. Esto presenta un marcado contraste con la iglesia conducida como una institución y liderada por el clero). Mi experiencia en los Estados Unidos y en el extranjero es que cuando un grupo de cristianos procura seguir la vida del Señor que habita en ellos, las mismas características extraordinarias que marcaron a la iglesia del Nuevo Testamento comienzan a emerger en forma natural.

Eso, a causa de que la iglesia realmente es un organismo. Como tal, tiene un ADN que siempre produce los mismos rasgos característicos si se le permite crecer naturalmente. Seguramente las iglesias orgánicas presentarán ciertas diferencias, que dependen de las culturas dentro de las que funcionan. Pero si la iglesia sigue en pos de la vida de Dios, que la inhabita, nunca reproducirá esas prácticas discordantes con las Escrituras, que aborda este libro.[1] Tales prácticas constituyen elementos foráneos de sus vecinos paganos que el pueblo de Dios ha ido incorporando y que se retrotraen hasta el siglo cuarto. Recogió esos elementos, los abrazó, los bautizó, y los denominó «cristianos». Por esa razón la iglesia se encuentra en este estado hoy: obstaculizada por interminables divisiones, luchas por el poder, pasividad y falta de transformación en la gente que conforma el pueblo de Dios.

Para decirlo brevemente, este libro se dedica a exponer las tradiciones que han sido añadidas a la voluntad de Dios para su iglesia. Nuestra razón para escribir es simple: Estamos procurando remover una buena cantidad de desechos a fin crear espacio para que el Señor Jesucristo se constituya en cabeza de su iglesia en pleno funcionamiento.

También realizamos una declaración escandalosa: que a la iglesia en su forma institucional contemporánea no la asiste ni el derecho bíblico ni el histórico para funcionar como lo hace. Esto que señalamos, por supuesto, constituye nuestra convicción, basada en la evidencia histórica que presentamos en el libro. Ustedes deben decidir si es válido o no.

Esta no es una obra para eruditos, así que no resulta de ninguna manera exhaustiva. Un tratamiento riguroso del origen de las prácticas de la iglesia contemporánea llenaría algunos volúmenes. Y sería leído por pocas personas. Aunque este es un solo volumen, incluye una buena cantidad de historia. Pero el libro no va detrás de cada aspecto histórico secundario. Más bien se enfoca en trazar las prácticas centrales que definen la corriente principal del cristianismo hoy.[2]

Debido a que resulta muy importante comprender las raíces de donde surgen las prácticas de la iglesia actual, deseamos que

---

1. Para profundizar en el análisis de este principio, ver mis artículos «The Kingdom, the Church, and Culture» [El Reino, la Iglesia y la cultura] (http://www.ptmin.org/culture.htm) y «What Is an Organic Church?» [¿Qué es una iglesia orgánica?] (http://www.ptmin.org/organic.htm).
2. Este libro se enfoca sobre las prácticas cristianas *protestantes*. Y su principal campo de investigación es el protestantismo de las denominaciones que se ubican dentro de la «baja iglesia» más que el de la «alta iglesia», formada esta última por la Anglicana, la Episcopal y algunas franjas de la Luterana. Por «alta iglesia» quiero significar las iglesias que enfatizan ciertos elementos católicos dentro del cristianismo ortodoxo, como lo sacerdotal, lo sacramental y lo litúrgico. El libro toca las prácticas de la alta iglesia solo al pasar.

todo cristiano que sepa leer y escribir tenga acceso a esta obra.[1] Por lo tanto, hemos elegido no emplear lenguaje técnico, sino escribir en un español sencillo.

Al mismo tiempo, aparecen en todos los capítulos notas al pie que contienen un material suplementario de detalles y fuentes.[2] Los cristianos reflexivos que deseen verificar nuestras afirmaciones y lograr una comprensión más profunda de los temas que cubrimos deberían leer las notas al pie. Aquellos a los que nos les preocupan tales detalles, las pueden ignorar. Las notas al pie ocasionalmente califican o clarifican afirmaciones que fácilmente se pueden entender mal.

Finalmente, me encanta haber trabajado con George Barna en esta edición revisada. Su don, nada corriente, para realizar investigaciones agradables de leer ha fortalecido esta obra.

Abreviando, este libro demuestra más allá de cualquier polémica que aquellos que han abandonado el redil del cristianismo institucional para formar parte de una iglesia orgánica tienen el derecho histórico de existir, dado que la historia demuestra que muchas de las prácticas de la iglesia institucional no tienen arraigo en las Escrituras.

GAINESVILLE, FLORIDA
JUNIO DE 2007

---

1. Como alguna vez lo dijo el filósofo inglés Francis Bacon: «No son tanto las obras de San Agustín ni las de San Ambrosio las que nos harán sabios y divinos, sino una historia de la iglesia leída concienzudamente y tenida en cuenta».
2. Notarán que al citar a los padres de la iglesia he elegido tomar las citas de sus obras originales siempre que resultara posible. En aquellos casos en los que no he tomado la cita de la obra original, lo he hecho de *Early Christians Speak*, tercera edición, de Everett Ferguson, ACU Press, Bilene, TX, 1999, que es una compilación y traducción de los escritos originales.

«¡Pero el emperador no lleva nada puesto!», dijo un niño pequeño. «¡Escuchen a la voz de la inocencia!», exclamó el padre; y lo que el niño había dicho se fue pasando en un susurro de unos a otros. «¡Pero él no lleva nada puesto!», gritó finalmente la gente. El Emperador se sintió molesto porque sabía que estaban en lo cierto; pero pensó: «¡La procesión debe continuar ahora!». Y los nobles, sus asistentes de cámara, se esforzaron por parecer que llevaban la cola de sus vestiduras, aunque en realidad no había cola que sostener.

HANS CHRISTIAN ANDERSEN

¿QUÉ LE SUCEDIÓ A LA IGLESIA?

«Quizás no haya nada peor que llegar al final de la escalera y descubrir que uno la ha apoyado en la pared equivocada».
JOSEPH CAMPBELL, ESCRITOR AMERICANO DEL SIGLO VEINTE

ESTAMOS VIVIENDO EN MEDIO de una silenciosa revolución de fe. Millones de cristianos a través de todo el mundo han comenzado a abandonar las formas antiguas y reconocidas de «hacer la iglesia» por otros enfoques aun más antiguos. Aquellos antiguos enfoques que están arraigados en las Sagradas Escrituras y en los principios eternos del Dios vivo. Por lo tanto, el motivo de esta transición de lo antiguo a lo más antiguo no es una simple cuestión de ponernos en contacto con nuestra historia o buscar nuestras raíces. Nace del deseo de regresar a nuestro Señor en autenticidad y plenitud. Es el empuje, el impulso que sentimos de vincularnos con él a través de la Palabra de Dios, del reino de Dios y del Espíritu de Dios.

El corazón de los revolucionarios no está en cuestionamiento. Extensas investigaciones demuestran que solo buscan más de Dios. Sienten pasión por ser fieles a su Palabra y estar más afinados con su liderazgo. Desean ardientemente que la relación con el Señor sea su prioridad número uno en la vida. Están cansados de que las instituciones, denominaciones y rutinas se interpongan en el camino de una conexión vibrante con él. Se sienten desgastados por los interminables programas que fallan en cuanto a facilitar una transformación. Están hartos de que se los envíe a completar tareas, a memorizar hechos y pasajes,

introducción POR GEORGE BARNA

y que se los haga participar de prácticas simplistas que no los acercan a la presencia de Dios.

Son personas que han experimentado las realidades iniciales de una conexión genuina con Dios. Ya no pueden soportar la burla espiritual que implica lo que les ofrecen las iglesias y otros ministerios bien intencionados. Dios los está esperando. Ellos lo desean a él. No quieren más excusas.

Pero esta revolución de fe enfrenta un desafío. Aquellos que se involucran en ella saben que están saliendo de las formas institucionales y muertas para producir un avance. ¿Pero qué dirección toma el cambio? Hacia iglesias de hogar, ministerios en los mercados, iglesias cibernéticas, reuniones de adoración independientes y abiertas a la comunidad, comunidades planificadas. Estas formas de iglesia resultan todas interesantes, ¿pero realmente representan un paso significativo hacia los propósitos más altos de Dios? ¿O son simplemente la misma cosa presentada dentro de un escenario distinto? ¿Desarrollan el mismo papel, pero colocándole aquellos nuevos títulos que adoptan los diferentes intérpretes? ¿Vivimos dentro de una cultura tan obsesionada por los cambios que hemos olvidado que la iglesia tiene que ver con transformación, y no con meros cambios?

Al lidiar con estas cuestiones, tenemos mucho que aprender de la historia del pueblo de Dios. Los seguidores de Cristo tienen aprecio por las historias que Dios nos ha dejado en su Palabra. Descubrimos mucho acerca de Dios, la vida, la cultura, y hasta sobre nosotros mismos al seguir la trayectoria del pueblo de Dios tanto en el Antiguo como en el Nuevo Testamento. Consideremos todo lo que podemos aprender de Moisés y de los israelitas en su lucha por llegar a la Tierra Prometida. O de las perspectivas que David logró desarrollar con esfuerzo en su ascenso de pastorcito pobre a rey de Israel. O de la difícil situación de los discípulos de Jesús cuando dejaron sus oficios para seguir al Señor, antes de que él enfrentara el martirio. De la misma manera, se puede sacar mucho en limpio de los esfuerzos realizados por los cristianos primitivos (nuestros antepasados tanto física como espiritualmente) cuando procuraban ser la iglesia genuina que Cristo había comprado con su sangre.

Pero, ¿qué es lo que los cristianos modernos y posmodernos saben con respecto a la historia de la iglesia que pueda ayudarlos a dar forma a sus intentos presentes por honrar a Dios y *ser* iglesia? Resulta que muy poco. Y allí encontramos un problema significativo. Los historiadores han sostenido desde hace mucho tiempo que si no recordamos el pasado estamos destinados a repetirlo. Existe una vasta evidencia que apoya esa advertencia. Sin embargo, a menudo persistimos en nuestros esfuerzos, bien intencionados pero ignorantes, de procurar pulir o perfeccionar la vida.

La historia reciente de la iglesia cristiana en los Estados Unidos constituye un buen ejemplo de eso. Los grandes cambios producidos en la práctica espiritual de los últimos cincuenta años han sido mayormente cortinas. Se escoge una tendencia: mega iglesias, iglesias para buscadores, ciudades universitarias satélites, escuela bíblica de vacaciones, iglesia de niños, ministerios para grupos afines (o sea, ministerios para solteros, para mujeres, para hombres, para matrimonios jóvenes), música contemporánea de adoración, sistemas de proyección con grandes pantallas, donaciones a través de la transferencia electrónica de fondos, grupos celulares, sermones que se pueden descargar a través de la computadora, bosquejos de los sermones impresos en los boletines, grupos Alfa. Todo ello constituye un intento de apoyarse en las estrategias de mercado para desarrollar las mismas actividades de diferente manera o en diferentes lugares, o dentro de un segmento en particular de la población total. Cualquiera de las dificultades que encontremos en los grandes escenarios institucionales generadores de estos esfuerzos, están invariablemente presentes en los ámbitos más pequeños y en todos los intentos de divergencia también.

Este libro los desafiará a ustedes a que consideren la posibilidad de realizar cambios más significativos en la manera en que practican su fe. Cambiar las formas en que solemos adorar no es una tarea fácil. Cuando la gente sugiere cambios significativos en alguna de las sagradas prácticas, se oyen los gritos de «¡herejía!» llegar de todas las direcciones. Semejantes protestas se han vuelto comunes mayormente porque la gente tiene poco conocimiento acerca de los verdaderos fundamentos de su fe.

Aquí es donde aparece este libro. Más que promover una continua resistencia a las innovaciones metodológicas, es tiempo de que el cuerpo de Cristo se ponga en contacto con la Palabra de Dios y con la historia de la iglesia para llegar a una mejor comprensión de lo que podemos y debemos hacer, y asimismo de lo que no podemos ni debemos hacer.

Por experiencia personal, los autores de este libro podemos

decirles que una travesía de descubrimiento de este tipo resulta esclarecedora, por decir poco. Si dedican tiempo a buscar en la Palabra de Dios raramente encontrarán las prácticas más comunes que se ven en las iglesias convencionales. Si van más allá y dedican tiempo a trazar la historia de esas prácticas, pronto descubrirán que la mayor parte de nuestros hábitos religiosos han llegado por una elección humana. De hecho, es muy probable que disciernan el patrón que hay detrás de la forma en que «hacemos la iglesia» en estos días. Si lo descubren, ¡probablemente no lo encuentren en la Biblia como una de las prácticas de la iglesia primitiva!

¿Les sorprende que la mayor parte de lo que hacemos en los círculos religiosos no tenga precedentes en las Escrituras? Eso incluye muchas de las actividades que se llevan a cabo en las reuniones de la iglesia, la forma de educar y ordenar a los clérigos, las rutinas que usamos corrientemente en el ministerio de los jóvenes, los métodos de recaudar fondos para el ministerio, la manera en que se utiliza la música en las iglesias, y hasta la presencia y naturaleza de los edificios de la iglesia. Hubo tres períodos históricos en los que se realizaron muchos cambios a las prácticas cristianas más corrientes: en la época de Constantino, durante las décadas que rodearon a la Reforma Protestante, y durante el período de avivamiento de los siglos dieciocho y diecinueve. Pero, como están a punto de descubrirlo, esos cambios se produjeron a través de apasionados seguidores de Cristo, que muchas veces estuvieron mal informados. En esos períodos, los creyentes simplemente aceptaron y acompañaron, lo que resultó en el desarrollo de nuevas perspectivas y prácticas que luego las iglesias mantuvieron por muchos años. Tantos años, de hecho, que probablemente ustedes piensen que esas rutinas son de origen bíblico.

No es de sorprenderse que, habiendo cambiado el modelo bíblico de la iglesia, nos hayamos vuelto expertos en elaborar un apoyo a nuestros enfoques a través de los textos de prueba. La práctica de los textos de prueba consiste en tomar versículos disparatados de las Escrituras, sin relación alguna y a menudo fuera de contexto, para «probar» que nuestra posición cuadra con la Biblia. Al leer este libro puede ser que se sorprendan por descubrir que muchas de nuestras estimadas prácticas están completamente fuera del encuadre bíblico.

¿Realmente importa la forma en que practiquemos nuestra

fe, en tanto que las actividades permitan a la gente amar a Dios y obedecerlo? Las evidencias demuestran de manera preponderante que esas perspectivas, reglas, tradiciones, expectativas, suposiciones y prácticas a veces dificultan el desarrollo de nuestra fe. En otras instancias, funcionan como barreras que no nos permiten encontrarnos con el Dios vivo. La forma en la que practicamos nuestra fe en realidad puede afectar a la misma fe.

¿Significa eso que debemos volver a la Biblia y hacer todo exactamente como lo hicieron los discípulos entre los años 30 y 60 d.C.? No. Los cambios socio culturales producidos durante los últimos dos mil años hacen imposible imitar ciertas cosas del estilo de vida y de los esfuerzos religiosos que llevaba a cabo la iglesia primitiva. Por ejemplo, nosotros usamos teléfonos celulares, nos trasladamos en automóviles y utilizamos calefacción central y aire acondicionado. Los cristianos del primer siglo no contaban con ese tipo de comodidades. Por lo tanto, adherir a los *principios* del Nuevo Testamento no significa recrear los *sucesos* que se daban en la iglesia del primer siglo. Si fuese así, ¡deberíamos vestirnos como todos los creyentes del primer siglo, con sandalias y túnicas!

Además, solo porque tomemos una práctica de determinada cultura, eso no la convierte en errónea de por sí, aunque necesitamos usar discernimiento. Como el autor Frank Senn señala: «No podemos evitar llevar nuestra cultura a la iglesia junto con nosotros; forma parte de nuestro mismo ser. Pero, a la luz de la tradición, necesitamos separar aquellas influencias culturales que contribuyen a la integridad de la adoración cristiana de las otras que van en detrimento de ella».[1]

Resulta de nuestro mayor interés leer detenidamente las palabras de Dios para determinar cuáles eran los principios centrales, los valores y las actitudes de la iglesia primitiva, y restaurar esos elementos en nuestras vidas. Dios nos garantiza una gran libertad de acción en cuanto a los métodos que usemos para honrarlo y conectarnos con él. Pero eso no significa que nos haya dado carta blanca. Se recomienda precaución mientras procuramos ser un pueblo humilde y obediente que busca el mismo centro de su voluntad. Nuestra meta es ser fieles a su plan, de manera que nos convirtamos en el pueblo que él desea que seamos, para que la iglesia llegue a ser aquello a lo que ha sido llamada.

---

1. Frank C. Senn, *Christian Worship and Its Cultural Setting*, Fortress Press, Filadelfia, 1983, p. 51.

Así que estemos preparados para un brusco despertar cuando descubramos lo mucho que se han alejado de las huellas nuestras prácticas religiosas presentes. Probablemente estemos en conocimiento de lo altamente sofisticados que son los sistemas computarizados de los jets hoy, que permiten reorientar a un avión mientras vuela en su ruta. Durante el transcurso de un viaje de Los Ángeles a Nueva York, lleva a cabo, literalmente, miles de correcciones de rumbo, para asegurarse de que el avión descienda dentro de la franja de aterrizaje que le corresponde.

Sin esas correcciones de rumbo, hasta una pequeña desviación del uno por ciento del plan original de vuelo llevaría a ese avión a aterrizar en otro lugar. La iglesia contemporánea es como un avión jet que no tiene la capacidad de realizar correcciones de rumbo en pleno vuelo. Un pequeño cambio aquí, una desviación menor allí, una pequeña alteración de esto, un retoque apenas perceptible de aquello, ¡y antes de que nos demos cuenta, toda la empresa habrá quedado redefinida!

¿Les resulta difícil de creer? Entonces los animamos a hacer su aporte a este proceso llevando adelante investigaciones propias. Mi coautor, Frank Viola, pasó muchos años de laboriosa tarea rastreando los datos históricos que permiten identificar la manera en que la iglesia se introdujo en ese camino sinuoso. Les proveemos capítulo a capítulo referencias del trayecto por él realizado. Si son ustedes escépticos (y nosotros alentamos el escepticismo saludable que conduce a descubrir los hechos y la verdad), entonces entréguense a identificar exactamente lo que sucedió con el correr del tiempo. ¡Eso tiene importancia! La vida es un don de Dios y debe vivirse para Dios. Además, la iglesia constituye una de las mayores pasiones de Dios. Él se preocupa por su bienestar, y por las formas en que ella se expresa en la tierra. Así que comprender cómo hemos llegado de la iglesia primitiva a la iglesia contemporánea y descubrir que hacer al respecto resulta muy importante.

Todo buen autor escribe para producir cambios positivos y coherentes. Este libro no difiere de eso. Queremos que ustedes estén bien informados a través de la Palabra de Dios y de la historia de la iglesia. Deseamos que piensen cuidadosamente y según los patrones bíblicos acerca de cómo practicar su fe junto con otros cristianos. Y deseamos que puedan influir sobre otros para que ellos también comprendan lo que Dios los ha guiado a ustedes a descubrir. Parte del desafío de vivir en sintonía con una perspectiva bíblica del mundo es establecer un correlato entre la propia vida espiritual y las intenciones de Dios, según se encuentran delineadas en la Biblia. Nuestra oración es que este libro los ayude a hacer su parte en cuanto a enderezar el camino sinuoso de la iglesia contemporánea.

>Profundizando

ALGUNAS DEFINICIONES

Consideramos importante que al leer este libro ustedes comprendan la forma en la que usamos los términos que mencionamos más abajo.

PAGANO

Utilizamos este término para referirnos a aquellas prácticas que no son cristianas o bíblicas en su origen. En algunos casos, lo utilizamos para hacer referencia a los antiguos que iban en pos de los dioses del Imperio Romano. No usamos la palabra como sinónimo de *malo, maléfico, pecaminoso* o *erróneo*. Una «práctica pagana o una mentalidad pagana» hace referencia a una práctica o manera de pensar que ha sido adoptada por la iglesia tomándola de la cultura circundante. Creemos que algunas prácticas paganas son neutrales y pueden ser redimidas para la gloria de Dios. Pero pensamos que otras están en contradicción directa con las enseñanzas de Jesús y de los apóstoles y por lo tanto no pueden redimirse.

IGLESIA ORGÁNICA

El término *iglesia orgánica* no se refiere a ningún modelo de iglesia en particular. (Creemos que el modelo perfecto no existe). Pero sí creemos que la visión neotestamentaria de la iglesia es orgánica. Una iglesia orgánica es una expresión comunitaria del cuerpo de Cristo, viva, palpitante, dinámica, con interacción entre unos y otros, con todos sus miembros en funcionamiento y cristocéntrica. Notemos que la meta de este libro no es desarrollar una descripción completa de la iglesia orgánica sino solo mencionarla cuando resulta necesario.

IGLESIA INSTITUCIONAL

Este término hace referencia a un sistema religioso (no a algún grupo de personas en particular). Una iglesia institucional es aquella que opera principalmente como una organización que existe por encima, más allá, y en independencia de los miembros que la conforman. Se basa más en programas y rituales que en relaciones. La conducen profesionales bien diferenciados («ministros» o «clérigos») auxiliados por voluntarios (el «laicado»). También utilizamos los términos *iglesia contemporánea, iglesia tradicional, iglesia de nuestros días* e *iglesia moderna* para referirnos a la iglesia institucional de nuestros días.

IGLESIA NEOTESTAMENTARIA O IGLESIA DEL PRIMER SIGLO

Estos términos no se refieren a ninguna forma de iglesia en particular. Estamos hablando de la iglesia del primer siglo sobre la que leemos en el Nuevo Testamento. (En este libro, *iglesia del primer siglo* se usa como sinónimo de *iglesia neotestamentaria*). No abogamos por un retorno primitivista hacia ningún modelo particular de la iglesia de los primeros tiempos. En lugar de eso, creemos que un retorno a los principios espirituales, a las prácticas orgánicas y al espíritu, valores y actitudes de la iglesia del primer siglo, acompañados por las enseñanzas de Jesús y los apóstoles, debería guiar nuestra forma de práctica en la iglesia de nuestros días en el momento presente.

BÍBLICO O ESCRITURAL

Estas palabras se usan primero y principalmente para afirmar la fuente, y en segundo lugar, como juicio de valor. Lo *bíblico* o *escritural* hace referencia a que una práctica tiene o no sus orígenes en las Escrituras del Nuevo Testamento. Al referirnos a prácticas *no bíblicas* o *no escriturales* no necesariamente las estamos tildando de erróneas. Estas palabras tienen que ver con el hecho de que cierta práctica no aparece en el Nuevo Testamento (en cuyo caso no debería tratársela como sagrada). Pero también pueden referirse a prácticas que violan los principios o las enseñanzas del Nuevo Testamento. El contexto determinará la forma en que estas palabras sean usadas. Ciertamente no estamos de acuerdo con las doctrinas de «silencio de las Escrituras» o del «principio regulatorio», que enseñan que si una práctica no se menciona en el Nuevo Testamento entonces no debemos seguir con ella.

EL CAMINO DEL BECERRO

Un día, a través de los bosques vírgenes,
Caminaba un becerro rumbo a su hogar,
Como lo hacen los buenos becerros;
Pero recorrió un sendero torcido y con curvas,
Un sendero sinuoso, como lo hacen todos los becerros.

Desde entonces, han pasado trescientos años,
Y, yo infiero, el becerro ha muerto.
Sin embargo, ha dejado tras sí sus huellas,
Y aquí está la moraleja.

Al día siguiente, esas huellas fueron seguidas
Por un perro solitario que pasaba por allí;
Y luego un cordero, líder de su grupo,
Prosiguió por ese sendero, por valles y pendientes,
Y arrastró al rebaño tras sí también,
Como los buenos corderos líderes siempre hacen.
Y desde ese día, sobre los montes y en los claros,
A través de esos antiguos bosques, se formó un sendero.

Y muchos hombres zigzaguearon,
Esquivaron y giraron, se molestaron
Y murmuraron palabras de justa ira
A causa de que ese fuera un sendero tan sinuoso.[1]
Pero todavía continuaban —no se rían—
Tras las primeras migraciones de aquel becerro,
Y siguieron sus pasos a través de ese sendero en el bosque,
Serpenteante, porque él se bamboleaba al caminar.

Ese sendero del bosque se convirtió en una senda,
Con curvas, que giraban y volvían a girar;
Esa senda sinuosa se convirtió en un camino,
En el que más de un pobre caballo, llevando su carga,
Debió esforzarse bajo un sol abrasador,
Y recorrer como tres millas para hacer una.
Y de ese modo, durante un siglo y medio
Anduvieron trotando sobre los pasos de aquel becerro.

Los años fueron pasando con rauda velocidad,
El camino se convirtió en la calle de un pueblo;
Y esta, a su vez, antes de que los hombres lo notaran,
Se convirtió en una atestada vía pública de la ciudad;
Y pronto llegó a ser la calle central

---

1. En este libro a veces hacemos referencia al «sendero sinuoso» por el que va la iglesia institucional en su presente forma. Este poema, escrito hace más de cien años, nos sirvió como inspiración para esa metáfora.

De una conocida metrópolis;
Y los hombre durante dos siglos y medio
Siguieron andando sobre los pasos de aquel becerro.

Cada día, cien mil, en bandada,
Siguen al becerro zigzagueante;
Y sobre este trayecto sinuoso
Pasa el tráfico de un continente.
Cien mil hombres han sido conducidos
Por un becerro muerto hace casi tres siglos.
Siguieron ese sendero, todavía sinuoso,
Y perdieron cien años por día;
Porque le han rendido tremenda reverencia
A un precedente muy arraigado.

Esto nos podría enseñar una lección moral
Si yo fuera un clérigo ordenado y llamado a predicar;
Porque los hombres son proclives a andar a ciegas
Siguiendo los caminos del becerro en su mente,

Trabajando y trabajando de sol a sol
Para hacer lo que otros hombres ya han hecho.
Continúan por el transitado camino,
Entrando y saliendo; para arriba y para abajo.

Y siguen persiguiendo aquel curso tortuoso,
Para mantener el sendero, al igual que los demás.
Para mantener el sendero como un surco sagrado,
A lo largo del que avanzan toda la vida.
¡Pero cómo deben reírse los sabios dioses del bosque
Que vieron al becerro original!
¡Oh! Muchas cosas podría enseñar este relato—
Pero yo no he sido ordenado para predicar.

—**SAM WALTER FOSS**

¿REALMENTE HEMOS ESTADO HACIENDO LAS COSAS SEGÚN EL LIBRO?

capítulo uno

«La vida que no se analiza no vale la pena de ser vivida».
—SÓCRATES

«¡TODO LO HACEMOS basándonos en la Palabra de Dios! ¡El Nuevo Testamento es nuestra guía en cuestiones de fe y práctica! ¡Vivimos… y morimos… siguiendo lo que indica este Libro!»

Esas palabras tronaron en los labios del Pastor Sánchez mientras daba su sermón matutino del domingo. Un miembro de la congregación del pastor Sánchez, Roberto Pérez, las había oído docenas de veces con anterioridad. Pero en esta ocasión era diferente. Vestido con su traje azul, quieto y sentado en el último banco junto con su mujer, Ofelia Pérez miraba el techo mientras el pastor Sánchez continuaba hablando acerca de «hacerlo todo siguiendo lo que decía el Libro Sagrado».

Una hora antes de que el pastor Sánchez comenzara con su sermón, Pérez había mantenido una pelea con Ofelia en la que se habían sacado chispas. Eso era algo que se daba con frecuencia cuando Pérez, Ofelia y sus tres hijas, Olga, Yolanda y Mariela, se preparaban para asistir a la iglesia los domingos por la mañana.

En su mente, comenzó a repasar el suceso…

«¡Ofeliaaaaa! ¿Por qué no están listas las niñas? ¡Siempre llegamos tarde! ¿Por qué no puedes tenerlas listas a tiempo?», había vociferado Pérez mientras miraba ansiosamente el reloj.

La respuesta de Ofelia había sido la típica. «¡Si alguna vez te preocuparas por ayudarme, esto no sucedería todo el tiempo! ¿Por qué no comienzas por darme una mano en casa?». La discusión prosiguió hasta que Pérez se volvió hacia las niñas y dijo: «¡Mariela Pérez!… ¿No puedes respetarnos como para estar lista a tiempo?… Olga, ¿cuántas veces tengo que decirte que apagues tu PlayStation antes de las 9?» Al escuchar semejante conmoción, Yolanda estalló en lágrimas.

Llevando su mejor ropa, finalmente la familia Pérez se dirigió en automóvil a la iglesia, a una velocidad espeluznante. (Pérez odiaba llegar tarde y ya le habían hecho tres boletas por exceso de velocidad durante el pasado año, ¡todas el domingo por la mañana!)

Mientras volaban hacia la iglesia, el silencio en el automóvil se sentía denso. Pérez estaba que explotaba. Ofelia se veía enfadada. Con la cabeza baja, las tres hijas de los Pérez intentaban prepararse mentalmente para algo que odiaban... ¡otra larga hora de Escuela Dominical!

Al entrar al estacionamiento, Pérez y Ofelia descendieron del automóvil con elegancia y una sonrisa amable en el rostro. Tomados del brazo, saludaron a otros miembros conocidos de la iglesia, riendo y pretendiendo que todo estaba bien. Olga, Yolanda y Mariela siguieron a sus padres que avanzaban con el mentón levantado.

Esos recuerdos frescos y dolorosos pasaban por la mente de Pérez aquel domingo por la mañana mientras el pastor Sánchez continuaba con su sermón. Rumiándolos y condenándose, Pérez comenzó a hacerse algunas preguntas perspicaces: *¿Por qué estoy vestido de un modo tan correcto y formal, aparentando ser un buen cristiano, cuando he actuado como un pagano apenas hace una hora?... Me pregunto cuántas otras familias habrán pasado por la misma lamentable experiencia esta mañana... Sin embargo aquí están, todos perfumados y mostrando un buen aspecto delante de Dios.*

Pérez se sintió algo sacudido por estos pensamientos. Nunca había llevado semejantes cuestiones al plano de lo consciente.

Mientras le echaba una mirada a la esposa y a los hijos del pastor Sánchez, sentados formal y correctamente en el primer banco, Pérez meditaba para sí mismo: *Me pregunto si el pastor Sánchez les habrá gritado a su esposa y a sus hijos esta mañana? Hmmm...*

Sus pensamientos continuaron en esa dirección mientras observaba al pastor Sánchez golpear sobre el púlpito para imprimir énfasis a su discurso y levantar la Biblia con su mano derecha. «¡Como Primera Iglesia de la Comunidad del Nuevo Testamento hacemos todas las cosas según este Libro! *¡Todas las cosas!* Esta es la Palabra de Dios y no podemos apartarnos de ella...¡ni siquiera un milímetro!»

De repente, Pérez tuvo un nuevo pensamiento: *No recuerdo haber leído en ningún lugar de la Biblia que se espera que los cristianos se vistan elegantemente para asistir a la iglesia. ¿Eso será según lo que dice el Libro?*

Este simple pensamiento desencadenó un torrente de otras preguntas mordaces. Una multitud de personas sentadas inmóviles en sus bancas constituían su horizonte, y Pérez continuó cavilando sobre nuevas cuestiones de un tenor similar. Preguntas que no se esperaba que un cristiano se hiciese. Preguntas como:

¿Estar sentado sobre un banco duro durante cuarenta y cinco minutos, observando las nucas de las personas ubicadas en las doce hileras de adelante, será hacer las cosas según el Libro? ¿Por qué gastamos tanto dinero para mantener este edificio cuando solo venimos aquí unas pocas horas dos veces a la semana? ¿Por qué la mitad de la congregación apenas logra mantenerse despierta cuando predica el pastor Sánchez? ¿Por qué mis niñas odian la Escuela Dominical? ¿Por qué todos pasamos por este ritual predecible, que nos hace bostezar, todos los domingos a la mañana? ¿Porqué voy a la iglesia cuando me aburre mortalmente y no produce nada espiritual en mí? ¿Por qué todos los domingos a la mañana uso esta corbata tan incómoda, que solo parece dificultar la circulación de la sangre al cerebro?

Pérez se sentía sucio y sacrílego por preguntarse esas cosas. Sin embargo algo sucedía en su interior que lo impulsaba a dudar de toda su experiencia eclesial. Esos pensamientos habían estado allí, dormidos, en el inconsciente de Pérez durante años. Hoy, emergían.

Resulta interesante que las preguntas que se hacía Pérez ese día son las mismas que nunca entran en el pensamiento consciente de la mayoría de los cristianos. Sin embargo, la cruda realidad es que los ojos de Pérez habían sido abiertos.

Sorprendente como les pueda sonar, casi todo lo que se lleva a cabo en nuestras iglesias contemporáneas no tiene su fundamento en la Biblia. Cuando los pastores predican desde el púlpito sobre ser «bíblicos» y seguir la «pura palabra de Dios», sus propias palabras los traicionan. La verdad es que muy poco de lo que se observa hoy dentro de nuestro cristianismo contemporáneo se corresponde con lo que encontramos acerca de la iglesia del Nuevo Testamento.

PREGUNTAS QUE NUNCA PENSAMOS HACER

Sócrates (470-399 a.C.)[1] es considerado por algunos historiadores como el padre de la filosofía. Nacido y criado en Atenas, era su costumbre andar por la ciudad incesantemente planteando preguntas y analizando las perspectivas populares de su tiempo. Sócrates creía que la verdad se encuentra en el diálogo extenso sobre algún asunto y en el cuestionamiento despiadado. Este método se conoce como la *dialéctica* o «el método socrático». Él pensaba libremente acerca de temas que otros ciudadanos atenienses consideraban no abiertos a la discusión.

El hábito de Sócrates de lanzarle a la gente preguntas escrutadoras y atraparlos en un diálogo crítico acerca de las costumbres que se aceptaban, con el tiempo lo condujo a la muerte. Su incesante cuestionamiento a las tradiciones a las que ellos se aferraban hizo que los líderes de Atenas lo acusaran de «corromper a los jóvenes». Como resultado, sentenciaron a Sócrates a muerte. Con ello enviaron un claro mensaje a sus conciudadanos atenienses: ¡Todo aquel que cuestione las costumbres establecidas correrá la misma suerte![2]

Sócrates no fue el único provocador que tuvo que atenerse a severas represalias por su inconformismo: Isaías fue aserrado por la mitad; Juan el Bautista, decapitado; y Jesús, crucificado. Sin mencionar los miles de cristianos que han sido torturados y martirizados por la iglesia tradicional a través de los siglos por atreverse a desafiar sus enseñanzas.[3]

Como cristianos, nuestros líderes nos han enseñado a creer en ciertas ideas y a comportarnos de determinadas maneras. También nos alientan a leer la Biblia. Pero nos condicionan a leerla a través de la lente de la tradición cristiana a la que pertenecemos. Se nos enseña a obedecer a nuestra denominación (o movimiento) y a no desafiar nunca lo que esta nos enseña.

(Al llegar a este punto, todos los corazones rebeldes aplauden y traman blandir los párrafos anteriores para causar estragos en sus iglesias. Si ese eres tú, mi querido corazón rebelde, no has captado para nada el punto central que queremos señalar. No estamos contigo. Nuestra recomendación es: Deja tu iglesia

---

1. Noten que al hacer una primera mención de ciertas figuras históricas (en especial, aquellas que tuvieron un gran impacto en el desarrollo de la iglesia) generalmente incluimos las fechas de su nacimiento y de su muerte. También pueden consultar en la página 275 del apéndice «Figuras claves de la historia de la iglesia» para encontrar esos mismos datos y un breve resumen acerca de la influencia que ejercieron esos individuos.
2. Para obtener una sucinta reseña de la vida y enseñanzas de Sócrates, ver el libro de Samuel Enoch Stumpf *Socrates to Sartre* [De Sócrates a Sartre], MacGraw-Hill, Nueva Cork, 1993, pp. 29-45.
3. Ken Connolly, *The Indestructible Book* [El Libro indestructible], Spire Books, Old Tappan, NJ, 1968.

calladamente, rehusándote a causar división; o quédate, pero en paz con ella. Hay un abismo de diferencia entre la rebelión y el asumir una postura acorde con la verdad).

A decir verdad, nosotros los cristianos nunca parecemos cuestionarnos por qué hacemos lo que hacemos. En lugar de eso, despreocupadamente seguimos adelante con nuestras tradiciones religiosas sin preguntarnos de dónde vienen. La mayoría de los cristianos que declaran mantener en alto la integridad de la Palabra de Dios nunca han buscado saber si lo que hacen todos los domingos tiene algún soporte en las Escrituras. ¿Cómo lo sabemos? Porque si lo hicieran, eso los conduciría a sacar algunas conclusiones muy perturbadoras que los llevaría, por una cuestión de conciencia, a abandonar para siempre lo que hacen.

Lo que resulta sorprendente es que el pensamiento y la práctica de la iglesia contemporánea hayan recibido mayor influencia de los acontecimientos históricos posteriores a la Biblia que de las cuestiones imperativas y de los ejemplos del Nuevo Testamento. Sin embargo, la mayoría de los cristianos no son conscientes de esa influencia. Ni tiene conocimiento de que todo eso ha llevado a la formación de una gran cantidad de tradiciones recalcitrantes, humanamente concebidas y aceptadas[1], que nos han sido transmitidas rutinariamente como «cristianas».[2]

UNA INVITACIÓN TERRORÍFICA

Ahora te invitamos a caminar con nosotros por un sendero no recorrido antes. Se trata de una trayectoria aterradora en la que te verás obligado a hacerte preguntas que probablemente nunca hayan entrado en tu mente a nivel consciente. Preguntas difíciles. Preguntas insistentes. Hasta atemorizantes. Y te sentirás confrontado de lleno con respuestas perturbadoras. Sin embargo, esas respuestas te colocarán frente a algunas de las más ricas verdades que un cristiano puede descubrir.

Al considerar las siguientes páginas, te sorprenderás cuando notes que una gran parte de aquello que los cristianos hacemos

---

1. Edwin Hatch, *The Influence of Greek Ideas and Usages upon the Christian Church* [La influencia de las ideas y costumbres griegas sobre la iglesia cristiana], Hendrickson, Peabody, MA, p. 18. Hatch muestra los efectos perjudiciales que se producen en una iglesia que es influenciada por su cultura, en lugar de ejercer influencia sobre ella.
2. El filósofo cristiano Søren Kierkegaard (1813-1855) señaló que el cristianismo moderno es esencialmente una falsificación. Ver el artículo de Søren Kierkegaard «Attack on Christendom» [Ataque sobre el cristianismo] en el libro *A Kierkegaard Anthology* [Una antología de Kierkegaard], editor Robert Bretall, Princeton University Press, Princeton, NJ, 1946, pp. 59 y subsiguientes, 117, y 209 y subsiguientes.

en la iglesia los domingos a la mañana no proviene de Jesucristo, los apóstoles o las Escrituras. Ni siquiera del judaísmo. Luego de que los romanos destruyeron Jerusalén en el año 70 d.C., el cristianismo judío disminuyó en número y en poder. El cristianismo gentil se volvió dominante, y la nueva fe comenzó a absorber la filosofía y los rituales greco romanos. El cristianismo judío sobrevivió durante cinco siglos dentro del pequeño grupo de cristianos siríacos conocidos como *Ebionim*, pero su influencia no se difundió mucho. De acuerdo con Shirley J. Case, «No solo el medioambiente social del movimiento cristiano era mayormente gentil mucho antes de fines del primer siglo, sino que había cortado casi todos los tempranos vínculos de su contacto social con los cristianos judíos de Palestina... Para el año 100, el cristianismo era básicamente un movimiento religioso gentil... en el que vivían juntos dentro de un medioambiente social gentil, común a todos».[1]

Llamativamente, mucho de lo que hacemos en la «iglesia» ha sido tomado directamente de una cultura pagana durante el período post apostólico. (Las leyendas nos cuentan que el último sobreviviente entre los apóstoles, Juan, murió alrededor del año 100 d.C.). Según Paul F. Bradshaw, el cristianismo del siglo cuarto «absorbió y cristianizó las ideas y prácticas religiosas paganas, considerándose a sí mismo como el cumplimiento de aquello a lo que religiones más tempranas habían apuntado débilmente».[2] En tanto que en el día de hoy a menudo utilizamos la palabra *paganos* para describir a los que declaran no tener ningún tipo de religión, para los cristianos primitivos, los paganos eran los politeístas que seguían a los dioses del Imperio Romano. El paganismo dominó el Imperio Romano hasta el siglo cuarto, y muchos de sus elementos fueron absorbidos por los cristianos durante la primera mitad del primer milenio, en particular durante la era constantiniana y los primeros tiempos de la post constantiniana (324 al 600 d.C.).[3] Otros dos períodos significativos en los que se originaron muchas de las prácticas

---

1. Will Durant, *Caesar and Christ* [César y Cristo], Simon & Schuster, Nueva York, 1950, p. 577. Ver también el libro de Shirley J. Case *The Social Origins of Christianity*, [Los orígenes sociales del cristianismo], Cooper Square Publishers, Nueva York, 1957, pp. 27-28. E. Glenn Hinson añade: «A partir de fines del primer siglo, los gentiles sobrepasaron en número a los judíos dentro de la asamblea cristiana. De manera sutil, ellos importaron algunas ideas, actitudes y costumbres de las culturas griega y romana» («Worshiping Like Pagans?» [¿Adorando como paganos?], *Christian History 12*, Nro. 1, 1993, p. 17).
2. Paul F. Bradshaw, *The Search for the Origins of Christian Worship*, [La búsqueda de los orígenes de la adoración cristiana], Oxford University Press, Nueva York, 1992, p. 65; Durant, *Caesar and Christ*, pp. 575, 599-600, 610-619, 650-651, 671-672.
3. El término *paganos* fue utilizado por los apologistas del cristianismo primitivo para agrupar a los no cristianos dentro de un paquete muy conveniente. Según sus raíces, un «pagano» es un morador del campo, un habitante del pago o distrito rural. Debido a que el cristianismo se expandió principalmente en las ciudades, eran considerados pueblerinos, o paganos, aquellos que creían en los antiguos dioses. Ver el libro de Joan E. Taylor, *Christians and the Holy Places: The Myth of*

corrientes en nuestras iglesias fueron la época de la Reforma (siglo dieciséis) y la época de los movimientos evangélicos de avivamiento (siglos dieciocho y diecinueve).

En cada uno de los capítulos del 2 al 10, trazamos alguna práctica de la iglesia que es tradicionalmente aceptada. Y ese capítulo cuenta la historia de la procedencia de tal práctica. Pero aun más importante, explica de qué modo esa práctica sofoca la conducción de Jesucristo y dificulta el funcionamiento de su cuerpo.

Advertencia: Si no estás dispuesto a que tu cristianismo sea examinado seriamente, no vayas más allá de esta página en la lectura. ¡Regala este libro a una organización de beneficencia de inmediato! Ahórrate el problema de que pongan tu vida cristiana patas para arriba.

Sin embargo, si decides «tragarte la píldora roja» y que se te muestre «la profundidad de la cueva del conejo»[1]... si deseas conocer la verdadera historia sobre el lugar del que provienen tus prácticas cristianas... si estás dispuesto a que se descorra la cortina de la iglesia contemporánea y a que se desafíen con fiereza sus presuposiciones más tradicionales... entonces encontrarás que este libro es perturbador, instructivo, y posiblemente te lleve a un cambio de vida.

Pongámoslo de otra manera: si eres un cristiano de la iglesia institucional y tomas el Nuevo Testamento con seriedad, lo que estás a punto de leer puede llevarte a una crisis de conciencia. Porque te verás confrontado por un hecho histórico inconmovible.

Por otro lado, si sucede que eres una de esas personas que se reúne con otros cristianos fuera de las normas aceptadas por el cristianismo institucional, descubrirás de nuevo que no solo las Escrituras están de tu lado, sino que la historia también.

Jewish-Christian Origins [Los cristianos y los lugares sagrados: El mito de los orígenes cristiano-judíos], Clarendon Press, Oxford, 1993, p. 201.

1. La idea de la píldora roja viene de la exitosa película *The Matrix*, que estimula el pensamiento. En ese film, Morfeo le concede a Neo la posibilidad de elegir entre vivir en un mundo engañoso de sueños, o comprender la realidad. Sus palabras se aplican al tema en consideración: «Después de esto no hay vuelta atrás. Si tomas la píldora azul, la historia acaba, te despiertas en tu propia cama y crees lo que quieras creer. Si tomas la píldora roja... ¡te mostraré la profundidad de la cueva del conejo!» ¡Esperamos que todo el pueblo de Dios se anime a tomar la píldora roja!

➤Profundizando

1. **No considero que la pelea de la familia Pérez antes de ir a la iglesia tenga nada que ver con la iglesia en sí misma, más allá de frustrar a Pérez y volverlo cínico con respecto a todo lo que sucede dentro de ella. ¿Por qué inicia el libro con esta historia?**

   Usted está en lo correcto: los problemas que Pérez enfrentó el domingo por la mañana lo llevaron a un estado de ánimo en el que cuestionó prácticas de la iglesia por las que normalmente solía pasar sin prestarles la más mínima atención. La historia constituyó solo una forma de ilustrar con humor la manera en que infinidad de cristianos transitan por todo ese movimiento del domingo a la mañana sin considerar por qué hacen lo que hacen.

2. **Aunque decimos que las prácticas de la iglesia contemporánea han estado más sujetas a la influencia de los eventos históricos post bíblicos que de los principios del Nuevo Testamento, ¿no es verdad que no hay muchas especificaciones en los Evangelios, en Los Hechos o en las epístolas de Pablo con respecto a prácticas de la iglesia?**

   El Nuevo Testamento en realidad incluye muchos detalles acerca de la manera en que se reunían los cristianos primitivos. Por ejemplo, sabemos que la iglesia primitiva se congregaba por las casas para sus reuniones regulares (Hechos 20:20; Romanos 16:3, 5; 1 Corintios 16:19). Tomaban la Cena del Señor como una comida completa (1 Corintios 11:21-34). Los encuentros de la iglesia eran abiertos y participativos (1 Corintios 14:26; Hebreos 10:24-25). Todos los miembros hacían uso de los dones espirituales (1 Corintios 12-14). Genuinamente se consideraban una familia y actuaban de ese modo, en consecuencia (Gálatas 6:10; 1 Timoteo 5:1-2; Romanos 12:5; Efesios 4:15; Romanos 12:13; 1 Corintios 12:25-26; 2 Corintios 8:12-15). Contaban con una pluralidad de ancianos para supervisar la comunidad (Hechos 20:17, 28-29; 1 Timoteo 1:5-7). Los grupos habían sido establecidos y eran auxiliados por obreros apostólicos itinerantes (Hechos 13-21; todas las cartas apostólicas). Se sentían plenamente unidos y no adoptaban una manera de denominarse como organizaciones separadas dentro de la misma ciudad (Hechos 8:1, 13:1, 18:22; Romanos 16:1; 1 Tesalonicenses 1:1). No utilizaban títulos honoríficos (Mateo 23:8-12). No se organizaban jerárquicamente (Mateo 20:25-28; Lucas 22:25-26).

   Ofrecer un fundamento bíblico completo acerca de estas prácticas y explicar por qué deberían emularse hoy trasciende el campo de este libro. Alguien que sí lo hace es Robert Banks, en su libro *Paul's Idea of Community* [La idea de Pablo sobre la comunidad], Hendrickson, Peabody, MA, 1994. Yo (Frank) también trato este tema ampliamente en el libro *Reimagining Church* [Redescubre la iglesia], David C. Cook, Colorado Springs, a aparecer en el verano de 2008.

> EL EDIFICIO DE LA IGLESIA: LA HERENCIA DEL COMPLEJO EDILICIO

> capítulo dos

«En el proceso de reemplazar a las antiguas religiones, el cristianismo se convirtió en una religión».
—ALEXANDER SCHMEMANN, SACERDOTE ORTODOXO OCCIDENTAL DEL SIGLO VEINTE, MAESTRO Y ESCRITOR

«Que los cristianos de la era apostólica hayan erigido edificios especiales para la adoración es algo que está fuera de la cuestión... Como el Salvador del mundo nació en un establo y ascendió a los cielos desde una montaña, del mismo modo sus apóstoles y sus sucesores hasta llegar al tercer siglo predicaron en las calles, mercados, montañas, barcos, sepulcros, desiertos o bajo aleros, y en los hogares de aquellos que se convertían. Sin embargo, ¡cuántos miles de costosas iglesias y capillas se han construido y aún se siguen construyendo desde entonces en todas partes del mundo para honrar al Redentor crucificado, que en los días de su humillación no tuvo lugar ni para reclinar su cabeza!».
—PHILIP SCHAFF, HISTORIADOR Y TEÓLOGO DE LA IGLESIA NORTEAMERICANA DEL SIGLO DIECINUEVE

MUCHOS CRISTIANOS CONTEMPORÁNEOS tienen una historia de amor con los ladrillos y la mezcla. El complejo edilicio es algo tan arraigado en nuestro pensamiento que si un grupo de creyentes comienza a reunirse, su primer pensamiento apunta a conseguir un edificio. Porque, ¿cómo puede un grupo de cristianos declarar que en verdad es una iglesia si no cuenta con un edificio? (Por ese lado corren los pensamientos).

El edificio de la «iglesia» está tan conectado con la idea de iglesia que inconscientemente equiparamos las dos cosas. Simplemente prestemos atención al vocabulario de un cristiano típico de hoy en día:

«Querida, ¿has visto la hermosa iglesia que acabamos de pasar?»

«¡Por favor! ¡Esa es la iglesia más grande que he visto jamás! Me pregunto qué costo de electricidad tendrá el mantenerla funcionando».

«Nuestra iglesia es demasiado pequeña. Comienzo a desarrollar claustrofobia. Precisamos ampliar las galerías».

«La iglesia está helada hoy; ¡se me congelan las posaderas aquí!»

«Hemos asistido a la iglesia todos los domingos de este año que pasó, a excepción del domingo en que a la tía Mildred se le cayó el horno de microondas sobre el dedo del pie».

Y qué diremos del vocabulario del pastor promedio:

«¿No es maravilloso estar en la casa de Dios hoy?»

«Debemos mostrar reverencia cuando entramos al santuario del Señor».

O de la madre que le dice (en voz baja) a su hijo, que se muestra demasiado alegre: «Borra esa sonrisa de tu cara; ¡estás en la iglesia ahora! ¡Nos comportamos cuando estamos en la casa de Dios!»

Para decirlo sin rodeos, ninguno de esos pensamientos tiene nada que ver con el cristianismo del Nuevo Testamento. Ellos más bien reflejan el pensamiento de otras religiones; principalmente el del judaísmo y el del paganismo.

TEMPLOS, SACERDOTES Y SACRIFICIOS

El judaísmo antiguo se centraba en tres elementos: el templo, el sacerdocio y el sacrificio. Cuando Jesús vino, acabó con los tres, ya que todos se cumplieron en él. Él es el templo que encarna en sí mismo a una nueva casa viva, hecha «sin manos», con piedras vivas. Él es el sacerdote que ha establecido un nuevo sacerdocio. Y también es el sacrificio perfecto y acabado.[1] Por lo tanto, el templo, el sacerdocio profesional y el sacrificio del

---

1. Para encontrar referencias a Cristo como Templo, ver Juan 1:14 (donde la palabra griega traducida por *habitó* literalmente significa «hizo tabernáculo») y Juan 2:19-21. Referencias adicionales a Cristo como una casa nueva hecha de piedras vivas se encuentran en Marcos 14:58; Hechos 7:48; 2 Corintios 5:1; 6:16; Efesios 2:21-22; Hebreos 3:6-9, 9:11, 24; 1 Timoteo 3:15. Referencias hechas a Cristo como sacerdote aparecen en Hebreos 4:14; 5:5-6, 10; y 8:1. El nuevo sacerdocio se menciona en 1 Pedro 2:9 y en Apocalipsis 1:6. Las Escrituras que señalan a Cristo como el sacrificio final incluyen Hebreos 7:27; 9:14, 25-28, 10:12; 1 Pedro 3:18. Hebreos enfatiza de continuo que Jesús se ofreció a sí mismo «una sola vez y para siempre», subrayando el hecho de que él no necesitaba ser sacrificado de nuevo.

judaísmo, los tres han caducado con la venida de Jesucristo.[1] Cristo es el cumplimiento y la realización de todo eso.[2]

Estos tres elementos se hallaban presentes también dentro del paganismo greco-romano: los paganos tenían sus templos, sus sacerdotes, y sus sacrificios.[3] Solo los cristianos se deshicieron de todos esos elementos.[4] Se podría decir con certeza que el cristianismo fue la primera religión en emerger que no tenía como fundamento un templo. En la mente de los cristianos primitivos, la gente (y no la arquitectura) configuraba el espacio sagrado. Los cristianos primitivos comprendían que ellos mismos, en forma corporativa, eran el templo de Dios y la casa de Dios.[5]

Sorprende no encontrar en ningún lugar del Nuevo Testamento la utilización de los términos *iglesia (ekklesia)*, *templo* o *casa de Dios* para hacer referencia a un edificio. ¡A los oídos de los cristianos del primer siglo llamar *ekklesia* (iglesia) a un edificio hubiera sonado como decirle esposa a un condominio o madre a un rascacielos![6]

El primer registro que se encuentra de la palabra *ekklesia* en referencia a un lugar de reuniones cristiano provino de Clemente de Alejandría (150-215) y es de alrededor del año 190 d.C.[7] Clemente también fue la primera persona en usar la frase «ir a la iglesia», que era un pensamiento exógeno, ajeno, al pensamiento de los creyentes del primer siglo.[8] (¡Uno no puede ir a algo que

---

1. El mensaje de Esteban en Hechos 7 indica que «el templo era meramente una casa hecha por hombres y originada a partir de Salomón; no tenía conexión con el tabernáculo de reunión que se le había ordenado a Moisés levantar en base a un patrón revelado divinamente y que se había mantenido hasta la época de David». Ver el libro de Harold W. Turner *From Temple to Meeting House: The Phenomenology and Theology of Places of Worship* [De templo a casa de reunión: La fenomenología y teología de los lugares de adoración], Mouton Publishers, La Haya, 1979, pp. 116-117. Ver también Marcos 14:58, donde Jesús dice que el templo de Salomón (y de Herodes) fue hecho «a mano», en tanto que el templo que él va a levantar será hecho «sin mano». Esteban utiliza el mismo lenguaje en Hechos 7:48. En otras palabras, Dios no habita en templos «hechos por manos». ¡Nuestro Padre Celestial no es el habitante de un templo!
2. Ver Colosenses 2:16-17. El tema central de la carta a los Hebreos es que Cristo vino a cumplir con lo que había sido la sombra de la ley judía. Todos los escritores del Nuevo Testamento afirman que Dios no requiere ningún sacrificio santo ni un sacerdocio mediador. Todas las cosas han tenido cumplimiento en Jesús, tanto el sacrificio como el sacerdocio mediador.
3. Ernest H. Short dedica un capítulo entero a la arquitectura de los templos griegos en su libro *History of Religious Architecture* [Historia de la arquitectura religiosa], Philip Allan & Co., Londres, 1936, capítulo 2. David Norrington señala en su libro *To Preach or Not to Preach? The Church's Urgent Question* [¿Predicar o no predicar?: La cuestión apremiante para la iglesia], Paternóster Press, Carlisle, UK, 1996, p. 27: «Los edificios religiosos, no obstante, eran una parte integral de la religión greco-romana». Los paganos también tenían capillas «santas». Michael Grant, *The Founders of the Western World: A History of Greece and Rome* [Los fundadores del mundo occidental: Una historia de Grecia y Roma], Charles Scribner's Sons, Nueva York, 1991, pp. 232-234. Para más información sobre rituales paganos, ver el libro de Robin Lane Fox *Pagans and Christians* [Paganos y cristianos], Alfred Knopf, Nueva York, 1987, pp. 39, 41-43, 71-76, 206.
4. John O. Gooch, "Did You Know? Little-Known or Remarkable Facts about Worship in the Early Church" [¿Lo sabías? Hechos notables o poco conocidos con respecto al culto en la iglesia primitiva], *Christian History 12*, N° 1, 1993, p. 3.
5. Ver 1 Corintios 3:16; Gálatas 6;10; Efesios 2:20-22; Hebreos 3:5-6; 1 Timoteo 3:15; 1 Pedro 2:5, 4:17. Todos estos pasajes se refieren al pueblo de Dios, no a un edificio. Arthur Wallis escribió: «En el Antiguo Testamento, Dios tuvo un santuario para su pueblo; en el Nuevo, Dios tiene a su pueblo como santuario», *The Radical Christian* [El cristiano radical], Cityhill Publishing, Columbia, MO, 1987, p. 83.
6. Según el Nuevo Testamento, la iglesia es la esposa de Cristo, la mujer más hermosa del mundo: Juan 3:29; 2 Corintios 11:2; Efesios 5:25-32; Apocalipsis 21:9.
7. Clemente de Alejandría, *The Instructor*, [El instructor] Libro 3, capítulo 11.
8. Adolf von Harnack, historiador de la iglesia del siglo diecinueve, dijo acerca de los cristianos del primero y segundo siglos:«Una cosa queda en claro: la idea de un lugar especial para la adoración todavía no había surgido. La concepción

no es un lugar sino lo que uno es!) A través de todo el Nuevo Testamento, *ekklesia* siempre hace referencia a una asamblea de personas, y no a un lugar. La palabra *ekklesia* en cada una de sus 114 apariciones en el Nuevo Testamento hace mención a una asamblea de personas. (La palabra inglesa que se usa para iglesia, *church*, deriva del término griego *kuriakon*, que significa «perteneciente al Señor». Con el tiempo, adquirió el significado de «casa de Dios» y se la aplicó a un edificio).[1]

Aún así, la mención de Clemente a «ir a la iglesia» no tenía que ver con asistir a un edificio destinado a la adoración. Más bien se refería a las casas de propiedad privada que los cristianos del segundo siglo solían utilizar para sus reuniones.[2] Los cristianos no erigieron edificios especialmente destinados a rendir culto hasta la era constantiniana, en el siglo cuarto. Graydon F. Snyder, erudito en Nuevo Testamento, señala: «No existe evidencia literaria ni indicio arqueológico de que alguno de esos hogares se haya convertido en el edificio de una iglesia que aún perdure. Y ciertamente no hay ninguna iglesia que aun exista y que fuera construida antes de Constantino». En otra obra él dice: «La primera iglesia se reunía de forma sistemática por los hogares. Hasta el año 300 no sabemos acerca de edificios que hayan sido construidos originalmente como iglesias».[3]

Tampoco contaban con una casta sacerdotal específica apartada para el servicio de Dios. En lugar de eso, cada creyente reconocía que era un sacerdote para Dios. Los cristianos primitivos también dejaron de lado los sacrificios. Porque ellos comprendían que el sacrificio verdadero y final (Cristo) ya se había efectuado. Los únicos sacrificios que ofrecían eran los sacrificios espirituales de alabanza y acción de gracias (ver Hebreos 13:15 y 1 Pedro 2:5).

---

cristiana sobre Dios y el culto divino no solo no la promovía, sino que la excluía, en tanto que las circunstancias prácticas en esa situación retrasaba su desarrollo». *The Mision and Expansion of Christianity in the First Three Centuries* [La misión y expansión del cristianismo en los primeros tres siglos], volumen 2, G. P. Putnam's Sons, Nueva York, 1908, p. 86.

1. Robert L. Saucy, *The Church in God's Program* [La iglesia en el programa de Dios]. Moody Publishers, Chicago, 1972, pp. 11, 12, 16; A. T. Robertson, *A Grammar of the Greek New Testament in the Light of Historical Research* [Gramática del Nuevo Testamento en griego a la luz de la investigación histórica], Broadman & Colman, Nashville, 1934, p. 174. Cuando William Tyndale tradujo el Nuevo Testamento al inglés, se rehusó a traducir *ekklesia* por *church* (iglesia). Lo tradujo de un modo más correcto como *congregación*. Desafortunadamente, los traductores de la Versión King James sí usaron la palabra *church* para traducir *ekklesia*. Rechazaron la traducción correcta de *ekklesia* por la palabra *congregación* debido a que se trataba de la terminología de los Puritanos. Ver el prefacio de la traducción de 1611, "The Translators to the Reader" [De los traductores al lector] en la obra de Gerald Bray *Documents of the English Reformation* [Documentos de la Reforma inglesa], James Clarke, Cambridge, 1994, p.435.
2. Clemente, *The Instructor*, Libro 3, capítulo 11. Clemente dice: «Hombre y mujer deben ir a la iglesia ataviados decentemente».
3. Graydon F. Snyder, *Ante Pacem: Archaeological Evidence of Church Life Before Constantine* [Ante Pacem: Evidencia arqueológica de la vida de la iglesia antes de Constantino], Mercer University Press, Macon, GA, 1985, p. 67. Graydon F. Snyder, *First Corinthians: A Faith Community Commentary* [1 Corintios: Un comentario comunitario de fe], Mercer University Press, Macon, GA, 1991, p. 3.

Cuando se evolucionó hacia el Catolicismo romano, entre los siglos cuarto y sexto, este absorbió muchas de las prácticas religiosas tanto del paganismo como del judaísmo. Estableció un sacerdocio profesional. Erigió edificios sagrados.[1] Y convirtió a la Cena del Señor en un sacrificio misterioso.

Siguiendo el sendero de los paganos, el Catolicismo primitivo adoptó la práctica de quemar incienso y de tener personas que eran vírgenes vestales (sagradas).[2] Los protestantes omitieron el sentido sacrificial de la Cena del Señor, la quema de incienso, y las personas vírgenes vestales. Pero retuvieron la casta sacerdotal (el clero), así como los edificios sagrados.

DE IGLESIAS DE HOGAR A SANTAS CATEDRALES

Los cristianos primitivos creían que Jesús era la misma presencia de Dios. Creían que el cuerpo de Cristo, la iglesia, constituía el templo.

Cuando el Señor Jesús estuvo en la tierra, él hizo ciertas afirmaciones radicalmente negativas con respecto al templo judío.[3] La que más encolerizó a muchos judíos fue el anuncio de que si se destruyera el templo, él construiría uno nuevo en tres días. (Ver Juan 2:19-21). Aunque Jesús hizo mención al templo que existía en un sentido arquitectónico, en realidad hablaba de su cuerpo. Jesús dijo que luego de que su templo fuera destruido, él lo levantaría en tres días. Hacía referencia al verdadero templo, la iglesia, qué él levantó en su misma persona al tercer día (Efesios 2:6).

Dado que Cristo se levantó, los cristianos nos hemos convertido en el templo de Dios. Con su resurrección, Cristo se volvió el «Espíritu que da vida» (1 Corintios 15:45). Por lo tanto, puede residir en los creyentes, haciéndolos su templo, su casa. Por esa razón el Nuevo Testamento siempre reserva la palabra *iglesia* (*ekklesia*) para el pueblo de Dios. Nunca utiliza esa palabra para referirse a un edificio de ningún tipo.

La acción de Jesús de limpiar el templo no solo mostró su enojo con los cambistas por la falta de respeto hacia el templo,

---

1. «Según la Ley Canónica, una iglesia es un edificio sagrado dedicado al culto divino, para el uso de todos los fieles y para el ejercicio público de la religión». Peter F. Anson, *Churches: Their Plan and Furnishing* [Iglesias: Su diseño y mobiliario], Bruce Publishing Co., Milwaukee, 1948, p. 3.
2. Fox, *Pagans and Christians*, pp 71, 207, 27, 347, 355. Fox declara que «en el cristianismo moderno existen más de 1,6 millones de adultos con voto de virginidad» (p. 355). Se los llama monjas y sacerdotes.
3. Esteban también habló negativamente con respecto al templo. Resulta interesante que tanto a Jesús como a Esteban se los acusó exactamente del mismo crimen: hablar en contra del templo (ver Marcos 14:58 y Hechos 6:13-14).

que constituía una ilustración de lo que era la verdadera casa de Dios, sino que también significaba que la «adoración al templo» del judaísmo sería reemplazada por él mismo.[1] Con la venida de Jesús, Dios el Padre ya no sería adorado en una montaña o en un templo. En lugar de eso sería adorado en espíritu y en verdad.[2]

Cuando el cristianismo nació, era la única religión en el planeta que no tenía objetos sagrados, ni personas sagradas, ni espacios sagrados.[3] Aunque rodeados por sinagogas judías y templos paganos, los cristianos primitivos eran el único pueblo religioso de la tierra que no erigía edificios sagrados para rendir culto.[4] La fe cristiana nació en los hogares, en los patios, a lo largo de los caminos.[5]

Durante los primeros tres siglos, los cristianos no tuvieron ningún tipo de edificios especiales.[6] Como lo mencionó un erudito: «El cristianismo que conquistó al Imperio Romano fue en esencia un movimiento centrado en los hogares».[7] Algunos han argumentado que fue así porque a los cristianos no se les permitía erigir edificios eclesiásticos. Pero eso no es verdad.[8] El reu-

---

1. Juan 2:12-22. Ver el libro de Oscar Cullmann *Early Christian Worship* [Adoración cristiana primitiva], SCM Press, Londres, 1969, pp. 72-73, 117.
2. Juan 4:23. La Biblia enseña que la iglesia, la comunidad de los creyentes, es el verdadero templo (2 Corintios 3:16; Efesios 2:21). Constituye la verdadera morada de Dios sobre la Tierra. El culto, la adoración, por lo tanto no se sitúa dentro de una ubicación espacial ni separado de la totalidad de la vida. Hablando desde lo bíblico, el «lugar sagrado» de los cristianos resulta ser omnipresente como su ascendido Señor. La adoración no es algo que sucede en cierto lugar en un momento determinado. Es un estilo de vida. La adoración tiene lugar en espíritu y en verdad dentro del pueblo de Dios, porque es allí donde Dios vive hoy. Ver el libro de J. G. Davies *The Secular Use of Church Buildings* [El uso secular de los edificios de la iglesia], The Seabury Press, Nueva York, 1968, pp. 3-4.
3. James D. G. Dunn, artículo "The Responsable Congregation, 1 Corinthians 14:26-40" [La congregación responsable: 1 Corintios 14:26-40], aparecido en *Carisma und Agape*, Abbey of St. Paul before the Wall, Roma, 1983, pp. 235-236.
4. El apologista cristiano del tercer siglo Minucio Félix escribió: «No tenemos templos ni altares». *The Octavius of Minicius Felix* [El Octavio de Minucio Félix], capítulo 32. Ver también la obra de Robert Banks *Paul's Idea of Community* [La idea de Pablo sobre la comunidad], Hendrickson Publishers, Peabody, MA, 1994, pp. 8-14, 26-46.
5. Ver Hechos 2:46, 8:3, 20.20; Romanos 16:3, 5; 1 Corintios 16:19; Colosenses 4:15; Filemón 1:1-2; 2 Juan 1:10. Deberíamos tener en cuenta que en algunas ocasiones los cristianos usaron edificios *ya existentes* con propósitos especiales y temporales. El pórtico de Salomón y la escuela de Tirano constituyen ejemplos de ello (Hechos 5:12, 19:9). Sin embargo, las reuniones habituales de la iglesia se ubicaban en el marco de hogares privados.
6. Snyder, *Ante Pacem*, p. 166. John A. T. Robinson escribe: «Durante los tres primeros siglos la iglesia no tuvo edificios». Ver *The New Reformation* [La nueva Reforma], Westminster Press, Filadelfia, 1965, p. 89.
7. Robert Banks y Julia Banks, *The Church Comes Home* [La iglesia llega a la casa], Hendrickson Publishers, Peabody, MA, 1998, pp. 49-59. La casa de Dura-Europos fue destruida en el año 256 d.C. Según Frank Senn, «A los cristianos de varios de los primeros siglos les faltaba la publicidad con que contaban los cultos paganos. No tenían capillas, templos, estatuas ni sacrificios. No ponían en escena festivales públicos, danzas, actuaciones musicales o peregrinajes. El rito central incluía una comida de origen doméstico en un ambiente heredado del judaísmo. En efecto, los cristianos de los tres primeros siglos generalmente se reunían en residencias privadas que habían sido convertidas en espacios adecuados para llevar a cabo encuentros de la comunidad cristiana... Eso indica que el hecho de que la adoración de los cristianos primitivos estuviera desprovista de rituales no se debe tomar como una señal de primitivismo, sino como una manera de enfatizar el carácter espiritual de la adoración cristiana», *Christian Liturgy: Catholic and Evangelical* [Liturgia cristiana: católica y evangélica], Fortress Press, Minneapolis, 1997, p. 53.
8. Algunos han argumentado que los cristianos de la época previa a Constantino eran pobres y no podían ser dueños de propiedades. Pero eso es falso. Bajo la persecución del emperador Valeriano (253-260), por ejemplo, se decomisaron todas las propiedades pertenecientes a los cristianos. Ver la obra de Philip Schaaf, *History of the Christian Church* [Historia de la iglesia cristiana], Eerdmans, Grand Rapids, 1910, 2:62. L. Michael White señala que los cristianos primitivos tuvieron acceso a un estrato socio económico más alto. También el medioambiente greco-romano de los siglos segundo y tercero era bastante abierto a que muchos grupos adaptaran edificios privados para usos comunales y religiosos. *Building God's house in the Roman World* [Construcción de la casa de Dios en el mundo romano], Johns Hopkins University Press, Baltimore, 1990, pp. 142-143. Ver también la obra de Steve Atkerson, *Toward a House Church Theology* [Hacia una teología de iglesia de hogar], New Testament Restoration Foundation, Atlanta, 1998, pp. 29-42.

nirse por las casas fue una elección deliberada de los cristianos primitivos.

A medida que las congregaciones cristianas fueron creciendo de tamaño, comenzaron a remodelar sus hogares para acomodar adentro una cantidad creciente de personas.[1] Uno de los descubrimientos más destacados de la arqueología fue la casa de Dura-Europos, en la moderna Siria. Este es el lugar cristiano de reuniones que se ha podido identificar como el más antiguo. Era simplemente un hogar que fue remodelado como sitio de encuentros cristianos alrededor del año 232 d.C.[2]

La casa de Dura-Europos en esencia era una casa a la que se le había derribado una pared entre dos dormitorios para crear una sala de estar amplia.[3] Luego de esa modificación, la casa podía albergar alrededor de setenta personas.[4] A las casas remodeladas, como la de Dura-Europos, no podía llamárselas «edificios de la iglesia», en rigor de verdad. Eran simples hogares reformados para poder alojar grupos más numerosos.[5] Además, nunca fueron llamados templos, término que tanto los paganos como los judíos aplicaban a sus lugares sagrados. Los cristianos no comenzaron a llamar templos a sus edificios hasta el siglo quince.[6]

LA CREACIÓN DE ESPACIOS Y OBJETOS SAGRADOS

Hacia fines del segundo siglo y durante el tercero se produjo un cambio. Los cristianos comenzaron a adoptar la perspectiva pagana de reverenciar a los muertos.[7] El foco se puso en honrar la memoria de los mártires. Así que comenzaron

---

1. Snyder, *Ante Pacem*, p. 67. Estos hogares reestructurados se llamaban *domus ecclesiae*.
2. Everett Ferguson, *Early Christians Speak: Faith and Life in the First Three Centuries* [Hablan los cristianos primitivos: Fe y vida durante los tres primeros siglos], 3ra. Edición, A.C.U. Press, Abilene, TX, 1999, pp. 46, 74; White, *Building God's Hous*, pp. 16-25.
3. John F. White, *Protestant Worship and Church Architecture* [Culto y arquitectura de la Iglesia Protestante], Oxford University Press, Nueva York, 1964, pp. 54-55.
4. "Converting a House into a Church" [Convertir una casa en una iglesia], *Christian History* 12, N° 1, 1993, p. 33.
5. Norrington, *To Preach or Not*, p. 25. Alan Kreider señala que, además de remodelar casas de propiedad privada, «a mediados del tercer siglo, las congregaciones estaban creciendo en número y posesiones materiales. Así que los cristianos que se reunían en *insulae* (islas), manzanas de edificios de varios pisos que incluían negocios y viviendas, discretamente comenzaron a convertir los espacios privados en complejos domésticos adaptados como para suplir las necesidades congregacionales. Volteaban paredes para unir apartamentos, creando así los diversos espacios, grandes y pequeños, requeridos para el desarrollo de la vida de sus comunidades en crecimiento». *Worship and Evangelism in Pre-Christedom* [Culto y evangelización en la pre cristiandad], Alain/GROW Liturgical Study, Oxford, 1995, p. 5.
6. Turner, *From Temple to Meeting House*, p. 195. Los teóricos renacentistas Alberti y Palladio estudiaron los templos de la antigua Roma y comenzaron a usar el término *templo* para referirse al edificio de la iglesia cristiana. Más tarde, Calvino se refirió a los edificios cristianos como templos, agregando esto al vocabulario de la Reforma (p.207). Ver también la obra de Davies, *Secular Use of Church Buildings* [Uso secular de los edificios de la iglesia], pp. 220-222, en cuanto al pensamiento que condujo a los cristianos a comenzar a utilizar el término *templo* para referirse al edificio de la iglesia.
7. Snyder, *Ante Pacem*, pp. 83, 143-144, 167.

las oraciones por los santos, que posteriormente pasaron a ser oraciones *a* los santos.[1]

Los cristianos recogieron de los paganos la práctica de participar de comidas en honor a los muertos.[2] Tanto el funeral cristiano como los cantos fúnebres salieron directamente del paganismo durante el tercer siglo.[3]

Los cristianos del tercer siglo contaban con dos lugares para realizar sus reuniones: sus hogares y el cementerio.[4] Se encontraban en el cementerio porque deseaban estar cerca de sus hermanos muertos.[5] Era su creencia que compartir una comida en un cementerio donde había un mártir era conmemorarlo y adorar en su compañía.[6]

Dado que los cuerpos de los «santos» mártires residían allí, los sitios cristianos de sepultura comenzaron a ser vistos como «espacios sagrados». Entonces los cristianos empezaron a construir pequeños monumentos encima de aquellos espacios, en especial sobre las tumbas de los santos famosos.[7] Construir un santuario sobre un lugar de entierro y considerarlo santo también era una práctica pagana.[8]

En Roma, los cristianos comenzaron a decorar las catacumbas (sitios de entierros subterráneos) con símbolos cristianos.[9] Así que el arte se comenzó a asociar con los espacios sagrados. Clemente de Alejandría fue uno de los primeros cristianos en propugnar las artes visuales en la adoración. (Resulta interesante que la cruz, como referencia artística a la muerte de Cristo no se

---

1. "Praying to the 'Dead'", *Christian History* 12, Nº 1, 1993, pp. 2, 31.
2. Snyder, *Ante Pacem*, p. 65; Johannes Quasten, *Music and Worship in Pagan and Christian Antiquity* [Música y adoración en la antigüedad pagana y cristiana], Nacional Association of Pastoral Musicians, Washington DC, 1983, pp. 153-154, 168-169.
3. Quasten, *Music and Worship*, pp. 162-168. Tertuliano demostró que los cristianos realizaron incesantes esfuerzos para deshacerse de la costumbre pagana de la procesión funeraria. Sin embargo, con el tiempo, sucumbieron a ella. Los ritos de funeral cristianos, que derivan en gran parte de formas paganas, comenzaron a aparecer en el tercer siglo. Ver el libro editado por David W. Bercot, *A Dictionary of Early Christian Beliefs* [Diccionario de creencias de los cristianos primitivos], Hendrickson, Peabody, MA, 1998, p. 80; y la edición de Everett Ferguson de *Encyclopedia of Early Christianity* [Enciclopedia del cristianismo primitivo], Garland Publishing, Nueva York, 1990, p. 163. La práctica de los cristianos de orar por los muertos parece haber dado comienzo alrededor del segundo siglo. Tertuliano nos dice que era algo común en sus días. Ver Tertuliano, *de cor.* 4.1, y F. L. Cross y E. A. Livingstone, editores, *The Oxford Dictionary of the Christian Church* [El diccionario Oxford de la iglesia cristiana], 3ra. Edición, Oxford University Press, Nueva York, 1997, p. 456.
4. Snyder, *Ante Pacem*, p. 83.
5. Haas, "Where Did Christians Worship?" [¿Dónde adoraban los cristianos?], *Christian History* 12, Nº 1, 1993, p. 35; Turner, *From Temple to Meeting House*, pp. 168-172.
6. Haas, "Where Did Christians Worship?", p. 35; Josef A. Jungmann, *The Early Liturgy: To the Time of Gregory the Great* [La liturgia primitiva: hasta el tiempo de Gregorio el grande], Notre Dame Press, Notre Dame, 1959, p. 141.
7. White, *Protestant Worship and Church Architecture*, p. 60. Esos monumentos más tarde se transformarían en magníficos edificios de la iglesia.
8. Jungmann, *Early Liturgy*, p. 178; Turner, *From Temple to Meeting House*, pp. 164-167.
9. Schaff, *History of the Christian Church*, 2.292. «La utilización de las catacumbas duró tres siglos, desde finales del segundo a fines del quinto» (Snyder, *Ante pacem, p. 84).* Contrariamente a la creencia popular, no hay una pizca de evidencia histórica con respecto a que los cristianos romanos se escondieran en las catacumbas para escapar de la persecución. Se encontraban allí para estar cerca de los santos muertos. Ver "Where Did Christians Worship?", p. 35; "Early Glimpses" [Atisbos de los primeros tiempos], *Christian History* 12, Nº 1, 1993, p. 30.

encuentre con anterioridad al tiempo de Constantino.[1] El crucifijo, una representación artística del Salvador sobre la cruz, hizo su aparición en el siglo quinto.[2] La costumbre de hacer la «señal de la cruz» con la mano se remonta al segundo siglo).[3]

Alrededor del segundo siglo, los cristianos comenzaron a venerar los huesos de los santos, reconociéndolos como santos y sagrados. Eso con el tiempo dio comienzo a la recolección de reliquias.[4] La reverencia hacia los muertos constituía la fuerza cohesiva más poderosa del Imperio Romano. Ahora los cristianos la estaban absorbiendo dentro de su propia fe.[5]

Hacia fines del segundo siglo también se produjo un cambio en la manera en que se percibía la Cena del Señor. La Cena había pasado de ser una comida completa a una ceremonia estilizada llamada la Sagrada Comunión. (Para más detalles acerca de cómo sucedió esta transición, ver el capítulo 9). En el cuarto siglo, la copa y el pan parecían producir una sensación de sobrecogimiento, temor y misterio. Como resultado, las iglesias orientales colocaron un dosel sobre la mesa del altar donde se ubicaban el pan y la copa. (En el siglo dieciséis, se colocaron barandas sobre la mesa del altar.[6] Las barandas o barras implicaban que la mesa del altar era un objeto santo y solo podía ser manipulado por personas santas, esto es, el clero).[7]

Así que para el tercer siglo, los cristianos no solo tenían espacios sagrados, sino también objetos sagrados. (Pronto también desarrollarían un sacerdocio sagrado). Con respecto a todo esto, los cristianos de los siglos segundo y tercero comenzaron a asimilar la mentalidad mágica que caracterizaba al pensamiento pagano.[8] La acumulación de estos factores preparó el terreno de la

---

1. Snyder, *Ante pacem*, p. 27. «Jesús no sufre ni muere en el arte pre constantiniano. No aparece el símbolo de la cruz ni ningún equivalente» (p. 56). Philip Schaaf dice que luego de la victoria de Constantino sobre Majencio en el 312 d.C., se empezaron a ver las cruces en los yelmos, escudos, coronas, y otros. Schaaf, *History of the Christian Church*, 2:270.
2. Snyder, *Ante Pacem*, p. 165.
3. Schaaf, *History of the Christian Church*, 2:269-70.
4. Las reliquias son los restos materiales de los santos luego de su muerte, así como también cualquier objeto sagrado que haya estado en contacto con sus cuerpos. La palabra *reliquia* viene de la palabra latina *reliquere*, que significa «dejar atrás». La primera evidencia de veneración de reliquias aparece alrededor del año 156 d.C. en el *Martyrium Polycarpi*. En este documento, las reliquias de Policarpo son consideradas más valiosas que las piedras preciosas y el oro. Ver el diccionario de Cross y Livingstone, *Oxford Dictionary of the Christian Church*, p. 1379; la obra de Michael Collins y Matthew A. Price *The Story of Christianity* [La historia del cristianismo], DK Publishing, Nueva York, 1999, p. 91; y el libro de Jungmann *Early Liturgy*, pp. 184-187.
5. Snyder, *Ante Pacem*, p. 91; Turner, *From Temple to Meeting House*, pp. 168-172.
6. Esa era la mesa en la que se colocaba la Sagrada Comunión. La mesa del altar implica aquello que es ofrecido a Dios (el altar) y aquello que es entregado al hombre (la mesa). White, *Protestant Worship and Church Architecture*, pp 40, 42, 63. Los altares laterales no entraron en uso hasta Gregorio el Grande. Schaff, *History of the Christian Church*, 3:550.
7. En el siglo cuarto, se le prohibió al laicado llegar hasta al altar. Edwin Hatch, *The Growth of Church Institutions* [El crecimiento de las instituciones de la iglesia], Hodder and Stoughton, Londres, 1895, pp. 214-215.
8. Norman Towar Boggs, *The Christian Saga* [La saga cristiana], The Macmillan Company, Nueva York, 1931, p. 209.

cristiandad para aquel hombre que sería responsable de crear los edificios de la iglesia.

CONSTANTINO —PADRE DEL EDIFICIO DE LA IGLESIA

En tanto que al emperador Constantino (alrededor de 285-337) se lo ha alabado con frecuencia por asegurarles a los cristianos la libertad de culto y por ampliar sus privilegios, su historia viene a ocupar una página oscura dentro de la historia del cristianismo. Los edificios de la iglesia comenzaron con él.[1] El relato resulta sorprendente.

En el tiempo en que Constantino hizo su aparición en escena, la atmósfera que rodeaba a los cristianos estaba madura en cuanto a escapar de un estatus minoritario y despreciable. La tentación de sentirse aceptado era demasiado grande como para resistirse a ella, y la influencia de Constantino comenzó formalmente.

En el año 312 d.C., Constantino se convirtió en el césar del Imperio Occidental.[2] En el año 324 llegó a ser emperador de todo el Imperio Romano. Poco después comenzó a ordenar la construcción de edificios para la iglesia. Lo hizo así para promover la popularidad y aceptación del cristianismo. Si los cristianos tenían sus propios edificios sagrados, como los judíos y los paganos, su fe sería considerada legítima.

Es importante comprender la mentalidad de Constantino, porque explica la razón por la que se mostró tan entusiasta en cuanto al establecimientos de edificios de la iglesia. El pensamiento de Constantino estaba dominado por la superstición y la magia pagana. Aún después de convertirse en emperador, permitió que las viejas instituciones paganas permanecieran tal como habían sido.[3]

---

1. Ilion T. Jones, *A Historical Approach to Evangelical Worship* [Un enfoque histórico de la adoración evangélica], Abingdon Press, Nueva York, 1954, p. 103; Schaff, *Histoy of the Christian Church*, 3:542. Las palabras de apertura de Schaff resultan reveladoras: «Luego de que el cristianismo fue reconocido por el estado y se le confirió el derecho a poseer propiedades, construyó casas de adoración en todas partes del Imperio Romano. Probablemente haya habido más edificios de este tipo en el siglo cuarto que en cualquier otro período, quizá con excepción de los Estados Unidos en el siglo diecinueve». Norrington señala que a medida que los obispos del los siglos cuarto y quinto crecieron en riquezas, las canalizaron hacia un elaborado programa de construcción de iglesias (*To Preach or Not*, p. 29). Ferguson escribe: «Antes de la era constantiniana no encontramos edificios especialmente construidos con ese fin: en un comienzo, fueron simples salones, y luego basílicas al estilo constantiniano». Antes de Constantino, todas las estructuras utilizadas para los encuentros de la iglesia eran «casas o edificios comerciales modificados para el uso de la iglesia» (*Early Christians Speak*, p. 74).
2. En ese año Constantino venció al emperador occidental Majencio en la batalla del puente Milvio. Constantino declaró que en la víspera de la batalla él vio la señal de la cruz en los cielos y se convirtió a Cristo (Connolly, *Indestructible Book*, pp. 39-40).
3. Esto incluía los templos, las dependencias sacerdotales, el colegio de pontífices, las vírgenes vestales, y el título de *Pontifex Maximus* (reservado para él mismo). Ver la obra de Louis Duchesne, *Early History of the Christian Church* (Historia temprana de la iglesia cristiana), John Murray, Londres, 1912, pp. 49-50; el libro de M. A. Smith *From Christ to Constantine* [De Cristo a Constantino], InterVarsity, Downers Grove, IL,

Luego de su conversión al cristianismo, Constantino nunca abandonó el culto al sol. Mantuvo el sol en sus monedas, y levantó una estatua del dios sol, que llevaba su propia imagen, en el Forum de Constantinopla (su nueva capital). Constantino también construyó una estatua de Cibeles, la madre diosa (aunque la presentó en una postura de oración cristiana).[1] Los historiadores aún debaten si es que Constantino fue o no fue un cristiano genuino. El hecho de que se informara que hizo ejecutar a su hijo mayor, a su sobrino y a su cuñado le resta fuerza al caso de su conversión.[2] Pero no vamos a investigar esta veta con demasiada profundidad aquí.

En el año 321 Constantino decretó que el domingo sería un día de descanso, un feriado legal.[3] Parece que la intención de Constantino al hacerlo fue para honrar al dios Mitra, el Sol Invicto.[4] (Él describió al domingo como «el día del sol», que en el inglés, Sunday, se refleja). Otra demostración de la afinidad de Constantino con la adoración al sol es que excavaciones realizadas en San Pedro, Roma, pusieron al descubierto un mosaico de Cristo como el Sol Invicto.[5]

Casi hasta el día de su muerte, Constantino «todavía funcionaba como el gran sacerdote del paganismo».[6] De hecho, retuvo el título pagano de *Pontifex Maximus*, ¡lo que significa que era el principal de los sacerdotes paganos![7] (En el siglo quince, este mismo título se convirtió en el título honorífico del papa del Catolicismo Romano.[8]

Cuando Constantino hizo la dedicación de Constantinopla como su nueva capital, el 11 de mayo de 330, la adornó con tesoros tomados de templos paganos.[9] Y utilizó fórmulas mágicas paganas para proteger las cosechas y sanar enfermedades.[10]

Más aún, toda la evidencia histórica indica que Constantino

---

1. Paul Johnson, *A History of Christianity*, Simon & Schuster, Nueva York, 1976, p. 68.
2. A él también se lo acusa de la muerte de su segunda esposa, aunque algunos historiadores creen que eso es un rumor falso. Taylor, *Christians and Holy Places*, p. 297; Schaff, *History of the Christian Church*, 3:16-17; Ramsay MacMullen, *Christianizing the Roman Empire: AD 100-400* [Cristianizar el Imperio Romano: 100-400 d.C.], Yale University Press, Londres, 1984, pp. 44-58.
3. Kim Tan, *Lost Heritage: The Heroic Story of Radical Christianity* [Patrimonio perdido: La historia heroica del cristianismo radical], Highland Books, Godalming, UK, 1996, p. 84.
4. Constantino parece haber pensado que el Sol Invicto (un dios pagano) y Cristo eran compatibles de alguna manera. Justo L. González, *The Story of Christianity* [La historia del cristianismo], Prince Press, Peabody, MA, 1999, 1:122-123.
5. Hinson, "Worshiping Like Pagans?" [¿Adorar como paganos?], p. 20; Jungmann, *Early Liturgy* [Liturgia primitiva], p. 136.
6. González, *Story of Christianity*, p. 123.
7. Fox, *Pagans and Christians*, p. 666; Durant, *Caesar and Christ*, pp. 63, 656.
8. Cross y Livingstone, *Oxford Dictionary of the Christian Church*, p. 1307.
9. Robert M. Grant, *Early Christianity and Society* [Cristianismo primitivo y sociedad], Harper & Row Publishers, San Francisco, 1977, p 155.
10. Robert M. Grant, *Early Christianity and Society* [Cristianismo primitivo y sociedad], Harper & Row Publishers, San Francisco, 1977, p 155.

era un ególatra. Cuando construyó la Iglesia de los Apóstoles en Constantinopla, incluyó monumentos de los doce apóstoles. Los doce monumentos rodean a una sola tumba, que fue ubicada en el centro. Esa tumba estaba reservada para el propio Constantino, convirtiéndolo en el décimo tercer apóstol, y el principal de ellos. Por lo tanto Constantino no solo continuó con la práctica pagana de honrar a los muertos, sino que buscó estar incluido entre los muertos significativos.[1]

Constantino también tomó de los paganos la noción de que los objetos y lugares podían ser sacros.[2] Mayormente debido a su influencia, el dedicarse a las reliquias se volvió común dentro de la iglesia.[3] Ya en el siglo cuarto, la obsesión por las reliquias era tan grande que algunos líderes cristianos hablaron en contra de ellas, llamando a esa costumbre «una observancia pagana introducida en las iglesias bajo el manto de la religión... una obra de idólatras».[4]

Constantino también es conocido por introducir la idea del lugar sagrado, basada en el modelo de los santuarios paganos. Debido al aura de «sacra» con que los cristianos del siglo cuarto rodearon a Palestina, se volvió conocida como «la Tierra Santa» durante el siglo sexto.[5]

Luego de su muerte, Constantino fue declarado como «divino» (Esa había sido la costumbre con respecto a todos los emperadores paganos que habían muerto antes que él).[6] Fue el senado el que lo declaró como dios pagano luego de su muerte.[7] Y nadie los detuvo para que no lo hicieran.

A esta altura, deberíamos decir una palabra con respecto a Helena, la madre de Constantino. Era muy notoria la obsesión de esa mujer por las reliquias. En el año 326 d.C., Helena realizó una peregrinación a Palestina.[8] En el año 327 d.C. en Jerusalén, informó haber encontrado la cruz y los clavos que habían sido

---

1. Johnson, *History of Christianity*, p. 69; Duchesne, *Early History of the Christian Church*, p. 69. Dentro de la Iglesia de Oriente, Constantino en verdad es denominado el décimo tercer apóstol y venerado como un santo (Cross y Livingstone, *Oxford Dicionary of the Christian Church*, p. 405; Taylor, *Christian Holy Places*, pp. 303, 316; Snyder, *Ante Pacem*, p. 93).
2. Taylor, *Christians and the Holy Places*, p. 308; Davies, *Secular Use of Church Buildings*, pp. 222-237.
3. La noción de que las reliquias tienen poder mágico no se les puede acreditar a los judíos, porque ellos creían que cualquier contacto con un cuerpo muerto constituía contaminación. Esa idea es completamente pagana (Boggs, *Christian Saga*, p. 210).
4. Johnson, *History of Christianity*, p. 106. Esta es una cita de Vigilancio.
5. Taylor, *Christians and Holy Places*, pp. 317, 339-341.
6. Boggs, *Christian Saga*, 202.
7. González, *Story of Christianity*, p. 123.
8. Cross y Livingstone, *Oxford Dictionary of the Christian Church*, 1379. Helena realizó su peregrinación a Tierra Santa inmediatamente después de la ejecución del hijo de Constantino y del «suicidio» de su mujer (Fox, *Pagans and Christians*, pp. 670-671, 674).

usados para crucificar a Jesús.[1] Se dice que Constantino mismo promovió la idea de que las astillas de madera que provenían de la cruz de Cristo tenían poderes espirituales.[2] En verdad, en el emperador Constantino, padre de los edificios eclesiásticos, funcionaba una mente mágica y pagana.

EL PROGRAMA DE CONSTRUCCIONES DE CONSTANTINO

Luego del viaje de Helena a Jerusalén en el año 327 d.C., Constantino comenzó a levantar los primeros edificios de la iglesia a través de todo el Imperio Romano, algunos financiados por las expensas públicas.[3] Al hacerlo así, siguió el camino de los paganos en cuanto a construir templos en honor a Dios.[4]

Resulta interesante que él les haya dado a aquellos edificios de iglesias nombres de santos, de la misma manera en que los paganos denominaban a sus templos por el nombre de sus dioses. Constantino levantó las primeras construcciones de iglesias sobre los cementerios en los que los cristianos llevaban a cabo comidas por los santos que habían muerto.[5] O sea que los construyó sobre los cuerpos de los santos difuntos.[6] ¿Por qué? Debido a que por lo menos desde un siglo antes el lugar de entierro de los santos era considerado un «espacio sagrado».[7]

Muchos de los edificios más grandes fueron construidos sobre las tumbas de los mártires.[8] Esta práctica se basaba en la idea de que los mártires tenían los mismos poderes que una vez se les habían atribuido a los dioses del paganismo.[9] Los cristianos adoptaron por completo esta perspectiva.

Las más famosas construcciones de los cristianos en «espacios sagrados» fueron San Pedro, en el monte Vaticano (construida sobre la supuesta tumba de Pedro), San Pablo Fuera del Muro

---

1. Oscar Hardman, *A History of Christian Worship* [Una historia de la adoración cristiana], Parthenon Press, Nashville, 1937. Helena le dio a Constantino dos de esos clavos: uno para su diadema y el otro para el freno de su caballo (Johnson, *History of Christianity*, p. 106; Duchesne, *Early History of the Christian Church*, pp. 64-65). «Se decía que la cruz tenía poderes milagrosos, y por todo el Imperio se encontraban pedazos que se afirmaba provenían de ella» (González, *Story of Christianity*, p. 126). La leyenda del descubrimiento de la cruz por parte de Helena se originó en Jerusalén en la segunda mitad del siglo cuarto y rápidamente se desparramó por todo el Imperio.
2. Taylor, *Christians and Holy Places*, p. 308; Boggs, *Christian Saga*, pp. 206-207.
3. Fox, *Pagans and Christians*, pp. 667-668.
4. Taylor, *Christians and Holy Places*, p. 309.
5. Snyder, *Ante Pacem*, p. 65. A esos lugares se hace referencia como *martyria*.
6. Ibid., p. 92; Haas, "Where Did Cristians Worship?", *Christian History*, p. 35.
7. Taylor, *Christians and Holy Places*, pp. 340-341. Como dice Davies: «Mientras los primeros cristianos no tuvieron capillas sagradas, no se presentó la necesidad de consagración. Fue solo en el cuarto siglo, cuando la iglesia tuvo paz, que dio comienzo la práctica de dedicación de los edificios» (Davies, *Secular Use of Church Buildings*, pp. 9, 250).
8. Short, *History of Religious Architecture*, p. 62.
9. Johnson, *History of Christianity*, p. 209.

(edificada sobre la supuesta tumba de Pablo), la deslumbrante e increíble Iglesia del Santo Sepulcro, en Jerusalén (construida sobre la supuesta tumba de Cristo), y la Iglesia de la Natividad, en Belén (levantada sobre la supuesta cueva en la que Jesús nació). Constantino construyó nueve iglesias en Roma y muchas otras en Jerusalén, Belén y Constantinopla.[1]

EXPLORACIÓN DE LOS PRIMEROS EDIFICIOS DE LA IGLESIA

Debido a que los edificios de la iglesia eran considerados sagrados, los fieles tenían que pasar por una purificación ritual antes de entrar. Así que en el siglo cuarto se erigieron fuentes en el patio para que los cristianos se pudieran lavar antes de entrar en el edificio.[2]

Las construcciones de iglesias que levantó Constantino fueron edificios espaciosos y magníficos de los que se decía que eran «dignos de un emperador». Se veían tan espléndidos que los paganos contemporáneos de esa época hicieron la observación de que esos «inmensos edificios imitan» la estructura de los templos paganos.[3] Constantino hasta decoró los nuevos edificios de la iglesia con arte pagano.[4]

Los edificios de las iglesias construidas bajo Constantino fueron diseñados siguiendo el modelo exacto de la basílica.[5] Así eran los edificios comunes del gobierno,[6] diseñados siguiendo el patrón de los templos paganos griegos.[7]

1. Snyder, *Ante Pacem*, p. 109. San Pedro tiene una longitud de algo más de 254 metros, según Haas en "Where Did Christians Worship?", p. 35. Se pueden encontrar detalles sobre San Pablo en el diccionario de Cross y Livigstone *Oxford Dictionary of the Christian Church*, p. 1442; sobre el Santo Sepulcro, en el libro de Edward Norman *The House of God: Church Architecture, Style, and History* [La casa de Dios: Arquitectura, estilo e historia de la iglesia], Thames and Hudson, Londres, 1990, pp. 38-39; sobre la Iglesia de la Natividad, Ibid., p. 31; sobre las restantes nueve iglesias, en la obra de John White *Protestant Worship and Church Architecture*, p. 56; White, *Building God's House*, p. 150; Grant, *Early Christianity and Society*, pp. 152-155.
2. Turner, *From Temple to Meeting House*, p. 185.
3. Esta cita ha sido tomada del escritor anticristiano Pórfido (Davies, *Secular Use of Church Buildings*, p. 8). Pórfido dijo que los cristianos eran incongruentes porque criticaban la adoración pagana y sin embargo levantaban edificios que imitaban los templos paganos (White, *Building God's House*, p. 129).r
4. González, *Story of Christianity* [Historia del cristianismo], p. 122. Según el professor Harvey Yoder, Constantino construyó la iglesia original de Hagia Sophia (Iglesia de Santa Sabiduría) en el emplazamiento de un templo pagano e importó 427 estatuas paganas del otro lado del Imperio para decorarla. "From House Churches to Holy Cathedrals" [De iglesias de hogar a catedrales santas], conferencia dada en Harrisburg, VA, en octubre de 1993.
5. Grant, *Founders of the Western World*, p. 209. La primera basílica fue la Iglesia de San Juan de Letrán construida partir de un palacio imperial donado en el año 314 d.C. (White, *Building God's House*, p. 18). «Constantino, al decidir el tipo de iglesia pionera que iba a ser San Juan de Letrán, eligió la basílica como modelo, y de ese modo la estableció como el estándar para los lugares de culto del cristianismo romano». Lionel Casson, *Everyday Life in Ancient Rome*, [La vida cotidiana en la antigua Roma], John Hopkins University Press, Baltimore, 1998, p. 133.
6. Hinson, "Worshiping Like Pagans?", p. 19; Norman, *House of God*, p. 24; Jungmann, *Early Liturgy*, p. 123. La palabra *basílica* viene del término griego *basileus*, que significa «rey». «Los arquitectos cristianos adaptaron el proyecto pagano, instalando un altar cerca del hueco grande y redondo, o ábside, al final del edificio, en el que se sentaban el rey y los jueces; el obispo tomaba ahora el lugar de los dignatarios paganos». Collins and Price, *Story of Christianbity*, p. 64.
7. White, *Protestant Worship and Church Architecture*, p. 56. Un erudito católico ha señalado: «Mucho antes de la época cristiana, diversas sectas y asociaciones paganas habían adaptado el edificio tipo basílica para el culto», Jungmann, *Early Liturgy*,

Las basílicas cumplían la misma función que los auditorios de las escuelas secundarias hoy. Eran maravillosos para acomodar adentro multitudes pasivas y dóciles que asistían a una función. Esa fue una de las razones por las que Constantino eligió el modelo de la basílica.[1]

También estuvo a favor de ella a causa de su fascinación por el culto al sol. Las basílicas se diseñan de tal manera que el sol cae sobre el orador cuando él se pone al frente de la congregación.[2] Al igual que los templos de los griegos y los romanos, las basílicas cristianas se construían con la fachada (el frente) mirando al este.[3]

Exploremos el interior de la basílica cristiana. Era un duplicado exacto de la basílica romana utilizada por los magistrados y oficiales romanos. Las basílicas cristianas contaban con una plataforma elevada en la que ministraba el clero. La plataforma generalmente se elevaba unos cuantos peldaños. También contaba con una baranda o un biombo que separaba al clero del laicado.[4]

En el centro del edificio estaba el altar. Este era una mesa (la mesa del altar) o un cofre cubierto con una tapa.[5] El altar era considerado el lugar más santo del edificio, por dos razones. Primero, porque con frecuencia contenía las reliquias de los mártires.[6] (Luego del siglo quinto, la presencia de una reliquia en el altar de la iglesia resultaba esencial para convertirla en una iglesia legítima).[7] Y en segundo lugar, porque sobre el altar se colocaba la Eucaristía (el pan y la copa).

La Eucaristía, ahora vista como un sacrificio sagrado, se ofrecía sobre el altar. A nadie que no perteneciera al clero (aquellos considerados como «hombres santos») se le permitía recibir la Eucaristía detrás de la baranda del altar.[8]

---

p. 123; ver también el libro de Turner *From Temple to Meeting House*, pp. 162-163. Además, las iglesias de Constantino en Jerusalén y Belén, construidas entre los años 320 y 330 d.C., seguían el modelo de los santuarios sirios paganos. Gregory Dix, *The Shape of the Liturgy* [La forma de la liturgia], Continuum International Publishing Group, Londres, 2000, p. 26.

1. Michael Gough, *The Early Christians* [Los cristianos primitivos], Thames and Hudson, Londres, 1961, p. 134.
2. Ibid.
3. Jungmann, *Early Liturgy*, p. 137.
4. White, *Protestant Worship and Church Architecture*, pp. 57, 73-74. «Desde esta perspectiva, el edificio de la iglesia ya no era la casa del pueblo de Dios para su adoración habitual, sino la Casa de Dios a la que se les permitía entrar con la debida reverencia. Debían permanecer en la nave (el sitio en el que los fieles se ubicaban sentados o de pie) y abstenerse de entrar al área del presbiterio (la plataforma del clero), que estaba destinada al coro, o al santuario reservado para el sacerdocio». Turner, *From Temple to Meeting House*, p. 244; Hatch, *Growth of Church Institutions*, pp. 219-220.
5. Los altares primeramente fueron realizados en madera. Luego, a partir del sexto siglo, se hicieron de mármol, piedra, plata u oro. Johnson, *History of Christianity*, 3:550.
6. Snyder, *Ante Pacem*, p. 93; White, *Protestant Worship and Church Architecture*, p. 58; William D. Maxwell, *An Outline of Christian Worship: Its Developments and Forms*, [Un bosquejo de la adoración cristiana: Su desarrollo y formas] Oxford University Press, Nueva York, 1936, p. 59.
7. Kenneth Scott Latourette, *A History of Christianity* [Una historia del cristianismo], Harper and Brothers, Nueva York, 1953, p. 204.
8. Johnson, *History of Christianity*, 3:549-550, 551. En el edificio de la iglesia protestante, el púlpito se encuentra en primer plano y la mesa del altar en un segundo plano.

Frente al altar se ubicaba el sillón del obispo, al que se llamaba cátedra.[1] El término *ex cátedra* deriva de este sillón. *Ex cátedra* significa «desde el trono».[2] El sillón del obispo, o «trono», como se lo llamaba, constituía el asiento más grande y elaborado del edificio. En la basílica romana, reemplazaba al asiento del magistrado.[3] Y estaba rodeado por dos filas de asientos reservados para los ancianos.[4]

El sermón se predicaba desde el sillón del obispo.[5] El poder y la autoridad descansaban en el sillón, que estaba cubierto por un paño de lino blanco. Los ancianos y diáconos se sentaban a ambos lados de él, formando un semicírculo.[6]

La distinción jerárquica que impregnaba la arquitectura de las basílicas resulta inconfundible.

Es interesante notar que muchos edificios de la iglesia de nuestros días cuentan con asientos especiales para el pastor y su equipo, situados en la plataforma, detrás del púlpito. (Al igual que el trono del obispo, el asiento del pastor generalmente es el de mayor tamaño). Todo eso evidencia un arrastre que se trae desde la basílica pagana.

Además, Constantino no destruyó los templos paganos a gran escala. Ni los cerró.[7] En algunos lugares, los templos paganos existentes se vaciaron de sus ídolos y fueron convertidos en edificios cristianos.[8] Los cristianos utilizaron materiales tomados de los templos paganos para construir nuevos edificios de la iglesia en lo que habían sido emplazamientos de templos paganos.[9]

PRINCIPALES INFLUENCIAS EN CUANTO AL CULTO

El advenimiento de los edificios de la iglesia produjo cambios significativos dentro del culto cristiano. Debido a que el emperador era el «laico» número uno de la iglesia, no resultaba

---

1. Short, *History of Religious Architecture*, p. 64.
2. Cross y Livingstone, *Oxford Dictionary of the Christian Church*, p. 302.
3. White, *Protestant Worship and Church Architecture*, p. 57.
4. Davies, *Secular Use of Church Buildings*, p. 11; Dix, *Shape of the Liturgy*, p. 28.
5. White, *Protestant Worship and Church Architecture*, p. 59.
6. Dix, *Shape of the Liturgy*, p. 28.
7. Grant, *Early Christianity and Society*, p. 155.
8. Norman, *House of God*, pp. 23-24.
9. Hinson, «Worshiping Like Pagans?», p. 19. Gregorio el Grande (540-604) fue el primero en prescribir el uso del agua bendita y de las reliquias cristianas para purificar los templos paganos para un uso cristiano. Bede, *A History of the Christian Church and People*, [Una historia de la iglesia y el pueblo cristianos] trans. Leo Sherley-Price, Dorset Press, Nueva York, 1985, pp. 86-87 (libro 1, capítulo 30). Estas páginas contienen instrucciones de parte de Gregorio el Grande acerca de cómo santificar los templos paganos para el uso cristiano. Ver también el libro de John Mark Terry, *Evangelism: A Concise History* [Evangelización: una historia concisa], Broadman and Holman, Nashville, 1994, pp. 48-50; Davies, *Secular Use of Church Buildings*, p. 251.

suficiente con una ceremonia simple. Para honrarlo, la pompa y el ritual de la corte imperial se incorporaron a la liturgia cristiana.[1]

Era costumbre de los emperadores romanos que se llevaran luces delante de ellos cada vez que aparecían en público. Estas iban acompañadas por una vasija encendida, llena de especias aromáticas.[2] Esa costumbre le dio pie a Constantino para introducir velas e incienso encendido como parte del servicio de la iglesia. Estos elementos eran portados por el clero al entrar al salón.[3]

Bajo el gobierno de Constantino, el clero, que al principio había llevado ropas comunes, empezó a usar vestiduras especiales. ¿Y cuáles eran esas vestimentas especiales? Las prendas utilizadas por los oficiales romanos. Además, se introdujeron en la iglesia diversos gestos de respeto hacia el clero, comparables con aquellos que se usaban para honrar a los oficiales romanos.[4]

También se adoptó la costumbre romana de comenzar un servicio con música en procesión. Con este fin se desarrollaron coros que se introdujeron en la iglesia cristiana. (Ver el Capítulo 7 para más datos acerca de los orígenes del coro). La adoración se volvió más profesional, dramática y ceremonial.

Todas estas características fueron tomadas de la cultura greco-romana y aplicadas directamente dentro de la iglesia cristiana.[5] El cristianismo del siglo cuarto fue totalmente conformado por el paganismo griego y el imperialismo romano.[6] El resultado fue una pérdida de la intimidad y de la participación abierta. El clero profesional llevaba a cabo los actos de culto, en tanto que los laicos observaban a modo de espectadores.[7]

Según lo señalado por un erudito católico, con la llegada de Constantino, «diversas costumbres de la antigua cultura romana convergieron hacia la liturgia cristiana... hasta las ceremonias que tenían que ver con el antiguo culto al emperador como deidad, las que encontraron la forma de introducirse en el culto de la iglesia, solo que de una manera secularizada».[8]

---

1. Hinson, «Worshiping Like Pagans?», p. 20; White, *Protestant Worship and Church Architecture*, p. 56.
2. Jungman, *Early Liturgy,* p. 132.
3. Richard Krautheimer, *Early Christian and Byzantine Architecture*, Penguin Books, Londres, 1986, pp. 40-41. Krautheimer hace una descripción vívida de los paralelos entre el servicio imperial romano y la liturgia cristiana bajo Constantino.
4. Jungmann, *Early Liturgy*, pp. 129-133.
5. González, *Story of Chistianity* [Historia del Cristianismo], p. 125.
6. Kenneth Scott Latourette traza la trayectoria de la influencia del paganismo greco-romano sobre la fe cristiana en su libro *A History of Christianity* [Historia del Cristianismo], pp. 201-218.
7. White, Protestant Worship and Church Architecture. P. 56.
8. Jungmann, *Early Liturgy*, pp. 130, 133.

Constantino les trajo paz a todos los cristianos.[1] Bajo su reinado, la fe cristiana se constituyó en legítima. De hecho, alcanzó un status superior al del judaísmo y al del paganismo.[2]

Por esa razón, los cristianos consideraban un acto de Dios la aparición de Constantino como emperador. Allí estaba el instrumento de Dios que había venido para rescatarlos. El cristianismo y la cultura romana estaban ahora unidos.[3]

Los edificios cristianos demuestran que la iglesia, deseándolo o no, había entrado en una alianza cercana con la cultura pagana.[4] Como lo dice Will Durant, autor de *The Story of Civilization* [La historia de la civilización](una obra amplia, de once volúmenes, sobre la historia del mundo, que le valió el Premio Pulitzer): «En medio del mar en expansión del cristianismo, todavía quedaban islas de paganismo».[5] Eso constituía un cambio trágico en cuanto a la simplicidad primitiva que la iglesia de Jesucristo había conocido una vez.

Los cristianos del primer siglo estaban en oposición al sistema del mundo y evitaban cualquier contacto con el paganismo. Todo eso cambió durante el siglo cuarto, cuando la iglesia emergió en el mundo como una institución pública y comenzó a «absorber y a cristianizar ideas y prácticas religiosas paganas».[6] Como lo señala un historiador: «Los edificios de la iglesia tomaron el lugar de los templos; los fondos de beneficios para la iglesia reemplazaron a las tierras y fondos otorgados a los templos».[7] Bajo Constantino, se garantizó a todas las propiedades de la iglesia el status de exención de impuestos.[8]

Por consiguiente, la historia de los edificios de la iglesia conforman la triste saga de que el cristianismo tomó prestados elementos de la cultura pagana que transformaron radicalmente la fisonomía de nuestra fe.[9] Para decirlo sin rodeos, los edificios de la iglesia de la era constantiniana y post constantiniana se

---

1. Los historiadores llaman «la Paz» al período del reinado de Constantino. La Paz en realidad llegó con el Edicto de Galerian (también llamado el Edicto de Tolerancia) en el año 311 d.C. Luego fue popularizado por el Edicto de Milán del año 313 d.C. Esos edictos detuvieron la persecución despiadada de los cristianos por parte de Diocleciano, lanzada a partir del 303 d.C. Apenas once años después del Edicto de Milán, Constantino, el primer emperador cristiano, se convirtió en el único gobernante del Imperio Romano. González, *Story of Chiristianity* [Historia del cristianismo], pp. 106-107; Durant, *Caesar and Christ*, p. 655.
2. Adolph von Harnack estima que había entre tres y cuatro millones de cristianos en el Imperio al comienzo del reinado de Constantino. *Mission and Expansion of Christianity*, p. 325. Otros estiman que conformaban solo entre el 4 y el 5 por ciento de la población del Imperio. Taylor, *Christians and Holy Places*, p. 298.
3. Johnson, *History of Christianity*, p. 126; Hinson «Worshiping Like Pagans?», p. 19.
4. Jungmann, *Early Liturgy*, p. 123.
5. Will Durant, *The Age of Faith* [La era de la fe], Simon and Schuster, Nueva York, 1950, p. 8.
6. Bradshaw, *Search for the Origins of Christian Worship*, p. 65.
7. Grant, *Early Christianity and Society*, p. 163
8. Durant, *Caesar and Christ*, p. 656.
9. «Inside Pagan Worship» [Dentro del culto pagano], *Christian History* 12, N° 1, 1993, p. 20.

convirtieron en santuarios sagrados.¹ Los cristianos abrazaron el concepto del templo físico. Se imbuyeron de la idea pagana de que existe un lugar especial en el que Dios habita de una manera especial. Y de que ese lugar es hecho «por manos».²

Y al igual que con otras costumbres paganas que se absorbieron dentro de la fe cristiana (tales como la liturgia, el sermón, las vestiduras sacerdotales, y una estructura de liderazgo jerárquica) los cristianos de los siglos tercero y cuarto atribuyeron, incorrectamente, los orígenes de la construcción de iglesias al Antiguo Testamento.³ Pero eso constituye una distorsión del pensamiento.

El edificio de la iglesia fue tomado de la cultura pagana. «Un ritual dignificado y sacramental se había deslizado dentro de los servicios de la iglesia a través de los misterios [los cultos paganos], y se lo justificaba, como a tantas otras cosas, haciendo referencia al Antiguo Testamento».⁴

Usar el Antiguo Testamento como justificación para la construcción de iglesias no solo resulta inapropiado, sino también contradictorio. La antigua economía basada en Moisés, que incluía sacerdotes sagrados, edificios sagrados, rituales sacros y objetos sacros ha sido destruida para siempre por la cruz de Jesucristo. Además, ha sido reemplazada por un organismo no litúrgico, no ritualista y no jerárquico llamado ekklesia (iglesia).⁵

EVOLUCIÓN DE LA ARQUITECTURA DE LA IGLESIA

A continuación de la era constantiniana, los edificios de la iglesia pasaron por diversas etapas que resultan demasiado complejas como para detallarlas aquí. Tal como lo expresó un erudito: «Los cambios en la arquitectura de la iglesia se produjeron más como resultado de una mutación que siguiendo una línea

---

1. Turner, *From Temple to Meeting House*, pp. 167, 180. Constantino construyó santuarios cristianos en el emplazamiento de lugares bíblicos históricos (Fox, *Pagans and Christians*, p. 674).
2. Contrastar esto con Marcos 14:58; Hechos 7:48; 2 Corintios 5:1; Hebreos 9:11; y Hebreos 9:24.
3. Norrington, *To Preach or Not*, p. 29. J. D. Davies escribe: «Cuando los cristianos comenzaron a construir sus grandes basílicas, procuraron encontrar una guía en la Biblia y pronto comenzaron a aplicar todo lo que se decía acerca del templo de Jerusalén en sus nuevos edificios, aparentemente ignorando el hecho de que al hacerlo se comportaban contrariamente a la perspectiva del Nuevo Testamento». Davies va más allá, al decir que el culto a los santos (se reverenciaba a los santos difuntos) y la constante penetración que esto tuvo sobre la construcción de los edificios de la iglesia finalmente selló la perspectiva de que la iglesia era un lugar sagrado «hacia el que los cristianos debían adoptar la misma actitud que tenían los judíos con respecto al templo de Jerusalén y los paganos con respecto a sus santuarios» (*Secular Use of Church Buildings*, pp. 16-17). Oscar Hardman señala: «El sistema romano de administración y la arquitectura de sus grandes casas y edificios públicos proveyeron una guía sugerente a la iglesia en cuanto a la graduación de sus jerarquías, a la subsiguiente definición de sus esferas de jurisdicción, y a la construcción de sus lugares de adoración» (*History of Christian Worship*, pp. 13-14).
4. Boggs, *Christian Saga*, p. 209.
5. Marcos 14:58; Hechos 7:48, 17:24; Gálatas 4:9; Colosenses 2:14-19; Hebreos 3-11; 1 Pedro 2:4-9.

constante de evolución». Esas mutaciones lograron poco en cuanto a cambiar los rasgos arquitectónicos dominantes, los que fomentaban un clero monopólico y una congregación inerte.[1]

Consideremos rápidamente la evolución de la arquitectura de la iglesia:

> Luego de Constantino, la arquitectura cristiana pasó de la fase de la basílica a la fase bizantina.[2] Las iglesias bizantinas contaban con domos centrales e íconos y mosaicos decorativos.[3]

> A la arquitectura bizantina la siguió la arquitectura románica.[4] Los edificios de estilo románico se caracterizaban por tener una elevación de tres pisos, enormes pilares en los que se apoyaban arcos redondeados e interiores coloridos.[5] Esta forma de edificación apareció poco después de que Carlomagno se convirtiera en emperador del Sacro Imperio Romano, el día de Navidad del año 800 d.C.

> Luego del período románico llegó la era gótica del siglo doce. La arquitectura gótica produjo el surgimiento de las fascinantes catedrales góticas con sus bóvedas de crucería, arcos en punta, y arbotantes.[6] El término *catedral* deriva de la palabra *cátedra*. Se trata del edificio que alberga la cátedra, o sea, al asiento del obispo.[7]

Los vidrios de color fueron introducidos en los edificios de la iglesia en el siglo sexto por Gregorio de Tours (538-594).[8] El vidrio se colocó en las estrechas ventanas de alguna iglesias románicas. Suger (1081-1151), abad de Saint-Denis, llevó el vidrio colorido a otro nivel. Lo adornó con pinturas sacras. Por lo tanto se convirtió en el primero en usar vitrales en las ventanas de los edificios de las iglesias, instalándolos en la catedrales góticas.[9]

---

1. White, *Protestant Worship and Church Architecture*, pp. 51, 57.
2. Krautheimer, *Early Christian and Byzantine Architecture* [Cristianismo primitivo y arquitectura bizantina].
3. Norman, *House of God*, pp. 51-71. Se promueve a la iglesia de Santa Sofía (Iglesia de la Santa Sabiduría), abierta en el año 360 d.C. y reconstruida en el año 415 d.C., como la iglesia de oriente que representa la encarnación perfecta de los que debe ser el edificio de una iglesia.
4. Short, *History of Religious Architecture*, cap. 10.
5. Norman, *House of God*, pp. 104-135.
6. Para mayores detalles, ver el libro de Short *History of Religious Architecture*, capítulos 11 al 14, y la obra clásica de Otto von Simson, *The Gothic Cathedral: Origins and Gothic Architecture and the Medieval Concept of Order* [La catedral gótica: Orígenes, y la arquitectura gótica y el concepto medieval de orden], Princeton University Press, Princeton, 1988.
7. Krautheimer, *Early Christian and Byzantine Architecture*, p. 43.
8. Durant, *Age of Faith*, p. 856.
9. Von Simson, *Gothic Cathedral*, p. 122. Frank Senn señala: «Cada vez se llenaban más los espacios entre columnas con ventanas de un tamaño mayor, lo que proporcionaba luz y luminosidad a los nuevos edificios, cosa que les faltaba a los edificios

Grandes paneles de vitrales, que esparcían una luz brillante y colorida, comenzaron a llenar las paredes de las iglesias góticas.[1] También se emplearon colores oscuros y ricos para crear el efecto de la nueva Jerusalén. Las ventanas con vitrales de los siglos doce y trece raramente se han podido igualar en belleza y calidad. A través de sus deslumbrantes colores, las ventanas con vitrales crearon en verdad una sensación anímica de majestad y esplendor. Inducían a sentimientos que se asociaban con la adoración a un Dios poderoso y atemorizador.[2]

Al igual que lo que sucedía con las basílicas constantinianas, las raíces de la catedral gótica también eran completamente paganas. Los arquitectos góticos dependían mucho de las enseñanzas de Platón, el filósofo pagano griego. Platón enseñaba que el sonido, el color y la luz tienen significados místicos sublimes. Pueden inducir a estados de ánimo y ayudan a llevar a las personas más cerca del «Dios Eterno».[3] Los diseñadores góticos tomaron las enseñanzas de Platón y las trasladaron al ladrillo y la piedra. Crearon una iluminación imponente para provocar una sensación irresistible de esplendor y adoración.[4]

El color es uno de los factores emotivos más poderosos con los que contamos. Por lo tanto, las ventanas con vitrales se emplearon hábilmente para crear una sensación de misterio y de trascendencia. Derivando la inspiración de las grandiosas estatuas y torres del antiguo Egipto, la arquitectura gótica procuró recapturar la sensación de lo sublime a través de alturas exageradas.[5]

Se dijo de la estructura gótica que «todo el edificio parece encadenado a la tierra en un vuelo detenido... Se levanta como una exhalación del suelo... Ninguna otra arquitectura espiritualiza, refina y arroja hacia el cielo de este modo la sustancia que

---

románicos. En las ventanas podían colocarse vitrales que contaran las historias bíblicas, o ubicar en ellas los símbolos teológicos que previamente solían pintarse en las paredes» (*Christian Liturgy*, p. 214).

1. Durant, *Age of Faith*, p.856.
2. Norman, *House of God*, pp. 153-154; Paul Clowney y Teresa Clowney, *Exploring Churches*, Eerdmans, Grand Rapids, 1982, pp. 66-67.
3. Von Simson, *Gothic Cathedral*, pp. 22-42, 50-55, 58, 188-191, 234-235. Von Simson muestra de qué manera la metafísica de Platón moldeó la arquitectura gótica. La luz y la luminosidad alcanzan su perfección en las ventanas con vitrales del estilo gótico. Todos los elementos del edificio se encuentran armonizados a través de cifras de proporciones perfectas. La luz y la armonía son imágenes del cielo; constituyen los principios ordenadores de la creación. Platón enseñaba que la luz es el más notable de los fenómenos naturales, el más cercano en su forma a la pureza. Los neoplatónicos concebían la luz como una realidad trascendental que ilumina nuestro intelecto para que pueda captar la verdad. El diseño gótico era en esencia combinar entre sí las visiones de Platón, Agustín y Denis, el pseudo areopagita (conocido neoplatónico).
4. White, *Protestant Worship and Church Architecture*, 6.
5. Neil Carter, "The Story of the Steeple" [La historia del campanario], manuscrito no publicado del año 2001. Se puede acceder al texto completo, que está documentado, en http:// www.christinyall.com/steeple.html.

maneja».[1] Constituye el símbolo más acabado del cielo uniéndose con la tierra.[2]

Así que con la utilización de la luz, el color y las alturas excesivas, la catedral gótica promovía una sensación de misterio, trascendencia y sobrecogimiento.[3] Todas estas características se tomaron de Platón y se retransmitieron luego como cristianas.[4]

Los edificios de la iglesia en forma de basílica, los románicos y los góticos constituyen un intento humano por reproducir lo espiritual, lo del cielo.[5] El edificio de la iglesia refleja de una manera muy real, a través de toda la historia, la búsqueda del hombre por percibir lo divino a través de sus sentidos físicos. Aunque el encontrarse rodeado de belleza puede en verdad volver el corazón de una persona hacia Dios, el Señor desea mucho más de su iglesia que una experiencia estética. Ya en el cuarto siglo, la comunidad cristiana había perdido contacto con aquellas realidades celestiales y espirituales que son intangibles y no pueden percibirse por los sentidos, sino que solo pueden ser registradas por el espíritu humano (ver 1 Corintios 2:9-16).

Este constituye el principal mensaje que transmite la arquitectura gótica: «Dios es trascendente e inalcanzable, así que siéntanse sobrecogidos por su majestad». Pero semejante mensaje es un desafío al mensaje del evangelio, que declara que Dios es muy accesible, tanto que ha establecido su residencia en medio de su pueblo.

EL EDIFICIO DE LA IGLESIA PROTESTANTE

En el siglo dieciséis, los reformadores heredaron la tradición del edificio, lo que ya mencionamos con anterioridad. En poco tiempo, miles de catedrales medievales llegaron a ser de su propiedad, a medida que los gobernantes locales que controlaban esas estructuras se iban uniendo a la Reforma.[6]

---

1. Turner, *From Temple to Meeting House*, p. 190.
2. La arquitectura barroca de los siglos diecisiete y dieciocho siguieron el camino de lo gótico en cuando a inducir sensaciones con la riqueza de su armonía y decoración (Clowney y Clowney, *Exploring Churches*, pp. 75-77). J. G. Davies declara que en Occidente, durante la Edad Media, las catedrales eran consideradas como modelos del cosmos (Davies, *Secular Use of Church Buildins*, p. 220).
3. White, *Protestant Worship and Church Architecture*, p. 131.
4. Para acceder a un análisis detallado de las especificaciones históricas de la arquitectura gótica, ver la obra de Durant *Age of Faith*, capítulo 32. Aunque anticuada, la arquitectura gótica hizo una reaparición entre los protestantes con el avivamiento gótico de mediados del siglo diecinueve. Pero las construcción de edificios góticos acabó luego de la Segunda Guerra Mundial (White, *Protestant Worship and Church Architecture*, pp. 130-142; Norman, *House of God*, pp. 252-278).
5. Senn, *Christian Liturgy*, p. 604.
6. White, *Protestant Worship and Church Architecture*, p. 64. El primer edificio de la iglesia protestante fue el castillo de Torgua, construido en 1544 para el culto luterano. No tenía un lugar especial para el presbiterio y el coro, y el altar se había convertido en una simple mesa (Turner, *From Temple to Meeting House*, p. 206).

La mayoría de los reformadores eran ex sacerdotes. Por lo tanto, sin ser conscientes de ello, habían sido condicionados por los patrones de pensamiento del catolicismo medieval.[1] De modo que aunque los reformadores hicieron una cierta remodelación de los edificios de la iglesia, recientemente adquiridos, casi no realizaron cambios funcionales en su arquitectura.[2]

Aun cuando los reformadores hubieran deseado producir cambios radicales a las prácticas de la iglesia, las masas no estaban listas para ello.[3] Martín Lutero fue muy claro en cuanto a que la iglesia no era un edificio ni una institución.[4] Sin embargo, le hubiera sido imposible revertir más de un milenio de confusión sobre ese tema.[5]

El cambio arquitectónico central que realizaron los reformadores reflejaba su teología. Hicieron del púlpito el centro dominante del edificio y no tanto la mesa del altar.[6] La Reforma se forjó sobre la idea de que la gente no podía conocer a Dios ni crecer espiritualmente a menos que escucharan predicar. Por lo tanto, cuando los reformadores heredaron los edificios de la iglesia ya existentes, los adaptaron con ese fin.[7]

LA TORRE O CAMPANARIO

Desde que los habitantes de Babel erigieron una torre cuya cúspide «llegara al cielo», las demás civilizaciones los han imitado, construyendo estructuras con cúspides puntiagudas.[8] Los babilonios y los egipcios construían obeliscos y pirámides que reflejaban su creencia de que estaban avanzando hacia la

---

1. White, *Protestant Worship and Church Architecture*, p. 78.
2. Jones, *Historical Approach to Evangelical Worship*, pp. 142-143, 225. Resulta interesante que los siglos diecinueve y veinte hayan visto un gran avivamiento de la arquitectura medieval en medio de los grupos protestantes (White, *Protestant Worship and Church Architecture*, p. 64).
3. White, *Protestant Worship and Church Architecture*, p. 79.
4. «De todos los grandes maestros del cristianismo, Martín Lutero fue el que percibió con mayor claridad la diferencia entre la *Ecclesia* del Nuevo Testamento y la iglesia institucional, y el que reaccionó más nítidamente en contra del *quid pro quo* que los identificaba. Por lo tanto, se rehusó a tolerar la simple palabra "iglesia": la consideraba un término oscuro y ambiguo. En su traducción de la Biblia, él interpretó la palabra *ecclesia* como "congregación"... Se daba cuenta de que la *ecclesia* del Nuevo Testamento no era una simple "cosa", una "institución", sino más bien una unión de personas, un pueblo, una comunión... Aunque era fuerte la aversión de Lutero por la palabra "iglesia", los hechos registrados por la historia son más contundentes aún. El uso lingüístico que se hizo del término, tanto en la época de la Reforma como en la posterior a ella, demuestra que hubo que llegar a un acuerdo en cuanto a la idea de iglesia que se había desarrollado ya con tanta fuerza; y por consiguiente, toda la confusión derivada del uso de aquella palabra "oscura y ambigua" penetró la teología reformada. Resultaba imposible volver el reloj un milenio y medio atrás. La concepción de la palabra "iglesia" quedó irrevocablemente moldeada por este proceso histórico de 1500 años». Emil Brunner, *The Misunderstanding of the Church* [La mala comprensión de la iglesia], Lutterworth Press, Londres, 1952, pp. 15-16.
5. Martin Lutero, *Luther's Works* [Las obras de Lutero], Fortress Press, Filadelfia, 1965, pp. 53-54.
6. White, *Protestant Worship and Church Architecture*, p. 82.
7. Clowney y Clowney, *Exploring Churches*, pp. 72-73. La mesa del altar se movió de su posición encumbrada y fue trasladada a la plataforma del clero, algunos escalones más abajo, lo que le dio una posición de menos preeminencia. El púlpito se colocó más cerca de la nave en la que se sentaba la gente, como para hacer del sermón una parte fija del servicio.
8. Ver Génesis 11:3-9. Carter, "The Story of the Steeple".

inmortalidad. Cuando aparecieron la cultura griega y su filosofía, la arquitectura cambió su orientación de vertical y dirigida hacia arriba a horizontal y enfocada hacia abajo. Todo sugería la creencia de los griegos en la democracia, la igualdad humana, y los dioses orientados hacia la tierra.[1]

Sin embargo, con la aparición de la Iglesia Católica Romana, la practica de coronar los edificios con cúspides puntiagudas volvió a emerger. Hacia fines del período bizantino, los papas católicos tomaron su inspiración de los obeliscos del antiguo Egipto.[2] A medida que la arquitectura religiosa entró en el período románico, las puntas afiladas comenzaron a aparecer en la fachada y en las esquinas de toda catedral que se construía en el Imperio Romano. Esta tendencia alcanzó su pináculo durante la época de la arquitectura gótica, con la construcción por parte del Abad Suger de la catedral de Saint-Denis.

A diferencia de la arquitectura griega, la línea característica de la arquitectura gótica era vertical, para sugerir una búsqueda de elevación. Ya en esta época, a través de toda Italia comenzaron a aparecer torres cerca de la entrada de los edificios de la iglesia. Las torres albergaban las campanas que llamaban a la gente a la adoración.[3] Esas torres representaban el contacto entre el cielo y la tierra.[4]

Con el paso de los años, los arquitectos góticos (con su énfasis en la verticalidad) buscaron agregarle una aguja alta a cada torre.[5] Las agujas (también llamadas campanarios; *agujas —spires*, en inglés— es el término que en inglés británico usan los anglicanos) constituían un símbolo de la aspiración del hombre a unirse con su Creador.[6] Durante los siglos siguientes, las torres se volvieron más altas y delgadas. Eventualmente se convirtieron en un punto central de la arquitectura desde lo visual. También se redujeron en número: de los «cuerpos occidentales» de torres dobles a la aguja única tan característica de las iglesias de Normandía y Gran Bretaña.

En el año 1666, sucedió algo que cambio el curso de la arquitectura de las torres. Un fuego arrasó la ciudad de Londres y

---

1. Zahi Havass, *The Pyramids of Ancient Egypt* [Las pirámides del antiguo Egipto], Carnegie Museum of Natural History, Pittsburgh, 1990, p. 1; Short, *History of Religious Architecture*, pp. 13, 167.
2. Norman, *House of God*, p. 160.
3. Charles Wickes, *Illustrations of Spires and Towers of the Medieval Churches of England* [Ilustraciones de agujas y torres de las iglesias medievales de Inglaterra], Hessling & Spielmeyer, 1900, p. 18.
4. Clowney y Clowney, *Exploring Churches*, p. 13.
5. Durant, *Age of Faith*, p. 865.
6. Clowney y Clowney, *Exploring Churches*, p. 13.

dañó la mayoría de sus ochenta y siete edificios de iglesias.[1] A Sir Christopher Wren (1632-1723) se lo comisionó entonces para rediseñar todas las iglesias de Londres. Utilizando sus propias innovaciones estilísticas, que había usado para modificar las agujas góticas en Francia y Alemania, Wren creó los modernos campanarios.[2] A partir de ese entonces, el campanario se convirtió en un rasgo dominante de la arquitectura anglo-británica.

Más tarde, los Puritanos construyeron los edificios de sus iglesias de un modo mucho más simple que sus predecesores católicos y anglicanos. Pero mantuvieron la aguja, o campanario, y la introdujeron al nuevo mundo de las Américas.[3]

El mensaje de la aguja o campanario contradice el mensaje del Nuevo Testamento. Los cristianos no tienen que procurar llegar al cielo para encontrar a Dios. ¡Él está aquí! Con la llegada de Emanuel, Dios está con nosotros (Ver Mateo 1:23). Y con su resurrección, tenemos un Señor que mora en nosotros. La aguja constituye un desafío a esas realidades.

EL PÚLPITO

Los primeros sermones fueron emitidos desde el asiento, o cátedra, del obispo, que estaba ubicada detrás del altar.[4] Más tarde, el *ambo*, un escritorio elevado, colocado en un costado de la plataforma del clero, desde el que se leían lecciones bíblicas, se constituyó en el lugar desde el que se emitieron los sermones.[5] El *ambo* fue tomado de la sinagoga judía.[6] Sin embargo, sus raíces más tempranas se encuentran en los escritorios de lectura y plataformas de la antigüedad greco romana. Juan Crisóstomo (347-407) se hizo popular por hacer del *ambo* un lugar de predicación.[7]

En épocas tan tempranas como el año 250 d.C., ese escritorio

---

1. Gerald Cobb, *London City Churches* [Iglesias de la ciudad de Londres], Batsford, Londres, 1977, p.15 y subsiguientes.
2. Viktor Furst, *The Architecture of Sir Christopehr Wren* [La arquitectura de Sir Christopher Wren], Lund Humphries, Londres, 1956, p. 16. Debido a que las iglesias de Londres están encajonadas tan estrechamente entre otros edificios, queda poco espacio para enfatizar alguna otra cosa que no sea la aguja en sí. Por consiguiente, Wren estableció la tendencia a construir iglesias con contornos relativamente sencillos y llanos que ponían de relieve una aguja o campanario desproporcionadamente alto y elaborado en uno de sus costados. Paul Jeffery, *The City Churches of Sir Christopher Wren* [Las iglesias citadinas de Sir Christopher Wren], The Hambledon Press, Londres, 1996, p. 88.
3. Peter Williams, *Houses of God* [Casas de Dios] University of Illinois Press, Chicago, 1997, pp. 7-9; Colin Cunningham, *Stones of Witness* [Piedras de testimonio], Sutton Publishing, Gloucestershire, UK, 1999, p. 60.
4. Arthur Pierce Middleton, *New Wine in Old Wineskins* [Vino nuevo en odres viejos], Morehouse-Barlow Publishing, Wilton, Connecticut, 1988, p. 76.
5. *Ambo* es la palabra latina que indica púlpito. Se deriva de *ambon*, que significa «cima de una colina». La mayoría de los *ambos* eran elevados y se accedía a ellos a través de escalones (Ferguson, *Encyclopedia of Early Christianity*, p. 29; Peter F. Anson, *Churches: Their Plan and Furnishing*, p. 154; Middleton, *New Wine in Old Wineskins*, p. 76.
6. Gough, *Early Christians*, p. 172; Ferguson, *Encyclopedia of Early Christianity*, p. 29. El predecesor del *ambo* fue el *migdal* de la sinagoga. *Migdal* significa «torre» en hebreo.
7. Ferguson, *Encyclopedia of Early Christianity*, p. 29.

fue reemplazado por el púlpito. Cipriano de Cartago (200-258) habla de instituir al líder de la iglesia en su cargo público sobre el pulpitum.[1] Nuestra palabra *púlpito* deriva del término latino *pulpitum*, que significa «un escenario».[2] El pulpitum, o púlpito, se colocaba sobre el lugar más elevado de la congregación.[3]

Con el tiempo, la frase «ascender a la plataforma» (*ad pulpitum venire*) se convirtió en parte del vocabulario del clero. Alrededor del año 252 d.C., Cipriano aludió a la plataforma elevada que separaba al clero del laicado como «el sagrado y venerado *congestum* del clero».[4]

Hacia finales de la Edad Media, el púlpito se popularizó en las iglesias parroquiales.[5] Con la Reforma, se convirtió en la pieza central de mobiliario del edificio de la iglesia.[6] El púlpito simbolizaba el reemplazo de la centralidad de la acción ritualista (la misa) por la instrucción verbal del clero (el sermón).[7]

En las iglesias luteranas, se trasladó el púlpito para colocarlo frente al altar.[8] En las iglesias reformadas, el púlpito fue dominante hasta que el altar finalmente desapareció y fue reemplazado por la «Mesa de comunión».[9]

El púlpito siempre ha constituido la pieza central de la iglesia protestante. Tanto es así, que un reconocido pastor que habló durante una conferencia auspiciada por la Asociación Evangelística Billy Graham declaró: «Si la iglesia está viva es porque el púlpito está vivo; si la iglesia está muerta, es porque el púlpito está muerto».[10]

El púlpito eleva al clero a una posición prominente. Fiel a su significado, coloca al predicador en el centro del «escenario», separándolo y poniéndolo por encima del pueblo de Dios.

LOS BANCOS Y LA PLATEA

Los bancos constituyen quizá el mayor inhibidor de la

---

1. «Púlpito», en latín. White, *Building God's House*, p. 124.
2. Christian Smith, *Going to the Root* [Yendo a la raíz], Herald Press, Scottdale, PA, 1992, p.83.
3. White, *Building God's House*, p. 124.
4. Ibid.
5. Middleton, *New Wine in Old Wineskins*, p. 76.
6. Clowney y Clowney, *Exploring Churches*, p. 26.
7. Frank C. Senn, *Christian Worship and Its Cultural Setting* [La adoración cristiana y su entorno cultural], Fortress Press, Filadelfia, 1983, p. 45.
8. Owen Chadwick, *The Reformation*, [La Reforma], Penguin Books, Londres, 1964, p. 422. En el siglo dieciséis, el púlpito se combinó con el escritorio de lectura (o atril), para convertirlo en una única estructura de «dos niveles». El escritorio de lectura constituía la parte de más bajo nivel del púlpito (Middleton, *New Wine in Old Wineskins*, p. 77).
9. Senn, *Christian Worship and Is Cultural Setting*, p. 45.
10. Scott Gabrielson, "All Eyes to the Front: A Look at Pulpits Past and Present" [Todos los ojos al frente: Una mirada a los púlpitos en el pasado y en el presente], *Your Church* [Tu iglesia], enero/febrero de 2002, 173 S p.44.

comunión cara a cara. Son un símbolo del letargo y la pasividad de la iglesia contemporánea y ha hecho de la adoración corporativa un deporte para espectadores.[1]

La palabra *pew* (banco en inglés) deriva del latín *podium*. Significa un asiento elevado por encima del nivel del piso, o una «platea».[2] Los bancos eran desconocidos en los edificios de la iglesia del primer milenio de la historia cristiana. En las primitivas basílicas, la congregación se mantenía de pie a través de todo el servicio.[3] (Esta todavía sigue siendo la práctica entre muchos ortodoxos orientales).[4]

Ya en el siglo trece, los bancos sin respaldo comenzaron a ser introducidos gradualmente en los edificios parroquiales de Inglaterra.[5] Esos bancos eran de piedra y se colocaban contra las paredes. Luego fueron trasladados al cuerpo central del edificio (el área llamada nave).[6] Al principio los bancos se acomodaban en semicírculo alrededor del púlpito. Mas tarde se fijaron al piso.[7]

Los modernos bancos aparecieron en el siglo catorce, aunque no se hizo común encontrarlos en las iglesias hasta el siglo quince.[8] En esa época, los bancos de madera suplantaron a los asientos de piedra.[9] En el siglo dieciocho, se hicieron populares los bancos tipo palco.[10]

Los bancos tipo palco tienen una historia cómica. Se los proveía con asientos acolchados, alfombras, y otros accesorios. Se los vendía a las familias y eran considerados como propiedad privada.[11] Los dueños de los bancos tipo palco se propusieron hacerlos lo más confortables que pudieran.

Algunos los decoraron con cortinas, almohadones, sillones acolchados, estufas, y hasta compartimientos especiales para sus perros mascota. No era infrecuente que los dueños mantuvieran sus bancos cerrados con llave y candado. Luego de mucha crítica

---

1. James F. White, *The Worldliness of Worship* [La mundanalidad de la adoración], Oxford University Press, Nueva York, 1967, p. 43.
2. Cross y Livingston, *Oxford Dictionary of the Christian Church*, p 1271; Smith, *Going to the Root*, p. 81.
3. Davies, *Secular Use of Church Buildings*, p. 138. Ocasionalmente se proveían algunos bancos de madera o piedra para las personas enfermas o de edad avanzada.
4. Middleton, *New Wine in Old Wineskins*, p. 73.
5. Ibid., 74. A finales de la Edad Media, estos bancos contaban con una decoración elaborada, con imágenes de santos y animales imaginarios. Norrington, *To Preach or Not*, p. 31; J. G. Davies, *The Westminster Dictionary of Worship*, Westminster Press, Filadelfia, 1972, p. 312.
6. Doug Adams, *Meeting House to Camp Meeting*, The Sharing Company, Austin, 1981, p. 14.
7. Clowney and Clowney, *Exploring Churches*, p. 28.
8. Senn, *Christian Liturgy*, p. 215; Clowney and Cowney, *Exploring Churches* p. 28.
9. Davies, *Secular Use of Church Buildings*, p. 138.
10. White, *Protestant Worship and Church Architecture*, p. 101.
11. Clowney y Clowney, *Exploring Churches*, p. 28.

por parte del clero, esos bancos embellecidos fueron reemplazados por asientos abiertos.[1]

Debido a que los bancos tipo palco con frecuencia tenían costados altos, los púlpitos tuvieron que elevarse para poder ser vistos por la gente. Así que el púlpito estilo «copa de vino» nació durante la época colonial.[2] Los bancos familiares tipo palco, del siglo dieciocho, fueron reemplazados por bancos que se podían desplazar, para que toda la gente pudiera estar de frente a esa nueva plataforma alta recientemente erigida desde la que el pastor conducía el servicio.[3]

Entonces, ¿qué es el banco? El significado de la palabra ya lo dice todo. Se trata de una «platea» a la que se la ha bajado un poco, asientos individuales desde los cuales observar actuaciones en un escenario (el púlpito). Inmoviliza a la congregación de los santos y los convierte en espectadores mudos. Dificulta la comunión y la interacción de las personas cara a cara.

Las plateas (o balcones) fueron inventados por los alemanes en el siglo dieciséis. Los popularizaron los puritanos en el siglo dieciocho. Desde entonces, la platea se ha convertido en la marca registrada de los edificios de la iglesia protestante. Su propósito es acercar la congregación al púlpito. Otra vez, el asegurarse que las personas que allí se congregan puedan oír con claridad al predicador siempre ha constituido la principal consideración de los protestantes en cuanto al diseño de la iglesia.[4]

ARQUITECTURA CONTEMPORÁNEA DE LA IGLESIA

Durante los últimos doscientos años, los dos patrones arquitectónicos dominantes empleados por las iglesias protestantes son la plataforma dividida (utilizada por las iglesias litúrgicas) y el escenario estilo concierto (usado por las iglesias evangélicas).[5] La plataforma es el área desde donde el clero (y a veces el coro) conduce el servicio.[6] En la iglesia que utiliza el estilo de la plataforma, existe todavía una baranda o mampara que separa al clero del laicado.

---

1. Ibid.; Davies, *Secular Use of Church Buildings*, p. 139. Algunos clérigos atacaron el abuso de la decoración de los bancos. Se recuerda a un predicador que dio un sermón lamentando la existencia del banco, y diciendo que la congregación «no quiere otra cosa sino camas desde las que pueda escuchar la Palabra de Dios»
2. Middleton, *New Wine in Old Wineskins*, p. 74.
3. Adams, *Meeting House to Camp Meeting*, p. 14.
4. White, *Protestant Worship and Church Architecture*, pp. 85, 107. Clowney y Clowney, *Exploring Churches*, p. 74.
5. White, *Protestant Worship and Church Architecture*, p. 118.
6. Clowney y Clowney, *Exploring Churches*, p. 17.

El edificio de la iglesia estilo concierto muestra una gran influencia del evangelismo del siglo diecinueve.[1] Se trata esencialmente de un auditorio. El edificio ha sido estructurado para enfatizar la actuación teatral del predicador y del coro.[2] Su estructura sugiere implícitamente que el coro (o equipo de alabanza) actúa para la congregación para estimular su adoración, o para entretenerla.[3] También provoca una atención excesiva sobre el predicador, sea que este se encuentre de pie o sentado.

En el edificio estilo concierto, puede aparecer una pequeña mesa de comunión sobre el piso, por debajo del púlpito. Es típico que la mesa de comunión se encuentre decorada con candelabros de bronce, una cruz, y flores. El tener dos velas sobre la mesa de comunión se ha convertido en un signo de ortodoxia en la mayoría de las iglesias protestantes hoy. Lo mismo que con muchos otros elementos que se usan en los servicios de la iglesia, la presencia de las velas fue algo tomado del ceremonial utilizado por la corte imperial romana.[4]

Sin embargo, a pesar de esas variaciones, toda la arquitectura protestante produce los mismos efectos estériles que se podían encontrar en las basílicas constantinianas. Continúan manteniendo la división, para nada bíblica, entre el clero y el laicado. Y alienta a que la congregación asuma el rol de espectadora. El arreglo y la atmósfera del edificio condiciona a la congregación a la pasividad. La plataforma del púlpito funciona como el escenario, y la congregación ocupa el teatro.[5] Para hacerlo breve, la arquitectura cristiana, desde su nacimiento en el siglo cuarto, ha estancado el funcionamiento del pueblo de Dios.

UNA EXÉGESIS DEL EDIFICIO

A esta altura, ustedes pueden estar pensando: *¿Y qué importancia tiene? ¿A quién le importa que los cristianos del primer siglo no tuvieran edificios, o que los edificios mostraran estampas de prácticas y creencias paganas, o que los católicos medievales basaran su arquitectura en la filosofía pagana? ¿Qué tiene que ver eso con nosotros hoy?*

Consideremos la siguiente afirmación: La ubicación social

---

1. White, *Protestant Worship and Church Architecture*, pp. 121 y subsiguientes.
2. Turner, *From Temple to Meeting House*, pp. 237, 241.
3. White, *Protestant Worship and Church Architecture*, p. 140.
4. Ibid., pp. 129, 133, 134. Algunas iglesias tienen bautisterios construidos de material detrás del púlpito y del balcón del coro. Dentro de la tradición católica, las velas no se colocaron sobre la mesa altar de un modo corriente hasta el siglo once (Jungmann, *Early Liturgy*, p. 133).
5. White, *Protestant Worship and Church Architecture*, pp. 120, 125, 129, 141.

del lugar de reuniones de la iglesia expresa el carácter de la iglesia e influye sobre él.[1] Si ustedes presuponen que el sitio en el que la iglesia se congrega tiene que ver con una simple cuestión de conveniencia, caen en un error trágico. Están pasando por alto una realidad humana básica. Cada edificio con el que nos encontramos provoca una respuesta en nosotros. Tanto por su interior como por su exterior, nos muestra explícitamente lo que la iglesia es y cómo funciona.

Para ponerlo en las palabras de Henri Lefebvre: «El espacio nunca está vacío; siempre plasma algún significado».[2] Este principio también ha sido expresado por un lema de la arquitectura: «la forma está determinada por la función». Las formas de un edificio reflejan su función particular.[3]

El ámbito social de un lugar de reuniones de la iglesia constituye un buen indicador de la comprensión que esa iglesia tiene acerca del propósito de Dios para su cuerpo. La ubicación de una iglesia indica cómo son los encuentros. Nos muestra lo que es importante y lo que no. Y nos da a entender qué es lo aceptable decir entre unos y otros y qué no.

Aprendemos estas lecciones del entorno en el que nos reunimos, sea el edificio de una iglesia o un hogar privado. Esas lecciones de ningún modo resultan neutrales. Entremos al edificio de cualquier iglesia para realizar una exégesis de su arquitectura. Preguntémonos qué objetos están en un lugar más elevado y cuáles en uno más bajo. Preguntémonos qué es lo que se ha colocado al frente y qué al fondo. Preguntémonos de qué manera puede resultar posible «modificar» el curso de una reunión de improviso. Preguntémonos si resulta fácil o difícil que uno de los miembros hable desde donde está sentado de modo que todos lo vean y escuchen.

Si observamos el marco del edificio de una iglesia y nos hacemos estas preguntas (y otras semejantes), comprenderemos por qué la iglesia contemporánea tiene el carácter que tiene. Si hacemos la misma serie de preguntas acerca de la sala de una

---

1. Según dice J. G. Davies: «La cuestión del edificio de la iglesia es inseparable de la cuestión de la iglesia y sus funciones dentro del mundo moderno» (*Secular Use of Church Buildings*, p. 208).
2. Leonard Sweet, "Church Architecture for the 21st Century" [Arquitectura de la iglesia para el siglo veintiuno], *Your Church*, marzo/abril 1999, p. 10. En ese artículo, Sweet intenta imaginar los edificios de la iglesia posmoderna que rompen con los viejos moldes de la arquitectura que promueven la pasividad. Irónicamente, Sweet escribe a partir del viejo paradigma de visualizar los edificios de la iglesia como espacios sagrados. Él señala: «Por supuesto, uno no está levantando un simple edificio cuando se construye una iglesia; uno está levantando un espacio sagrado». Este tipo de pensamiento se halla muy arraigado.
3. Senn, *Christian Liturgy*, pp. 212, 604. Los edificios eclesiales estilo auditorio convierten a la congregación en una audiencia pasiva, en tanto que los de estilo gótico la dispersan a través de una nave larga y angosta, o por los rincones y recovecos.

casa, obtendremos un conjunto de respuestas distintas. Comprenderemos entonces por qué el ser una iglesia dentro del entorno de una casa (como los cristianos primitivos) tiene el carácter que tiene.

La localización social resulta un factor crucial para la vida de la iglesia. No se puede considerar como simplemente «una realidad accidental de la historia».[1] La ubicación social le enseña a las personas buenas y piadosas algunas muy malas lecciones y ahoga la vida compartida. El prestar atención a la importancia de la ubicación social de la iglesia (casa o edificio eclesial) nos ayuda a comprender el tremendo poder de nuestro medioambiente social.

Para agudizar un poco el punto, los edificios eclesiásticos se basan en la idea encubierta de que la adoración es algo aparte de la vida cotidiana. Hay variaciones en la gente, por supuesto, en cuanto a la profundidad con que enfatizan esta disyuntiva. Algunos grupos se han desviado del camino al enfatizarla insistiendo en que la adoración debe tener lugar solo en algunos tipos específicos de espacio, diseñados para hacernos sentir de un modo diferente al que nos sentimos en la vida cotidiana.

La disyuntiva entre culto y vida cotidiana caracteriza al cristianismo de Occidente. El culto, o adoración, se ve como algo separado de toda la trama de la vida y empaquetado para consumo grupal. Siglos de arquitectura gótica nos han enseñado mal acerca de lo que es el culto en verdad. Pocas personas pueden entrar en una de esas catedrales impactantes sin experimentar el poder de su espacio.

La iluminación es indirecta y tenue. Los techos, altos. Los colores, cálidos e intensos. El sonido viaja en un sentido determinado. Todas esas cosas cooperan para transmitirnos una sensación de sobrecogimiento y asombro. Han sido diseñadas para manipular los sentidos y crear una «atmósfera cultual».[2]

Algunas tradiciones agregan olores a la mezcla. Pero el efecto es siempre el mismo: nuestros sentidos interactúan con nuestro espacio para llevarnos a un estado particular del alma, un estado de sobrecogimiento, misterio y trascendencia que equivale a una evasión de la vida normal.[3]

Nosotros, los protestantes, hemos reemplazado una buena

---
1. Cita tomada de la obra de Gotthold Lessing *Lessing's Theological Writings* [Escritos teológicos de Lessing].
2. White, *Protestant Worship and Church Architecture*, p. 5.
3. White, *Wordliness of Worship*, pp. 79-83.

parte de ese grandioso embellecimiento arquitectónico por ciertos usos específicos de la música, con la intención de alcanzar el mismo fin. Por consecuencia, en los círculos protestantes, los «buenos» líderes de alabanza son aquellos que pueden utilizar la música para evocar lo que otras tradiciones logran a través del espacio; específicamente, una sensación cultual del alma.[1] Pero esto está desvinculado de la vida cotidiana y no es auténtico. Jonathan Edwards correctamente señaló que las emociones son efímeras y no pueden usarse para medir la relación de uno con Dios.[2]

Esta desvinculación entre lo secular y lo espiritual se pone de manifiesto por el hecho de que un típico edificio de la iglesia requiere que uno «procese» la situación ascendiendo por un escalera o atravesando un pórtico. Eso añade la sensación de que uno se está trasladando de la vida cotidiana a otra vida. Por lo tanto, se requiere de una transición. Todo eso causa que fallemos en el examen del lunes. No importa lo bueno que haya sido el domingo, el lunes por la mañana seremos probados en lo que hace a nuestra adoración.[3]

Observemos al coro colocarse las túnicas en la iglesia, antes del servicio. Sonríen, ríen, y hasta bromean. Pero una vez que el servicio comienza, se convierten en personas diferentes. No es fácil sorprenderlos sonriendo y menos riendo. Esa falsa separación entre lo secular y lo sagrado (la «mística de vitral» de iglesia del domingo por la mañana) desafía la veracidad y la realidad.

Además, el edificio de la iglesia es mucho menos cálido, personal, y amistoso que un hogar, que fue el lugar de reuniones orgánico de los cristianos primitivos.[4] El edificio de la iglesia no ha sido diseñado para la intimidad ni para la comunión. En la mayoría de las edificaciones eclesiales los asientos son bancos de madera atornillados al piso. Los bancos (o sillas) se disponen en filas, todos mirando hacia el púlpito. El púlpito se asienta sobre una plataforma elevada, y esta es a menudo el lugar en el que también se sienta el clero (como un vestigio de la basílica romana).

Esa disposición hace que resulte casi imposible para un adorador mirar a la cara a otro. En lugar de ello, crea una forma de adoración que tiene que ver con sentarse y disfrutar, y eso

---

1. Platón tenía temor de exponer a los jóvenes a ciertos tipos de música debido a que ésta podía exacerbar emociones equivocadas (*The Republic*, 3:398).
2. White, *Protestant Worship and Church Architecture*, p. 19.
3. Estas perspectivas se deben en gran parte a Hal Miller, el amigo de Frank.
4. Sommer habla de un «espacio social de fuga», como un lugar en el que la gente tiende a evitar el contacto personal con otros. El edificio de la iglesia moderna encaja bastante apropiadamente en la descripción de Sommer. "Sociofugal Space" [Espacio social de fuga], *American Journal of Sociology* [Publicación Norteamericana de Sociología] 72, 1967: p. 655.

convierte a los cristianos en funcionamiento en una «banca de patatas». Para decirlo de un modo diferente, ¡la arquitectura pone el énfasis en una comunión entre Dios y su pueblo a través del pastor! Sin embargo, a pesar de estos hechos, los cristianos seguimos tratando al edificio como si fuera sagrado.

Lo acepto, ustedes pueden objetar la idea de que el edificio de la iglesia esté santificado. Pero nuestras acciones y palabras nos traicionan y dejan traslucir nuestras creencias (la mayoría de las veces). Escuchemos a los cristianos hablar acerca del edificio de la iglesia. Escuchémonos a nosotros mismos cuando hablamos. ¿Alguna vez hemos oído que se haga referencia a él llamándolo la «iglesia» o «la casa de Dios»? El consenso general entre los cristianos de todas las denominaciones es que «una iglesia es en esencia un lugar separado para rendir culto».[1] Eso ha sido así durante los últimos 1700 años. Constantino todavía vive y respira en nuestra mente.

EL COSTO INCREÍBLEMENTE ALTO DE LOS GASTOS GENERALES

La mayoría de los cristianos contemporáneos, equivocadamente, visualizan el edificio de la iglesia como una parte necesaria de la adoración. Por lo tanto, nunca se cuestionan la necesidad de apoyar financieramente la construcción y mantenimiento de un edificio.

El edificio de una iglesia demanda una gran inyección de dinero. Solo en los Estados Unidos, los inmuebles de propiedad de las iglesias institucionales sobrepasa los u$s 230 mil millones. Los gastos de los edificios de la iglesia por deudas, servicios y mantenimiento insumen alrededor del 18% de los u$s 50 a 60 mil millones que reciben las iglesias anualmente en concepto de diezmos.[2] Este es el punto: los cristianos contemporáneos gastan una cantidad astronómica de dinero en sus edificios.

Todas las razones que se han esgrimido tradicionalmente para señalar la «necesidad» de contar con un edificio para la iglesia colapsan ante un escrutinio riguroso de las cosas.[3] Con

---

1. Davies, *Secular Use of Church Buildings*, p. 206.
2. Smith, *Going to the Root*, p. 95. La investigación de George Barna indica que los cristianos donan entre u$S 50 y u$s 60 mil millones anualmente a las iglesias.
3. Howard Snyder demuele los argumentos más comunes en cuanto a la «necesidad» de edificios para la iglesia en su libro *Radical Renewal: The Problem of Wineskins Today* [Renovación radical: el problema de los odres hoy], Touch Publications, Houston, 1996, pp. 62-74.

mucha facilidad olvidamos que los cristianos primitivos pusieron al mundo cabeza abajo sin ellos (ver Hechos 17:6). Ellos crecieron rápidamente durante trescientos años sin la ayuda (o el estorbo) de los edificios de la iglesia.

En el mundo de los negocios, los gastos generales matan. Los gastos generales son los que se añaden a la función «real» que un negocio desarrolla en beneficio de sus clientes. Los gastos generales son los que cubren el costo de los edificios, los lápices y el equipo de contaduría. Más aún, los edificios de la iglesia (así como los pastores y personal sostenidos económicamente) requieren grandes y continuos gastos, más que un único desembolso. Estos presupuestos escandalosos recortan las donaciones monetarias hechas a la iglesia no solo en el día presente, sino al mes siguiente, al año siguiente y así de continuo.

Contrastemos los gastos generales de una iglesia tradicional, que incluye personal asalariado y edificios eclesiales, con los gastos generales de una iglesia en una casa. En lugar de que esos gastos desvíen entre el 50 y el 85% de las ofrendas monetarias recibidas por esa iglesia de hogar, sus costos operativos ascienden a un pequeño porcentaje del presupuesto, liberando más del 95% de ese dinero compartido para prestar servicios reales como ministerio, misión y extensión hacia el mundo.[1]

¿PODEMOS DESAFIAR ESA TRADICIÓN?

La mayoría de nosotros ignoramos por completo todo lo que hemos perdido como cristianos cuando comenzamos a erigir lugares dedicados exclusivamente al culto. La fe cristiana nació en los hogares de los creyentes, y sin embargo, cada domingo a la mañana, multitud de cristianos se instalan dentro de un edificio de origen pagano y fundamentado en filosofías paganas.

No existe una pizca de apoyo bíblico para el edificio de la iglesia.[2] Sin embargo, cantidad de cristianos pagan mucho dinero cada año para santificar sus ladrillos y sus piedras. Al hacerlo,

---

1. Howard Snyder demuele los argumentos más comunes en cuanto a la «necesidad» de edificios para la iglesia en su libro *Radical Renewal: The Problem of Wineskins Today* [Renovación radical: el problema de los odres hoy], Touch Publications, Houston, 1996, pp. 62-74.
2. El templo en Jerusalén era sombra y figura de la iglesia de Jesucristo, junto con el sistema de sacrificios que lo acompañaba. Por lo tanto el templo no puede usarse como justificación para poseer edificios eclesiales, lo mismo que no se pueden utilizar los corderos inmolados para justificar esa práctica hoy. La iglesia en Jerusalén se reunía debajo de un techo de los atrios del templo y en el pórtico de Salomón en ocasiones especiales, cuando resultaba conveniente para sus necesidades (Hechos 2:46, 5:12). Pablo rentó temporalmente una escuela para instalar su base apostólica mientras estaba en Éfeso (Hechos 19:1-10). Consecuentemente, los edificios de ninguna manera son inherentemente malos o erróneos. *Pueden* ser usados para la gloria de Dios. Sin embargo, el «edificio de la iglesia» descrito en este capítulo está en desacuerdo con los principios bíblicos por las razones mencionadas en él.

prestan su apoyo a un ambiente artificial en el que se los acuna para lograr que se vuelvan pasivos y evitar que sean naturales y desarrollen intimidad con otros creyentes.[1]

Nos hemos convertido en víctimas de nuestro pasado. Hemos sido engendrados por Constantino, que nos ha otorgado el prestigioso status de ser los poseedores de un edificio. Nos han cegado los romanos y los griegos que nos impusieron sus basílicas jerárquicamente estructuradas. Fuimos cautivados por los godos, que nos transmitieron su arquitectura platónica. Nos han secuestrado los egipcios y babilónicos, que nos proveyeron nuestras sagradas torres aguja. Y hemos sido estafados por los atenienses, que nos impusieron sus columnas dóricas.[2]

De alguna manera nos han enseñado a sentirnos más santos cuando estamos en «la casa de Dios» y hemos heredado una dependencia patológica a un edificio para llevar a cabo nuestra adoración a Dios. Finalmente, el edificio de la iglesia nos ha enseñado mal acerca de lo que es la iglesia y de lo que hace. El edificio constituye una negación arquitectónica del sacerdocio de todos los creyentes. Se trata de una contradicción a la misma naturaleza de la ekklesia, que es en sí una comunidad contracultural. El edificio de la iglesia nos impide comprender y experimentar que la iglesia es el cuerpo de Cristo en funcionamiento, que vive y respira bajo su directa conducción.

Ya es tiempo de que nosotros, los cristianos, nos despertemos al hecho de que no somos ni bíblicos ni espirituales por apoyar los edificios eclesiales. Y le estamos haciendo un gran daño al mensaje del Nuevo Testamento al llamar «iglesias» a los edificios hechos por el hombre. Si cada cristiano del planeta nunca volviera a llamar iglesia a un edificio, eso solo crearía una revolución en nuestra fe.

John Newton dijo con toda razón: «No permitamos que aquel que adora debajo de una torre aguja condene al que adora bajo una chimenea». Teniendo eso en mente, en primer lugar, ¿qué autoridad bíblica, espiritual o histórica tiene cualquier cristiano para reunirse bajo un campanario?

---

1. Un escritor católico inglés lo expresa así: «Si existe algún método simple de salvar la misión de la iglesia, probablemente sea la decisión de abandonar los edificios eclesiales porque ellos constituyen lugares básicamente antinaturales... y no corresponden a nada que sea normal en la vida cotidiana» (Turner, *From Temple to Meeting House*, p. 323).
2. Richard Bushman, *The Refinement of America* [El refinamiento de Norteamérica], Knopf, Nueva York, 1992, p. 338. Entre 1820 y 1840, en las iglesias norteamericanas comenzaron a aparecer columnas dóricas que tenían reminiscencias del clasicismo griego y arcos con reminiscencias de la antigua Roma (Williams, *Houses of God*, p. 12).

➤Profundizando

1. *Los edificios eclesiales permiten que una gran cantidad de personas se reúna a la vez para rendir culto. ¿Cómo se arreglaba la iglesia primitiva para adorar por los hogares con tanta gente como tenía y aún así verse a sí misma como un único cuerpo de creyentes? En la práctica, ¿de qué manera las iglesias orgánicas de hoy mantienen en funcionamiento a cada uno de sus miembros mientras siguen creciendo en cantidad?*

Los cristianos de hoy a menudo suponen que las iglesias primitivas eran tan grandes como muchas de las iglesias institucionales contemporáneas. Ese, sin embargo, no fue el caso. Los cristianos primitivos se reunían en los hogares para llevar a cabo los encuentros de la iglesia (Hechos 2:46; 20:20; Romanos 16:3, 5; 1 Corintios 16:19; Colosenses 4:15; Filemón 2). Dado el tamaño de las casas del primer siglo, las iglesias de los cristianos primitivos eran más bien pequeñas comparadas con los patrones de hoy. En su libro *Paul's Idea of Community*, Robert Banks, erudito en Nuevo Testamento, dice que el tamaño promedio de una iglesia era de una treinta a treinta y cinco personas.[1]

Algunas de las iglesias del primer siglo, como la de Jerusalén, eran mucho más grandes. Lucas nos dice que la iglesia de Jerusalén se encontraba por los hogares a través de toda la ciudad (Hechos 2:46). Sin embargo, el grupo de cada hogar no se veía a sí mismo como una iglesia o denominación separada, sino como parte de la única iglesia de la ciudad. Por esa razón, Lucas siempre se refería a esa iglesia como «la iglesia de Jerusalén», y nunca como a las «iglesias de Jerusalén» (Hechos 8:1, 11:22, 15:4). Cuando toda la iglesia necesitaba reunirse junta con algún propósito específico (por ejemplo, como en Hechos 15), se encontraba en alguna instalación ya existente lo suficientemente grande como para albergar a todos. El pórtico de Salomón, fuera del templo, era utilizado en tales ocasiones (Hechos 5:12).

Hoy, cuando una iglesia orgánica crece hasta ser demasiado grande como para reunirse en un solo hogar, normalmente se multiplica por reuniones separadas en distintos hogares a través de la ciudad. Sin embargo, a menudo siguen considerándose como una sola iglesia que se reúne en distintas locaciones. Cuando los grupos de hogar necesitan congregarse todos juntos en ocasiones especiales, con frecuencia alquilan, o consiguen prestado, un espacio mayor que permita albergarlos a todos.

2. *No estoy seguro de comprender el problema de los edificios eclesiales. ¿Ustedes quieren decir que son malos porque los primero siguieron el modelo de los grandes edificios públicos o porque fueron promovidos por un emperador con un fundamento teológico sospechoso? ¿Hay algo en las Escrituras que prohíba al cuerpo de Cristo reunirse en ellos?*

La respuesta a la primera pregunta es que no; no es eso lo que queremos decir. Al detallar su origen, sin embargo, demostramos que se desarrollaron independientemente de cualquier mandato de las Escrituras, y

---

1. Robert Banks, *Paul's Idea of Community*, Hendrickson, Peabody, MA, 1994, p. 35.

que son contrarios a lo que algunos cristianos creen. Más aun, pensamos que desmerece la comprensión adecuada de la iglesia como el cuerpo de los creyentes.

Aunque las Escrituras nunca analizan este tópico específicamente, los edificios eclesiásticos nos enseñan una cantidad de malas lecciones que van en contra de los principios del Nuevo Testamento. Limitan la participación y comunión entre los miembros. Con frecuencia, su grandiosidad distancia a la gente de Dios en vez de recordarles que Cristo habita en cada creyente. Como lo dijo Winston Churchill: «Primero nosotros les damos forma a nuestros edificios. A partir de allí, ellos nos dan forma a nosotros». Este, decididamente, es el caso de los edificios eclesiales.

La idea de que el edificio de la iglesia es «la casa de Dios», y la mención constante a él como «iglesia» no solo no es bíblica, sino que viola la comprensión del Nuevo Testamento acerca de lo que en realidad es la ekklesia. Creemos que esta es la razón por la que los cristianos primitivos no erigieron tales edificios hasta la era de Constantino.

El historiador de la iglesia Rodney Stark dice: «Por demasiado tiempo los historiadores han aceptado la afirmación de que la conversión del emperador Constantino (alrededor de los año 285-337) produjo el triunfo del cristianismo. Por el contrario, él destruyó sus aspectos más atractivos y dinámicos, transformando un movimiento arraigado y de alta intensidad en una institución arrogante controlada por una elite que a menudo se las arreglaba para ser tanto brutal como laxa... El "favor" que le hizo Constantino fue su decisión de desviar hacia los cristianos una cantidad enorme de fondos del estado, de los que siempre habían dependido los templos paganos. De la noche a la mañana, el cristianismo se convirtió en "el receptor más favorecido de los recursos casi ilimitados del favor imperial". Una fe que se había estado reuniendo dentro de estructuras humildes, de pronto fue albergada en magníficos edificios públicos; la nueva iglesia de San Pedro en Roma siguió el modelo de la basílica usada para los cuartos del trono imperial».[1]

3. *¿Simplemente porque Platón, un filósofo pagano, haya sido el primero en articular la manera en que el sonido, la luz y el color influyen sobre el estado de ánimo, y provocan sensaciones de esplendor, sobrecogimiento y adoración, debería considerarse erróneo que las iglesias consideraran maximizar esos factores al diseñar sus edificios? ¿No sería apropiado emplearlos al máximo en el culto cristiano? Después de todo, las Escrituras dejan en claro que tenemos que recordar la santidad y justicia de Dios.*

Nuestro punto en aquella breve consideración sobre Platón fue simplemente para mostrar que la filosofía pagana había metido la mano en el planeamiento de los edificios sagrados para crear una experiencia psicológica en aquellos que los ocuparan. Según entendemos, la experiencia psicológica nunca debería confundirse con la experiencia espiritual.

4. *Dado que los creyentes permanecen en un edificio eclesiástico solo dos o tres horas por semana, ¿cómo pueden decir ustedes que esas estructuras obstaculizan el funcionamiento del pueblo de Dios?*

---

1. Rodney Stark, *For the Glory of God: How Monotheism Led to Reformations, Science, Witch-Hunts, and the End of Slavery* [Para la gloria de Dios: de qué manera el monoteísmo llevó a las reformas, a la ciencia, a la caza de brujas y al fin de la esclavitud], Princeton University Press, Princeton, NJ, 2003, pp. 33-34.

La mayoría de los cristianos equipara el culto de la iglesia en un edificio eclesial con la «iglesia». Los líderes de la iglesia con frecuencia citan Hebreos 10:25 («no dejemos de congregarnos») cuando les dicen a los miembros de su congregación que deben «ir a la iglesia» los domingos por la mañana. Eso refuerza la concepción errónea de que cuando los escritores del Nuevo Testamento hablaban de la iglesia lo que tenían en mente era el sentarse pasivamente durante un servicio en un edificio especial una vez a la semana.

Pero el hecho es que la visión de la reunión de la iglesia que da el Nuevo Testamento es aquella en la que cada miembro funciona y participa del encuentro. Y, como lo hemos establecido, el edificio de la iglesia frustra ese propósito por su misma arquitectura.

Un buen ejemplo: Yo (Frank) he conocido una cantidad de pastores que llegaron a la convicción de que el Nuevo Testamento enseña que las reuniones de la iglesia deben ser abiertas y participativas. Poco después de realizar ese descubrimiento, aquellos pastores «abrieron» los servicios de su iglesia para permitir que los miembros actuaran con libertad. En ninguno de los casos funcionó. Los miembros seguían pasivos. La razón: la arquitectura del edificio. Los bancos y los pisos elevados, por ejemplo, no son apropiados para que se pueda compartir abiertamente. Obstruyen esa posibilidad. Por el contrario, cuando esas mismas congregaciones comenzaron a reunirse por los hogares, el funcionamiento y la participación de cada miembro se empezó a dar.

Para decirlo de otra manera: Si el ser iglesia equivale a estar sentados en un banco, asumiendo un rol mayormente pasivo, entonces los edificios eclesiales resultan apropiados para la tarea (pero aún así no podemos afirmar que sean bíblicos dado que el Nuevo Testamento no menciona nada acerca de edificios eclesiásticos).

Por otro lado, si creemos que la idea de Dios en cuanto a la reunión de la iglesia es que cada miembro participe ministrando espiritualmente a los otros, entonces los edificios eclesiásticos tal como los conocemos hoy dificultan grandemente ese proceso.

5. ¿No era el concepto de «lugar sagrado» una idea tanto judía como pagana?

Sí, los judíos creían en los espacios sagrados (el templo), en un sacerdocio sagrado (los levitas) y en rituales sagrados (los sacrificios del Antiguo Testamento). Sin embargo, esas cosas acabaron luego de la muerte de Cristo, y los cristianos del Nuevo Testamento no tuvieron nada que ver con ellas. Más adelante, los cristianos recogieron esos conceptos de los paganos, no de los judíos. Este capítulo proporciona evidencias con respecto a esa afirmación.

6. 6. ¿Creen ustedes que siempre resulta erróneo que un grupo de cristianos utilice un edificio para el culto o para el ministerio?

Para nada. Pablo alquiló un edificio (la escuela de Tirano) mientras estuvo en Éfeso, y la iglesia de Jerusalén utilizó los atrios exteriores del templo para sus reuniones especiales. Lo que queremos establecer en este capítulo son cinco puntos clave: (1) no es bíblico llamarle «iglesia» a un edificio, o «la casa de Dios», «el templo de Dios», «el santuario del Señor» u otros términos semejantes; (2) la arquitectura típica de un edificio eclesial dificulta a la iglesia el tener reuniones abiertas y participativas; (3) no es escritural tratar a un edificio como si fuera sagrado; (4) un típico edificio eclesiástico no debería ser el lugar de todas las reuniones de la iglesia porque los edificios en general no han sido diseñados para una comunidad cuyos encuentros son cara a cara; y (5) constituye un grave error suponer que todas las iglesias deberían poseer o rentar edificios para sus reuniones. Es nuestra opinión que cada iglesia debería buscar la guía del Señor en esta cuestión más bien que suponer que la presencia de un edificio constituye la norma cristiana. Trazar la historia del edificio de la «iglesia» nos ayuda a comprender por qué y cómo lo usamos hoy.

EL ORDEN DEL CULTO: EN CONCRETO, SE ESTABLECE EL DOMINGO POR LA MAÑANA

> «La costumbre sin verdad es un error que se ha vuelto viejo».
> —TERTULIANO, TEÓLOGO DEL TERCER SIGLO

> «Hijo de hombre, cuéntale al pueblo de Israel acerca del templo, con sus planos y medidas, para que se avergüencen de sus iniquidades».
> —Ezequiel 43:10

SI SOMOS CRISTIANOS DE LOS QUE VAN A LA IGLESIA, es muy probable que presenciemos mecánicamente el mismo orden de culto cada vez que asistimos a ella. No importa a qué franja del Protestantismo pertenezcamos (sea esta bautista, metodista, reformada, presbiteriana, evangélica libre, Iglesia de Cristo, Discípulos de Cristo, CMA, pentecostal, carismática o no denominacional), nuestros servicios del domingo a la mañana son virtualmente idénticos a los de todas las otras iglesias protestantes.[1] Aun entre las denominaciones más innovadoras (Como Vineyard y Calvary Chapel), las variaciones resultan menores.

Sí, seguro, algunas iglesias utilizan coros contemporáneos en tanto que otras cantan himnos. En algunas congregaciones los feligreses levantan sus manos. En otras, las manos nunca se elevan más arriba que las caderas. Algunas iglesias celebran la Cena del Señor semanalmente. Otras la llevan a cabo cada tres

---

1. En este punto se dan tres excepciones. Los Hermanos Libres (tanto los abiertos como los cerrados) tienen una liturgia encasillada, pero se provee un tiempo abierto para compartir entre los feligreses al comienzo del servicio. Sin embargo, el orden dentro del servicio es el mismo cada semana. Los cuáqueros de la vieja escuela llevan a cabo una reunión abierta en la que los feligreses permanecen en silencio hasta que alguien es «iluminado», después de lo que pueden compartir. La tercera excepción son las iglesias protestantes de la alta iglesia anglicana, que retienen «los olores y campanillas» de una elaborada misa católica, lo que incluye un orden ya prescrito para el servicio.

meses. En algunas iglesias la liturgia (el orden del culto) viene impresa en un boletín.[1] En otras, la liturgia no está escrita, pero sin embargo resulta tan mecánica y predecible como si la hubieran mandado a imprimir. A pesar de esas leves variaciones, el orden del culto es en esencia el mismo en prácticamente todas las iglesias protestantes.

EL ORDEN DE CULTO DEL DOMINGO A LA MAÑANA

Si despojamos a cada servicio de la iglesia de aquellas alteraciones superficiales que lo hacen distinto, encontraremos la misma liturgia prescrita. Veamos cuántos de los siguientes elementos del servicio al que asistimos el último fin de semana podemos recordar:

Los saludos. Cuando ingresamos al edificio, nos saluda un ujier o alguien designado para dar la bienvenida, ¡que estará sonriendo! Entonces se nos entrega un boletín o una página de anuncios. (Nota: Si formamos parte de alguna de las denominaciones más nuevas, es posible que bebamos café y comamos algunas rosquillas antes de sentarnos).

Oración y lectura de las Escrituras. Generalmente a cargo del pastor o del líder de alabanza.

El servicio de la música. Es conducido por un músico profesional, un coro o un equipo de alabanza. En las iglesias de estilo carismático, esa parte del servicio generalmente dura entre treinta y cuarenta cinco minutos consecutivos. En otras iglesias es más corta y puede estar dividida en distintos segmentos.

Los anuncios. Son noticias sobre próximos eventos. Por lo general, los da el pastor u algún otro líder de la iglesia.

La ofrenda. A veces es llamada «el ofertorio» o «la colecta»;

---

1. La palabra *liturgia* deriva de la palabra griega *leitourgia*, que hacía referencia al desempeño de una tarea pública que se esperaba por parte de los ciudadanos de la antigua Atenas y tenía que ver con el cumplimiento de ciertos deberes civiles. Los cristianos la tomaron para referirse al ministerio público a Dios. Una liturgia, por lo tanto, es simplemente un servicio de adoración o un orden de culto prescrito. White, *Protestant Worship and Church Architecture*, p. 22; Ferguson, *Early Christians Speak*, p. 83. Ver también la obra de J. D. Davies, *The New Westminster Dictionary of Liturgy and Worship* [El nuevo diccionario Westminster de liturgia y culto], Westminster Press, Filadelfia, 1986, p. 314.

normalmente es acompañada por música especial conducida por el coro, el equipo de adoración o un solista.

El sermón. Generalmente el pastor da una alocución que dura entre veinte y cuarenta y cinco minutos.[1] El promedio, al presente, son treinta y dos minutos.

El servicio al que asistimos también puede haber incluido una (o más) de las siguientes actividades luego del sermón:

Una oración pastoral post sermón
Un llamado al altar
Más canciones, dirigidas por el coro o el equipo de alabanza
La Cena del Señor
Oración por los enfermos o por los que están en aflicción.

La bendición. Es para dar por finalizado el servicio, y puede realizarse a través de una bendición del pastor o de una canción.

Con algunos cambios menores, esta es la inquebrantable liturgia que trescientos cuarenta y cinco millones de protestantes a través de todo el globo observan religiosamente semana tras semana.[2] Y durante los últimos quinientos años, pocas personas la han cuestionado.

Consideremos otra vez el orden de culto. Notemos que está formado por una triple estructura: (1) el canto, (2) el sermón, y (3) la oración o cántico de cierre. Este orden de culto es considerado sacrosanto por muchos de los cristianos en el día de hoy. Pero, ¿por qué? Otra vez, se debe simplemente al titánico poder de la tradición. Y esa tradición ha venido fraguando en hormigón, durante cinco siglos, el orden de culto de los domingos por la mañana... para que nunca se mueva.[3]

¿DE DÓNDE SALIÓ EL ORDEN DE CULTO PROTESTANTE?

Aquellos pastores que rutinariamente le dicen a su congregación

---

1. Ver el capítulo 4 para encontrar un análisis completo sobre las raíces del sermón.
2. Se estima que hay unos 345.855.000 protestantes en el mundo: 70.164.000 están en Norteamérica, y 77.497.000 en Europa. *The World Almanac and Book of Facts 2003* [Almanaque mundial y libro de datos de 2003], World Almanac Education Group, Nueva York, 2003, p. 638.
3. Un erudito define a la tradición como «las prácticas de adoración y creencias heredadas que muestran continuidad de generación en generación» (White, *Protestant Worship and Church Architecture*, p. 21).

«nosotros lo hacemos todo según la Biblia» y sin embargo llevan a cabo esta liturgia incuestionable, simplemente no están en lo correcto. (En su defensa debemos decir que esa falta de veracidad se debe a la ignorancia más que a un engaño manifiesto).

Podemos rastrear las Escrituras de principio a fin, y nunca encontraremos nada que se asemeje ni remotamente a nuestro orden de culto. Esto es así porque los cristianos del primer siglo no conocían tales cosas. De hecho, el orden de culto protestante cuenta con el mismo apoyo bíblico que la misa de la iglesia Católica Romana.[1] Ambos tienen unos pocos puntos de contacto con el Nuevo Testamento.

Las reuniones de la iglesia primitiva estaban marcadas por el funcionamiento de cada miembro, su espontaneidad, su libertad, su vitalidad y su participación abierta (por ejemplo, considerar 1 Corintios 14:1-33 y Hebreos 10:25).[2] La reunión de la iglesia del primer siglo constituía un encuentro fluido, y no un ritual estático. Y con frecuencia era impredecible, a diferencia del servicio de una iglesia contemporánea.

Más aun, la reunión de la iglesia del primer siglo no seguía el patrón de los servicios de la sinagoga judía, como ciertos autores recientes lo han sugerido.[3] En cambio, era algo totalmente único dentro de la cultura.

Entonces, ¿de dónde viene el orden de culto protestante? Básicamente tiene sus raíces en la misa católica medieval.[4] Re-

---

1. La misa medieval era una mezcla de elementos romanos, galos y francos. Para más detalles, ver el ensayo de Edmund Bishop "The Genius of the Roman Rite" [El genio del rito romano] aparecido en *Essays Illustrative of English Ceremonial* [Ensayos ilustrativos del ceremonial inglés], editor Vernon Staley, A. R. Mowbray, Oxford, 1901, y el libro de Louis Duchesne *Christian Worship: Its Origin and Evolution* [Culto cristiano: Sus orígenes y evolución], Society for Promoting Christian Knowledge, Nueva York, 1912, pp 86-227. Los aspectos ceremoniales de la misa, tales como el incienso, las velas y la disposición del edificio de la iglesia fueron tomados del ceremonial de la corte de los emperadores romanos, Jungmann, *Early Liturgy*, pp. 132-133, 291-292; Smith, *From Christ to Constantine*, p. 173.
2. La reunión de la iglesia del Nuevo Testamento está siendo cada vez más tenida en cuenta. En tanto que esos encuentros a menudo son considerados radicales y revolucionarios por el cristianismo histórico, no son más radicales y revolucionarios que la iglesia del Nuevo Testamento. Para acceder a un análisis erudito sobre las reuniones de la iglesia primitiva, ver el libro de Banks, *Paul's Idea of Community*, capítulos 9-11; Banks y Banks, *Church Comes Home*, capítulo 2; Eduard Schweizer, *Church Order in the New Testament* [Orden de la iglesia en el Nuevo Testamento], W. & J. Mackay, Chatham, UK, 1961, pp. 1-136.
3. Ver Banks, *Paul's Idea of Community*, pp. 106-108, 112-117; Bradshaw, *Origins of Christian Worship*, pp. 13-15, 27-29, 159-160, 186. Bradshaw argumenta en contra de la idea de que el cristianismo del primer siglo haya heredado sus prácticas litúrgicas del judaísmo. Señala que esta idea comenzó alrededor del siglo diecisiete. David Norrington dice: «Tenemos muy poca evidencia que sugiera que los primeros cristianos intentaron perpetuar el estilo de la sinagoga» (*To Preach or Not*, p. 48). Además, la sinagoga judía fue un invento humano. Algunos eruditos piensan que fue creada durante el cautiverio en Babilonia (siglo sexto a.C.) cuando la adoración en el templo de Jerusalén resultaba imposible; otros creen que emergió en el siglo tercero o en el segundo a.C., con la aparición de los fariseos. Aunque la sinagoga se convirtió en el centro de la vida judía después de que el templo de Jerusalén fue destruido en el año 70 d.C., no hay precedentes en el Antiguo Testamento (ni de origen divino) para tal institución. Joel B. Green, editor de *Dictionary of Jesus and the Gospels* [Diccionario de Jesús y los evangelios], InterVarsity, Downers Grove, IL, 1992, pp. 781-782; Alfred Edersheim, *The Life and Times of Jesus the Messiah* [La vida y tiempos de Jesús, el Mesías], MacDonald Publishing Company, Mclean, VA, 1883, p. 431. Por otro lado, la inspiración arquitectónica de la sinagoga era pagana (Norrington, *To Preach or Not*, p. 28).
4. La palabra *misa*, que significa «despedir» (en inglés *dissmisal*, relacionado con *misión* y dismissio) a la congregación, se convirtió hacia fines del siglo cuarto en la palabra que indicaba el servicio de adoración que celebraba la Eucaristía (Schaff, *History of the Christian Church* 3:505).

sulta significativo que la misa no se haya originado a partir del Nuevo Testamento; se desarrolló a partir del antiguo judaísmo y del paganismo.[1] Según Will Durant, la misa católica «se basaba parte en el servicio del templo judío, parte en los misteriosos rituales griegos de purificación, sacrificio vicario y participación».[2]

Gregorio el Grande (540-604), el primer monje devenido en papa, fue el hombre responsable de darle forma a la misa medieval.[3] En tanto que a Gregorio se lo reconoce como un hombre extremadamente generoso y muy capaz como administrador y diplomático, Durant hace notar que también era un hombre increíblemente supersticioso, cuyo pensamiento fue influenciado por conceptos del paganismo mágico. Era la encarnación de la mente medieval, influida por el paganismo, la magia y el cristianismo. No por accidente Durant llama a Gregorio «el primer hombre completamente medieval».[4]

La misa medieval reflejaba el pensamiento de aquel que la originó. Era una combinación de los rituales paganos y judaicos, salpicada con teología católica y vocabulario cristiano.[5] Durant señala que la misa estaba empapada del pensamiento mágico pagano así como del dramatismo griego.[6]

Señala: «La mentalidad griega, agonizante, transmigró a una nueva vida en la teología y liturgia de la iglesia; el idioma griego, que había dominado por siglos sobre la filosofía, se convirtió en el vehículo de la literatura y ritual cristianos; los misterios griegos pasaron al impresionante misterio de la misa».[7]

En efecto, la misa católica, que hizo su aparición en el siglo sexto, era fundamentalmente pagana. Los cristianos incorporaron las vestimentas de los sacerdotes paganos, la utilización de incienso y de agua bendita en sus ritos de purificación, el encendido de velas en la adoración, la arquitectura de la basílica romana para

---

1. La historia de los orígenes de la misa va más allá de la esfera de este libro. Es suficiente decir que la misa en esencia es la combinación de un resurgimiento de los intereses gentiles en el culto de la sinagoga y una influencia pagana que se remonta al cuarto siglo (Senn, *Christian Liturgy*, p. 54; Jungmann, *Early Liturgy*, pp. 123, 130-144.
2. Durant, *Caesar and Christ*, p. 599.
3. Las grandes reformas de Gregorio le dieron forma a la misa católica, convirtiéndola en lo que fue a través de todo el período medieval hasta la Reforma. Schaff, *History of the Christian Church*, 4:387-388.
4. Durant, *Age of Fith*, pp. 521-524.
5. Philip Schaff bosqueja las diferentes liturgias católicas, que alcanzaron su clímax con la liturgia de Gregorio. La liturgia de Gregorio dominó en la iglesia latina durante siglos y fue sancionada por el Consejo de Trento (Schaff, *History of the Christian Church*, 3:531-535. Gregorio también fue la persona que desarrolló y popularizó la doctrina católica del «purgatorio», aunque la extrajo de varios comentarios especulativos de Agustín (González, *Story of Christianity*, 247). De hecho, Gregorio hizo de las enseñanzas de Agustín la teología fundacional de la iglesia de occidente. Dice Paul Johnson: «Agustín fue el oscuro genio del cristianismo imperial, el ideólogo de la alianza Iglesia-Estado, y el forjador de la mentalidad medieval. Después de Pablo, que proveyó la teología básica, él hizo más que cualquier otro ser humano por darle forma al cristianismo» (*History of Christianity*, p. 112). Durant dice que la teología de Agustín dominó la filosofía cristiana hasta el siglo trece. Agustín también le dio un tinte neoplatónico (Durant, *Age of Faith*, p. 74).
6. Durant, *Caesar and Christ*, pp. 599-600, 618-619, 671-672; Durant, *Age of Faith*, p. 1027.
7. Durant, *Caesar and Christ*, p. 595.

sus edificios eclesiales, la ley de Roma como la base del «derecho canónico», el título de *Sumo Pontífice* para el principal de los obispos, y los rituales paganos en la celebración de la misa católica.[1]

Una vez establecida, la misa cambió muy poco a lo largo de mil años.[2] Pero ese punto muerto litúrgico paso por su primera revisión cuando Martín Lutero (1483-1546) entró en escena. Como surgieron varias otras denominaciones protestantes, ellas también ayudaron a remodelar la liturgia católica. En tanto que la transformación fue tan compleja que resulta demasiado amplia como para incluir una crónica de ella en este libro; sin embargo podemos echarle un vistazo a la historia básica.

LA CONTRIBUCIÓN DE LUTERO

En 1520, Lutero lanzó una apasionada campaña en contra de la misa católica romana.[3] El punto más alto de la misa católica siempre ha sido la Eucaristía,[4] también conocida como «La Comunión» o «La Cena del Señor».

Todo conduce hacia el momento en el que el sacerdote rompe el pan y se lo da al pueblo, y se centra en ello. Para la mente católica medieval, el ofrecimiento de la Eucaristía era un nuevo sacrificio de Jesucristo. Al menos desde los tiempos de Gregorio el Grande, la iglesia católica enseñó que Jesucristo es sacrificado otra vez por medio de la misa.[5]

Lutero, a menudo torpemente, clamó en contra de las mitras y cetros del liderazgo católico romano y contra sus enseñanzas acerca de la Eucaristía.[6] El error fundamental de la misa,

---

1. Ibid, 618-619.
2. La misa moderna ha cambiado desde el 1500 (James F. White, *Protestant Worship: Traditions in Transition* [Culto protestante: tradiciones en transición], Westminster/John Knox Press, Louisville, 1989, p. 17. La forma usada hoy fue dada a conocer en el Misal Romano, Sacramentario y Leccionario de 1970 (Senn, *Christian Liturgy*, p. 639). Aún así, la misa del siglo sexto se asemeja considerablemente a la misa de nuestros días (Jungmann, *Early Liturgy*, p. 298).
3. Esta campaña fue articulada en aquel tratado radical de Lutero, *The Babylonian Captivity of the Church* [La cautividad babilónica de la iglesia]. Ese libro fue una bomba arrojada sobre el sistema católico romano, que desafiaba la teología central que había detrás de la misa católica. En *The Babylonian Captivity*, Lutero atacó los siguientes tres rasgos de la misa: (1) el negarle la copa al laicado, (2) la transustanciación (la creencia de que el pan y el vino se transformaban *verdaderamente* en el cuerpo y la sangre de Cristo), y (3) el concepto de que la misa es una obra humana ofrecida a Dios como un sacrificio de Cristo. Aunque Lutero rechazaba la transustanciación, sin embargo creía que la «presencia real» del cuerpo y la sangre de Cristo estaban en, con, y bajo los elementos del pan y el vino. Esta creencia es llamada «consubstanciación». En el libro *Captivity*, Lutero también niega los siete sacramentos, y acepta solo tres: el bautismo, la penitencia, y el pan (Senn, *Christian Liturgy*, p. 268). Lutero luego abandonó la penitencia como sacramento.
4. La palabra *Eucaristía* deriva del término griego *eucharisteo*, que significa «dar gracias». Aparece en 1 Corintios 11:23-24. Allí se nos dice que Jesús tomó pan, dio gracias, y lo partió. Los cristianos posteriores a los apóstoles se referían a la Cena del Señor como la «Eucaristía».
5. Lutero registró sus revisiones litúrgicas en un tratado llamado *Form of the Mass* [Forma de la misa] (González, *Story of Christianity*, p. 247). Notemos que durante los últimos setenta años la mayoría de los teólogos católicos ha dicho que la misa es una representación del único sacrificio más que un nuevo sacrificio, como lo hacía la iglesia católica medieval.
6. Las mitras (gorros) y cetros constituían la decoración simbólica que llevaban los obispos, lo que representaba su autoridad y los separaba del laicado.

según decía Lutero, era que se trataba de una «obra» humana basada en una comprensión inadecuada del sacrificio de Cristo.[1] Así que en 1523, Lutero expuso sus propias revisiones a la misa católica.[2] Esas revisiones constituyen el fundamento para el culto en la mayoría de las iglesias protestantes.[3] El corazón de esas revisiones es este: Lutero convirtió la predicación, en lugar de la Eucaristía, en el centro de la reunión.[4]

En consecuencia, en el servicio de adoración protestante contemporáneo, el púlpito, y no la mesa del altar, constituye el elemento central.[5] (La mesa del altar es donde se coloca la Eucaristía en las iglesias católicas, anglicanas y episcopales). A Lutero se le atribuye el haber hecho del sermón el clímax de los servicios protestantes.[6] Leámoslo en sus propias palabras: «Una congregación cristiana nunca debería reunirse sin que haya, aunque sea brevemente, predicación de la Palabra de Dios y oración»... «la predicación y enseñanza de la Palabra de Dios constituye la parte más importante del servicio (de adoración) divino».[7]

La creencia de Lutero en la centralidad de la predicación como característica del servicio de adoración se ha mantenido hasta hoy. Sin embargo el convertir a la predicación en el centro de la reunión de la iglesia no tiene precedentes bíblicos.[8] Como lo señala un historiador: «El púlpito es el trono del pastor protestante».[9] Por esa razón a los ministros protestantes ordenados se los llama por rutina «predicadores».[10]

---

1. La Eucaristía a menudo se mencionaba como una «oblación» o «sacrificio» entre los siglos tercero y quinto. James Hastings Nichols, *Corporate Worship in the Reformed Tradition* [Adoración corporativa en la tradición reformada], Westminster Press, Filadelfia, 1968, p. 25. Ver también el libro de Senn *Christian Liturgy*, pp. 270-275. Loraine Boettner critica la misa católica medieval en el capítulo 8 de su libro *Roman Catholicism* [Catolicismo romano], The Presbyterian and Reformed Publishing Company, Phillipsburg, NJ, 1962.
2. El nombre latino es *Formula Missae*.
3. White, *Protestant Worship*, pp. 36-37.
4. Ibid., pp. 41-42. En tanto que Lutero tenía una perspectiva muy alta de la Eucaristía, desnudó a la misa de todo lenguaje sacrificial, manteniendo tan solo la Eucaristía. Él creía firmemente tanto en la Palabra como en el sacramento. Así que en su misa germana asumió tanto la Sagrada Comunión como la predicación.
5. Algunas iglesias «litúrgicas» de la tradición protestante todavía conservan la mesa del altar en algún lugar cerca del púlpito.
6. Antes del período medieval, tanto el sermón como la Eucaristía tenían un lugar preeminente dentro de la liturgia cristiana. Sin embargo, el sermón cayó en una seria decadencia durante el período medieval. Muchos sacerdotes eran muy poco ilustrados como para predicar, y otros elementos desplazaron a la predicación de las Escrituras. Maxwell, *An Outline of Christian Worship*, p. 72. Gregorio el Grande buscó restaurar el lugar del sermón en la misa. Sin embargo, sus esfuerzos fracasaron. Recién después de la Reforma el sermón fue colocado en un lugar central dentro del servicio de culto (Schaff, *History of the Christian Church*, 4:227, 399-402).
7. Estas citas de Lutero fueron tomadas de "Concerning the Order of Public Worship" [Acerca del orden del culto público] *Luther's Works*, LIII, p. 11 y "The German Mass" [La misa germana], *Luther's Works*, LIII, p. 68. Lutero dispuso tres servicios los domingos por la mañana. Iban todos acompañados por un sermón (Schaff, *History of the Christian Church*, 7:488). Roland Bainton contó 2.300 sermones en existencia, predicados por Lutero durante su vida. *Here I Stand: A Life of Martin Luther* [Esta es mi postura: Vida de Martín Lutero], Abingdon Press, Nashville, 1950, pp. 348-349.
8. Hechos 2:42 nos dice que los creyentes «se mantenían firmes en la enseñanza de los apóstoles». En este pasaje, Lucas describe las reuniones apostólicas que se llevaron a cabo durante cuatro años y que habían sido diseñadas para sentar las bases de la iglesia de Jerusalén. Debido a que la iglesia era tan grande, esas reuniones se realizaban en los atrios del templo. Sin embargo, los creyentes también se reunían en los hogares para su culto regular, abierto y participativo (Hechos 2:46).
9. Schaff, *History of the Christian Church*, 7:490.
10. White, *Protestant Worship*, p. 20.

Pero aparte de este cambio, la liturgia de Lutero variaba muy poco de la misa católica,[1] dado que Lutero intentaba preservar lo que consideraba como elementos «cristianos» dentro del orden católico.[2] En consecuencia, si uno compara el orden de culto de Lutero con la liturgia de Gregorio, ambos son prácticamente iguales.[3] Mantuvo la ceremonia, creyéndola apropiada.[4]

Por ejemplo, Lutero retuvo el acto que marcaba el momento más alto de la misa católica: la elevación del pan y de la copa para consagrarlos, una práctica que había comenzado en el siglo trece y se basaba mayormente en la superstición.[5] Lutero simplemente reinterpretó el significado de ese acto, viéndolo como una expresión de la gracia que Cristo había extendido al pueblo de Dios.[6] A pesar de todo, todavía sigue siendo observado por muchos pastores hoy.

Del mismo modo, Lutero realizó una cirugía drástica a la oración eucarística, reteniendo solo las «palabras de su institución»[7] tomadas de 1 Corintios 11:23 y subsiguientes (RVR60): «El Señor Jesús, la noche en que fue entregado, tomó pan... y dijo: "Tomad, comed; esto es mi cuerpo"». Aún hoy, los pastores protestantes recitan religiosamente ese texto antes de administrar la comunión.

Al final, la liturgia de Lutero no fue nada más que una versión truncada de la misa católica.[8] Y el orden luterano de culto contribuyó a los mismos problemas: Los feligreses seguían siendo espectadores pasivos (aunque ahora podían cantar), y toda la liturgia todavía continuaba dirigida por un clérigo ordenado (el pastor había reemplazado al sacerdote). Eso estaba en marcada contradicción con las reuniones de la iglesia que el Nuevo Testamento prevé, conducidas por Jesús, que incluían

---

1. Lutero todavía seguía el orden occidental. La principal diferencia era que Lutero había eliminado las oraciones del ofertorio y las oraciones del Canon que hablaban de las ofrendas luego del Sanctus. En resumen, Lutero sacudió de la misa todo lo que sonara a «sacrificio». Él, junto con otros reformadores, removió muchos de los elementos decadentes de la misa de la tardía edad media. Lo hizo así traduciendo la liturgia a un lenguaje vernáculo, incluyendo cantos congregacionales (canciones y corales para los luteranos; salmos métricos para los reformados), promoviendo la centralidad del sermón, y permitiendo a los feligreses que participaran de la Santa Comunión (Senn, *Christian Worship*, pp 84, 102).
2. Schaff, *History of the Christian Church*, 7:486-487. El reformador alemán Carlstadt (1480-1541) fue más radical que Lutero. En ausencia de Lutero, Carlstadt abolió del todo la misa, y destruyó los altares junto con las pinturas.
3. Frank Senn incluye la temprana liturgia católica en su libro (*Christian Liturgy*, p. 139). Lutero aún retuvo la palabra *misa*, que vino a significar todo el servicio del culto (p. 486).
4. Lutero señalaba hacia el ceremonial de las cortes de los reyes y creía que esto debería aplicarse a la adoración a Dios (Senn, *Christian Worship*, p. 15). Ver el capítulo 2 de este libro para apreciar de qué manera el protocolo imperial se abrió camino en la liturgia cristiana durante el siglo cuarto, bajo el gobierno de Constantino.
5. Senn, *Christian Worship*, pp. 18-19.
6. Cuando el sacerdote católico elevaba el sacramento, lo hacía para inaugurar el sacrificio.
7. White, *Protestant Worship*, pp. 41-42; Maxwell, *Outline of Christian Worship*, p. 75.
8. Lutero retuvo el orden básico de la misa medieval junto con sus aspectos ceremoniales como las luces, el incienso y las vestimentas (Maxwell, *Outline of Christian Worship*, p. 77).

el funcionamiento de cada miembro, una participación abierta y gloriosa y un fluir libre (ver 1 Corintios 14:26; Hebreos 10:24-25).

Según las propias palabras de Lutero: «No es nuestra intención ahora, ni nunca lo ha sido, abolir el culto litúrgico a Dios por completo, sino más bien purificar el que está en uso de las desgraciadas adiciones que lo corrompen».[1] Lamentablemente, Lutero no se dio cuenta de que el vino nuevo no puede re envasarse en odres viejos.[2] En ningún momento Lutero (o cualquiera de los reformadores de la línea dominante) demostró el deseo de volver a los principios de la iglesia del primer siglo. Esos hombres se propusieron simplemente reformar la teología de la iglesia católica.

En resumen, los principales cambios realizados por Lutero a la misa católica y que perduraron en el tiempo son los siguientes: (1) llevó a cabo la misa en el idioma de la gente en lugar de en latín, (2) le dio al sermón un lugar central en la reunión, (3) introdujo el canto congregacional,[3] (4) abolió la idea de que la misa fuera un sacrificio de Cristo, y (5) permitió a la congregación participar del pan y de la copa (en lugar de que solo lo hiciera el sacerdote, según era la práctica católica). Aparte de estas diferencias, Lutero mantuvo el mismo orden de culto que encontramos en la misa católica.

Lo que es peor aún, aunque Lutero habló mucho acerca del «sacerdocio de todos los creyentes», nunca abandonó la práctica de tener un clero ordenado.[4] De hecho, tan fuerte era su creencia en el clero ordenado, que escribió: «El ministerio público de la Palabra debería establecerse a través de la ordenación sagrada como la más alta y grande de las funciones de la iglesia».[5] Bajo la influencia de Lutero, el pastor protestante simplemente reemplazó al sacerdote católico. Y en cuanto a la mayoría de las cosas, había muy pocas diferencias en la manera en que estos dos

---

1. Lutero, *Luther's Works*, LIII, p. 2.
2. Resulta irónico que Lutero insistiera en que su misa germánica no debería ser adoptada de un modo legalista, y que si se volvía algo desactualizada, debería descartársela (*Christian Worship and Its Cultural Setting*, p. 17). Esto nunca sucedió.
3. Como amante de la música, Lutero hizo de ella una parte clave del servicio (White, *Protestant Worship*, p. 41; Hinson, "Worshiping Like Pagans?", *Christian History* 12, N° 1, 1993, pp. 16-19. Lutero era un genio de la música. Tan poderoso era su don musical que los jesuitas dijeron que las canciones de Lutero «destruyeron más almas que sus escritos y discursos». No sorprende entonces que uno de los más grandes talentos musicales de la historia de la iglesia fuera precisamente un luterano. Su nombre fue Johann Sebastian Bach. Para obtener más detalles de la contribución musical de Lutero a la liturgia protestante, ver el libro de Senn *Christian Liturgy*, pp. 284-287; White, *Protestant Worship*, pp. 41, 47-48; Will Durant, *Reformation* [La Reforma], Simon and Schuster, Nueva York, 1957, pp. 778-779.
4. White, *Protestant Worship*, p. 41.
5. "Concerning the Ministry", *Luther's Works*, XL, p. 11.

oficios funcionaban.[1] Este todavía es el caso, como lo consideraremos en el capítulo 5.

Lo que aparece a continuación es el orden de culto establecido por Lutero.[2] El lineamiento general debería resultarnos muy familiar, porque constituye la raíz principal de la que se desprenden los servicios dominicales de las iglesias de la mayoría de las denominaciones protestantes.[3]

> Canto
> Oración
> Sermón
> Amonestación al pueblo
> Cena del Señor
> Canto[4]
> Oración posterior a la comunión
> Bendición

LA CONTRIBUCIÓN DE ZWINGLIO

Con el advenimiento de la imprenta de Gutenberg (alrededor de 1450) la producción masiva de libros litúrgicos aceleró los cambios litúrgicos que los reformadores intentaban introducir.[5] Esos cambios fueron entonces colocados en una tipografía móvil e impresos en cantidades enormes.

El reformador suizo Ulrich Zwinglio (1484- 1531) realizó algunas reformas propias que ayudaron a conformar el orden de culto vigente hoy. Reemplazó la mesa del altar por algo llamado «la mesa de comunión», desde donde se administraban el pan

---

1. El sacerdote católico administraba siete sacramentos, en tanto que el pastor protestante solo administraba dos (bautismo y Eucaristía). Sin embargo, tanto el sacerdote como el pastor eran considerados como los que tenían la autoridad exclusiva en cuanto a proclamar la Palabra de Dios. Para Lutero, la utilización de ropas clericales, velas sobre el altar, y la actitud que asumiera el ministro mientras oraba eran cuestiones que le resultaban indiferentes (Schaff, *History of the Christian Church*, 7:489). Pero aunque se mostraba indiferente a ellas, si aconsejó que se retuvieran (Senn, *Christian Liturgy*, p. 306). Por lo tanto, las tenemos entre nosotros hoy.
2. Esa liturgia fue publicada en su *German Mass and Order of Service* [Misa germánica y orden de culto] en el año 1526.
3. Senn, *Christian Liturgy*, pp. 282-283.
4. Notar que el sermón iba tanto precedido como seguido posteriormente por canto y oración. Lutero consideraba que meter el sermón en medio de los cánticos lo fortalecía y le proporcionaba una respuesta devocional (Senn, *Christian Liturgy*, p. 306). La mayoría de las canciones entonadas en la misa germánica de Lutero eran la versificación de cánticos litúrgicos y credos en latín. (Versificar es convertir en verso la prosa). Debemos atribuirle a Lutero el mérito de haber escrito alrededor de 36 himnos (*Luther's Works*, LII). Y fue un genio tomando canciones contemporáneas a su época y redimiéndolas a través de letras cristianas. Su sentimiento al respecto era: «¿Por qué permitirle al diablo poseer todas las buenas tonadas?» Marva J. Dawn, *Reaching Out without Dumbing Down: A Theology of Worship for the Turn-of-the Century Culture* [Tratar de alcanzar sin bajar el nivel: Una teología de la adoración para una cultura de cambio de siglo], Eerdmans, Grand Rapids, 1995, p. 189. (Notemos que a otros también se les ha atribuido el mérito de esta cita, William Booth, del Ejército de Salvación, entre ellos).
5. Senn, *Christian Liturgy*, p. 300.

y el vino.[1] También hizo que el pan y el vino se les llevara a las personas en sus bancos, utilizando bandejas de madera y copas.[2]

La mayoría de las iglesias protestantes todavía cuentan con esa mesa. Es típico que se coloquen dos velas sobre ella, costumbre que viene directamente de la corte ceremonial de los emperadores romanos. Y[3] la mayoría le alcanza el pan y la copa a la gente sentada en sus bancos.

Zwinglio también recomendaba que la Cena del Señor fuese tomada cada tres meses (o sea, cuatro veces al año). Eso, en oposición a tomarla semanalmente como otros reformadores recomendaban.[4] Muchos protestantes hoy siguen esta observancia trimestral de la Cena del Señor. Algunos la llevan a cabo una vez al mes.

A Zwinglio también se le atribuye ser el adalid de la perspectiva referida a que la Cena del Señor es un «memorial». Esa perspectiva ha sido abrazada por la corriente principal del Protestantismo norteamericano.[5] Es la concepción de que el pan y la copa son meros símbolos del cuerpo y la sangre de Cristo.[6] Sin embargo, aparte de esas variaciones, la liturgia de Zwinglio no era muy diferente de la de Lutero.[7] Al igual que Lutero, Zwinglio enfatizaba la centralidad de la predicación; tanto es así que él y sus colaboradores predicaban catorce veces por semana.[8]

LA CONTRIBUCIÓN DE CALVINO Y COMPAÑÍA

Los reformadores Juan Calvino (1509-1564), John Knox (1513-1572) y Martín Bucer (1491-1551) hicieron su aporte al modelado litúrgico. Esos hombres crearon sus propios órdenes de culto entre 1537 y 1562. Aunque esas liturgias se seguían en diferentes partes del mundo, prácticamente eran idénticas.[9] Ellos meramente realizaron unos pocos ajustes a la liturgia de Lutero.

---

1. Hardman, *History of Christian Worship*, p. 161. Sobre este punto Frank Senn escribe: «En las iglesias reformadas el púlpito dominaba sobre el altar de un modo tan completo que con el tiempo el altar desapareció y fue reemplazado por una mesa utilizada para la Sagrada Comunión solo unas pocas veces al año. La predicación de la Palabra dominaba la reunión. Esto se ha tomado como una consecuencia del así llamado redescubrimiento de la Biblia. Pero el redescubrimiento de la Biblia se produjo por la invención de la imprenta, un fenómeno cultural» (*Christian Worship*, p. 45).
2. Senn, *Christian Liturgy*, p. 362; White, *Protestant Worship*, p. 62.
3. Jungmann, *Early Liturgy*, pp. 132-133, 291-292; Smith, *From Christ to Constantine*, p.173.
4. Senn, *Christian Liturgy*, p. 363.
5. White, *Protestant Worship*, p. 60.
6. La perspectiva de Zwinglio era más compleja que lo señalado. Sin embargo, su idea de la Eucaristía no era tan «alta» como la de Calvino o Lutero (Maxwell, *Outline of Christian Worship*, p.81). Zwinglio es el padre de la moderna concepción protestante sobre la Cena del Señor. Por supuesto, su perspectiva no sería representativa de las iglesias protestantes «litúrgicas», que celebran tanto la Palabra como los sacramentos semanalmente.
7. El orden de culto de Zwinglio aparece en el libro de Senn *Christian Liturgy*, pp. 362-364.
8. White, *Protestant Worship*, p. 61.
9. Esas liturgias fueron implementadas en Estrasburgo, Alemania (1537), en Ginebra, Suiza (1542) y en Escocia (1562).

Lo más notable fue la recolección de dinero que se llevaba a cabo después del sermón.[1]

Al igual que Lutero, Calvino enfatizaba la centralidad de la predicación durante el servicio de adoración. Él creía que cada creyente tenía más acceso a Dios a través de la palabra predicada que a través de la Eucaristía.[2] Dado su genio teológico, la predicación en la iglesia de Calvino, en Ginebra, era profundamente teológica y académica. También altamente individualista, marca que nunca abandonó el Protestantismo.[3]

La iglesia de Calvino en Ginebra se idealizó como el modelo para todas las iglesias reformadas. Por lo tanto, su orden de culto se extendió a lo ancho y a lo largo. Esto explica el carácter cerebral de la mayoría de las iglesias protestantes hoy, en particular las de estilo reformado o presbiteriano.[4]

Debido a que los instrumentos musicales no estaban mencionados explícitamente en el Nuevo Testamento, Calvino eliminó los órganos de tubos y los coros.[5] Todo el canto era a cappella. (Algunos protestantes contemporáneos, como la Iglesia de Cristo, todavía continúan con el rígido no instrumentalismo de Calvino). Eso cambió a mediados del siglo diecinueve, cuando las iglesias reformadas comenzaron a incluir música instrumental y coros.[6] Sin embargo, los puritanos (calvinistas ingleses continuaron en el espíritu de Calvino, condenando tanto la música instrumental como el canto de los coros.[7]

Probablemente el rasgo más perjudicial de la liturgia de Calvino fue que conducía la mayor parte del servicio él mismo desde el púlpito.[8] El cristianismo aún no se ha recuperado de

---

1. La colectas eran limosnas para los pobres (Senn, *Christian Liturgy*, pp. 365-366). Calvino escribió: «Nunca se debería reunir la asamblea de la iglesia sin que se predique la Palabra, se ofrezcan oraciones, se administre la Cena del Señor, y se recauden limosnas» (Nichols, *Corporate Worship*, p. 29). Aunque Calvino deseaba tener la Cena del Señor semanalmente, sus iglesias reformadas decidieron seguir la práctica de Zwinglio de llevarla a cabo trimestralmente (White, *Protestant Worship*, pp. 65, 67).
2. Stanley M. Burgess y Gary McGee, editores, *Dictionary of Pentecostal and Charismatic Movements* [Diccionario de los movimientos pentecostal y carismático], Zondervan, Grand Rapids, 1988, p. 904. La «Palabra», según la utilización de los reformados, significaba la Biblia, y la palabra predicada, la transmisión de la Palabra encarnada. Se conectaba al sermón con la lectura de las Escrituras y ambas eran consideradas como la «Palabra» (Nichols, *Corporate Worship*, p. 30). La idea de que la predicación de la Biblia es la misma «Palabra de Dios» aparece en la *Confessio Helvetica Posterior*, de 1566.
3. El fuerte individualismo del Renacimiento influyó sobre el mensaje de los reformadores. Ellos fueron producto de su tiempo. El evangelio que predicaron se centraba en las necesidades individuales y en el desarrollo personal. No fue comunitario como el mensaje de los cristianos del primer siglo. Este énfasis individualista fue recogido por los puritanos, pietistas y evangélicos, e impregnó todas las áreas de la vida y el pensamiento norteamericano (Senn, *Christian Worship*, pp. 100, 104; Terry, *Evangelism*, p. 125.
4. White, *Protestant Worship*, pp. 65.
5. Ibid., p. 66. Zwinglio, músico él mismo, compartía la convicción de Calvino acerca de que la música y los coros no debían formar parte del servicio en la iglesia (p. 62).
6. Ibid., p. 76. Para Calvino, todos los cánticos tenían que incluir las palabras de las Escrituras del Antiguo Testamento, así que los himnos quedaban excluidos (p. 66).
7. Ibid., p. 126.
8. Ibid., p. 67. Esa también era la práctica de Martín Bucer, contemporáneo de Calvino (White, *Protestant Worship and Church Architecture*, p. 83).

esto. Hoy el pastor es el MC (maestro de ceremonias) y el CEO (Chief Executive Officer —el presidente de la compañía) en los servicios del domingo a la mañana, del mismo modo en que el sacerdote es el MC y el CEO en la misa católica. Esto presenta un marcado contraste con la reunión de la iglesia previsto por las Escrituras. De acuerdo con el Nuevo Testamento, el Señor Jesucristo es el conductor, director, y CEO de la reunión de la iglesia. En 1 Corintios 12, Pablo nos dice que Cristo habla a través de todo su cuerpo, y no solo por un solo miembro. En reuniones de ese tipo, su cuerpo funciona libremente bajo su conducción (liderazgo directo) por medio del obrar de su Espíritu Santo. 1 Corintios 14 nos proporciona un cuadro de lo que es un encuentro de este tipo. Esa clase de reunión resulta vital para el crecimiento espiritual del pueblo de Dios y para una completa expresión de su Hijo sobre la tierra.[1]

Otro rasgo de Calvino que contribuyó al orden del culto es la actitud sombría que se les recomendaba adoptar a muchos cristianos cuando entraban al edificio. Esa atmósfera constituía un sentido de profunda auto humillación delante de un Dios soberano y austero.[2]

A Martín Bucer también se le reconoce el haber fomentado esta actitud. Al comienzo de cada servicio, él hacía recitar los Diez Mandamientos para crear un sentir de veneración.[3] A partir de esa mentalidad, se desarrollaron algunas prácticas vergonzosas. ¡Los puritanos de Nueva Inglaterra fueron conocidos por multar a los niños que sonrieran en la iglesia! Agreguemos a eso la creación de un «alguacil» que despertaba a los feligreses que se quedaban dormidos golpeándolos con un palo con protuberancias.[4]

Un pensamiento de este tipo constituye el regreso a la perspectiva de piedad que se tenía a fines del Medioevo.[5] Sin embargo, fue abrazado y mantenido vivo por Calvino y Bucer. Aunque

---

1. Notemos que el Nuevo Testamento nos presenta diferentes tipos de reuniones. Algunas se caracterizaban por contar con un orador principal, como un apóstol o evangelista, predicando a la audiencia. Pero esa clase de reuniones era de una naturaleza esporádica y temporal. No se trataba de las reuniones corrientes, ni de la normativa para los creyentes del primer siglo. La «reunión de la iglesia», sin embargo, tiene que ver con el encuentro regular de los cristianos, que está marcado por un funcionamiento recíproco, una participación abierta de cada miembro, y libertad y espontaneidad bajo el liderazgo de Jesucristo.
2. Horton Davies, *Christian Worship: Its History and Meaning* [Adoración cristiana: Su historia y significado], Abingdon Press, Nueva York, 1957, p. 56.
3. White, *Protestant Worship*, pp. 74.
4. Alice Morse Earle, "Sketches of Life in Puritan New England" [Bosquejo de la vida en la Nueva Inglaterra puritana], *Searching Together* 11, Nº 4, 1982, pp. 38-39.
5. La gente del Medioevo equiparaba una actitud sombría con la santidad, y el mostrarse taciturno con la piedad. Por contraste, los cristianos primitivos se destacaban por una actitud de regocijo y alegría. Ver Hechos 2:46, 8:8, 13:52, 15:3, 1 Pedro 1:8.

muchos pentecostales y carismáticos contemporáneos han roto con esta tradición, inconscientemente un gran cantidad iglesias la continúan hasta hoy. El mensaje es: «¡Muéstrense callados y solemnes porque esta es la casa de Dios!»[1]

Una cosa más que los reformadores retuvieron de la misa fue la práctica de que el clero caminara hasta sus asientos, ya asignados, al principio del servicio, mientras la gente estaba de pie, cantando. Esta práctica dio comienzo en el siglo cuarto, época en que los obispos hacían su entrada a aquellas espléndidas basílicas. Esa constituía una práctica copiada directamente de la ceremonia de la corte imperial pagana.[2] Cuando los magistrados romanos entraban al salón de la corte, la gente se paraba y cantaba. Esta práctica todavía se sigue observando en muchas iglesias protestantes.

A medida que el calvinismo se extendió por Europa, la liturgia calvinista de Ginebra fue adoptada por la mayoría de las iglesias protestantes. Se la trasplantó a una multitud de países en los que echó raíces.[3] Así era como se desarrollaba:[4]

Oración
Confesión
Canto (salmos)
Oración para que el Espíritu iluminara la predicación
Sermón
Recolección de las limosnas
Oración general
Comunión (en las fechas prefijadas) mientras se cantaba un salmo
Bendición

Debería tenerse en cuenta que Calvino buscaba modelar su orden de culto siguiendo los escritos de los padres de la iglesia

---

1. Como contraste, los salmos llaman al pueblo a entrar por sus puertas con regocijo, alabanzas y acciones de gracias (ver el Salmo 100).
2. Senn, *Christian Worship*, pp. 26-27. El así llamado «rito de entrada» incluía salmodias (Introit), la oración de letanía (Kyrie), y un cántico de alabanza (Gloria). Fue tomado de la ceremonia de la corte imperial (Jungmann, *Early Liturgy*, pp. 292, 296). Dado que Constantino se veía a sí mismo como el vicario de Dios sobre la tierra, Dios vino a ser visualizado como el emperador del cielo. Por lo tanto la misa se convirtió en una ceremonia llevada a cabo delante de Dios y de su representante, el obispo; exactamente como la ceremonia que se realizaba delante del emperador y su magistrado. El obispo, vestido con su atuendo de alto magistrado, entraba el edificio de la iglesia en una solemne procesión, precedido por velas. Entonces se sentaba en su trono especial: la *sella curulis* del oficial romano. La iglesia del cuarto siglo había tomado tanto el ritual como el sabor de la oficialidad romana en su adoración (Krautheimer, *Early Christian and Byzantine Architecture*, p. 184).
3. La liturgia de Ginebra era «una liturgia reformada fija, utilizada sin variaciones ni excepciones no solo para la celebración de los sacramentos sino para el culto ordinario de los domingos también» (White, *Protestant Worship*, p. 69).
4. James Mackinnon, *Calvin and the Reformation* [Calvino y la Reforma], Russell and Russell, Nueva York, 1962, pp. 83-84. Si se desea una versión más detallada de la liturgia de Ginebra, ver el libro de Senn, *Christian Liturgy*, pp. 365-366.

primitiva[1] —en particular, los de aquellos que habían vivido entre los siglos tercero y sexto.[2] Eso explica su falta de claridad sobre el carácter de las reuniones de la iglesia del Nuevo Testamento. Los padres de la temprana etapa de los siglos tercero al sexto eran profundamente litúrgicos y ritualistas.[3] No tenían una mentalidad conforme al Nuevo Testamento.[4] Eran más teoréticos que practicantes.

Para decirlo de otra forma, los padres de la iglesia de ese período representan al naciente (o temprano) catolicismo. Y eso fue lo que Calvino tomó como su principal modelo al establecer un nuevo orden de culto.[5] No llama la atención entonces que la así llamada Reforma introdujera muy poca reforma a las formas de práctica de la iglesia.[6] Como sucedió en el caso del orden de culto de Lutero, la liturgia de la iglesia Reformada «no procuró cambiar las estructuras de la liturgia oficial [católica], sino que intentó mantener la antigua liturgia y cultivar al mismo tiempo una devoción extra litúrgica».[7]

LA CONTRIBUCIÓN PURITANA

Los puritanos eran calvinistas de Inglaterra.[8] Ellos abrazaban un riguroso biblicismo y buscaban adherir firmemente al orden de culto del Nuevo Testamento.[9] Los puritanos sentían que el orden de culto de Calvino no era lo suficientemente bíblico. Por consiguiente, cuando los pastores nos sermonean di-

---

1. Hughes Oliphant Old, *The Patristic Roots of Reformed Worship* [Las raíces patrísticas del culto reformado], Theologischer Veriag, Zurich, 1970, pp. 141-155. Calvino también tomó a los padres post apostólicos como su modelo para el gobierno de la iglesia, por lo tanto, abrazó un pastorado individual (Mackinnon, *Calvin and the Reformation*, p. 81).
2. Nichols, *Corporate Worship*, p. 14.
3. Los padres de la iglesia recibieron una gran influencia de parte de la cultura greco romana. Muchos de ellos, de hecho eran filósofos y oradores paganos antes de convertirse en cristianos. Como se señaló anteriormente, esta es la razón por la que los servicios de la iglesia reflejaban una mezcla entre la cultura pagana y las formas seguidas por la sinagoga judía. Lo que es más, cierta erudición reciente ha demostrado que los escritos de los padres sobre adoración cristiana fueron redactados más tarde de lo que se presumía y que han sido modificados en su forma por varias capas de tradición (Bradshaw, *Origins of Christian Worship*, capítulo 3).
4. Los padres de la iglesia fueron influenciados fuertemente por el paganismo y por el neoplatonismo. Will Durant, *Caesar and Christ*, pp 610-619, 650-651. Ver también el libro de Durant *Age of Faith*, pp. 63, 74, 521-524.
5. Dado que este estudio se enfoca en las contribuciones no escriturales de los reformadores, el hacer una lista de sus contribuciones positivas va más allá del ámbito de este libro. Sin embargo, queremos que se sepa que los autores son muy conscientes de que Lutero, Zwinglio, Calvino y otros han contribuido con muchas prácticas y creencias positivas a la fe cristiana. Al mismo tiempo, fallaron en cuanto a traernos una reforma completa.
6. La Reforma protestante fue mayormente un movimiento intelectual (White, *Protestant Worship*, p. 37). En tanto que la teología era radical comparada con la del catolicismo romano, apenas tocó las prácticas eclesiales. Se hace referencia a aquellos que fueron más allá en sus reformas, permitiendo que estas tocaran las prácticas de la iglesia, como la «Reforma Radical». Si se desea acceder a una consideración acerca de los reformadores radicales, ver el libro de E. H. Broadbent *The Pilgrim Church* [La iglesia peregrina], Gospel Folio Press, Grand Rapids, 1999; el de Leonard Verduin *The Reformers and Their Stepchildren* [Los reformadores y sus hijastros], Eerdmans, Grand Rapids, 1964; el de George H. Williams *The Radical Reformation* [La Reforma Radical], Westminster Press, Filadelfia, 1962; y el de John Kennedy *The Torch of the Testimony* [La antorcha del testimonio], Gospel Literature Service, Bombay, 1965.
7. Old, *Patristic Roots of Reformed Worship*, p. 12.
8. Senn, *Christian Liturgy*, p. 510.
9. White, *Protestant Worship*, p. 118.

ciendo que debemos «hacer todo según la Palabra de Dios» se convierten en eco de opiniones o pareceres puritanos. Pero el esfuerzo de los puritanos por restaurar la reunión de la iglesia del Nuevo Testamento no tuvo éxito.

El abandono de las vestimentas clericales, de los íconos y ornamentos, y también en cuanto a que los clérigos escribieran sus propios sermones (en contraposición a leer las homilías), constituyeron contribuciones positivas que los puritanos nos hicieron. Sin embargo, debido a su énfasis en la oración «espontánea», los puritanos también nos legaron la larga oración pastoral que precede al sermón.[1] Esa oración, en un servicio puritano del domingo por la mañana, fácilmente podía durar una hora o más.[2]

El sermón alcanzó su cenit con los puritanos de Norteamérica. Ellos sentían que era casi sobrenatural, dado que lo veían como el medio principal a través del que Dios le hablaba a su pueblo. Y castigaban a los miembros de la iglesia que se perdían el sermón del domingo por la mañana.[3] Los residentes de Nueva Inglaterra que dejaban de asistir al culto del domingo eran multados o puestos en el cepo.[4] (La próxima vez que tu pastor te amenace con la ira desenfrenada de Dios a causa de haber faltado a la «iglesia», asegúrate de agradecérselo a los puritanos).

Vale la pena notar que en algunas iglesias puritanas a los laicos se les permitía hablar al final del servicio. Inmediatamente luego del sermón, el pastor se sentaba y respondía las preguntas de la congregación. A los feligreses también se les permitía dar testimonio. Pero con el advenimiento del Frontier-Revivalism (Avivamiento de Frontera) en el siglo dieciocho, esta práctica se desvaneció, para nunca más ser adoptada por el cristianismo histórico o tradicional.[5]

Considerándolo todo, la contribución puritana en cuando a darle forma a la liturgia protestante hizo muy poco en cuanto a proveerle espacio al pueblo de Dios para que funcionara libremente bajo la dirección de Cristo. Al igual que las reformas litúrgicas que lo habían precedido, el orden de culto de los puritanos

---

1. White, *Protestant Worship*, pp. 119, 125; Senn, *Christian Liturgy*, p 512. Los puritanos también permitían a la congregación cuestionar el manejo que hacía el pastor del texto bíblico, luego de que el terminaba su sermón. White, *Protestant Worship*, p. 129.
2. Cassandra Niemczyk, "Did You Know? Little-Known Facts about the American Puritans" [Sabía usted? Hechos poco conocidos sobre los puritanos de Norteamérica], *Christian History* 13, Nº 1, 1994, p. 2.
3. Uno de los líderes puritanos escribió: «La predicación de la Palabra es el cetro del reino de Cristo, la gloria de una nación, y el carruaje en el que la vida y la salvación se transportan». Un puritano podía llegar a escuchar 15.000 horas de predicación durante su vida.
4. Niemczyk, "Did You Know?", p. 2; Allen C. Guelzo, "When the Sermon Reigned" [Cuando el sermón reinaba], *Christian History* 13, Nº 1, 1994, p. 23.
5. White, *Protestant Worship*, pp. 126, 130. Adams, *Meeting House to Camp Meeting*, pp. 13, 14.

resultaba absolutamente predecible Había sido puesto por escrito en detalle y era seguido uniformemente en todas las iglesias.[1]

Lo que aparece a continuación es la liturgia puritana.[2] Al compararla con las liturgias de Lutero y Calvino notamos que los rasgos centrales no han cambiado.

Llamado a la adoración
Oración de apertura
Lectura de las Escrituras
Canto de los Salmos
Oración previa al sermón
Sermón
Oración posterior al sermón
(Cuando se lleva a cabo la Comunión, el ministro exhorta a la congregación, bendice el pan y la copa, y se los pasa a las personas).

Con el tiempo, los puritanos engendraron denominaciones filiales propias.[3] Algunas de ellas formaron parte de la tradición de las «Iglesias Libres».[4] Las Iglesias Libres crearon lo que se llama el «himno sandwich»,[5] y ese orden de culto es bastante similar al usado por la mayoría de las iglesias evangélicas hoy. Este es su desarrollo:

Tres himnos
Lectura de las Escrituras
Música por un coro
Oraciones al unísono
Oración pastoral
Sermón
Ofrenda
Bendición

---

1. White, *Protestant Worship*, pp. 120, 127.
2. Senn, *Christian Liturgy*, 514-515. La liturgia básica de los puritanos aparece en una obra titulada *A Directory of the Public Worship of God* [Una guía para la adoración pública de Dios], escrita en 1644 (White, *Protestant Worship*, p. 127). Esto era una revisión del *Book of Common Prayer* [Libro de oraciones de uso común], anglicano, que fue diseñado originalmente en 1549. La *Guía* era usada por los presbiterianos y congregacionalistas ingleses (no por los escoceses).
3. Los descendientes del puritanismo son los bautistas, presbiterianos y congregacionalistas (White, *Protestant Worship*, p. 129).
4. La así llamada tradición de la «Iglesia Libre» (o iglesia separada del estado) incluía a los puritanos, separatistas, bautistas, y cuáqueros de los siglos diecisiete y dieciocho, a los metodistas de finales del siglo dieciocho, y a los discípulos de Cristo de principios del siglo diecinueve (Adams, *Meeting House to Camp Meeting*, p. 10).
5. White, *Protestant Worship*, p. 133.

¿Nos resulta familiar? Podemos estar seguros de que no podremos encontrar esto en el Nuevo Testamento.

CONTRIBUCIÓN DE LOS METODISTAS Y DEL AVIVAMIENTO DE FRONTERA

Los metodistas del siglo dieciocho le transmitieron al orden de culto protestante una dimensión emocional. A la gente se la invitaba a cantar en voz alta, con vigor y fervor. De esta forma, los metodistas fueron los precursores de los pentecostales.

Al igual que los puritanos, los metodistas le dieron más sabor a la oración del pastor, previa al sermón del domingo por la mañana. La oración clerical metodista era larga y universal en su alcance. Absorbía todas las otras oraciones, cubriendo todos los frentes, desde la confesión hasta la intercesión y la alabanza. Pero lo que es más importante, se realizaba siempre en un inglés antiguo, isabelino (lleno de pronombres antiguos como por ejemplo los Thee, Thou y Thy).[1]

Aun hoy, en el siglo veintiuno, la oración pastoral isabelina sigue viva y respirando.[2] Muchos pastores contemporáneos todavía oran usando ese lenguaje pasado de moda, ¡aún cuando se trata de un dialecto muerto desde hace ya cuatrocientos años! ¿Por qué? A causa del poder de la tradición.

Los metodistas también popularizaron los servicios de culto de los domingos por la tarde. El descubrimiento del gas incandescente como medio de iluminación le permitió a John Wesley (1703-1791) popularizar esta innovación.[3] Hoy muchas iglesias protestantes tienen un servicio los domingos por la tardecita, aunque normalmente cuenta con poca asistencia.

Los siglos dieciocho y diecinueve le presentaron un nuevo desafío al Protestantismo norteamericano. Fue la presión de tener que avenirse o ajustarse a los servicios cada vez más populares del Avivamiento de Frontera norteamericano. Esos servicios influyeron grandemente sobre el orden de culto de muchísimas iglesias.

---

1. Ibid., pp. 153, 164.
2. Ibid., p. 183. La «oración pastoral previa al sermón» estaba prescrita en detalle en el *Westminster Directory of Worship*.
3. Horton Davies, *Worship and Theology in England: 1690-1850* [Culto y teología en Inglaterra: 1690-1850], Princeton University Press, Princeton, 1961, p. 108. Los servicios de oración nocturnos eran comunes dentro de la Iglesia Católica desde el siglo cuarto. Y los de la víspera del domingo (servicios nocturnos) constituyeron una parte estable de la vida litúrgica de la catedral y de la parroquia por muchos siglos. Sin embargo, los metodistas son conocidos por introducir dentro de la fe protestante el servicio de adoración del domingo por la tarde-noche.

Aún hoy, los cambios inyectados por ellos en el torrente sanguíneo del Protestantismo norteamericano siguen siendo evidentes.[1]

Primero, los evangelistas del Avivamiento de Frontera cambiaron la meta de la predicación. Ellos predicaban con un única objetivo: convertir a las almas perdidas. Para la mentalidad de un evangelista del Avivamiento de Frontera, no había otra cosa que tuviera que ver con el plan de Dios más que la salvación.[2] La salvación constituía el propósito supremo en cuanto a la iglesia y a toda la vida. Este énfasis encuentra su simiente en la manera innovadora de predicar de George Whitefield (1714-1770).[3]

Whitefield fue el primer evangelista de los tiempos modernos en predicar a multitudes reunidas fuera de un edificio, al aire libre.[4] Él fue el hombre que cambió el énfasis: de predicar acerca de los planes de Dios para la iglesia pasó a hablar sobre los planes de Dios para el individuo. La popular idea de que «Dios te ama y tiene un maravilloso plan para tu vida» se volvió importante luego de Whitefield.[5]

En segundo lugar, la música del Avivamiento de Frontera hablaba al alma y buscaba obtener una respuesta emocional al mensaje de salvación.[6] Todos los grandes evangelistas tenían músicos en su equipo con ese propósito.[7] La adoración comenzaba a verse como algo primariamente individualista, subjetivo y emocional.[8] Ese cambio de énfasis fue recogido por los metodistas,

---

1. White, *Protestant Worship*, pp. 91, 171; Iain H. Murray, *Revival and Revivalism: The Making and Marring of American Evangecalism* [Avivamiento y evangelismo: Cómo se hizo y cómo se estropeó el evangelicalismo norteamericano], Banner of Truth Trust, Carlisle, PA, 1994.
2. El movimiento evangélico norteamericano dio nacimiento a la «sociedad misionera» a fines del siglo dieciocho. Eso incluía a la Sociedad Misionera Bautista (1792), a la Sociedad Misionera de Londres (1795), a la Sociedad Misionera Metodista General (1796) y a la Sociedad Misionera de la Iglesia (1799). Tan, *Lost Heritage*, p. 195.
3. Whitefield es denominado como «el padre del evangelismo». El mensaje central de Whitefield era «el nuevo nacimiento» de cada cristiano en forma individual. Con eso él lideró el Primer Gran Avivamiento en Nueva Inglaterra, que alcanzó su pico máximo a principios de la década de 1740. En 45 días, Whitefield predicó 175 sermones. Siendo un magnífico orador, 30.000 personas podían escuchar su voz en una sola reunión. Hasta 50.000 personas se acercaron para escucharlo hablar. Lo que resulta notable es que se decía que la voz de Whitefield se podía oír hasta un alcance de una milla sin ser amplificada. Y su capacidad de oratoria era tan grande que podía hacer que una audiencia llorara con su manera de decir. Sin duda, a Whitefield se le reconoce el haber recuperado la práctica perdida del ministerio itinerante. Él también comparte el mérito con los puritanos por haber restaurado la oración y la predicación improvisadas (Yngve Brilioth, *A Brief History of Preaching* [Una breve historia de la predicación], Fortress Press, Filadelfia, 1965, p. 165. Ver también *Christian History* 12, N° 2, 1993, que fue dedicada a George Whitefield; "The Great Awakening" [El Gran Despertar], *Christian History* 9, N° 4, 1990, p. 46; la obra de J. D. Douglas, *Who's Who in Christian History* [Quién es quién en la historia cristiana], Tyndale House, Carol Stream, IL, pp. 716-717; Terry, *Evangelism*, pp. 100, 110, 124-125.
4. Davies, *Worship and Teology in England*, p. 146; "The Great Awakening", *Christian History* 9, N° 4, 1990, p. 46; "George Whitefield", *Christian History* 8, N° 3, 1989, p. 17.
5. Mark A. Noll, "Father of Modern Evangelicals?" [¿Padre de los modernos evangélicos?], entrevista en *Christian History* 12, N° 2, 1993, p. 44; "The Second Vatican Council" [El Concilio Vaticano Segundo], *Christian History* 9, N° 4, 1990, p. 47. El Gran Avivamiento que llegó a través de Whitefield marcó al Protestantismo norteamericano con un carácter evangélico individualista del que nunca se ha recuperado.
6. Senn, *Christian Liturgy*, pp. 562-565; White, *Protestant Worship and Church Architecture*, pp. 8, 19.
7. Finney usó a Thomas Hastings. Moody usó a Ira D. Sankey. Billy Graham continuó con la tradición, utilizando a Cliff Barrows y a George Beverly Shea (Senn, *Christian Liturgy*, p. 600. La música se volvió sumamente instrumental a fin de promover las metas del evangelismo. A George Whitefield y John Wesley se les atribuye el haber sido los primeros en emplear la música para inducir una convicción y una disposición a escuchar el evangelio (Terry, *Evangelism*, p. 110.
8. White, *Protestant Worship and Church Architecture*, p. 11.

y luego comenzó a penetrar muchas otras subculturas protestantes. La meta principal de la iglesia cambió de experimentar y expresar al Señor Jesucristo de una forma corporativa, a lograr que los individuos se convirtieran. Al hacerlo, la iglesia en general perdió de vista el hecho de que en tanto que la expiación de Cristo resulta absolutamente esencial para poner de nuevo a la humanidad en el buen camino y para restaurar nuestra relación con Dios, ese no es su único propósito. Dios tiene un propósito eterno que va más allá de la salvación. Ese propósito tiene que ver con extender la comunión eterna que él tiene con su Hijo y hacerla visible sobre el planeta Tierra. La teología del evangelicalismo no considera el propósito eterno de Dios y pone muy poco énfasis, si alguno, sobre la iglesia.[1]

La música coral de los metodistas fue planeada para ablandar los corazones duros de los pecadores. Las letras comenzaron a reflejar la cuestión de la experiencia de salvación individual así como también el testimonio personal.[2] A Charles Wesley (1707-1788) se le atribuye el haber sido el primero en escribir himnos de invitación.[3]

Los pastores que orientan sus sermones del domingo a la mañana exclusivamente hacia ganar a los perdido siguen reflejando una influencia evangelicalista.[4] Esa influencia ha impregnado a la mayor parte de nuestra evangelización radial y televisiva. Muchas iglesias protestantes (no solo las pentecostales y las carismáticas) comienzan sus servicios con canciones entusiastas para preparar a la gente para un sermón dirigido a las emociones. Pero pocas personas saben que esa tradición comenzó con los evangélicos del Avivamiento de Frontera hace poco más de un siglo atrás.

En tercer lugar, los metodistas y los evangélicos del Avivamiento de Frontera dieron nacimiento al «llamado al altar». Esta práctica comenzó con los metodistas en el siglo dieciocho.[5] La práctica de invitar a la gente que deseaba oración a que se pusiera de pie y pasara al frente para que se orara por ella nos

---

1. Para acceder a un análisis completo del propósito eterno de Dios, ver el libro de Viola *God's Ultimate Passion* [La pasión primordial de Dios] , Present Testimony Ministry, Gainesville, FL, 2006.
2. White, *Protestant Worship*, pp. 164-165, 184-185.
3. R. Alan Streett, *The Effective Invitation* [La invitación eficaz], Fleming H. Revell Co., Old Tappan, NJ, 1984, p. 190. Charles Wesley escribió más de 6.000 himnos. Charles fue el primer escritor de himnos en introducir el estilo de canto congregacional que expresaba los sentimientos y pensamientos de los cristianos individualmente.
4. Los bautistas fueron los más conocidos por hacer del ganar a los perdidos la meta del servicio del domingo por la mañana. El llamado del movimiento evangélico a tomar «decisiones personales» por Cristo resultaba atractivo y reflejaba la ideología cultural del individualismo norteamericano; del mismo modo, las «nuevas medidas» del ministerio de Charles Finney fueron atractivas y reflejaron el pragmatismo norteamericano (Terry, *Evangelism*, pp. 170-171).
5. Murray, *Revival and Revivalism*, pp. 185-190.

fue transmitida por un evangelista de origen metodista llamado Lorenzo Dow.[1]

Más adelante, en 1807, en Inglaterra, *los* metodistas crearon el «banco de los penitentes».[2] Los pecadores preocupados ahora tenían un lugar en el que lamentarse por sus pecados cuando se los invitaba a recorrer esa senda de aserrín. Ese método llegó a los Estados Unidos unos pocos años después y recibió el nombre de «banco de los angustiados» por parte de Charles Finney (1792-1875).[3]

El «banco de los angustiados» se ubicaba al frente, donde los predicadores permanecían de pie sobre una plataforma que se había erigido.[4] Era desde allí que se llamaba tanto los pecadores como los santos en necesidad a recibir las oraciones del ministro.[5] El método de Finney era pedirles a aquellos que deseaban ser salvos que se pusieran de pie y fueran hacia el frente. Finney hizo de ese método algo tal popular que «luego de 1835 se convirtió en una parte indispensable de los avivamientos modernos».[6]

Finney luego descartó el banco de los angustiados y simplemente invitaba a los pecadores a ir al frente por el pasillo de la nave central y arrodillarse frente a la plataforma para recibir a Cristo.[7] Además de popularizar el llamado al altar, a Finney se le reconoce haber inventado la práctica de orar por las personas por nombre, movilizar grupos de obreros para visitar los hogares, y reemplazar los servicios de rutina de la iglesia por servicios especiales de todas las noches de la semana.

Con el tiempo, el «banco de los angustiados» de las reuniones al aire libre en los campamentos fue reemplazado por el «altar» dentro de las iglesias. El «camino de aserrín» fue

---

1. Streett, *Effective Invitation*, pp. 94-95. El reverendo James Taylor fue uno de los primeros en llamar a los solicitantes al frente, en 1785, en su iglesia de Tennessee. La primera conexión entre el uso del altar y una invitación pública, según ha quedado registrado, tuvo lugar en 1799, en una reunión de un campamento metodista de Kentucky. Ver también el libro de White, *Protestant Worship*, p. 174.
2. Finney era un innovador en el tema de ganar almas y comenzar avivamientos. Empleando lo que llamaba sus «nuevas medidas», argumentaba que no existían formas normativas de culto en el Nuevo Testamento. Y que se le debía dar el visto bueno a cualquier cosa que produjera resultados en cuanto a conducir a los pecadores a Cristo (Senn, *Christian Liturgy*, p. 564; White, *Protestant Worship*, pp.176-177).
3. Streett, *Effective Invitation*, p. 95. Finney comenzó a usar ese método exclusivamente después de su famosa cruzada en Rochester, Nueva York, en 1830. El primer uso de la frase «banco de los angustiados» ("anxious seat", en inglés) que se pueda rastrear, proviene de Charles Wesley: «Oh, ese bendito banco de los angustiados». Para acceder a una crítica al banco de los angustiados, ver el libro de J. W. Nevin *The Anxious Bench* [El banco de los angustiados], German Reformed Church, Cambersburg, PA, 1843.
4. White, *Protestant Worship*, p. 181; James E. Johnson, "Charles Grandison Finney: Father of American Revivalism" [Charles Grandison Finney: Padre del avivamiento norteamericano], *Christian History* 7, Nº 4, 1988, p. 7; "Glossary of Terms" [Glosario de términos], *Christian History* 7, Nº 4, 1988, p. 19.
5. "The Return of the Spirit: The Second Great Awakening" [El regreso del Espíritu: Segundo gran despertar], *Christian History* 8, Nº 3, 1989, p. 30; Johnson, "Charles Grandison Finney", p. 7; Senn, *Christian Liturgy*. p 566.
6. Murray, *Revival and Revivalism*, pp. 226, 241-243, 277.
7. Streett, *Effective Invitation*, p. 96.

reemplazado por el pasillo de la nave de la iglesia. Y así fue como nació el famoso «llamado al altar».[1]

Quizá el elemento más duradero con que Finney contribuyó al cristianismo contemporáneo, sin proponérselo, fue con el pragmatismo. El pragmatismo es la filosofía que enseña que si algo funciona, debe abrazárselo más allá de la consideraciones éticas. Finney creía que el Nuevo Testamento no prescribía ninguna forma de adoración o culto en particular.[2] Él enseñaba que el único propósito de la predicación era ganar conversos. Cualquier recurso que ayudara a lograr esa meta resultaba aceptable.[3] Bajo Finney, el avivamiento del siglo dieciocho se convirtió en una ciencia y se introdujo en las iglesias tradicionales.[4]

El cristianismo contemporáneo todavía refleja esa ideología. El pragmatismo no es espiritual, no solo porque alienta a que las consideraciones éticas se tomen como secundarias, sino porque depende más bien de técnicas que de Dios para producir los efectos deseados. La espiritualidad genuina está marcada por la comprensión de que en las cosas espirituales nosotros, los mortales, debemos depender total y completamente del Señor. Recordemos las palabras del Señor acerca de que «Si el Señor no edifica la casa, en vano se esfuerzan los albañiles» (Salmo 127:1), y de que «separados de mí no pueden ustedes hacer nada» (Juan 15:5). Desafortunadamente, el pragmatismo («si funciona, hagámoslo»), principio o espiritualidad no fundamentado en la Biblia, determina la actividad de muchas de las iglesias de hoy. (Muchas iglesias «sensibles al buscador o al consumidor» —no tradicionales en su culto, con un estilo de culto más moderno— se han destacado por seguir los pasos de Finney). El pragmatismo es dañino porque enseña que «el fin justifica los medios». Si el fin se considera «santo», prácticamente todo tipo de «medios» resulta aceptable.

La filosofía del pragmatismo abre la puerta a la manipulación humana y a la completa dependencia de uno mismo en lugar de depender de Dios. Notemos que existe una diferencia monumental entre que haya seres humanos bien intencionados

---

1. Burgess y McGee, *Dictionary of Pentecostals*, p. 904. Para un estudio más detallado, véase el libro de Gordon L. Hall *The Sawdust Trail: The Story of American Evangelism* [El camino de aserrín: La historia del evangelismo norteamericano], Macrae Smith Company, Filadelfia, 1964. El «camino de aserrín» más tarde se volvió equivalente al pasillo cubierto de polvo de las carpas de los evangelistas. El uso de esa expresión («toma el camino de aserrín») se popularizó a través del ministerio de Billy Sunday (1862-1935). Véase el libro de Terry *Evangelism*, p. 161.
2. White, *Protestant Worship*, p. 177.
3. Publicación *Pastor's Notes: A Companion Publication to Glimpses* 4, Nº 2, Christian History Institute, 1992, p. 6.
4. White, *Protestant Worship and Church Architecture*, p. 7.

trabajando para Dios en sus propias fuerzas, sabiduría y poder, y que Dios obre a través de los seres humanos.[1]

Debido a su impacto de largo alcance, Charles Finney ha sido considerado «el reformador litúrgico de mayor influencia de la historia norteamericana».[2] Finney creía que los métodos evangelísticos que funcionaban en sus reuniones de campamento podían ser adoptados por las iglesias protestantes para producir avivamiento. Esa noción se popularizó y se estableció en la mentalidad protestante a través del libro que él escribió en 1835, titulado *Lectures on Revival* [Discursos sobre avivamiento]. Según la mentalidad protestante contemporánea, la doctrina debe ser rigurosamente comprobada por las Escrituras antes de ser aceptada. Pero cuando se trata de las práctica de la iglesia, casi todo resulta aceptable en tanto funcione bien para ganar convertidos.

En todos estos sentidos, el movimiento norteamericano del Avivamiento de Frontera convirtió a la iglesia en una base para la predicación. Redujo la experiencia de la ekklesia a una misión evangelística.[3] Estableció como norma los métodos de avivamiento de Finney y creó personalidades de púlpito como la atracción dominante en las iglesias. También hizo de la iglesia una cuestión individualista más que colectiva.

Diciéndolo de otra manera, la meta de los evangélicos del movimiento de Frontera fue llevar a los pecadores, de una manera individual, a tomar una decisión individual con respecto a una fe individual.[4] Como resultado, la meta de la iglesia primitiva —la edificación mutua y que cada miembro funcionara para manifestar a Jesucristo corporativamente ante los principados y las potestades— se perdió por completo.[5] Irónicamente, John Wesley, un evangelista de los primeros tiempos, comprendió los peligros que implicaba el mover evangélico de avivamiento. Él escribió:

---

1. Dos libros que explican bien esa diferencia son los de Watchman Nee, *The Normal Christian Life* [La vida cristiana normal], Tyndale House, Carol Sream, IL, 1977; y *The Release of the Spirit* [La liberación del Espíritu], Sure Foundation, Indianapolis, 1965. Para un análisis más detallado sobre la naturaleza no cristiana del pragmatismo, ver la obra de Ronald Rolheiser *The Shattered Lantern: Rediscovering God's Presence in Everyday Life* [El farol destrozado: Redescubrir la presencia de Dios en la vida cotidiana], Hodder & Stoughton, Londres, 1994, pp. 31-35.
2. White, *Protestant Worship*, p. 176; *Pastor's Notes* 4, N° 2, p. 6. Ian Murray señala que las reuniones de campamento llevadas a cabo por los metodistas fueron precursoras de las técnicas evangelísticas sistematizadas de Finney (*Revival and Revivalism*, pp. 184-185).
3. Si se tiene la concepción correcta, la meta de la predicación no consiste en la salvación de almas. Es dar nacimiento a la iglesia. Según lo señalado por un erudito: «La conversión solo puede ser el medio; la meta es la extensión de la iglesia visible». Karl Muller, editor, *Dictionary of Mission: Theology, History, Perspectives* [Diccionario de la misión: Teología, historia, perspectivas], Orbis Books, Maryknoll, NY, 1997, p. 431. El erudito D. J. Tidball se hace eco del mismo pensamiento, diciendo: «El interés principal de Pablo no era la conversión de los individuos sino la formación de comunidades cristianas». *Dictionary of Paul and His Letters* [Diccionario de Pablo y sus epístolas], InterVarsity, Downers Grove, IL, 1993, p. 885. Los evangélicos del movimiento Avivamiento de Frontera no tenían un concepto de ekklesia.
4. White, *Protestant Worship and Church Architecture*, pp. 121-124.
5. Ver 1 Corintios 12-14; Efesios 1-3.

«El cristianismo es en esencia una religión social... el convertirlo en una religión de solitarios en realidad es destruirlo».[1] Con la invención de Albert Blake Dick de la duplicación por esténcil en 1884, el orden de culto comenzó a imprimirse y distribuirse.[2] De esta manera hizo su aparición el famoso «boletín del domingo por la mañana».[3]

LA ASOMBROSA INFLUENCIA DE D. L. MOODY

Las semillas del «evangelio de avivamiento» se esparcieron a través de todo el mundo occidental debido a la influencia colosal de D. L. Moody (1837-1899). Él viajó más de un millón seiscientos mil kilómetros y predicó a más de 100 millones de personas, todo eso en el siglo previo a los aviones, micrófonos, televisión e Internet. El evangelio de Moody, al igual que el de Whitefield, se centraba en una sola cosa: la salvación del pecador. Él predicaba el evangelio enfocado en los individuos, y su teología se había encapsulado en tres R: la ruina por el pecado, la redención a través de Cristo, y la regeneración por el Espíritu. Aunque esos ciertamente constituyen elementos de fundamental importancia para la fe, Moody aparentemente no reconoció que el propósito eterno de Dios va mucho más allá de la redención.[4]

La predicación de Moddy estaba dominada por este único interés: la salvación individual. Él instituyó el himno cantado por un solista que seguía al sermón del pastor. El himno de invitación era cantado por un solista hasta que George Beverly Shea animó a Billy Graham a que utilizara un coro para entonar canciones al estilo de «Tal como soy», mientras la gente pasaba adelante para recibir a Cristo.[5]

Moody nos transmitió ciertas cosas como el dar testimonio de puerta en puerta, y el publicitar y llevar a cabo campañas

---

1. John Werley, «Sermon on the Moun IV» [Sermón del Monte IV], *Sermons on Several Occasions* [Sermones en diversas ocasiones], Epworth Press, Londres, 1956, p. 237.
2. Ibid., p. 132. Ver http://www.officemuseum.com/copy_machines.htm sobre detalles de la invención del mimeógrafo por esténcil de Dick.
3. Ferguson, *Early Christians Speak*, p. 84. Las liturgias *escritas* hicieron su aparición por primera vez en el siglo cuarto. Pero no fueron puestas en forma de boletín hasta el siglo diecinueve.
4. *Christian History* 9, Nº 1, 1990; Douglas, *Who's Who in Christian History*, pp. 483-485; Terry, *Evangelism*, pp. 151-152; H. Richard Niebuhr y Daniel D. Williams, *The Ministry in Historical Perspectives* [El ministerio en perspectiva histórica], Harper & Row Publishers, San Francisco, 1956, p. 256. En tanto que Dios verdaderamente desea redimir a las almas a través de Cristo, ese es solo el primer paso de lo que él busca en última instancia. No estamos en contra de la evangelización, pero cuando hacemos de ese nuestro único enfoque, la evangelización se convierte en un deber más que en algo que sucede espontáneamente cuando los cristianos se ocupan primordialmente de Cristo. Los creyentes de la iglesia primitiva se centraban en Cristo por completo, y esa es la razón por la que nuestros métodos de evangelización y nuestras perspectivas son tan distintos de los de ellos. Para acceder a una consideración exhaustiva del propósito eterno de Dios, ver el libro de Viola *God's Ultimate Passion*.
5. Streett, *Effective Invitation*, pp. 193-194, 197.

evangelísticas.[1] Nos transmitió la «canción evangelística», o «himno evangelístico».[2] Y popularizó la «tarjeta de decisión», un invento de Absalom B. Earle (1812-1895).[3]

Además, Moody fue el primero en pedirles a aquellos que quisieran ser salvos que se levantaran de sus asientos para ser conducidos en la «oración del pecador».[4] Unos cincuenta años después, Billy Graham mejoró la técnica de Moody. Introdujo la práctica de pedirle a la audiencia que inclinara la cabeza, cerrara los ojos («sin que nadie mire a su alrededor») y levantara la mano en respuesta al mensaje de salvación.[5] (Todos estos métodos se han encontrado con una fuerte oposición por parte de aquellos que argumentan que constituyen una manipulación psicológica).[6]

Para Moody, «la iglesia era una asociación voluntaria para los que habían sido salvos».[7] Tan sorprendente resultaba su influencia que ya en 1874 la iglesia no era vista como un grandioso cuerpo corporativo sino como una reunión de individuos.[8] Cada evangelista que lo siguió, recogió ese énfasis.[9] Y finalmente eso penetró hasta los huesos y la médula del cristianismo evangélico.

También vale la pena notar que Moody resultó muy influenciado por la enseñanza de los Hermanos Libres sobre el fin de los tiempos. Esta trataba de que Cristo podía regresar en cualquier

---

1. Terry, *Evangelism*, pp. 153-154, 185.
2. David P. Appleby, *History of Church Music* [Historia de la música en la iglesia], Moody Press, Chicago, 1965, p. 142.
3. Street, *Effective Invitation*, p. 97. «Cada persona que pasaba adelante firmaba una tarjeta para indicar su compromiso de llevar una vida cristiana y de mostrar una inclinación hacia la iglesia. Esa porción de la tarjeta era retenida por el consejero personal, de manera que se pudiera llevar a cabo alguna forma de seguimiento. Otra parte de la tarjeta se le entregaba al nuevo cristiano, como una guía para llevar una vida cristiana» (p. 97-98).
4. Ibid., p. 98. Para obtener más información acerca de la «oración del pecador» ver el capítulo 9.
5. Ibid., pp. 112-113. En sus cuarenta y cinco años de ministerio, Graham ha predicado a 100 millones de personas en 85 países distintos (*Pastor's Notes* 4, Nº 2, p. 7).
6. Iain H Murray, *The Invitation System* [El sistema de la invitación], Banner of Truth Trust, Edimburgo, 1967. Murray distingue entre «avivamiento» como una obra del Espíritu de Dios auténtica y espontánea, y los «movimientos evangelísticos», que tienen que ver con los métodos humanos para obtener (por lo menos en apariencia) señales de convicción, arrepentimiento y nuevo nacimiento. La utilización de presiones psicológicas y sociales para conseguir conversos forma parte de los «movimientos evangelísticos» (pp.xvii-xix). Ver también el escrito de Jim Ehrhard "The Dangers of the Invitation System" [Los peligros que implica el sistema de invitación], Christian Communicators Worldwide, Parkville, MO, 1999, http://www.grace-sermons.com/hisbygrace/invitation.html.
7. Niebuhr y Williams, *Ministry in Historical Perspectives*, p. 256.
8. Sandra Sizer, *Gospel Hymns and Social Religion* [Himnos evangélicos y religión social], Temple University Press, Filadelfia, 1978, p. 134.
9. Moody, junto con los predicadores del Gran Despertar, como George Whitefield, apelaban fuertemente a las emociones. Habían sido influenciados por la filosofía del Romanticismo, ese cuerpo de pensamiento que enfatiza la voluntad y las emociones. Eso, como reacción al énfasis en la razón que había marcado el pensamiento cristiano anterior, conformado por el Iluminismo (David W. Bebbington, "How Moody Changed Revivalism" [La manera en que Moody cambió al movimiento evangélico], *Christian History* 9, Nº 1, 1990, p. 23. El énfasis de los predicadores del Despertar estaba puesto en la respuesta sentida de los individuos a Dios. La conversión vino a ser considerada como la meta primordial de la actividad divina. Como lo señalan J. Stephen Lang y Mark A. Noll: «A causa de la predicación del Despertar, el sentido del *yo religioso* se intensificó. El principio de la elección individual se arraigó para siempre en el Protestantismo norteamericano y todavía hoy se hace evidente entre los evangélicos y muchos otros» (J. Stephen Lang y Mark A. Noll, "Colonial New England: An Old Order, a New Awakening" [La Nueva Inglaterra colonial: Un viejo orden, un nuevo despertar], *Christian History* 4, Nº 4, 1985, pp. 9-10).

segundo previo a la gran tribulación. (Esa enseñanza también se conoce como «dispensacionalismo pretribulacional»).[1]

El dispensacionalismo pretribulacional dio nacimiento a la idea de que los cristianos deben actuar rápidamente para salvar tantas almas como sea posible antes del fin del mundo.[2] Al fundar John Mott el Movimiento de Estudiantes Voluntarios en el año 1888, se disparó una idea relacionada con esa: «La evangelización del mundo en una generación».[3] La contraseña «en una generación» todavía sigue viva y respirando dentro de la iglesia.[4] Sin embargo, no se conforma al mapa de la mentalidad de los cristianos del primer siglo, los que no parecían sentirse presionados por procurar que todo el mundo se salvara en una generación.[5]

LA CONTRIBUCIÓN PENTECOSTAL

Aproximadamente a partir de 1906, el movimiento Pentecostal nos proveyó una expresión más emocional del canto congregacional. Eso incluyó levantar las manos, danzar en los bancos, aplaudir, hablar en lenguas, y la utilización de panderetas. La expresión pentecostal estaba en armonía con su énfasis en la operación extática del Espíritu Santo.

Lo que poca gente nota es que si uno le quita los rasgos emocionales al servicio de una iglesia pentecostal, este se ve igual a la liturgia bautista. Por lo tanto, no importa lo fuerte que los pentecostales declaren que siguen los patrones del Nuevo Testamento, la iglesia típicamente pentecostal o carismática sigue el mismo orden de culto que utiliza la mayoría de los otros grupos protestantes. Simplemente, allí se cuenta con una mayor libertad para las expresiones emocionales desde los bancos.

Otro rasgo interesante del culto pentecostal se percibe durante el período del servicio dedicado a los cánticos. A veces el

---

1. John Nelson Darby engendró esta enseñanza. El origen de la doctrina pretribulacional de Darby resulta fascinante. Ver la obra de Dave MacPherson *The Incredible Cover-Up* [El encubrimiento increíble], Omega Publications, Medford, OR, 1975.
2. Bebbington, "How Moody Changed Revivalism", pp. 23-24.
3. Daniel G. Reid, *Concise Dictionary of Christianity in America* [Diccionario conciso del cristianismo en Norteamérica], Intervarsity, Downers Grove, IL, 1995, p 330.
4. Ejemplos: El movimiento AD 2000, el movimiento Más allá (Beyond, en inglés), y otros.
5. Los apóstoles permanecieron en Jerusalén por muchos años antes de ir «hasta lo último de la tierra» según lo predicho por Jesús. No tenían apuro por evangelizar al mundo. Del mismo modo, la iglesia de Jerusalén no evangelizó a nadie durante sus primeros cuatro años de vida. Ellos tampoco mostraron prisa en cuanto a evangelizar el mundo. Finalmente, no se encuentra el más mínimo indicio en ninguna de las epístolas del Nuevo Testamento en cuanto a que un apóstol dijera a alguna de la iglesia que evangelizara porque «la hora está avanzada y los días que restan son pocos». Para decirlo brevemente, no hay nada de malo en que los cristianos sientan carga por salvar tantas almas como puedan dentro de un marco específico de tiempo. Pero no existe una justificación bíblica ni precedente divino para colocar esa carga en particular sobre todo el pueblo de Dios.

canto se ve interrumpido por la articulación ocasional de expresiones en lenguas, o de una interpretación de lenguas, o de alguna palabra de «profecía». Pero tales intervenciones raramente duran más de un minuto o dos. Esa participación abierta en una forma tan comprimida no puede en realidad llamarse «ministerio del cuerpo».[1] La tradición pentecostal también nos ha aportado los solos y la música coral (a menudo etiquetada como «música especial») que suele acompañar a la ofrenda.[2]

Como en todas las iglesias protestantes, el sermón constituye el clímax de la reunión pentecostal. Sin embargo, dentro de las iglesias pentecostales corrientes, el pastor a veces «siente que el Espíritu se mueve». En tales ocasiones él suspende su sermón para la siguiente semana. La congregación entonces canta y ora durante el resto del servicio. Para muchos pentecostales, eso constituye la culminación de un gran servicio de la iglesia.

La manera en que los feligreses describen estos servicios especiales resulta fascinante. Generalmente dicen: «El Espíritu Santo guió nuestra reunión esta semana. El pastor Cheswald no llegó a predicar». Cada vez que se hace un comentario de este tipo, queda flotando la pregunta: *¿No se espera que el Espíritu Santo conduzca todas las reuniones de nuestras iglesias?*

Aun así, como resultado de haber nacido durante el esplendor del Avivamiento de Frontera, el culto pentecostal es altamente subjetivo e individualista.[3] En la mente de los pentecostales, lo mismo que en la mente de la mayoría de los otros protestantes, el culto a Dios no es una cuestión colectiva, sino una experiencia de cada uno.[4]

MUCHOS AJUSTES; NINGÚN CAMBIO FUNDAMENTAL

Nuestro estudio de la historia litúrgica de los luteranos (siglo dieciséis), de los reformados (siglo dieciséis), de los puritanos (siglo diecisiete), de los metodistas (siglo dieciocho), del Avivamiento de Frontera (siglos dieciocho y diecinueve) y de los pentecostales (siglo veinte), pone al descubierto un punto

---

1. Al decir «comprimida» nos referimos a que es muy restringida. Las iglesias pentecostales y carismáticas que llevan a cabo servicios completamente abiertos para que la congregación ministre y comparta libremente sin restricciones no son lo frecuente hoy.
2. White, *Protestant Worship* p. 204.
3. White, *Protestant Worship and Church Architecture*, p. 129.
4. El Gran Despertar del siglo dieciocho marcó las pautas para una fe individualista, algo que resultaba exógeno, foráneo, a la iglesia del primer siglo. Los Estados Unidos rápidamente se estaban convirtiendo en una nación con un fuerte individualismo, así que ese nuevo énfasis encajaba bien con el país (Terry, *Evangelism*, pp. 122-123).

insoslayable: Durante los últimos quinientos años, el orden de culto protestante ha sufrido cambios mínimos.[1]

Finalmente, todas las tradiciones protestantes comparten las mismas características, no tomadas de la Biblia, en su orden de culto: Estos son oficiados y dirigidos por un clérigo, hacen del sermón el punto central, y el pueblo asume una actitud pasiva en la que no se le permite ministrar.[2]

Los reformadores lograron mucho en cuanto a cambiar la teología del Catolicismo Romano. Pero en términos de práctica real, solo llevaron a cabo ajustes menores que no hicieron mucho para retrotraer la adoración al modelo del Nuevo Testamento. Como resultado, el pueblo de Dios nunca se liberó de las limitaciones litúrgicas heredadas del Catolicismo Romano.[3]

Como un autor lo ha dicho: «Los reformadores aceptaron en esencia el antiguo patrón católico de culto[4]... las estructuras básicas para el servicio fueron tomadas casi universalmente de las diversas clases de ordenes de culto de fines del Medioevo».[5]

En definitiva, entonces, los reformadores reformaron la liturgia católica solo ligeramente. Su principal contribución fue cambiar el enfoque central. En palabras de un erudito: «El Catolicismo cada vez seguía más el camino de los cultos [paganos] de hacer de un rito el centro de sus actividades, y el Protestantismo siguió el camino de la sinagoga, al colocar al libro como centro de sus servicios».[6] Desafortunadamente, ni los católicos ni los protestantes tuvieron éxito en cuanto a permitirle a Jesucristo

---

1. La obra de Frank Senn *Christian Liturgy* compara cantidad de diferentes liturgias a través de los tiempos. Cualquiera que las compare rápidamente detectará sus rasgos comunes.
2. Senn compara lado a lado cinco de las liturgias modernas en su forma escrita: *Roman Catholic Missal, Lutheran Book of Worship, Book of Common Prayer,* el orden de culto metodista, y *Book of Common Worship.* Las similitudes son impactantes. (*Christian Liturgy,* pp. 646-647).
3. Algunos eruditos han intentado buscar en los escritos de los padres de la iglesia una liturgia unificada y monolítica para todas las iglesias. Pero la erudición más reciente ha mostrado que ninguno de esos escritos puede ser universalizado para representar lo que sucedía en todas las iglesias en un momento dado (Bradshaw, *Origins of Christian Worship,* pp. 67-73, 158-183). Y más aún, los descubrimientos arqueológicos han demostrado que los escritos de los padres de la iglesia, que eran teólogos, no nos proporcionan una perspectiva precisa de las creencias y práctica de los cristianos corrientes de esos tiempos. La obra *Ante Pacem,* del profesor de Nuevo Testamento Graydon F. Snyder es un estudio de las evidencias arqueológicas que contradicen el retrato que los padres de la iglesia hacen de la vida de la iglesia antes de Constantino. Según el escritor de un seminario, «Snyder plantea la pregunta: ¿Los escritos de los intelectuales del cristianismo primitivo nos proveen un retrato adecuado de la iglesia de sus tiempos? Hacer esta pregunta implica recibir de nuestros labios un "no" como respuesta obvia. ¿Los intelectuales de cualquier época pueden contarnos lo que sucede en las trincheras? ¿Barth, Tillich, o aún los Niebuhrs, pueden describir de algún modo cómo ha sido el cristianismo norteamericano popular del siglo veinte? Todos sabemos que no, y sin embargo hemos presupuesto que el Nuevo Testamento y los así llamados teólogos "patrísticos" nos dan una descripción precisa del cristianismo de los primeros tres siglos. Por supuesto, en parte hemos llegado a esa suposición porque pensamos que ellos son la única fuente con que contamos, y en buena medida es así, en lo que hace a documentos *literarios*» (Robin Scroggs, *Chicago Theological Seminary Register* 75, Nº 3 (Otoño de 1985), p. 26).
4. Nichols, *Corporate Worship in the Reformed Tradicion,* p. 13.
5. Ibid., p. 13. «Mucha de la terminología y de los conceptos teológicos tradicionales (es decir, católicos) son en verdad parte del enfoque luterano así como lo son del enfoque católico romano». Kenan B. Osborne, *Priesthood: A History of the Ordained Ministry in the Roman Catholic Church* [Sacerdocio: Historia del ministerio ordenado en la Iglesia Católica Romana], Paulist Press, Nueva York, 1988, p. 223).
6. Banks, *Paul's Idea of Community,* p. 108; Hatch, *Influence of Greek Ideas and Usages,* p. 308-309.

ser el centro y el conductor de sus reuniones. Tampoco nosotros hemos tenido éxito en cuanto a liberar y desatar al cuerpo de Cristo para poder ministrarnos los unos a los otros durante el encuentro, tal como el Nuevo Testamento lo prevé.

Debido a la Reforma, la Biblia reemplazó a la Eucaristía y el pastor reemplazó al sacerdote. Pero aún así sigue habiendo una persona que conduce al pueblo de Dios, y que los convierte en espectadores silenciosos. La centralidad del Autor del Libro nunca ha sido restaurada. Por lo tanto, los reformadores fallaron radicalmente en cuanto a tocar el mismo nervio del problema original: un servicio de culto conducido por el clero al que asiste un laicado pasivo.[1] No sorprende entonces, que los reformadores se vieran a ellos mismos como católicos reformados.[2]

¿QUÉ ES LO QUE ESTÁ MAL DENTRO DE ESTE CUADRO?

Resulta claro que el orden de culto protestante no se originó en el Señor Jesús, en los apóstoles, o en las Escrituras del Nuevo Testamento.[3] Eso, en sí mismo, no convierte el orden de culto en algo desacertado. Simplemente significa que no tiene bases bíblicas.

El uso de sillas y alfombras mullidas en los encuentros cristianos tampoco cuenta con apoyo bíblico. Y ambos fueron inventados por los paganos.[4] Con todo, ¿quién podría afirmar que sentarse en sillas o usar alfombras sea «erróneo» simplemente porque se trata de invenciones posteriores a la Biblia y porque sus autores fueron paganos?

El hecho es que, en nuestra cultura, nosotros hacemos cosas que tienen raíces paganas. Consideremos el calendario aceptado hoy. Los días de nuestra semana y los meses de nuestro año han

---

1. El capítulo 2 analiza la influencia que la arquitectura de la iglesia del cuarto siglo tuvo para llegar a un clero activo y a una congregación pasiva. En este sentido, Horton Davies escribe: «Con el paso de tres o cuatro siglos, se percibe una gran alteración en el carácter de la adoración cristiana... En el siglo cuarto, el culto ya no se celebraba en casas privadas sino en majestuosas catedrales y magníficas iglesias; no en forma de servicios simples y libres, sino dentro de un orden fijo de culto» (*Christian Worship: History and Meaning*, p. 26).
2. Nichols, *Corporate Worship*, p. 155.
3. Algunos eruditos en liturgia, como el anglicano Gregory Dix, han intentado argumentar que el Nuevo Testamento contiene un modelo primitivo de la misa. Sin embargo, un examen cuidadoso de sus argumentos muestra que simplemente están leyendo la tradición presente dentro del texto bíblico (Bradshaw, *Origin of Christian Worship*, capítulo 2).
4. Las sillas más antiguas que se conocen fueron construidas en Egipto. Durante miles de años las usaron solo la realeza, los nobles, los sacerdotes y los ricos. Las sillas no se volvieron de uso corriente dentro de la población en general hasta el siglo dieciséis. *Encarta Encyclopedia*, 1999, ed., sv «Chairs» [Sillas]. Las alfombras mullidas se desarrollaron en la India en el siglo once y se extendieron a todo el resto del mundo oriental. *Encarta Encyclopedia*, 1998 ed., sv. «Floor and Floor Coverings» [Pisos y cubiertas de piso].

sido denominados en honor a dioses paganos.[1] Pero utilizar un calendario aceptado por la generalidad no nos convierte en paganos.[2]

¿Por qué, entonces considerar el orden de culto de los domingos a la mañana como una cuestión diferente del tipo de sillas y de alfombras que usamos en el lugar del culto? Porque el orden de culto tradicional no solo no se basa en las Escrituras y ha sido fuertemente influenciado por el paganismo (que es justamente lo contrario a lo que se dice desde el púlpito), sino que no lleva al crecimiento espiritual que Dios ha planeado.[3] Consideremos lo siguiente:

En primer lugar, el orden de culto protestante reprime la participación común y el crecimiento de la comunidad cristiana. Establece un control asfixiante sobre el funcionamiento del cuerpo de Cristo a través de silenciar a sus miembros. No hay espacio, en lo más absoluto, para que nadie dé una palabra de exhortación, comparta una perspectiva, inicie o presente una canción, o conduzca una oración espontánea. ¡Nos sentimos obligados a convertirnos en mudos y formales ocupantes de un banco! Nos vemos privados de ser enriquecidos por los otros miembros del cuerpo y al mismo tiempo de poder enriquecerlos a ellos.

Al igual que cualquier otra «persona laica», podemos abrir la boca solo durante el canto o la oración congregacional. (Si por casualidad formamos parte de una típica iglesia pentecostal o carismática, tal vez se nos permita articular en éxtasis alguna palabra de un minuto. Pero luego deberemos sentarnos y permanecer callados).

Aunque la participación libre en una reunión de la iglesia está completamente de acuerdo con las Escrituras,[4] ¡quebrantaríamos la liturgia si nos animáramos a hacer algo tan escandaloso! Sería considerado como «fuera de orden» y se nos pediría que nos comportáramos o que nos fuéramos.

---

1. La semana de siete días se originó en la antigua Mesopotamia y se convirtió en parte del calendario romano en el año 321 d.C. Enero recibió su nombre en honor al dios romano Jano; marzo tiene que ver con el dios romano Marte; abril se desprende de *Aprilis*, el mes sagrado de Venus; Mayo recibió ese nombre por la diosa Maia; y junio lleva su nombre por la diosa Juno. El domingo (Sunday en inglés) se celebra al dios sol; el lunes es el día de la diosa de la luna; el martes recibe ese nombre (en inglés, Tuesday) en honor al dios guerrero *Tiw* (y en español, en honor a Marte); el miércoles (en inglés, Wednesday) es en honor al dios teutónico *Wotan* (y en castellano en honor a Mercurio); el jueves (en inglés Thursday) recuerda al dios escandinavo *Thor*; el viernes (Friday, en inglés) recibe su nombre por la diosa escandinava Frigg; y el sábado (Saturday, en inglés) es en honor a Saturno, el dios romano de la agricultura (ver *Meses del año* en www.ernie.cummings.net/calendar.htm).
2. Para aquellos de ustedes que se preguntan por qué la Navidad, la Pascua y las reuniones de los cristianos los días domingos no se consideran en este libro, por favor ver los comentarios completos de Frank en http://www.ptmin.org/answers.htm.
3. David Norrington aclara que no hay nada intrínsecamente malo en que la iglesia abrace ideas de la cultura que la rodea, pero vale como son paganas, a menudo resultan opuestas a la fe bíblica. Por lo tanto, el sincretismo y la aculturación con frecuencia resultan dañinos para la iglesia (*To Preach or Not*, p. 23).
4. 1 Corintios 14:26. El Nuevo Testamento enseña que todos los cristianos deben usar sus dones como sacerdotes en funciones para edificarse los unos a los otros cuando se reúnen (Romanos 12:3-8; 1 Corintios 12:7; Efesios 4:7; Hebreos 10:24-25, 13:15-16; 1 Pedro 2:5, 9).

En segundo lugar, el orden de culto protestante coarta la dirección de Jesucristo.[1] El servicio entero es conducido por una persona. Nos vemos limitados al conocimiento, dones y experiencia de un miembro del cuerpo: el pastor. ¿Dónde está la libertad de nuestro Señor Jesús para hablar a través de su cuerpo según lo desee? ¿Dónde, en medio de la liturgia, puede darle Dios a un hermano o a una hermana una palabra para transmitírsela a toda la congregación? El orden de culto no permite tales cosas. Jesucristo no tiene libertad para expresarse a través de su cuerpo a discreción. Él también ha sido transformado en un espectador pasivo.

Lo admito, Cristo puede expresarse a través de uno o dos miembros de la iglesia: generalmente el pastor y el líder de alabanza. Pero esa constituye una expresión muy limitada. El Señor está reprimido en cuanto a manifestarse a través de otros miembros del cuerpo. Por consiguiente, la liturgia protestante paraliza al cuerpo de Cristo. Lo convierte en una gran lengua (el pastor) y muchos pequeños oídos (la congregación). Eso ejerce violencia sobre la visión de Pablo acerca del cuerpo de Cristo en la que cada uno de los miembros funciona en la reunión de la iglesia para el bien común (ver 1 Corintios 12).

En tercer lugar, para la mayoría de los cristianos, el servicio del domingo por la mañana resulta vergonzosamente aburrido. Se desliza sin variaciones ni espontaneidad. Resulta sumamente predecible y muy superficial y mecánico. Se encuentra muy poco en la línea de la frescura o de la innovación. Ha permanecido congelado por cinco siglos. Hablando sin rodeos, el orden de culto encarna el ambiguo poder de lo que se ha memorizado. Y la repetición fácilmente se vuelve una rutina, la que a su vez se convierte en cansancio y falta de sentido, y finalmente se transforma en algo invisible.

Las iglesias sensibles al buscador o al consumidor han reconocido la naturaleza estéril de los servicios de la iglesia contemporánea. En respuesta a ello, han incorporado todo un despliegue de medios y modernizaciones teatrales a la liturgia. Esto se lleva a cabo para promocionar el culto entre las personas que no asisten a la iglesia. Empleando la última tecnología electrónica, las iglesias sensibles al buscador han tenido éxito en engrosar sus

---

1. Según palabras de Arthur Wallis: «Las liturgias, sean antiguas o modernas, escritas o no, constituyen un dispositivo humano para mantener la rueda de la religión girando por medio de continuar haciendo lo que es costumbre, en lugar de ejercer fe en la presencia cercana y operativa del Espíritu».

filas. Como resultado se han quedado con una buena porción del mercado protestante norteamericano.[1]

Pero a pesar del entretenimiento que ofrece, el servicio sensible a los consumidores, manejado según las reglas del mercado, todavía sigue cautivo de la figura del pastor, la triple estructura con los «himnos sandwich» permanece intacta, y los feligreses continúan siendo espectadores mudos (solo que están mejor entretenidos en su rol de espectadores).[2]

En cuarto lugar, la liturgia protestante en la que uno permanece sentado en silencio todos los domingo, año tras año, en realidad dificulta la transformación espiritual. Es así debido a que (1) alienta a la pasividad, (2) limita el funcionamiento, y (3) implica que el presentarse allí una hora por semana constituye la clave para una vida cristiana victoriosa.

Cada domingo uno asiste al servicio para ser vendado y recargado, como todo soldado herido. Con demasiada frecuencia, sin embargo, ni se coloca un vendaje ni se produce una recarga. La razón es muy simple: el Nuevo Testamento nunca vincula el sentarse y pasar por un ritual sofisticado, al que nosotros etiquetamos equivocadamente como «iglesia», con una transformación espiritual. Crecemos a través de funcionar, y no mirando y escuchando de una manera pasiva.

Debemos enfrentarlo: el orden de culto protestante mayormente no está basado en las Escrituras, es impráctico y nada espiritual. No encontramos nada equivalente en el Nuevo Testamento. Más bien podemos hallar sus raíces en la cultura del hombre caído.[3] Rompe con el mismo corazón del cristianismo primitivo, que era informal y libre de rituales. Cinco siglos después de la Reforma, el orden de culto protestante todavía sigue difiriendo muy poco de la misa Católica, es un ritual religioso que constituye una fusión de elementos paganos y judaicos.

Como lo señala un erudito en liturgia: «La historia de la adoración cristiana es la historia del dar y recibir entre el culto y la cultura. Como el evangelio fue predicado en diferentes épocas y lugares, los misioneros llevaron con ellos las formas y los estilos de culto con los que estaban familiarizados».[4]

---

1. Para más detalles, ver la obra de Gary Gilley, *This Little Church Went to Market: The Church in the Age of Entertainment* [Esta pequeña iglesia fue al mercado: La iglesia en la era del entretenimiento], Evangelical Press, Webster, NY, 2005.
2. Ver mi libro (soy Frank) *Reimagining Church* [Redescubre la iglesia] para obtener más detalles sobre este tópico.
3. El propósito de la reunión de la iglesia del primer siglo no era evangelizar, dar sermones, adorar o tener comunión. Se encontraban más bien para la edificación mutua a través de manifestar a Cristo corporativamente (Viola, *Rethinking the Wineskin*, capítulo 1).
4. Senn, *Christian Worship and Its Cultural Setting*, pp. 38, 40.

Yo (Frank) no soy un liturgista de sillón. Lo que he escrito sobre reuniones abiertas bajo la conducción de Cristo no es una teoría fantasiosa. He participado de ese tipo de reuniones durante los últimos diecinueve años.

Esas reuniones están marcadas por una variedad increíble. No se atan a un patrón de culto conducido por un hombre y dominado por el púlpito. Hay en ellas mucha espontaneidad, creatividad y frescura. El sello distintivo dominante en esas reuniones es la conducción visible de Cristo y el funcionamiento libre, aunque ordenado, del cuerpo de Cristo. He estado en una de esas reuniones hace no mucho tiempo. Permítanme describirla.

Alrededor de treinta de nosotros nos reunimos en un hogar y nos saludamos unos a otros. Algunos se dirigieron al centro de la sala y comenzaron a cantar a capella. Muy pronto toda la iglesia estaba cantando al unísono, y colocando los brazos sobre los hombros de los demás. Entonces alguien dio comienzo a una nueva canción y todos nos agregamos a ella. Entre canto y canto, diferentes personas iban elevando oraciones. Ciertas canciones habían sido compuestas por aquellos mismos miembros. Cantamos varias veces algunas de ellas. Otros convertían las palabras de los cantos en oraciones. En distintos momentos, diferentes miembros exhortaron a la iglesia con respecto a lo que acabábamos de cantar.

Luego de cantar, de regocijarnos, de orar espontáneamente y de exhortarnos los unos a los otros, nos sentamos. Entonces, con presteza, una mujer se puso de pie y comenzó a explicarnos lo que el Señor le había mostrado en la semana. Habló alrededor de tres minutos. Luego se sentó, y se levantó un hombre, que leyó una porción de las Escrituras y exaltó al Señor Jesús a través de ello. A continuación, otro caballero se puso de pie y agregó algunas pocas palabras muy edificantes a lo que el anterior había dicho.

Entonces una mujer rompió en una nueva canción que resultaba muy apropiada después de lo que los dos hombres acababan de transmitir. Toda la iglesia cantó con ella. Otra mujer se levantó y leyó un poema que el Señor le había dado durante la semana... y que estaba perfectamente en línea con lo que los demás habían compartido hasta ese momento.

Uno por uno, los hermanos y las hermanas en Cristo se pusieron de pie para transmitir lo que habían experimentado en su relación con el Señor Jesucristo esa semana. Luego siguieron exhortaciones, enseñanzas, palabras de aliento, poemas, canciones y testimonios, uno detrás del otro. Y surgió un tema común, que revelaba las glorias de Jesucristo. Algunos de los allí reunidos lagrimearon.

Nada de todo aquello fue ensayado, prescrito o planeado. Sin embargo, la reunión resultó electrizante. Tan rica, tan gloriosa y tan edificante que se nos hizo evidente a todos que en verdad había alguien conduciéndola, aunque no resultara visible. ¡Era el Señor Jesucristo! Su conducción se había hecho manifiesta en medio de su pueblo. Otra vez nos recordaba que realmente él está vivo... lo suficiente como para dirigir su iglesia.

El Nuevo Testamento no se ha quedado en silencio con respecto a la manera en que los cristianos debemos reunirnos. Por lo tanto ¿optaremos por la tradición humana cuando resulta claro que va en contra de lo que Dios tenía pensado para su iglesia? ¿Continuaremos socavando la conducción de Cristo en lo que hace a su funcionamiento en homenaje a nuestra sacrosanta liturgia? ¿Es la iglesia de Jesucristo la columna y el fundamento de la verdad o la defensora de las tradiciones humanas (1 Timoteo 3:15)?

Quizá la única forma segura de descongelar al pueblo de Dios que está congelado es producir un corte drástico con el ritual del domingo por la mañana. Que no seamos hallados culpables al escuchar aquellas palabras del Señor que nos hacen temblar hasta los huesos: «¡Qué buena manera tienen ustedes de dejar a un lado los mandamientos de Dios para mantener sus propias tradiciones!»[1]

➤Profundizando

1. *¿No es verdad que la descripción que hace la Biblia de tales encuentros parece permitir mucha flexibilidad en cuanto a la estructuración de nuestro culto? El orden de culto de mi iglesia incluye casi todas las prácticas mencionadas en 1 Corintios 14. Entonces, ¿cuál es el problema en cuanto a tener un orden de culto estándar?*

   La mayoría de los encuentros de las iglesias institucionales incluyen cantos y enseñanzas; sin embargo, se llevan a cabo en una atmósfera muy diferente de aquella prescrita en 1 Corintios 14. Ese pasaje describe una reunión de participación abierta para que cada miembro pueda transmitir una enseñanza, una revelación, una canción, una exhortación, y otras cosas

---

1. Marcos 7:9. Ver también Mateo 15:2-6; Marcos 7:9-13; Colosenses 2:8.

(versículo 26); también emitir exclamaciones mientras otros hablan (versículo 30); y además cualquiera de ellos puede profetizar espontáneamente (versículos 24 y 31).

Si la reunión de su iglesia cuenta con todos esos elementos, eso es fantástico. No lo describiríamos como un «orden de culto estándar», dado que no se trata de una práctica estándar hoy.

2. **En 1 Corintios 14, Pablo amonesta a los creyentes a hacer las cosas de manera ordenada. ¿De qué modo una iglesia orgánica evita que su tiempo de adoración se convierta en un caos, o que sea dominado por uno o dos individuos? El estilo mismo de una iglesia orgánica, ¿no se presta al desorden?**

Esta es una pregunta excelente. El hecho de que Pablo amoneste a los creyentes a reunirse de un modo ordenado demuestra claramente que una reunión abierta no tiene que convertirse en un caos o en un tumulto. Según el pensamiento de Pablo, se puede producir una maravillosa sinergia que haga que una reunión abierta sea una reunión ordenada. Si el pueblo de Dios ha sido apropiadamente instruido sobre cómo funcionar bajo la conducción de Cristo, una reunión abierta y participativa puede resultar un evento glorioso, con armonía y orden.

Preguntémonos: ¿Que sucedió cuando Pablo debió enfrentar aquel lío desenfrenado que encontró en Corinto? El apóstol no clausuró las reuniones y luego les pasó una liturgia. Tampoco introdujo un oficiante humano. En lugar de eso, proveyó a la iglesia con una cantidad de lineamientos amplios que facilitaban el orden y la edificación dentro de los encuentros (ver 1 Corintios 14).

Lo que es más, Pablo tenía confianza en que la iglesia se adhiriera a esos lineamientos. Lo que establece un principio importante. Cada iglesia del primer siglo tenía a su disposición algún obrero apostólico itinerante que la ayudaba a capear esos problemas comunes. A veces la ayuda llegaba en forma de epístolas. En otras ocasiones, la recibían durante las visitas personales del mismo obrero. La ayuda de afuera puede resultar altamente beneficiosa para mantener a la iglesia orgánica centrada en Cristo y bien enfocada en sus reuniones.

3. **Ustedes cuestionan el enfoque de la iglesia en cuanto a alcanzar a las almas perdidas para Cristo. Sin embargo, hasta que la gente no llega a Cristo no puede formar parte del propósito de Dios, grande y eterno, acerca del que Pablo habla en Efesios 1. Por lo tanto, ¿no resulta de fundamental importancia que las iglesias hagan de la proclamación del evangelio una prioridad?**

Sí, lo es. De hecho, creemos que el encarnar el evangelio en la vida y proclamarlo en palabras es una consecuencia natural de la vida de una iglesia orgánica saludable. Si el pueblo de Dios aprende a amar a su Señor y a amarse los unos a los otros con mayor intensidad, buscarán manifestar a Cristo ante los demás de un modo natural, tanto en palabras como en obras.

4. **Ustedes dan a entender que Finney y otros evangelistas de avivamiento comenzaron a utilizar cosas como el llamado al altar exclusivamente porque ellos mismos eran pragmáticos e inventaron ciertas prácticas para lograr conversos. ¿Pero cómo podemos**

decir con certeza que esos hombres no fueron dirigidos por el Espíritu Santo para emplear nuevos métodos que ayudaran a la gente a descubrir su necesidad de Cristo?

El punto que señalamos acerca de Finney se refiere simplemente a que los evangelistas de avivamiento hicieron de la salvación el propósito prioritario de Dios. La salvación se convirtió en algo que cobró vida propia, a menudo aislada de una experiencia cristiana holística, y por lo tanto se llevaron a cabo muchas innovaciones para facilitar la experiencia de conversión, pero no una experiencia cristiana completa. El propósito eterno de Dios no estaba para nada dentro de la perspectiva.

En lo que tiene que ver con el pragmatismo moderno, los cristianos deberían determinar por ellos mismos si alguna práctica en particular es del Espíritu Santo o si se trata de una mera ingenuidad humana en operación. Dejamos esos juicios librados a cada lector.

5. *Ustedes parecen muy críticos en cuanto a la preocupación de Moody por llevar las almas perdidas a Cristo. Sin embargo, siendo un evangelista, ¿no resulta natural que ese fuera su enfoque?*

Ciertamente elogiamos a Moody por llevar almas a Cristo. Sin embargo, creemos que al visualizar la redención como el propósito final de Dios, él falló en comunicar el alcance del plan completo del Señor.

Ningún evangelista o apóstol del Nuevo Testamento llevaba almas a Cristo simplemente para salvarlas del infierno. Semejante pensamiento era desconocido para los cristianos primitivos. Los cristianos primitivos ganaban gente para el Señor con el fin de introducirla en la comunidad de Dios, en la iglesia.

En el primer siglo se buscaba salvar a la gente con la idea de agregarlos a la ekklesia. La conversión y la comunidad no estaban separadas; se encontraban inextricablemente relacionadas. Según las palabras de Gilbert Bilezikian: «Cristo no murió solo para salvarnos de nuestros pecados, sino para llevarnos a todos juntos a la comunidad. Luego de llegar a Cristo, nuestro próximo paso debe ser participar de la comunidad. Una iglesia que no experimenta la comunidad es una parodia, una farsa».[1]

En este sentido, el evangelicalismo tradicional ha cometido el profundo error de divorciar la soteriología (doctrina de la salvación) de la eclesiología (práctica de la iglesia). El mensaje que se ha transmitido es que la soteriología es el curso a seguir como requerimiento, en tanto que la eclesiología constituye una elección. Así que la práctica de la iglesia no tiene mucha importancia. Pero ese pensamiento no refleja el plan de Dios. La iglesia no es una nota al pie del evangelio. Se ubica en el centro del latido del corazón de Dios.

De hecho, cuando la iglesia funciona como debe, ella misma constituye la mejor evangelización que la humanidad pueda conocer. Cuando el pueblo de Dios vive en auténtica comunidad, esas vidas en su conjunto son una señal al mundo del gobierno de Dios que viene.[2]

---

1. John McNeil, «"Denatured" Church Facing Extinction» [Iglesia "desnaturalizada" que se enfrenta a la extinción], ASSIST News Service, 19 de febrero de 2006.
2. Ver también la obra de Stanley Grenz *Created for Community* [Creados para la comunidad], Baker Books, Grand Rapids, 1998.

6. **Ustedes dicen que «ni los católicos ni los protestantes tuvieron éxito en cuanto a permitir a Jesucristo ser el centro y el conductor de sus reuniones». Debo estar en desacuerdo. En mi iglesia, las canciones que cantamos, las Escrituras que leemos, el mensaje que se proclama, todo se centra en Jesús. Lo que es más, se nos provee instrucción práctica acerca de cómo hacer de Cristo nuestro Señor todos los días de la semana.**

La cuestión central que estamos tratando no es: «¿Se habla de Jesús y se le rinden honores en el servicio?» Estamos de acuerdo con respecto a que en muchas iglesias institucionales eso se hace. Pero esta es la cuestión que consideramos: «¿Es Jesús la cabeza funcional del encuentro?» Existe una diferencia significativa entre hacer de Jesús el invitado de honor invisible y permitirle en la práctica ser el líder del encuentro.

Supongamos que los autores de este libro asistimos a un servicio de su iglesia. Y supongamos que el Señor Jesucristo pone algo en nuestros corazones para transmitírselo al resto del cuerpo. ¿Tendríamos la libertad de hacerlo espontáneamente? ¿Tendrían esa libertad de hacerlo todos los demás? Si no es así, entonces cuestionaríamos el hecho de que el servicio de su iglesia esté bajo la conducción de Cristo.

Como pueden ver, que una reunión esté bajo la dirección de Cristo significa que él puede hablar a través de cada miembro del cuerpo que esté en el encuentro. Precisamente ese es el argumento de 1 Corintios 12-14. Pablo comienza esta sección diciendo que Jesucristo no está mudo como los ídolos que los corintios habían adorado alguna vez. ¿Y a través de quién habla Cristo? Él habla a través de su cuerpo, usando los diversos dones y ministerios otorgados por el Espíritu (1 Corintios 12). En el siguiente capítulo, Pablo dice que los dones y ministerios de los creyentes deben ser usados en amor, amor que busca edificar a todos los demás (más que considerar los dones por ellos mismos). Pablo entonces avanza a las cuestiones específicas de la reunión de la iglesia, sobre las que menciona que «cada uno puede tener» algo para traer, y que «todos pueden profetizar por turno» (1 Corintios 14).

En este sentido, si asistiéramos al encuentro de una iglesia orgánica que se reúne conforme al estilo del Nuevo Testamento, tendríamos tanto el derecho como el privilegio de transmitir lo que el Señor pusiera en nuestros corazones, según el Espíritu nos guiara. No solo eso, sino que se esperaría que lo hiciéramos. En otras palabras, Jesucristo sería la cabeza funcional de ese encuentro.

7. **Ustedes usan a menudo la expresión la conducción de Cristo [headship, en inglés] para referirse al liderazgo y a la autoridad de Cristo en la iglesia. He leído en algún lugar que la palabra cabeza [head, en inglés] en el Nuevo Testamento significa más bien «fuente» que «autoridad» ¿Qué piensan de ello?**

En realidad significa las dos cosas. Usamos *headship of Christ* (que se puede traducir por jefatura, dirección, conducción) para referirnos a la idea de que Jesucristo es tanto la autoridad sobre la iglesia como la fuente de la iglesia. Hay fuentes eruditas que acreditan este uso.[1]

---

1. F. F. Bruce, *The Epistles to the Colossians, to Philemon, and to the Ephesians* [Las epístolas a los Colosenses, a Filemón y a

8. *¿No llevó a cabo la iglesia primitiva sus cultos en algunas sinagogas? Recuerdo haber leído que los apóstoles iban a las sinagogas a predicar. Entonces ¿Pablo y Pedro no predicaron ante espectadores pasivos?*

Los apóstoles, lo mismo que gente dotada como Esteban, visitaban las sinagogas con un propósito evangelizador. Pero esos encuentros no eran reuniones de la iglesia. No estaban dirigidos a los creyentes. Más bien constituían oportunidades para que los apóstoles predicaran el evangelio a los judíos. (En aquellos días un visitante podía concurrir a una sinagoga y predicarle a la audiencia). Sí, Pablo y Pedro predicaron dentro de ciertos escenarios que, volvemos a decirlo, no tenían que ver con las reuniones de la iglesia. Predicaban en reuniones apostólicas planeadas para evangelizar a los perdidos o para equipar y alentar a una iglesia ya existente. Las reuniones apostólicas y evangelísticas eran temporales y esporádicas, en tanto que las reuniones de la iglesia eran normativas y continuas.

9. *¿Quieren decir ustedes que solo porque la iglesia del primer siglo tenía reuniones abiertas y participativas nosotros también deberíamos tenerlas, aunque vivamos en el siglo veintiuno?*

No. Lo que estamos sugiriendo es que las reuniones abiertas y participativas tienen raíces en la teología del Nuevo Testamento; concretamente, en la doctrina del sacerdocio de todos los creyentes y en el funcionamiento de cada uno de los miembros del cuerpo de Cristo. También queremos sugerir que los cristianos tienen una intuición espiritual como para transmitir a los demás lo que Dios les muestra, para su edificación. Y eso nos lleva a hacernos tres preguntas: (1) Luego de analizar de dónde provino el moderno orden de culto protestante, ¿consideramos que realmente haya sido exitoso en cuanto a transformar a la gente y en expresar a Jesucristo? (2) ¿Sería posible que las reuniones abiertas y participativas de la iglesia estuvieran más en línea con lo que Dios tenía en mente que el orden de culto protestante? (3) ¿Valdría la pena que nos tomáramos el tiempo para comenzar a explorar nuevas maneras de encontrarnos y expresar a Cristo en nuestra vida de iglesia como conjunto?

---

los Efesios], Eerdmans, Grand Rapids, 1984, pp. 68-69, 274-275; Francis Foulkes, *Ephesians* [Efesios], Eerdmans, Grand Rapids, 1989, pp. 73-74.

EL SERMÓN: LA VACA MÁS SAGRADA DEL PROTESTANTISMO

capítulo cuatro

«El cristianismo no destruyó al paganismo; lo adoptó».
—WILL DURANT, HISTORIADOR NORTEAMERICANO DEL SIGLO XX

«No les hablé ni les prediqué con palabras sabias y elocuentes sino con demostración del poder del Espíritu, para que la fe de ustedes no dependiera de la sabiduría humana sino del poder de Dios».
—PABLO DE TARSO, EN 1 CORINTIOS 2:4-5

AHORA LLEGAMOS a una de las prácticas más sacrosantas de la iglesia: el sermón. Quitemos el sermón y el orden de culto protestante se convertirá mayormente en una fiesta de canto. Quitemos el sermón y la asistencia al servicio del domingo por la mañana estará condenada a decaer.

El sermón constituye el cimiento de la liturgia protestante. Durante quinientos años ha funcionado como un mecanismo de relojería. Cada domingo por la mañana el pastor se adelanta hasta el púlpito, y hace su alocución ante una audiencia pasiva, dedicada a calentar bancos.[1] Tan central resulta el sermón, que constituye la misma razón por la que muchos cristianos asisten a la iglesia. De hecho, con frecuencia se juzga todo el servicio por la calidad del sermón. Si le preguntamos a una persona qué tal estuvo la iglesia el último domingo, lo más probable es que recibamos una descripción del mensaje. Para decirlo resumidamente, la mentalidad del cristiano contemporáneo con frecuencia equipara el sermón con el culto del domingo a la mañana.[2] Pero no acaba allí.

---

1. «Nada es más característico del Protestantismo que la importancia que le atribuye a la predicación». Niebuhr y Williams, *Ministry in Historial Perspectives*, p. 110.
2. En Francia, el servicio de la iglesia protestante se denomina *aller à sermon* («ir a un sermón»). White, *Protestant Worship*, p. 20).

Quitemos el sermón y habremos eliminado la fuente más importante de nutrición para un incontable número de creyentes (o así se cree). Sin embargo, la realidad sorprendente es que el sermón de hoy no tiene raíces, arraigo, en las Escrituras. Más bien ha sido tomado de la cultura pagana, alimentado y adoptado por la fe cristiana. Esta es una declaración alarmante, ¿no es verdad? Pero aún hay más.

El sermón en realidad le resta méritos al mismísimo propósito para el que Dios planeó el encuentro de la iglesia. Y tiene muy poco que ver con un crecimiento espiritual genuino. No se caigan desmayados... probaremos la veracidad de estas palabras en las próximas páginas.

EL SERMÓN Y LA BIBLIA

Indudablemente, alguien que lea los párrafos previos va a replicar: «La gente ha predicado a través de toda la Biblia. ¡Por supuesto que el sermón es escritural!»

Lo admito: las Escrituras contienen registros de hombres y mujeres que predicaron. Sin embargo, hay un mundo de diferencia entre la predicación y las enseñanzas inspiradas por el Espíritu, descritas en la Biblia, y el sermón contemporáneo. Esa diferencia prácticamente siempre se pasa por alto debido a que, sin ser conscientes de ello, hemos sido condicionados a reinterpretar las Escrituras según nuestras prácticas modernas. Así que, erróneamente, abrazamos el «pulpiterismo» actual como si fuera bíblico. Desarrollemos esto un poco. El sermón cristiano de hoy en día muestra las siguientes características:

> **Es algo que sucede con regularidad** —nos lo entregan fielmente desde el púlpito al menos una vez por semana.
> **Es emitido por la misma persona** —en general, el pastor u otro ministro ordenado al que se invita como orador.
> **Se transmite ante una audiencia pasiva** —básicamente constituye un monólogo.
> **Se trata de una forma de discurso cultivada o adquirida** —muestra una estructura específica. Normalmente contiene una introducción, entre tres y cinco puntos, y una conclusión.

Contrastémoslo con la clase de predicación mencionada en la Biblia. En el Antiguo Testamento, los hombres de Dios predicaban y enseñaban. Pero su manera de hablar no coincidía con el sermón contemporáneo. Estas son las características de la predicación y de la enseñanza que encontramos en el Antiguo Testamento:

> La participación activa de la audiencia y las interrupciones eran algo común.[1]
> Los profetas y los sacerdotes hablaban de forma extemporánea o improvisada, y a partir de una carga presente, más que guiándose por un texto prefijado.
> No hay ningún indicio acerca de que los profetas y sacerdotes del Antiguo Testamento dieran discursos en forma regular al pueblo de Dios.[2] En lugar de eso, la naturaleza de la predicación del Antiguo Testamento era esporádica, fluida y abierta a la participación de la audiencia. La predicación en la antigua sinagoga seguía un patrón semejante.[3]

Vayamos ahora al Nuevo Testamento. El Señor Jesús no predicaba sermones regulares a la misma audiencia.[4] Sus predicaciones y enseñanzas tomaron muchas formas distintas. Y además, él transmitía sus mensajes ante muchas audiencias diferentes. (Por supuesto, concentraba la mayor parte de sus enseñanzas en sus discípulos. Sin embargo, los mensajes que les transmitía eran sistemáticamente espontáneos e informales).

Para seguir con el mismo patrón, la predicación apostólica registrada en Los Hechos muestra las siguientes características:

> Era esporádica.[5]
> Se pronunciaba en ocasiones especiales para lidiar con ciertos problemas específicos.[6]

---

1. Norrington, *To Preach or Not*, p. 3.
2. Los profetas hablaban en respuesta a acontecimientos específicos (Deuteronomio 1:1, 5:1, 27:1, 9; Josué 23:1-24:15; Isaías; Jeremías; Ezequiel; Daniel; Amós; Hageo; Zacarías; y otros). Norrington, *To Preach or Not*, p. 3.
3. Norrington, *To Preach or Not*, p. 4. La única diferencia que tenía con la predicación en la sinagoga era que allí se daba *regularmente* un mensaje sobre algún texto bíblico. Aún así, la mayoría de las sinagogas permitían que cualquier miembro que lo deseara le predicara al pueblo. Esto, por supuesto, está en directa contradicción con el sermón moderno, en el que solo se les permite a los «especialistas» religiosos dirigirse a la congregación.
4. Agustín fue el primero en darle un título a los capítulos 5 a 7 de Mateo en su libro *The Lord's Sermon on the Mount* [El sermón del Señor en el monte], escrito entre los años 392 y 396. Pero en general no se hizo referencia a ese pasaje como el Sermón del Monte hasta el siglo dieciséis (Green, *Dictionary of Jesus and the Gospels* [Diccionario sobre Jesús y los Evangelios], p. 736; Douglas, *Who's Who in Christian History*, p. 48). A pesar de su nombre, el Sermón del Monte es bastante diferente del sermón moderno tanto en estilo como en retórica.
5. Norrington, *To Preach or Not*, p. 7-12. Norrington analiza los discursos del Nuevo Testamento y los contrasta con el sermón de nuestros días.
6. Hechos 2:14-35; 15:13-21, 32; 20:7-12, 17-35; 26:24-29. Norrington, *To Preach or Not*, p. 5-7.

> Era improvisada y sin una estructura retórica.[1]
> Con mucha frecuencia su estilo era dialogal (lo que implica que incluía una retroalimentación por parte de la audiencia, e interrupciones) más que monologada (con un discurso unidireccional).[2]

De la misma manera, las epístolas del Nuevo Testamento muestran que el ministerio de la Palabra de Dios procedía de toda la iglesia en sus encuentros regulares.[3] En Romanos 12:6-8, 15:14, 1 Corintios 14:26, y Colosenses 3:16, observamos que incluía enseñanza, exhortación, profecía, canto y amonestación. Este funcionamiento de «cada uno de los miembros» era también coloquial (1 Corintios 14:29) y marcado por las interrupciones (1 Corintios 14:30). De igual manera, las exhortaciones de los ancianos locales normalmente eran espontáneas.[4]

Resumiendo, el sermón contemporáneo que nos llega para consumo cristiano es exógeno, ajeno tanto al Antiguo como al Nuevo Testamento. No hay nada en las Escrituras que dé indicios de su existencia en los encuentros de los cristianos primitivos.[5]

¿DE DÓNDE SALIÓ EL SERMÓN CRISTIANO?

La fuente cristiana más antigua de la que se tiene registro sobre los sermones regulares se encuentra en el segundo siglo.[6] Clemente de Alejandría lamentaba el hecho de que los sermones lograran muy poco en cuanto a cambiar a los cristianos.[7] Sin embargo, y a pesar de su reconocido fracaso, el sermón se convirtió en una práctica estándar entre los creyentes del siglo cuarto.[8]

Esto nos lleva a hacernos una pregunta espinosa. Si los cristianos del primer siglo no fueron conocidos por pronunciar sermones, ¿de dónde lo recogieron los cristianos post apostólicos?

---

1. El carácter espontáneo y no retórico de los mensajes apostólicos que se presentan en Los Hechos resulta evidente si se inspeccionan cuidadosamente. Considerar, por ejemplo, Hechos 2:14-35; 7:1-53; 17:22-34.
2. Jeremy Thomson, *Preaching As Dialogue: Is the Sermon a Sacred Cow?* [Predicar en forma de diálogo: ¿Es el sermón una vaca sagrada?], Grove Books, Cambridge, 1996, pp. 3-8. La palabra griega que se usa a menudo para describir la predicación y la enseñanza del primer siglo es *dialegomai* (Hechos 17:2, 17; 18:4, 19; 19:8-9; 20:7, 9; 24:25). Esta palabra implica una forma de comunicación de ida y vuelta. Nuestra palabra española *diálogo* deriva de ella. Abreviando, el ministerio apostólico llagaba más en forma de diálogo que de sermones monologados. William Barclay, *Communicating the Gospel* [Comunicar el evangelio], The Drummond Press, Sterling, pp. 34-35.
3. 1 Corintios 14:26, 31; Romanos 12:4 y subsiguientes; Efesios 4:11 y subsiguientes; Hebreos 10:25.
4. Kreider, *Worship and Evangelism en Pre-Christendom*, p. 37.
5. Norrington, *To Preach or Not*, p. 12.
6. Ibid., p. 13. El primer sermón cristiano registrado aparece en la llamada *Segunda carta de Clemente*, fechada entre los años 100 y 150 d.C. Brilioth, *Brief History of Preaching*, pp. 19-20.
7. Norrington, *To Preach or Not*, p. 13.
8. Hatch, *Influence of Greek Ideas and Usages*, p. 109.

La respuesta es reveladora: ¡El sermón cristiano fue tomado del fondo común pagano de la cultura griega!

Para encontrar la naciente de la que fluye el sermón, debemos remontarnos al siglo quinto a.C., y a un grupo de maestros itinerantes llamados sofistas. A los sofistas se les reconoce el haber inventado la retórica (el arte de hablar persuasivamente). Ellos reclutaban discípulos y demandaban un pago por entregar sus alocuciones.[1]

Los sofistas fueron expertos en el debate. Eran maestros en la utilización de apelaciones emocionales, en lo que hace a la apariencia física, y en el uso de lenguaje inteligente para «vender» sus argumentos.[2] Con el tiempo, el estilo, la forma y la habilidad para la oratoria de los sofistas resultó más apreciada que su precisión.[3] Eso engendró una clase de hombres que acabaron siendo maestros del fraseo fino, «cultivando el estilo por el estilo mismo». Las verdades que predicaban eran abstractas y no se practicaban en la propia vida. Fueron expertos en imitar la forma más bien que concentrarse en la sustancia.[4]

Los sofistas se identificaban por el ropaje especial que llevaban. Algunos de ellos tenían una residencia fija en la que impartían sus sermones regulares a la misma audiencia. Otros viajaban para presentar sus pulidas alocuciones. (Hacían mucho dinero con ello).

En algunas ocasiones, el orador griego entraba a la sala de debates «ya vestido con su ropaje de púlpito». Entonces subía los escalones hasta su sillón profesional para sentarse en él antes de presentar su sermón.

Para remarcar la importancia de su punto, citaría versos de Homero. (Algunos oradores estudiaban tanto a Homero que podían repetirlo de memoria). Tan cautivante resultaba un sofista que con frecuencia incitaba a su audiencia a aplaudir durante su discurso. Si su alocución era muy bien recibida, algunos llamarían «inspirado» a su sermón.

Los sofistas eran los hombres más distinguidos de su tiempo.

---

1. Douglas J. Soccio, *Archetypes of Wisdom: An Introduction to Philosophy* [Arquetipos de sabiduría: Una introducción a la filosofía]. Wadsworth/ITP Publishing, Belmont, CA, 1998, pp. 56-57.
2. Ibid.
3. Hemos sacado nuestras palabras *sofistería* y *sofístico* de los sofistas. La *sofistería* hace referencia a los razonamientos engañosos y falaces (falsos) utilizados para persuadir (Soccio, *Archetypes of Wisdom*, p. 57). Los griegos celebraban el estilo y las formas del orador por encima de la precisión del contenido de su sermón. Por lo tanto, un buen orador podía utilizar su sermón para dar vuelta a su audiencia, de modo que ésta creyera lo que él sabía que era falso. Para la mente griega, ganar una discusión era una virtud mayor que hacer aflorar la verdad. Lamentablemente, cierto elemento de la sofistería nunca ha abandonado el redil cristiano (Norrington, *To Preach or Not*, pp. 21-22)
4. Hatch, *Influence of Greek Ideas and Usages*, p. 113.

Algunos hasta vivían de las expensas públicas. Otros habían hecho erigir estatuas en su honor.[1]

Alrededor de un siglo después, el filósofo griego Aristóteles (384-322 a.C.) aportó a la retórica el discurso de tres puntos. «Algo completo», dijo Aristóteles, «debe tener un comienzo, un medio y un final».[2] Con el tiempo, los oradores griegos implementaron el principio de los tres puntos de Aristóteles en sus discursos.

Los griegos se embriagaban con la retórica.[3] Así que a los sofistas les fue bien. Cuando los romanos asumieron el control de Grecia, ellos también se obsesionaron por la retórica.[4] En consecuencia, la cultura greco-romana desarrolló un apetito insaciable por escuchar a alguien pronunciar un discurso elocuente. Eso resultaba tan elegante que un «pequeño sermón» dado por un filósofo profesional luego de la cena constituía una manera frecuente de entretenimiento.[5]

Los antiguos griegos y romanos visualizaban la retórica como una de las mejores formas de arte.[6] Por lo tanto, los oradores del Imperio Romano eran laureados con el mismo status glamoroso que los norteamericanos le asignan a las estrellas de cine y a los atletas profesionales. Ellos eran las estrellas esplendentes de su día.

Los oradores podían conducir a una multitud al frenesí simplemente a través de su poderosa capacidad de oratoria. Los maestros de la retórica, la principal ciencia de esa era, constituían el orgullo de cada ciudad importante.[7] A los oradores que produjeron se les dio el status de celebridades. Resumiendo, los griegos y los romanos fueron adictos al sermón pagano, del mismo modo en que muchos cristianos contemporáneos son adictos al sermón «cristiano»

LA LLEGADA DE UNA CORRIENTE CONTAMINADA

¿Cómo se abrió paso el sermón griego hasta la iglesia cristiana? Alrededor del tercer siglo se creó un vacío al desaparecer

---

1. Ibid., pp. 54, 56, 91-92, 96, 97-98, 112.
2. Aristóteles, *On Poetics* [Sobre poesía], capítulo 7. Aunque Aristóteles hablaba de escribir «argumentos» o «fábulas», su principio sin embargo fue aplicado a la presentación de discursos.
3. El amor por el discurso era la segunda naturaleza de los griegos. «Eran una nación de habladores» (Hatch, *Influence of Greek Ideas and Usages*, p. 27).
4. Norrington, *To Preach or Not*, p. 21.
5. Hatch, *Influence of Greek Ideas and Usages*, p. 40.
6. Brilioth, *Brief History of Preaching*, p. 26.
7. Robert A. Krupp, "Golden Tongue and Iron Will" [Un pico de oro y una voluntad de hierro], *Christian History* 13, Nº 4, 1994, p. 7.

del cuerpo de Cristo el ministerio mutuo.[1] En esa época, los últimos obreros cristianos itinerantes que hablaban a partir de una carga profética y por convicción espontánea dejaron las páginas de la historia de la iglesia.[2] Para llenar el hueco de su ausencia, comenzó a emerger el clero. Las reuniones abiertas fueron muriendo, y los encuentros de la iglesia se fueron haciendo cada vez más litúrgicos.[3] La «reunión de la iglesia» estaba pasando a ser un «servicio».

A medida que se comenzaba a arraigar la estructura jerárquica, fue emergiendo la idea de un «especialista religioso».[4] Ante estos cambios, los cristianos que funcionaban tuvieron problemas para encajar dentro de una estructura eclesial en evolución.[5] No había lugar para que ellos ejercieran sus dones. Ya en el siglo cuarto, la iglesia se había vuelto totalmente institucionalizada.

Mientras sucedía esto, muchos oradores y filósofos paganos se estaban volviendo cristianos. Como resultado, ciertas ideas filosóficas paganas, sin quererlo, se abrieron paso dentro de la comunidad cristiana.[6] Muchos de esos hombres se convirtieron en los teólogos y líderes de la iglesia primitiva. Son conocidos como los «padres de la iglesia», y aún tenemos algunos de sus escritos.[7]

Por lo tanto, la noción pagana del orador entrenado profesionalmente que pronunciaba discursos por una tarifa se trasladó directamente al torrente sanguíneo del cristianismo. Notemos que el concepto de «especialista en enseñanza que recibía un pago» provino de Grecia y no del judaísmo. Era costumbre de los rabinos judíos tener un oficio, para no cargar honorarios por su enseñanza.[8]

La historia acabó en que estos ex oradores paganos (ya convertidos en cristianos) comenzaron a usar sus capacidades oratorias greco-romanas con una finalidad cristiana. Se sentaban en sus sillas oficiales[9] y «exponían el texto sagrado de las Escrituras del mismo modo en que los sofistas hubieran provisto una

---

1. Norrington, *To Preach or Not*, p. 24.
2. Hatch, *Influence of Greek Ideas and Usages*, pp. 106-107, 109.
3. Norrington, *To Preach or Not*, p. 24-25.
4. Ibid.; ver capítulo 5 de este libro.
5. Ibid., p. 25.
6. Ibid., p. 22; Smith, *From Christ to Constantine*, p. 115.
7. Entre ellos están Tertuliano, Cipriano, Arnobio y Agustín (Norrington, *To Preach or Not*, p. 22) Ver también: Hatch, *Influence of Greek Ideas and Usages*, pp. 7-9, 109; Richard Hanson, *Christian Priesthood Examined* [El sacerdocio cristiano analizado], Lutterworth Press, Guildford, UK, 1979, p. 53.
8. F. F. Bruce, *Paul: Apostle of the Heart Set Free* [Pablo: El apóstol del corazón liberado], Eerdmans, Grand Rapids, 1977, p. 220. El conocido rabí judío Hillel dijo: «Aquel que haga de la Torah una corona mundana, se consumirá», pp. 107-108.
9. Hatch, *Influence of Greek Ideas and Usages*, p. 110.

exégesis del texto casi sagrado de Homero».[1] Al comparar un sermón pagano del tercer siglo con un sermón dado por uno de los padres de la iglesia, encontramos que ambos son muy similares en estructura y fraseología.[2]

Así que se estaba dando nacimiento a un nuevo estilo de comunicación dentro de la iglesia cristiana, estilo que enfatizaba una retórica refinada, una gramática sofisticada, una elocuencia florida, y el monólogo. Se trataba de un estilo dirigido a entretener y a exhibir la capacidad de oratoria del que hablaba. Era la retórica greco-romana.[3] ¡Y solo a aquellos entrenados en ella se les permitía dirigir la palabra a la asamblea![4] (¿Algo de esto les resulta familiar?)

Un erudito lo puso en estos términos: «La proclama original del mensaje cristiano consistía en una conversación que iba en dos direcciones... pero cuando las escuelas de oratoria del mundo occidental tomaron en sus manos el mensaje cristiano, hicieron de la predicación cristiana algo completamente diferente. La oratoria fue tendiendo a tomar el lugar de la conversación. La grandeza del orador tomó el lugar del asombroso hecho de Jesucristo. Y el diálogo entre el que hablaba y el que escuchaba se fue desvaneciendo hasta convertirse en monólogo».[5]

En una palabra, el sermón greco-romano reemplazó a la profecía, al intercambio abierto, y a la enseñanza inspirada por el Espíritu.[6] El sermón se convirtió en el privilegio elitista de los directivos de la iglesia, particularmente de los obispos. Esa gente debía ser educada en escuelas de retórica para aprender a hablar.[7] Sin recibir esa educación, a un cristiano no se le permitía dirigirse al pueblo de Dios.

Ya desde el tercer siglo, los cristianos llamaban a sus sermones *homilías*, el mismo término que los oradores griegos utilizaban para sus discursos.[8] Hoy uno puede tomar en un seminario un curso denominado homilética para aprender a predicar. La

---

1. Norrington, *To Preach or Not*, p. 22. Una exégesis es la interpretación y explicación de un texto bíblico.
2. Hatch, *Influence of Greek Ideas and Usages*, p. 110.
3. Un estudiante de retórica completaba sus estudios cuando podía hablar de improviso sobre cualquier tema que se le presentaba. La lógica, en forma de debate, era común dentro del estudio de la retórica. Todo estudiante aprendía cómo argumentar y como hacerlo bien. La lógica resultaba natural para la mente griega. Pero era la lógica divorciada de la práctica y convertida en argumentos teóricos. Esa mentalidad se filtró completamente dentro de fe cristiana en tiempos muy tempranos (Hatch, *Influence of Greek Ideas and Usages*, pp. 32-33).
4. Ibid., 108. Hatch escribe: «Con el crecimiento de la organización no solo creció una fusión entre la enseñanza y la exhortación, sino que gradualmente la libertad de hablar ante la comunidad se fue restringiendo a la clase dirigente».
5. Wayne E. Oates, *Protestant Pastoral Counseling* [Consejería pastoral protestante], Westminster Press, Filadelfia, 1962, p. 162.
6. Ibid., 107.
7. Brilioth, *Brief History of Preaching*, pp.26-27.
8. Hatch, *Influence of Greek Ideas and Usages*, p. 109. Brilioth, *Brief History of Preaching*, p. 18.

homilética se considera una «ciencia que aplica las reglas de la retórica y que se remonta a Grecia y a Roma».[1]

Dicho de otro modo, ni las homilías (sermones) ni la homilética (el arte de pronunciar sermones) tienen un origen cristiano. Les fueron robadas a los paganos. Una corriente contaminada había ingresado a la fe cristiana y enturbiado sus aguas. Y esa corriente sigue fluyendo con fuerza del mismo modo hoy que en el siglo cuarto.

CRISÓSTOMO Y AGUSTÍN

Juan Crisóstomo fue uno de los más grandes oradores cristianos de su tiempo.[2] (*Crisóstomo* significa «con una boca de oro»).[3] Nunca había escuchado Constantinopla «sermones tan poderosos, brillantes y francos» como los predicados por Crisóstomo.[4] Su predicación era tan convincente que la gente a veces se abría paso a los empujones para llegar al frente poder oírlo mejor.[5]

Naturalmente dotado con un pico de oro para el don de la oratoria, Crisóstomo aprendió a hablar bajo la conducción de Libanio, el sofista principal del siglo cuarto.[6] La elocuencia que tenía en el púlpito Crisóstomo resultaba insuperable. Tan poderosos resultaban sus discursos que sus sermones a menudo eran interrumpidos por el aplauso congregacional. Cierta vez Crisóstomo pronunció un sermón que condenaba el aplauso por inadecuado en la casa de Dios.[7] Pero a la congregación le agradó tanto el sermón que, luego de que él acabó de predicar, de todos modos lo aplaudieron.[8] Esta historia ilustra el indomable poder de la retórica griega.

Podemos reconocerles tanto a Crisóstomo como a Agustín (354-430), ex profesor de retórica,[9] el hacer de la oratoria desde

---

1. J. D. Douglas, *New Twentieth Century Encyclopedia of Religious Knowledge* [Nueva enciclopedia de conocimiento religioso del siglo veinte], Baker Book House, Grand Rapids, 1991, p. 405.
2. En su lecho de muerte, Libanio (el tutor pagano de Crisóstomo) dijo que este hubiera sido su más digno sucesor «si los cristianos no se lo hubiesen robado» (Hatch, *Influence of Greek Ideas and Usages*, p. 109).
3. Tony Castle, *Lives of Famous Christians* [Vida de Famosos Cristianos], Servant Books, Ann Arbor, MI, 1988, p. 69; Hatch, *Influence of Greek Ideas and Usages*, p. 6. Juan recibió el apodo de labios de oro (*Crisóstomo*) a causa de su predicación elocuente e inflexible (Krupp, "Golden Tongue and Iron Will", *Christian History*, p. 7).
4. Durant, *Age of Faith*, p. 63.
5. Kevin Dale Miller, "Did You Know? Little-Known Facts about John Crisóstomo" [¿Lo sabía? Hechos poco conocidos con respecto a Juan Crisóstomo], *Christian History* 13, Nº 4, 1994, p. 3. De los sermones que Crisóstomo predicó sobreviven más de 600.
6. Krupp, "Golden Tongue and Iron Will", p. 7; Schaff, *History of the Christian Church*, 3:933-941; Durant, *Age of Faith*, p. 9. Crisóstomo bebió la retórica de Libanio, pero él también fue un estudiante de la filosofía y de la literatura pagana (Durant, *Age of Faith*, p. 63).
7. El aplauso entusiasta de una audiencia a la homilía de un sofista constituía una costumbre griega.
8. Schaff, *History of the Christian Church*, 3:938.
9. Durant, *Age of Faith*, p. 65.

el púlpito una parte integrante de la fe cristiana.[1] En Crisóstomo, el sermón griego alcanzó su cenit. El estilo de sermón griego encontraba su satisfacción en la brillantez de la retórica y en el citar poemas; apuntaba a impresionar a la audiencia. Crisóstomo enfatizaba que «el predicador debe trabajar largamente en sus sermones para poder lograr el poder de la elocuencia».[2]

En Agustín, el sermón latino alcanzó su máxima altura.[3] El estilo latino del sermón tenía más los pies sobre la tierra que el de estilo griego. Se enfocaba en el «hombre común» y apuntaba a una cuestión moral más simple. Zwinglio tomó a Juan Crisóstomo como su modelo para la predicación, en tanto que Lutero eligió a Agustín.[4] Tanto el estilo latino como el griego incluían una forma de comentario versículo por versículo, así como también algún tipo de paráfrasis.[5]

Aun así, Crisóstomo y Agustín descendían de los sofistas griegos. Nos transmitieron una retórica cristiana pulida. Nos pasaron el sermón «cristiano»: bíblico en su contenido, pero griego en su estilo.[6]

LOS REFORMADORES, LOS PURITANOS, Y EL GRAN DESPERTAR

Durante la época medieval, la Eucaristía dominó la misa católica romana, y la predicación ocupó el banco de atrás. Pero con la llegada de Martín Lutero, al sermón se le volvió a dar prominencia en el servicio de adoración.[7] Lutero visualizaba a la iglesia como el encuentro de aquellos que escuchaban la Palabra de Dios que les era predicada. ¡Por esa razón, una vez llamó *Mundhaus* (casa de la boca, o casa del discurso) al edificio de la iglesia!ature[8]

Siguiendo el ejemplo de Lutero, Juan Calvino argumentaba que el predicador es la «boca de Dios».[9] (Irónicamente, estos dos hombres hablaron vehementemente en contra de la idea de que el papa fuera el vicario de Cristo). No sorprende que muchos

---

1. Norrington, *To Preach or Not*, p. 23.
2. Niebuhr y Williams, *Ministry in Historical Perspectives*, p. 71.
3. Brilioth, *Brief History of Preaching*, pp. 31, 42.
4. Senn, *Christian Liturgy*, p. 366. Tanto la predicación luterana como la reformada tendían a ser una exposición versículo por versículo. Eso era característico de la patrística de los padres como Crisóstomo y Agustín.
5. John McGuckin, profesor de historia de la iglesia primitiva en el Union Theological Seminary, mensaje de correo electrónico enviado a Frank Viola el 29 de septiembre de 2002.
6. Norrington, *To Preach or Not*, p. 23.
7. White, *Protestant Worship*, pp. 46-47.
8. Niebuhr y Williams, *Ministry in Historical Perspectives*, p. 114.
9. Thomson, *Preaching as Dialogue*, p. 9-10.

de los reformadores hubieran estudiado retórica y hubiesen sido profundamente influenciados por los sermones greco-romanos de Agustín, Crisóstomo, Orígenes y Gregorio el Grande.[1]

Por lo tanto, los errores de los padres de la iglesia fueron repetidos por los reformadores y por las subculturas protestantes creadas por ellos. Esto es particularmente así en lo que se refiere a los puritanos.[2] De hecho, la tradición contemporánea de la predicación evangélica encuentra sus raíces más recientes en el movimiento puritano del siglo diecisiete y en el Gran Despertar del siglo dieciocho.

Los puritanos tomaron de Calvino su método de predicación. ¿Cómo era ese método? Era la exposición sistemática de las Escrituras semana tras semana. Era un método tomado de los padres de la iglesia primitiva que se hizo popular durante el Renacimiento. Los eruditos del Renacimiento realizaban comentarios hechos frase por frase sobre un escrito de la antigüedad clásica. Calvino era un maestro de ese estilo. Antes de su conversión, empleó ese estilo para escribir un comentario sobre una obra del autor pagano Séneca. Cuando se convirtió y volvió a pronunciar sermones, aplicó el mismo estilo analítico a la Biblia.

Siguiendo las huellas de Juan Calvino, los puritanos centraron todos los servicios de sus iglesias alrededor de una enseñanza sistemática de la Biblia. Como procuraban lograr que Inglaterra se volviera protestante (purificándola de todos los errores del Anglicanismo), los puritanos hacían que todos los servicios de sus iglesias giraran en torno a exposiciones de las Escrituras, lógicas, metódicas, muy estructuradas, y analizadas versículo por versículo. Ellos enfatizaban que el Protestantismo era una religión «del Libro». (Irónicamente, «el Libro» no sabe de este tipo de sermones).

Los puritanos también inventaron una forma de predicación llamada «estilo sencillo» Ese estilo tenía sus raíces en la memorización de las notas del sermón. Su manera de dividir, subdividir y analizar un texto bíblico elevaron al sermón al

---

1. Old, *Patristic Roots of Reformed Worship*, 79 y subsiguientes.
2. Trazar la evolución del *contenido* del sermón desde la Reforma hasta nuestros días va más allá del campo de este libro. Baste con decir que los sermones durante el período del Iluminismo degeneraron en estériles discursos morales que intentaban mejorar la sociedad humana. Los puritanos recuperaron la predicación expositiva, versículo por versículo, que había comenzado con los padres de la iglesia. Los temas de justicia social se volvieron prominentes con el Metodismo del siglo diecinueve. Y con el advenimiento del Avivamiento de Frontera, el llamado a la salvación fue el elemento dominante en la predicación de las iglesias evangélicas. Los puritanos también hicieron su contribución a la moderna retórica del sermón. Sus sermones se escribían con mucha anticipación siguiendo un bosquejo de cuatro partes (lectura de las Escrituras, declaración teológica, prueba e ilustración de la doctrina, y aplicación) con una estructura de organización detallada. White, *Protestant Worship*, pp. 53, 121, 126, 166, 183; Allen C. Guelzo, "When the Sermon Reigned" [Cuando reinaba el sermón], *Christian History* 13, Nº 1, 1994, pp. 24-25.

nivel de una ciencia refinada.[1] Esa forma todavía la usan hoy incontables pastores. Además, los puritanos nos transmitieron el sermón de una hora (aunque los sermones de algunos puritanos duraban noventa minutos), la práctica de que los feligreses tomaran notas sobre el sermón, el prolijo bosquejo de cuatro partes, y el hecho de que el pastor utilizara notas escritas cuando pronunciaba su discurso.[2]

Otra influencia, la del Gran Despertar, es responsable del tipo de predicación que se volvió común en las primeras iglesias metodistas y que todavía se usa hoy en las iglesias pentecostales contemporáneas. Las marcadas explosiones de emoción, que incluyen gritos y el recorrer de un lado a otro la plataforma, no son sino rezagos de esa tradición.[3]

Haciendo un resumen de los orígenes del sermón contemporáneo, podemos decir lo siguiente: el cristianismo ha recogido la retórica greco-romana y la adaptado para sus propios fines, la ha bautizado y la ha arropado con una manta. La homilía griega se abrió camino dentro de la iglesia cristiana alrededor del segundo siglo. Alcanzó su cumbre con los oradores de púlpito del siglo cuarto: a saber, Crisóstomo y Agustín.[4]

El sermón cristiano perdió su prominencia en el período que va desde el siglo quinto hasta a la Reforma, momento en el que volvió a ser revestido y consagrado como el elemento central del servicio de culto protestante.

Sin embargo, durante los últimos quinientos años, la mayoría de los cristianos nunca se ha cuestionado sus orígenes o su eficacia.[5]

DE QUÉ MANERA EL SERMÓN DAÑA A LA IGLESIA

Aunque reverenciado por cinco siglos, el sermón convencional ha impactado negativamente sobre la iglesia en una cantidad de formas.

En primer lugar, el sermón hace del predicador el ejecutante virtuoso de los encuentros regulares de la iglesia. Como

---

1. Meic Pearse y Chris Matthews, *We Must Stop Meeting Like This* [Debemos dejar de reunirnos de este modo], Kingsway Publications, E. Sussex, UK, 1999, pp. 92-95.
2. White, *Protestant Worship*, pp. 53, 121, 126, 166, 183; Allen C. Guelzo, "When the Sermon Reigned", pp. 24-25. Los fantasmas de la predicación puritana todavía están con nosotros hoy. Cada vez que escuchamos a un pastor protestante pronunciar un sermón, subyacente podemos encontrar el estilo de sermón puritano que tiene sus raíces en las retórica pagana.
3. Pearse y Matthews, *We Must Stop Meeting Like This*, p. 95.
4. Brilioth, *Brief History of Preaching*, p. 22.
5. Edwin Hatch, historiador del siglo diecinueve, fue uno de los primeros en plantear un desafío al sermón.

resultado, la participación congregacional se ve dificultada, en el mejor de los casos, e impedida en el peor. El sermón convierte a la iglesia en una estación de predicación. La congregación degenera en un grupo de espectadores a los que se ha silenciado, los que asisten a una presentación. No hay espacio para interrumpir o hacerle preguntas al predicador mientras él pronuncia su discurso. El sermón congela y aprisiona el funcionamiento del cuerpo de Cristo. Fomenta un sacerdocio dócil, al permitir que el púlpito domine el encuentro de la iglesia semana tras semana.[1]

En segundo lugar, el sermón con frecuencia lleva el crecimiento espiritual a un punto muerto. Debido a que se produce en una única dirección, alienta a la pasividad. El sermón priva a la iglesia de funcionar como estaba planeado. Sofoca el ministerio mutuo. Silencia la participación abierta. Eso ocasiona que el crecimiento espiritual del pueblo de Dios caiga en picada.[2]

Como cristianos, debemos funcionar si buscamos madurar (ver Marcos 4:24-25 y Hebreos 10:24-25). No crecemos escuchando pasivamente semana tras semana. De hecho, una de las metas de la predicación y de la enseñanza al estilo del Nuevo Testamento es lograr que cada uno de nosotros funcione (Efesios 4:11-16).[3] Es alentarnos a abrir nuestra boca en las reuniones de la iglesia (1 Corintios 12-14).[4] El sermón convencional estorba precisamente ese proceso.

En tercer lugar, el sermón nos lleva a conservar una mentalidad no bíblica sobre el clero. Crea una dependencia excesiva y hasta patológica del clero. El sermón hace del predicador el especialista religioso, él único que tiene algo que valga la pena decir. Todos los demás son tratados como cristianos de segunda clase, como silenciosos calienta bancos. (Aunque esto generalmente no se dice en voz alta, constituye la realidad de la que no se habla).[5]

¿Cómo puede aprender el pastor de los otros miembros del cuerpo de Cristo cuando se los silencia? ¿Cómo puede la iglesia aprender cabalmente acerca de lo que dice el pastor cuando sus miembros no pueden hacerle preguntas durante el discurso?[6]

---

1. El sermón se promueve a sí mismo como el mayor facilitador del crecimiento cristiano. Pero esa idea es engañosa y ha sido mal encauzada.
2. Se puede encontrar más sobre este tópico en el libro de Viola *Redescubre la iglesia*.
3. Este pasaje también señala que el funcionamiento resulta necesario para alcanzar la madurez espiritual.
4. La reunión descrita en este pasaje muestra claramente ser un encuentro de la iglesia.
5. Algunos pastores se han hecho conocidos por expresar la absurda idea de que «todo lo que las ovejas hacen es "balar" y comer pasto».
6. Reuel L. Howe, *Partners in Preaching: Clergy and Laity in Dialogue* [Compañeros en la predicación: El clero y el laicado en diálogo], Seabury Press, 1967, p. 36.

¿De qué modo pueden los hermanos y hermanas aprender los unos de los otros si no se les permite hablar en las reuniones?

El sermón vuelve a la «iglesia» distante e impersonal.[1] Priva al pastor de recibir alimento, sustento, de parte de la iglesia. Y priva a la iglesia de recibir nutrición en una relación mutua de unos a otros. Por estas razones, el sermón constituye uno de los mayores obstáculos en el camino de un sacerdocio en funcionamiento.[2]

En cuarto lugar, más que equipar a los santos, el sermón los descalifica. No importa lo fuerte que sea la perorata de los ministros acerca de «equipar a los santos para la obra del ministerio», la verdad es que el sermón contemporáneo que se predica cada semana tiene muy poco poder para equipar al pueblo de Dios para un servicio espiritual y para funcionar.[3] Desafortunadamente, sin embargo, muchos dentro del pueblo de Dios son solo adictos a escuchar sermones, del mismo modo en que muchos predicadores son adictos a predicarlos.[4] Por contraste, la predicación y la enseñanza realizadas al estilo del Nuevo Testamento equipan a la iglesia de modo que pueda funcionar sin la presencia de un clérigo.[5]

Por ejemplo, yo (Frank) asistí recientemente a una conferencia en la que un iniciador de iglesias contemporáneo dedicó todo un fin de semana a estar con una red de iglesias de hogar. Cada día este pionero sumergió a aquellas iglesias en una revelación de Jesucristo. Pero también les dio instrucciones muy prácticas acerca de *cómo* experimentar lo que él había predicado. Luego las dejó libradas a ellas mismas, y probablemente no regrese allí durante meses. Las iglesias, al haber sido equipadas ese fin de semana, siguieron llevando a cabo sus propias reuniones, en las que cada miembro ha contribuido en los encuentros con algo dado por Cristo, a través de la exhortación, el aliento, la enseñanza, los testimonios, la composición de nuevas canciones

---

1. George W. Swank, *Dialogical Style in Preaching* [Estilo dialogal en la predicación], Hudson Press, Valley Forge, 1981, p. 24.
2. Kevin Craig, "Is the Sermon Concept Biblical?" [¿Es bíblico el concepto de sermón?], *Searching Together* 15, N° 1-2, 1986, p. 22.
3. En tanto que muchos pastores hablan de «equipar a los santos» y de «liberar al laicado», las promesas de liberar a un laicado fláccido y equipar a la iglesia para el ministerio prácticamente siempre muestran ser huecas. Mientras los pastores continúen dominando el servicio de la iglesia a través de sus sermones, el pueblo de Dios no estará libre para funcionar en los encuentros. Por lo tanto, el «equipar a los santos» constituye una típica retórica hueca.
4. Aquellos de nosotros que consideramos al sermón como exóticamente aburrido, entendemos la sensación de que se nos «predique mortalmente». La cita de un clérigo y escritor inglés del siglo diecinueve capta este parecer: «¡Se merece que le prediquen a muerte algunos salvajes coadjutores!»
5. Consideremos el método usado por Pablo de predicarle a una iglesia naciente y luego dejarla librada a su suerte por largos períodos. Para mayores detalles, ver la obra de Frank Viola *So You Want to Start a House Church? First-Century Styled Church Planting for Today* [¿Así que quieren comenzar una iglesia de hogar? ¿Cómo iniciar una iglesia al estilo del primer siglo hoy], Present Testimony Ministry, Jacksonville, FL, 2003.

y poemas, y otras cosas. Esto es, en esencia, de lo que se trata el ministerio apostólico del Nuevo Testamento.

En quinto lugar, hoy en día con frecuencia el sermón no es práctico. Son incontables los predicadores que hablan como expertos en algo que nunca han experimentado. Sea abstracto/teórico, devocional/inspirador, exigente/persuasivo, o ameno/divertido, el sermón falla en cuanto a llevar a los oyentes a una experiencia práctica y directa de lo que ha sido predicado. Por lo tanto, ¡el sermón clásico no es más que una lección de natación en tierra seca! Le falta todo valor práctico. Se predica mucho, pero muy poco es lo que se logra. Una buena parte de él va dirigida al lóbulo frontal. El púlpito contemporáneo generalmente fracasa en ir más allá de diseminar información, y no llega a equipar a los creyentes como para que experimenten y usen lo que han escuchado.

En este sentido, el sermón refleja la paternidad de la que desciende: la retórica greco-romana. La retórica greco-romana estaba inmersa en la abstracción.[1] «Involucraba formas pensadas para entretener y desplegar el propio genio en lugar de instruir o desarrollar los talentos de otros».[2] El pulido sermón contemporáneo puede calentar el corazón, inspirar la voluntad y estimular la mente. Pero raramente, si es que alguna vez lo logra, le muestra al equipo cómo salir del montón. El sermón contemporáneo falla de todas estas maneras en cumplir con lo que anuncia en cuanto a promover la clase de crecimiento espiritual que promete. Finalmente, en realidad intensifica el empobrecimiento de la iglesia.[3] El sermón actúa como un estimulante momentáneo. Sus efectos con frecuencia son de corta duración.

Seamos sinceros. Hay infinidad de cristianos que han escuchado sermones durante décadas, y todavía son bebés en Cristo.[4] Los cristianos no somos transformados simplemente a través de escuchar sermones semana tras semana. Somos transformados por los encuentros regulares con el Señor Jesucristo.[5] Aquellos que ministran, por lo tanto, están llamados a predicar a Cristo y no a proveer información sobre él. También han sido llamados a hacer su ministerio sumamente práctico. Y no solo a revelar a

---

1. Craig, "Is the Sermón Concept Biblical?", p. 25.
2. Norrington, *To Preach or Not*, p. 23.
3. Clyde H. Reid, *The Empty Pulpit* [El púlpito vacío], Harper & Row Publishers, Nueva York, 1967, pp. 47-49.
4. Alexander R. Hay, *The New Testament Order for Church and Missionary* [El orden del Nuevo Testamento en cuanto a la iglesia y al misionero], New Testament Missionary Union, Audubon, NJ, 1947, pp. 292-293, 414.
5. Uno debe encontrarse con Cristo sea en gloria o en sufrimiento (2 Corintios 3:18; Hebreos 12:1 y subsiguientes).

Cristo a través de la palabra hablada, sino a indicarles a sus oyentes la manera en que pueden experimentarlo, conocerlo, seguirlo y servirlo. Al sermón contemporáneo con frecuencia la faltan todos estos importantes elementos.

Si un predicador no puede llevar a sus oyentes a una experiencia espiritual viva acerca de lo que él está ministrando, el resultado de su mensaje será de corta duración. Por lo tanto, la iglesia necesita menos púlpitos y más facilitadores espirituales. Se halla en una extrema necesidad de aquellos que puedan proclamar a Cristo y que sepan cómo llevar al pueblo de Dios a experimentar a Aquel del que se les ha predicado.[1] Y además de eso, los cristianos precisan instrucción sobre como compartir a ese Cristo viviente con el resto de la iglesia para la mutua edificación.

Por consiguiente, la familia cristiana requiere una restauración de la práctica bíblica de la exhortación mutua y del ministerio mutuo.[2] Porque el Nuevo Testamento hace girar la transformación espiritual sobre estas dos cosas. Admitimos que el don de la enseñanza está presente en la iglesia. Pero la enseñanza debe provenir de todos los creyentes (1 Corintios 14:26, 31) así como de aquellos que han sido dotados especialmente para la enseñanza (Efesios 4:11, Santiago 3:1).[3] Nos salimos bastante de los límites bíblicos cuando permitimos que la enseñanza tome la forma de un sermón convencional y lo relegamos a cierto tipo de oradores profesionales.

PARA CONCLUIR

¿Predicar y enseñar la Palabra de Dios está de acuerdo con las Escrituras? Sí, absolutamente. Pero el sermón contemporáneo dado desde el púlpito no es equivalente a la predicación y enseñanza que encontramos en las Escrituras.[4] No lo podemos

---

1. Hechos 3:20, 5:42, 8:5, 9:20; Gálatas 1:6; Colosenses 1:27-28. Sea que uno predique (*kerygma*) a incrédulos o que enseñe (*didache*) a los creyentes, el mensaje tanto al creyente como al incrédulo es Jesucristo. C. H. Dodd, *The Apostolic Preaching and Its Developments* [La predicación apostólica y su desarrollo], Hodder and Stoughton, Londres, 1963, pp.7 y subsiguientes. Hablando acerca de la iglesia primitiva, Michael Green escribe: «Ellos predicaban a una persona. Su mensaje era francamente cristocéntrico. Es más, se hacía referencia al evangelio simplemente diciendo Jesús o Cristo: "Él le predicó a Jesús"... Jesús el hombre, el Jesús crucificado, el Jesús resucitado, el Jesús exaltado al lugar de poder dentro del universo... el Jesús que estaba presente en medio de su pueblo por el Espíritu... El Cristo resucitado era inequívocamente central en el mensaje de ellos». Green, *Evangelism in the Early Church* [Evangelización en la iglesia primitiva], Hodder and Stoughton, Londres, 1970, p. 150.
2. Para acceder a más material sobre este tópico, ver la obra de Viola *Redescubre la iglesia*
3. Hebreos 3:12-13, 10:24-26. Notar el énfasis que se hace en estos pasajes sobre el «unos a otros». Es la exhortación *mutua* lo que el autor tiene en vista.
4. Craig A. Evans, "Preacher and Preaching: Some Lexical Observations" [Predicador y predicación: Algunas observaciones sobre el léxico], *Journal of the Evangelical Theologiocal Society* 24, Nº 4, diciembre de 1981, pp. 315-322.

hallar en el judaísmo del Antiguo Testamento, ni en el ministerio de Jesús, ni en la vida de la iglesia primitiva.[1] Más aún, Pablo les dijo a sus convertidos griegos que él se rehusaba a ser influenciado por los patrones comunicacionales de sus contemporáneos paganos (1 Corintios 1:17, 22; 2:1-5).

Pero, ¿y qué de 1 Corintios 9:22-23, donde Pablo dice: «Me hice todo para todos, a fin de salvar a algunos por todos los medios posibles»? Nosotros argumentaríamos que eso *no* incluye el hacer del sermón semanal el foco central de todos los encuentros de adoración, lo que hubiera sofocado la transformación de los creyentes y la edificación mutua.

El sermón fue concebido en el vientre de la retórica griega. Nació dentro de la comunidad cristiana cuando los paganos que se habían vuelto cristianos comenzaron a introducir sus estilos de oratoria al hablar en la iglesia. En el tercer siglo, se volvió común que los líderes cristianos pronunciaran un sermón. En el cuarto siglo, se convirtió en la norma.[2]

El cristianismo ha absorbido la cultura que lo rodeaba.[3] Cuando nuestro pastor se sube al púlpito vestido con ropas clericales para pronunciar su sagrado sermón, sin saberlo está representando el rol del antiguo orador griego.

No obstante, a pesar de que el sermón contemporáneo no tiene una pizca de mérito bíblico que avale su existencia, por falta de un sentido crítico continúa siendo admirable ante los ojos de la mayoría de los cristianos de hoy. Se ha arraigado tanto en la mente cristiana, que muchos de los pastores y laicos que creen en la Biblia no llegan a ver que están reafirmando y perpetuando una práctica no escritural, simplemente por tradición. El sermón se ha incrustado de forma permanente en una estructura organizacional compleja que está muy alejada de la vida de la iglesia del Nuevo Testamento.[4]

En vista de todo lo que hemos descubierto con respecto al sermón contemporáneo, consideremos las siguientes preguntas:

¿Cómo puede un hombre predicar un sermón acerca de ser fieles a la Palabra de Dios mientras que lo que hace es predicar un sermón? Y, ¿cómo puede un cristiano sentarse pasivamente en un banco y reafirmar el sacerdocio de todos los creyentes

---

1. Norrington, *To Preach or Not*, p. 69.
2. Ibid.
3. George T. Purves, "The Influence of Paganism on Post-Apostolic Christianity" [La influencia del paganismo en el cristianismo post apostólico], *The Presbyterian Review* 36, octubre de 1888, pp. 529-554.
4. Ver también el capítulo 5.

mientras está pasivamente sentado en un banco? Para hacer más agudo el punto: ¿Cómo se puede declarar que uno sostiene la doctrina protestante de *sola scriptura* («solo por las Escrituras») y aún así apoyar los sermones desde el púlpito?

Como un autor lo ha señalado con elocuencia: «El sermón, en la práctica, está más allá de las críticas. Se ha convertido en un fin en sí mismo y se ha vuelto sagrado (como resultado de una reverencia distorsionada a "la tradición de los ancianos")... parece extrañamente incoherente que aquellos que están dispuestos a declarar que la Biblia es la Palabra de Dios, "la guía suprema en cuestiones de fe y práctica" estén entre los primeros en rechazar los métodos bíblicos en favor de las "cisternas rotas" de sus padres (Jeremías 2:13)».[1]

A la luz de lo que hemos leído en este capítulo, ¿realmente hay lugar en el corral de la iglesia para vacas sagradas como el sermón?

>Profundizando

1. *Ustedes discrepan en cuanto a que la proclamación de la Palabra se convierta en el centro de la reunión de la iglesia. Sin embargo, Pablo parece enfatizar la predicación cuando instruye a Timoteo. En 2 Timoteo 4:2, le dice: «Predica la Palabra; persiste en hacerlo, sea o no sea oportuno; corrige, reprende y anima con mucha paciencia, sin dejar de enseñar».*

Timoteo era un obrero apostólico. Su rol era equipar al pueblo de Dios para que funcionara y conociera al Señor. También ganar almas con la mira en edificar la iglesia. (En 2 Timoteo 4:5, Pablo le dice a Timoteo: «Dedícate a la evangelización»).

Por lo tanto, predicar la Palabra de Dios forma parte del llamado apostólico. Timoteo ciertamente lo hizo, del mismo modo en que lo hizo Pablo cuando predicó en el mercado de Atenas y en la escuela de Tirano en Éfeso. Esas eran reuniones apostólicas planeadas para equipar a la iglesia y para construir la comunidad a través de convertir gente a Cristo.

Por contraste, la reunión normativa de la iglesia es cuando todos los miembros de la iglesia se juntan para compartir la porción que tienen de Cristo (1 Corintios 14:26, Colosenses 3:16, Hebreos 10:24-25). Todos son libres de enseñar, predicar, profetizar, orar, y dirigir una canción.

2. *Los griegos y romanos pueden haber usado la retórica para despertar el entusiasmo de una multitud; sin embargo, ¿por qué ese hecho los lleva a ustedes a incluir la retórica y el comentario versículo por versículo como cosas erróneas? Después de todo, Dios*

---

1. Norrington, *To Preach or Not*, pp. 102, 104.

nos manda amarlo con «toda nuestra mente», así como con todo nuestro corazón y con toda nuestra alma.

El punto en nuestro argumento es que el sermón se originó a partir del paganismo greco-romano y no a partir de Jesús o los apóstoles. El lector debe decidir si el sermón greco-romano es correcto o equivocado, si constituye un desarrollo mejorado de la predicación apostólica o un alejamiento de ella.

3. Cuando ustedes describen la obra de un iniciador de iglesias, dicen que «sumergió a las iglesias en una revelación de Jesucristo». ¿Exactamente qué significa eso, y cómo piensan que esa experiencia afecta la forma en que el cuerpo de la iglesia se reúne?

Los iniciadores de iglesias del primer siglo tenían una intensa y profunda revelación (o entendimiento) de Jesucristo. Lo conocían, y lo conocían bien. Él era su vida, su respiración y su razón de vivir. Ellos, a su vez, impartían la misma revelación a las iglesias que iniciaban. Juan 1:1-3 constituye un buen ejemplo de esta dinámica.

Pablo de Tarso predicaba un mensaje de Cristo tan profundo que causaba que algunos paganos inmorales y bebedores de sangre, se convirtieran en cristianos de los pies a la cabeza, y amaran a Jesús; y eso en solo unos pocos meses. (Aquellos nuevos creyentes formaron las iglesias de Pisidia, Antioquía, Iconio, Listra, Derbe, Filipos, Tesalónica y Berea (Hechos 13-17). Pablo compartió con ellos las profundidades de Cristo de tal manera que ellos supieron que eran santos ante los ojos de él y que podían conocerlo internamente, porque Cristo moraba en ellos. Esta comprensión profunda y personal de la inhabitación de Cristo en ellos afectaba el modo en que se congregaban y lo que hacían en esos encuentros.

Lo que es más, Pablo normalmente dedicaba varios meses a esos nuevos convertidos y luego los dejaba solos por largos períodos, a veces años. Y cuando regresaba, ellos aún continuaban congregándose, amándose unos a otros, y siguiendo a su Señor.

¿Qué clase de evangelio predicaba para causar este tipo de efecto tan notable? Él lo llamaba «las incalculables riquezas de Cristo» (Efesios 3:8). Para decirlo de otro modo, los sumergía en la revelación de Jesucristo.

4. 4. Casi parece que ustedes argumentaran en contra de la predicación y de la enseñanza. ¿Es eso lo que quieren decir? Si no, ¿contra qué argumentan?

Creemos firmemente en predicar, enseñar, profetizar, exhortar, y en toda otra forma de compartir la Palabra de Dios. Simplemente queremos decir que el sermón moderno (al que definimos como una *misma* persona —generalmente un clérigo— que da un discurso al *mismo* grupo de personas semana tras semana, mes tras mes y año tras año) además de no ser bíblico, resulta contraproducente. Queremos que los lectores consideren las evidencias bíblicas e históricas sobre este punto y decidan por ellos mismos si es o no correcto nuestro análisis. De hecho, la investigación llevada a cabo por El Grupo Barna ha demostrado que los sermones en general resultan ineficaces en cuanto a facilitar la adoración, a acercar a la gente a Dios, y a transmitir información que produzca cambios en la vida de aquellos que conforman la audiencia.

➤ EL PASTOR: UN OBSTÁCULO PARA EL FUNCIONAMIENTO DE CADA UNO DE LOS MIEMBROS

capítulo cinco

«Existe una tendencia universal en la religión cristiana, lo mismo que en muchas otras religiones, a darle una interpretación teológica a las instituciones que se han ido desarrollando gradualmente a través de cierto tiempo, en aras de su utilidad práctica, y luego se instalan esa reinterpretación en períodos anteriores y en los primeros estadios de esas instituciones, vinculándola con una época en la que nadie imaginaba que tuvieran tal significado».
—RICHARD HANSON, ERUDITO DEL SIGLO XX EN PATRÍSTICA

«En la facultad me especialicé en Biblia. Fui al seminario y me especialicé en lo único que enseñan allí: el ministerio profesional. Cuando me gradué, me di cuenta de que podía hablar latín, griego y hebreo, y de que lo único para lo que calificaba era para ser papa. Pero ya había alguien que tenía ese trabajo».
—PASTOR ANÓNIMO

EL PASTOR. Constituye la figura fundamental de la fe protestante. ¡Tan preponderante resulta el pastor en la mente de la mayoría de los cristianos que generalmente es más conocido, mucho más alabado, y considerado más altamente fiable que Jesucristo mismo!

Quitemos al pastor, y la mayoría de las iglesias protestantes entrarán en pánico. Eliminemos al pastor, y el Protestantismo tal como lo conocemos se extinguirá. El pastor es el punto focal dominante, el pilar principal y la pieza fundamental de la iglesia contemporánea. Es la encarnación del cristianismo protestante.

Pero, he aquí la enorme ironía. ¡No hay un solo versículo en todo el Nuevo Testamento que apoye la existencia del pastor de los tiempos modernos! Simplemente no existía en tiempos de la iglesia primitiva.

Nótese que estamos usando el término *pastor* a través de todo este capítulo para describir el oficio y el rol pastoral contemporáneo, y no al individuo que específicamente cubre ese rol. En su conjunto, aquellos que cumplen las funciones de pastor son personas maravillosas. Son honorables, decentes, y muy a menudo se trata de cristianos dotados que aman a Dios y muestran celo por servir a su pueblo. Pero es acerca del rol que cumplen donde las Escrituras y la historia de la iglesia difieren.[1]

EL PASTOR APARECE EN LA BIBLIA... ¿NO ES ASÍ?

La palabra *pastores* es la que aparece en el Nuevo Testamento:

Él mismo constituyó a unos, apóstoles; a otros, profetas; a otros, evangelistas; y a otros, pastores *y maestros.*

(EFESIOS 4:11, ÉNFASIS DEL AUTOR)

Deberíamos hacer las siguientes observaciones con respecto a este texto.

> Es el único versículo de todo el Nuevo Testamento en que se usa la palabra *pastor*.[2] ¡Un versículo solitario constituye una pieza de evidencia demasiado insuficiente para colgar de ella la fe protestante! En este sentido, parecería haber una mayor autoridad otorgada bíblicamente para el manejo de serpientes (ver Marcos 16:18 y Hechos 28:3-6) que la que hay con respecto al rol del pastor del día presente. Los católicos romanos han cometido el mismo error con la palabra *sacerdote*. Se puede encontrar la palabra *sacerdote* tres veces en el Nuevo Testamento. Las tres veces, se refiere a todos los cristianos.[3]

> La palabra se usa en el plural. Dice *pastores*. Eso resulta significativo. Porque, quienesquiera que esos «pastores» sean, constituyen una pluralidad en la iglesia y no una singularidad. Por consecuencia, no hay apoyo bíblico para la práctica de *sola pastora* (un único pastor).

---

1. Hoy aquellos que se sienten llamados al ministerio en la iglesia local generalmente creen que sus opciones se limitan a funcionar como pastor o como líder de alabanza. En tanto que ser llamados a la obra del Señor constituye definidamente una experiencia real, aquellos puestos no existían en el primer siglo. Sin embargo, aunque su puesto no cuenta con bases en las Escrituras, los pastores a menudo ayudan a la gente. Pero ellos ayudan a las personas *a pesar de* su oficio, y no debido a él.
2. En Hechos 20:28 y en 1 Pedro 5:2-3 se usa una forma derivada de la palabra *poimen*.
3. Apocalipsis 1:6, 5:10, 20:6. R. Paul Stevens, *The Other Six Days: Vocation, Work, and Ministry in Biblical Perspective* [Los otros seis días: Vocación, trabajo y ministerio desde una perspectiva bíblica], Eerdmans, Grand Rapids, 1999, pp. 173-181.

➤ La palabra griega traducida como *pastores* es *poimenas*. Significa pastores. (*Pastor* es la expresión en latín). El término *pastor*, entonces, constituye una metáfora para describir una función particular dentro de la iglesia. No es un cargo ni un título.[1] Un pastor del primer siglo no tenía nada que ver con ese sentido de especialización y profesionalismo que ha llegado a tener dentro del cristianismo contemporáneo. Por lo tanto, Efesios 4:11 no tiene en la mira el oficio pastoral sino meramente una de las muchas funciones que se cumplen en la iglesia. Los pastores son aquellos que naturalmente les proveen nutrición y cuidado a las ovejas de Dios. Sería un tremendo error, por lo tanto, confundir a esos pastores con el oficio o el título tal como se lo concibe corrientemente hoy.[2]

➤ En el mejor de los casos, Efesios 4:11 es una expresión indirecta. No ofrece ninguna definición o descripción en absoluto de lo que son esos pastores. Simplemente los menciona. Lamentablemente, hemos llenado esa palabra con nuestro concepto occidental sobre lo que es un pastor. Hemos hecho una relectura del Nuevo Testamento insertando en ella nuestra idea de pastor contemporáneo. ¡Nunca un cristiano del primer siglo hubiera tenido ese concepto de lo que es el puesto pastoral contemporáneo!

Richard Hanson observa: «Para nosotros las palabras obispos, presbíteros y diáconos han ido acumulando asociaciones hechas por casi dos mil años. Para la gente que las usó al principio, los nombres de estas funciones deben haber significado muy poco más que inspectores, ancianos y ayudantes. Cuando comenzó a agregárseles un significado teológico inadecuado, se produjo la distorsión del concepto de ministerio cristiano».[3]

Los pastores del primer siglo eran los ancianos locales (los

---

1. Banks, *Paul's Idea of Community*, pp. 131-135. El Nuevo Testamento nunca usa las palabras que el griego secular utiliza para las autoridades religiosas y civiles con el fin de describir a los ministros de la iglesia. Más aún, aunque la mayoría de los autores del Nuevo Testamento estaban empapados del sistema sacerdotal judío del Antiguo Testamento, nunca usaron la palabra *hiereus* (sacerdote) para referirse al ministerio cristiano. La ordenación al ministerio presupone un rol de liderazgo estático y definible en la iglesia, que no existía en las iglesias apostólicas. Marjorie Warkentin, *Ordination: A Biblical-Historical View* [Ordenación: Una perspectiva bíblico-histórica], Eerdmans, Grand Rapids, 1982, pp. 160-161, 166.
2. Nos vienen a la mente las palabras de Job: «Y no haré ahora distinción de personas ni usaré con nadie de títulos lisonjeros» (Job 32:21 RVR95)
3. Hanson, *Christian Priesthood Examined*, pp. 34-35.

presbíteros)[1] y los supervisores de la iglesia.[2] Su función resulta discordante con el rol pastoral contemporáneo.[3]

¿DE DÓNDE SALIÓ EL PASTOR?

Si los pastores contemporáneos estaban ausentes de la iglesia primitiva, ¿de dónde salieron? ¿Y cómo llegaron a alcanzar una posición de tanta prominencia dentro de la fe cristiana? Las raíces de esa historia son enredadas y complejas, dado que se remontan a la caída del hombre.

Junto con la caída apareció un deseo implícito en la gente de contar con un líder físico que los llevara a Dios. Por esa razón, a través de toda la historia las sociedades humanas han creado sistemáticamente una casta especial de líderes religiosos a los que se reverencia. El hombre de la medicina, el chamán, el rapsoda, el obrador de milagros, el doctor brujo, el adivino, el sabio y el sacerdote han estado con nosotros desde la metida de pata de Adán.[4] Y esas personas siempre estuvieron marcadas por un entrenamiento especial, por una vestimenta determinada, por un vocabulario específico, y por una forma especial de vida.[5]

Podemos ver cómo ese impulso irguió su horrible cabeza dentro de la historia del antiguo Israel. Hizo su primera aparición durante los tiempos de Moisés. Dos siervos del Señor, Eldad y Medad, quedaron bajo el Espíritu de Dios y comenzaron a profetizar. Dando una apresurada respuesta, un joven fanático urgió a Moisés: «Señor mío, detenlos» (Números 11:26-28).

Moisés reprobó a ese joven represor diciéndole que él deseaba que todo el pueblo de Dios profetizara. Moisés estaba en contra del espíritu clerical que intentaba controlar al pueblo de Dios.

Volvió a hacerse notorio cuando Moisés ascendió al Monte Horeb. El pueblo deseaba que Moisés fuese un mediador físico

---

1. Esta palabra es *presbuteros*, la palabra griega para «ancianos», pero escrita con letras latinas.
2. Los términos *supervisores* y *siervos* se transformaron en palabras más eclesiásticas como *obispos* y *diáconos* (Smith, *From Christ to Constantine*, p. 32).
3. Christian Smith, *Going to the Root*, capítulos 2-3; Jon Zens, *The Pastor* [El pastor], Searching Together, St. Croix Falls, WI, 1981; Jon Zens, artículo "The 'Clergy/Laity' Distinction: A Help or a Hindrance to the Body of Christ?" [La distinción entre clero y laicado: ¿Una ayuda o un estorbo para el cuerpo de Cristo?], en *Searching Together* 23, N° 4, 1995.
4. «El cristianismo... aprendió a través del ejemplo de las religiones paganas que la mayoría de los hombres encuentran difícil comprender a Dios o aproximarse a él sin la ayuda de otro hombre que en algunos sentidos substituye a Dios, lo representa, y se siente llamado a entregarse a su ministerio de representación» (Hanson, *Christian Priesthood Examined*, p. 100).
5. Walter Klassen, artículo «New Presbyter Is Old Priest Writ Large» [El nuevo presbítero es el antiguo sacerdote pero en mayor escala], en *Concern* 17, 1969, p. 5. Ver también la obra de W. Klassen, J. L. Burkholder y John Yoder, *The Relation of Elders to the Priesthood of Believers* [La relación de los ancianos con el sacerdocio de los creyentes], Sojourners Book Service, Washington, DC, 1969.

entre ellos y Dios porque temían mantener una relación personal con el Todopoderoso (Éxodo 20:19).

Esa inclinación marcada por la caída hizo otra aparición durante el tiempo de Samuel. Dios deseaba que su pueblo viviera bajo su conducción directa. Pero, en lugar de eso, Israel clamó por un rey humano (1 Samuel 8:19).

El germen del pastor contemporáneo se puede detectar en la era neotestamentaria. Diótrefes, «a quién le encanta[ba] ser el primero» en la iglesia, ilegítimamente asumió el control de las cosas (3 Juan 9-10). Además, algunos eruditos han sugerido que la doctrina de los nicolaítas que Jesús condena en Apocalipsis 2:6 hace referencia al surgimiento de un clero primitivo.[1]

Junto con la búsqueda de un mediador espiritual humano por parte de la humanidad caída, encontramos la obsesión por una forma jerárquica de liderazgo. todas las culturas antiguas eran jerárquicas en sus estructuras sociales, en mayor o menor grado. Lamentablemente, los cristianos post apostólicos adoptaron esas estructuras y las adaptaron a su vida de iglesia, como veremos.

EL NACIMIENTO DE LA NORMA DE UN OBISPO

Hasta el segundo siglo, la iglesia no tenía un liderazgo oficial. Que contaba con líderes, no se discute. Pero el liderazgo no era oficial en el sentido de que no había «cargos» religiosos ni espacios sociales que llenar. Los eruditos en Nuevo Testamento dejan eso bien en claro.[2]

En este sentido, las iglesias del primer siglo constituían en realidad una rareza. Eran grupos religiosos sin sacerdote, templo o sacrificio.[3] Los mismos cristianos lideraban la iglesia bajo la conducción directa de Cristo. Los líderes eran orgánicos, sin títulos, y se los reconocía por su servicio y madurez espiritual más que por un título o un cargo.

En medio del rebaño estaban los ancianos (pastores o

---

1. F. W. Grant, *Nicolaitanism or the Rise and Growth of Clerisy* [Nicolaitanismo o la aparición y crecimiento de la clerecía], MWTB, Bedford, PA, no disponible, pp. 3-6. La palabra griega *nicolaitane* significa «conquistar al pueblo». *Nikos* significa «conquistar por sobre» y *laos* significa «el pueblo». Grant cree que los nicolaítas son aquellos que producen un «laicismo» dentro del pueblo de Dios al levantar un «clero» para señorear sobre ellos. Véase también la obra de Alexander Hay, *What Is Wrong in the Church?* [¿Qué es lo que está mal en la iglesia?], New Testament Missionary Union, Audubon, NJ, no disponible, p. 54.
2. Ver la obra de Banks, *Paul's Idea of Community*, pp. 131-135. La palabra *cargos* no tiene términos análogos en el Nuevo Testamento en lo que se refiere a los líderes cristianos. Nosotros hacemos una relectura del Nuevo Testamento, ubicando en él estas convenciones referidas a organizaciones sociológicas humanas.
3. James D. G. Dunn, *New Testament Theology in Diálogo* [Teología del Nuevo Testamento en diálogo] Westminster Press, Filadelfia, 1987, pp. 123, 127-129.

supervisores). Aquellos hombres tenían todos igual posición. No había una jerarquía entre ellos.[1] También contaban con obreros translocales, que iniciaban iglesias. Se los llamaba «los enviados», o apóstoles. Pero no se establecían en las iglesias de las que se hacían cargo. Tampoco las controlaban.[2] El vocabulario del liderazgo del Nuevo Testamento no permitía estructuras piramidales. Era más bien un idioma de relaciones horizontales que incluían la acción ejemplificadora.[3]

El liderazgo de la iglesia se comenzó a volver formal alrededor de la época de la muerte de los obreros apostólicos itinerantes (iniciadores de iglesias). En la última parte del primer siglo y en la primera del segundo, los presbíteros locales comenzaron a emerger como los «sucesores» residentes del excepcional rol de liderazgo que cumplían los obreros apostólicos. Eso dio lugar al surgimiento de una figura de conducción única en cada iglesia.[4] Sin la influencia de los obreros tanslocales, cuyos mentores habían sido los apóstoles del Nuevo Testamento, la iglesia comenzó a marchar a la deriva hacia los patrones organizacionales de la cultura que los rodeaba.[5]

Ignacio de Antioquía (35-107) fue instrumental para este cambio. Él fue la primera figura de la historia de la iglesia en descender por el camino resbaladizo que condujo a tener un único líder en la iglesia. Podemos remontar los orígenes del pastor contemporáneo y de la jerarquía eclesial hasta él. Ignacio levantó a uno de los ancianos de cada iglesia por encima de los demás.

Al anciano que había sido levantado se lo llamó entonces obispo. Todas las responsabilidades correspondientes al colegio de ancianos fueron ejercidas por el obispo.[6]

En el año 107 d.C. Ignacio escribió una serie de cartas, cuando iba camino al martirio en Roma. Seis de las siete cartas hacen

---

1. En los escritos de los padres de la iglesia primitiva, las palabras *pastor*, *supervisor*, y *anciano* se usaban de una manera intercambiable, tal como en el caso del Nuevo Testamento. F. F. Bruce señala: «Que el lenguaje del Nuevo Testamento no nos permite establecer una distinción entre la palabra griega traducida como "obispo" (*episkopos*) y la traducida por "anciano" (*presbyteros*) está fuera de la discusión. Pablo se dirigía a los *ancianos* reunidos en la iglesia de Éfeso mencionándolos como aquellos a los que el Espíritu Santo los había hecho *obispos*. Más tarde, en las epístolas pastorales (las dirigidas a Timoteo y a Tito) los términos siguen pareciendo intercambiables» (*The Spreading Flame* [La llama que se extiende], Eerdmans, Grand Rapids, 1958, p. 65). De hecho, los obispos, los ancianos y los pastores (siempre en plural) siguen considerándose idénticos en los escritos de de 1 Clemente, la *Didache*, y *The Shepherd of Hermas* [El pastor de Hermas]. Fueron vistos como idénticos hasta comienzos del segundo siglo. Ver también la obra de Mackinnon, *Calvin and the Reformation*, pp. 80-81; la de Ferguson, *Early Christians Speak*, pp. 169-173.
2. Ver la obra de Viola *Reimagining Church* [Redescubre la iglesia] para mayores detalles.
3. 1 Corintios 11:1; 2 Tesalonicenses 3:9; 1 Timoteo 4:12; 1 Pedro 5:3.
4. Ferguson, *Early Christians Speak*, p. 172.
5. En su libro *To Preach or Not to Preach?*, David Norrington proporciona un análisis en profundidad sobre el modo en que las estructuras jerárquicas y los especialistas eclesiásticos comenzaron a emerger dentro de la iglesia (pp. 24-25).
6. Ferguson, *Early Christians Speak*, p. 173.

vibrar la misma cuerda. Exaltan la autoridad y la importancia del oficio del obispo.[1]

Según Ignacio, el obispo tenía el poder final y debía ser obedecido en absoluto. Consideremos los siguientes pasajes de sus cartas: «Por lo tanto, sencillamente deberíamos considerar al obispo como al Señor mismo... Todos ustedes sigan al obispo como Jesucristo sigue al Padre... Dondequiera que el obispo aparezca, allí estará el pueblo; y aún será allí donde Jesús esté... No hay nadie autorizado aparte del obispo, ya sea para bautizar o para llevar a cabo una fiesta de amor; y todo lo que él apruebe, eso le será agradable también a Dios... Es bueno reconocer a Dios y al obispo. El que honra al obispo es honrado por Dios... No hagan nada sin el obispo... Por lo tanto, así como el Señor no hizo nada sin el Padre, estando unido a él, fuera por él mismo o por los apóstoles, tampoco ninguno de ustedes haga nada sin el obispo y los presbíteros... Ustedes deberían considerar a su obispo como una tipología del Padre.».[2]

Para Ignacio, el obispo estaba en el lugar de Dios en tanto que los presbíteros, o ancianos, ocupaban el lugar de los doce apóstoles.[3] Solo al obispo le correspondía celebrar la Cena del Señor, llevar a cabo bautismos, brindar consejo, disciplinar a los miembros de la iglesia, aprobar los casamientos y predicar sermones.[4]

Los ancianos se sentaban junto con el obispo en la Cena del Señor. Pero era el obispo el que la presidía. Él se hacía cargo de conducir las oraciones públicas y el ministerio.[5] Solo en casos muy extremos podía un laico tomar la Cena del Señor sin que estuviera presente el obispo.[6] Porque el obispo, decía Ignacio, debe «presidir» sobre los elementos y distribuirlos.

En la mente de Ignacio, el obispo era el remedio para disipar falsas doctrinas y para establecer la unidad de la iglesia.[7] Ignacio creía que para que la iglesia sobreviviera a la arremetida de

---

1. Bruce, *Spreading Flame*, pp. 203-204.
2. Epístola a los Efesios, 6:1; Epístola a los Esmirnenses, 8:1-2; Epístola a los de Filadelfia, 7:1; Epístola a los de Magnesia, 7:1; Epístola a los Tralianos, 3:1. Las epístolas de Ignacio están repletas de este tipo de lenguaje. Véase *Early Christian Writings: The Apostolic Fathers* [Escritos cristianos primitivos: Los padres apostólicos], Dorset Press, Nueva York, 1968, pp. 75-130.
3. Edwin Hatch, *The Organization of the Early Christian Churches* [La organización de las iglesias cristianas primitivas], Longmans, Green, and Co., Londres, 1895, pp. 106, 185; *Early Chistian Writings*, p. 88. El libro de Hatch muestra que la evolución gradual de la organización de la iglesia y varios otros elementos de esa organización fueron tomados de la sociedad greco romana.
4. Robert M. Grant, *The Apostolic Fathers: A New Translation and Commentary* [Los padres apostólicos: Nueva traducción y comentario], vol. 11, Thomas Nelson & Sons, Nueva York, 1964, pp. 58, 171.
5. R. Alastair Campbell, *The Elders: Seniority within Earliest Christianity* [Los ancianos: Jerarquías dentro del cristianismo primitivo], T. & T. Clark, Edimburgo, 1994, p. 229.
6. Hatch, *Organization of the Early Christian Churches*, p. 124.
7. Ibid., p. 100.

la herejía, tenía que desarrollar una estructura rígida de poder, siguiendo los patrones de la estructura política centralizada de Roma.[1] El gobierno de un único obispo rescataría a la iglesia de la herejía y de los conflictos internos.[2]

Históricamente esto se conoce como el «mono episcopado» o el «episcopado monárquico». Constituye el tipo de organización en la que se hace una distinción entre el obispo y los ancianos (el presbiterio) y él tiene un rango superior a ellos. En la época de Ignacio, el gobierno de un único obispo no había prendido en otras regiones.[3] Pero este modelo se estableció firmemente en la mayoría de las iglesias a partir de mediados del siglo segundo.[4] Hacia fines del tercer siglo, prevalecía en todas partes.[5] El obispo, con el tiempo, se convirtió en el principal administrador y distribuidor de los bienes de la iglesia.[6] Era el hombre responsable de enseñar la fe y el que sabía de qué se trataba el cristianismo.[7] La congregación, que una vez había sido activa, se volvió pasiva. El pueblo de Dios meramente observaba al obispo actuar.

En efecto, el obispo se convirtió en el único pastor de la iglesia,[8] el profesional de los cultos habituales.[9] Se lo veía como el vocero y la cabeza de la congregación y aquel que controlaba todas las actividades de la iglesia. Resumiendo, era el precursor del pastor contemporáneo.

DE PRESBÍTERO A SACERDOTE

Clemente de Roma, que murió alrededor del año 100, fue el primer escritor cristiano en establecer una distinción de status entre cristianos líderes y no líderes. Fue el primero en utilizar la palabra *laicado* para hacer una distinción con respecto a los

---

1. Kenneth Stran, artículo "The Rise of the Monarchical Episcopate" [La aparición del episcopado monárquico], en *Three Essays on Early Church History*, Braun-Brumfield, Ann Arbor, MI, 1967; Warkentin, *Ordination: A Biblical-Historical View*, p. 175.
2. Hanson, *Christian Priesthood Examined*, p. 19; *Early Christian Writings*, pp. 63-72.
3. Bruce, *Spreading Flame*, pp. 66-69; Niebuhr y Williams, *Ministry in Historical Perspectives*, pp. 23-25. Cuando Ignacio escribió sus cartas, el gobierno por parte de un único obispo se practicaba en ciudades de Asia tales como Éfeso, Filadelfia, Magnesia y Esmirna. Pero aún no había llegado a Grecia o a las ciudades del Occidente, tales como Roma. Parecería que el gobierno de un único obispo fue avanzando con dirección al oeste desde Siria y a través del Imperio.
4. Hanson, *Christian Priesthood Examined*, p. 67; Bruce, *Spreading Flame*, p. 69. El artículo de J. B. Lightfoot "The Christian Ministry" [El ministerio cristiano] en *Saint Paul's Epistle to the Philippians* [La epístola de San Pablo a los Filipenses], Crossway, Wheaton, IL, 1994, según la opinión de Frank, ofrece la explicación más satisfactoria acerca de las evidencias históricas acerca de cómo el obispo gradualmente fue tomando distancia del presbiterio.
5. Niebuhr y Williams, *Ministry in Historical Perspectives*, p. 25.
6. S. L. Greenslade, *Shepherding the Flock* [Pastorear al rebaño], SCM Press, Londres, 1967, p. 8.
7. Hanson, *Christian Priesthood Examined*, p. 68.
8. Hatch, *Growth of Church Institutions*, p. 35.
9. White, *Protestant Worship and Church Architecture*, pp. 65-66.

ministros.[1] Clemente argumentaba que el orden sacerdotal del Antiguo Testamento encontraba su cumplimiento en la iglesia cristiana.[2]

Tertuliano fue el primer escritor en usar la palabra *clero* para referirse a una clase aparte de cristianos.[3] Tanto Tertuliano como Clemente popularizaron la palabra *clero* en sus escritos.[4] El Nuevo Testamento, por otro lado, nunca utiliza los términos *clero* y *laicado* y no respalda el concepto de que haya aquellos que llevan a cabo el ministerio (el clero) y aquellos a los que se ministra (el laicado).[5]

Por lo tanto en Tertuliano y Clemente encontramos un claro rompimiento con la mentalidad cristiana del Nuevo Testamento según la que todos los creyentes compartían el mismo status. A mediados del siglo tercero, la autoridad del obispo se había afirmado, volviéndose un cargo fijo.[6]

Entonces apareció Cipriano de Cartago, llevando más allá el impacto. Cipriano había sido un orador pagano y un maestro de retórica.[7] Cuando se volvió cristiano, comenzó a escribir prolíficamente. Pero nunca abandonó algunas de sus ideas paganas.

Debido a la influencia de Cipriano, se abrió la puerta para hacer resucitar el sistema de sacerdotes, templos, altares y sacrificios del Antiguo Testamento.[8]

A los obispos se los comenzó a llamar sacerdotes,[9] costumbre que se volvió común en el tercer siglo.[10] También ocasional-

---

1. 1 Clemente 40:5. Véase también el libro de Ferguson, *Early Christians Speak*, p. 168; R. P. Stevens, *The Abolition of the Laity* [La abolición del laicado], Paternoster Press, Carlisle, UK, 1999, p. 5.
2. Warkentin, *Ordination: A Biblical-Historical View*, p. 38.
3. Tertuliano, *On Monogamy* [Sobre la monogamia], p. 12.
4. Stevens, *Abolition of the Laity*, p. 28.
5. El término *laicado* deriva de la palabra griega *laos*, que significa «el pueblo» (ver 1 Pedro 2:9-10). El término *clero* deriva del término griego *kleros*, que significa «una parcela, una porción, o una herencia». El Nuevo Testamento nunca utiliza la palabra *kleros* para los líderes. Más bien la utiliza para todo el pueblo de Dios. Porque es el pueblo de Dios el que constituye la herencia de Dios (ver Efesios 1:11, Gálatas 3:29; Colosenses 1:12; 1 Pedro 5:3). En conexión con esto, ¡resulta irónico que Pedro, en 1 Pedro 5:3 exhorte a los ancianos de la iglesia a no enseñorearse sobre el *kleros* («el clero»)! Otra vez decimos, tanto *kleros* como *laos* se refieren a todo el rebaño de Dios.
6. J. G. Davies, *The Early Christian Church: A History of Its First Five Centuries* [La iglesia cristiana primitiva: Historia de sus primeros cinco siglos], Baker Books, Grand Rapids, 1965, p. 92. Para acceder a una breve sinopsis acerca de cómo se desarrolló el clero, ver el libro de Stevens *Other Six Days*, p. 39-48.
7. "Come and See", Iconos, libros y arte, "St. Cyprian of Carthage", http://www.comeandseeicons.com/c/phm12.htm.
8. Nichols, *Corporate Worship*, p.25.
9. Ferguson, *Early Christians Speak*, p. 168. Cipriano normalmente llamaba al obispo *sacerdos*, que es la palabra latina que significa «sacerdote». Prendió rápidamente el lenguaje sacerdotal tomado del Antiguo Testamento para definir los puestos dentro de la iglesia (Warkentin, *Ordination: A Biblical-Historical View*, p. 177; Smith, *From Christ to Constantine*, p. 136). J. B. Lightfoot escribió señalando que «la perspectiva sacerdotal del ministerio constituye uno de los fenómenos más importantes y sorprendentes de la historia de la iglesia». "Christian Ministry", p. 144.
10. Hanson, *Christian Priesthood Examined*, pp. 39, 95. No existen evidencias de que nadie haya pensado de los ministros cristianos como sacerdotes hasta el año 200 d.C. Tertuliano fue el primero en aplicar el término *sacerdote* a los obispos y presbíteros. A través de todos sus escritos, él llama al obispo y a los presbíteros *sacerdos* (sacerdotes), y menciona al obispo como el *sacerdos summus* (sumo sacerdote). Lo hace sin ninguna explicación, indicando que sus lectores estaban familiarizados con esos títulos (p. 38). Ver también el libro de Hans von Campenhausen, *Tradition and Life in the Church* [Tradición y vida en la iglesia], Fortress Press, Filadelfia, 1968, p. 220. A Cipriano también se le atribuye el haber dicho que el obispo era el equivalente al sumo sacerdote del Antiguo Testamento (Smith, *From Christ to Constantine*, p. 136). El historiador Eusebio regularmente llama al clero «sacerdotes» en sus voluminosos escritos (Hanson, *Christian Priesthood Examined*, p. 61).

mente se los llamaba pastores.[1] En el tercer siglo, cada iglesia tenía su propio obispo.[2] (En esa época los obispos eran esencialmente cabeza sobre las iglesias locales. No eran superintendentes diocesanos, como lo son hoy en el catolicismo romano). Y los obispos y presbíteros en conjunto comenzaron a ser llamados «el clero».[3]

Los orígenes de la doctrina no bíblica de la «cobertura» se pueden encontrar a los pies de Cipriano también.[4] Cipriano enseñaba que el obispo no tenía a nadie encima de él como superior sino a Dios. Él debía rendirle cuentas solo a Dios. Cualquiera que se apartara del obispo, se separaba de Dios.[5] Cipriano también enseñaba que a cada pastor (obispo) en particular se le había asignado una porción del rebaño de Dios.[6]

Después del concilio de Nicea (325 d.C.) los obispos comenzaron a delegar la responsabilidad de la Cena del Señor a los presbíteros.[7] Los presbíteros eran poco más que ayudantes del obispo, cuya autoridad ejercía en sus iglesias.

Debido a que los presbíteros eran los que administraban la Cena del Señor, comenzaron a llamarlos sacerdotes.[8] Lo más sorprendente es que el obispo vino a ser considerado como el sumo sacerdote que podía perdonar los pecados.[9] Todas estas tendencias oscurecieron la realidad neotestamentaria acerca de que todos los creyentes son sacerdotes de Dios.

En el siglo cuarto, esta jerarquía diferenciada dominaba la fe cristiana.[10] La casta del clero estaba ya consolidada. A la cabeza de la iglesia se erigía el obispo. Debajo de él estaba el colegio

---

1. «Por lo tanto era el obispo, como pastor en jefe de la iglesia local, el que venía a representar la plenitud del ministerio. Era el profeta, el maestro, el principal celebrante de la asamblea litúrgica, y el presidente del consejo de supervisores de la "sinagoga cristiana"» (Niebuhr y Williams, *Ministry in Historical Perspectives*, p. 28). La obra de Gregorio del Grande *The Book of Pastoral Rule* [El libro del gobierno pastoral], escrito en el año 591 d.C., es un debate sobre los deberes del cargo de obispo. Para Gregorio, el obispo era un pastor, y el predicar implicaba uno de sus deberes más importantes. El libro de Gregorio es un clásico dentro del cristianismo y todavía se utiliza para entrenar a los pastores en los seminarios protestantes hoy. Véase también el libro de Philip Culbertson y Arthur Bradford Shippee *The Pastor: Readings from the Patristic Period* [El pastor: Lecturas del período patrístico], Fortress Press, Minneapolis, 1990.
2. Para acceder a un análisis de este desarrollo, ver el libro de Ferguson *Early Christians Speak*, pp. 13-14.
3. Niebuhr y Williams, *Ministry in Historical Perspectives*, p. 28.
4. Para acceder a un debate amplio sobre esta doctrina y su refutación, véase el libro de Viola, *Reimagining Church* [Redescubre la iglesia].
5. Stevens, *Other Six Days*, pp. 41-42.
6. Cipriano dijo: «A cada pastor en particular se le ha sido asignada una porción del rebaño, a la que él debe dirigir y gobernar, y tendrá que dar cuenta de sus acciones al Señor» (*Letter to Cornelius of Rome*, [Carta a Cornelio de Roma] LIV, p. 14. Véase también la obra de Hatch, *Organization of the Early Christian Churches*, p. 171.
7. Niebuhr y Williams, *Ministry in Historical Perspectives*, pp. 28-29.
8. Campbell, *Elders*, p. 231; Niebuhr y Williams, *Ministry in Historical Perspectives*, p. 29.
9. Davies, *Early Christian Church*, p. 131; *The Apostolic Tradition of Hippolytus* [La tradición apostólica de Hipólito], trans. Burton S. Easton, Cambridge University Press, Cambridge, 1934. Hipólito distingue nítidamente entre las facultades del obispo y las de los presbíteros. Sus escritos le conceden al obispo la facultad de perdonar pecados y de adjudicar penitencias (Hanson, *Christian Priesthood Examined*, pp. 39-40). Los presbíteros y los diáconos solo podían bautizar con la autorización del obispo (Campbell, *Elders*, p. 233).
10. Davies, *Early Christian Church*, p. 187. En el año 318 d.C., Constantino reconoció la jurisdicción del obispo. En el año 333 d.C. los obispos estaban en un pie de igualdad con los magistrados romanos (p. 188).

de presbíteros. Debajo de ellos se encontraban los diáconos.[1] Y debajo de todos ellos estaba el laicado. El gobierno de un solo obispo se convirtió en la forma aceptada por la iglesia a través de todo el Imperio Romano. (Durante esta época, cierta iglesias comenzaron a ejercer autoridad sobre otras iglesias, por lo tanto ampliando la estructura jerárquica).[2]

Hacia fines del cuarto siglo, los obispos se daban con los grandes. Como se hizo notar en el capítulo 2, Constantino fue el primero en darles tremendos privilegios. Se involucraron en la política, lo que los separó aún más de los presbíteros.[3] En su intento por fortalecer el cargo de obispo, Cipriano argumentó en favor de una sucesión ininterrumpida de obispos que se podía rastrear hasta Pedro.[4] Esta idea se conoce como sucesión apostólica.[5]

A través de todos sus escritos, Cipriano empleó el lenguaje oficial del sacerdocio del Antiguo Testamento para justificar esta práctica.[6] Como lo hicieran Tertuliano (160-225) e Hipólito (170-236) antes de él, Cipriano utilizó el término *sacerdotes* para describir a los presbíteros y obispos.[7] Pero fue un paso más allá.

El concepto del sacerdotalismo (la creencia de que existe una persona divinamente designada para mediar entre Dios y la gente), ajeno al Nuevo Testamento, se originó en Cipriano. Él argumentaba que debido a que los clérigos cristianos ofrecían, como sacerdotes, el sacrificio santo (la Eucaristía), eran sacrosantos (santos) en ellos mismos.[8]

También podemos atribuirle a Cipriano la noción de que cuando el sacerdote ofrecía la Eucaristía, estaba verdaderamente ofreciendo la muerte de Cristo en favor de la congregación.[9] En la mente de Cipriano, el cuerpo y la sangre de Cristo eran sacrifi-

---

1. Hans Lietzmann, *A History of the Early Church*, [Una historia de la iglesia primitiva], volumen 2, The World Publishing Company, Nueva York, 1953, p. 247.
2. Según los cánones del Concilio de Nicea, Alejandría, Roma y Antioquía tenía una autoridad especial sobre las regiones circundantes (Smith, *From Christ to Constantine*, p. 95).
3. Hanson, *Christian Priesthood Examined*, p. 72. Hanson explica de qué forma la caída del Imperio Romano en el siglo quinto fortaleció el cargo de obispo (pp. 72-77).
4. Ann Fremantle, ed., *A Treasury of Early Christianity* [Un tesoro del cristianismo primitivo], Viking Press, Nueva York, 1953, p. 301.
5. La sucesión apostólica apareció por primera vez en los escritos de Clemente de Roma y de Ireneo. También aparecen en los de Hipólito. Pero Cipriano la convirtió en una doctrina coherente. Grant, *Early Christianity and Society*, p. 38; Norman Sykes, *Old Priest and New Presbyter* [Antiguo sacerdote y nuevo presbítero], Cambridge University Press, Londres, 1956, p. 240.
6. G. S. M. Walker, *The Churchmanship of St. Cyprian* [La eclesialidad de San Cipriano], Lutterworth Press, Londres, 1968, p. 38. Muchos de los padres de la iglesia trataron a las escrituras del Antiguo Testamento como si contuvieran un orden normativo para la iglesia. La utilización de la terminología sacerdotal del Antiguo Testamento para los que asumían cargos en la iglesia se volvió común ya desde el segundo siglo (Warkentin, *Ordination: A Biblical-Historical View*, p. 50, 161; Hanson, *Christian Priesthood Examined*, pp. 46, 51).
7. Hanson, *Christian Priesthood Examined*, p. 59; Warkentin, *Ordination: A Biblical-Historical View*, p. 39.
8. Hanson, *Christian Priesthood Examined*, p. 54.
9. Ibid., 58. Tanto en la *Didache* como en 1 Clemente, se hace referencia a la Eucaristía como un «sacrificio» y una «ofrenda» llevada a cabo por los obispos (von Campenhausen, Tradition and Life in the Church, p. 220).

cados de nuevo a través de la Eucaristía.[1] En consecuencia, es en Cipriano que encontramos la simiente de la misa católica medieval.[2] Esa idea amplió la división entre el clero y el laicado. También creó una dependencia poco saludable del laicado en el clero.

EL ROL DEL SACERDOTE

Hasta la Edad Media, los presbíteros (ahora comúnmente llamados «sacerdotes») jugaron un papel secundario con respecto al obispo. Pero durante la Edad Media se produjo un cambio. Los presbíteros comenzaron a representar al sacerdocio en tanto que los obispos estaban ocupados con sus deberes políticos.[3] Los sacerdotes parroquiales (locales) se volvieron más centrales con respecto a la vida de la iglesia que el obispo.[4] El sacerdote ocupó el lugar de Dios y controlaba los sacramentos.

Como el latín se convirtió en el lenguaje común de mediados del cuarto siglo, el sacerdote invocaba las palabras *hoc est corpus meum*. Esos términos latinos significan «Este es mi cuerpo».

Con esas palabras, el sacerdote se volvía el supervisor de los sucesos misteriosos que se creía que ocurrían durante la misa católica. A Ambrosio de Milán se le puede atribuir la idea de que la mera articulación de las palabras *hoc est corpus meum* convertía sobrenaturalmente el pan y el vino en el cuerpo físico y en la sangre del Señor.[5] (Algunos eruditos dicen que las palabras mágicas *hocus pocus* vienen de *hoc est corpus meum*). Según Ambrosio, el sacerdote estaba dotado de poderes especiales para llamar a Dios a que descendiera del cielo al pan.

Debido a esa función sacramental, la palabra *presbyteros* vino a significar «sacerdos» (sacerdote). En consecuencia, cuando se trasladó la palabra *presbyter* al inglés, acarreó más bien el significado de «sacerdote» que de «anciano».[6] Por eso, den-

---

1. La palabra *sacrificio* usada en un sentido litúrgico aparece por primera vez en la *Didache* (von Campenhausen, Tradition and Life en the Church, p. 220).
2. La idea de que el sacerdote ofrece el sacrificio de Cristo a través de la Eucaristía es sacerdotalismo. A este respecto, Richard Hanson señala que, lamentablemente, «este concepto sacerdotal parecería oscurecer, si no abolir del todo, la doctrina del sacerdocio de todos los creyentes. Reduce completamente el sacerdocio de todos los creyentes a un sacerdocio del clero» (Hanson, *Christian Priesthood Examined*, p. 98).
3. Ibid., 79.
4. En el tercer siglo, cada sacerdote elegía un obispo para que supervisara y coordinara su funcionamiento. En el cuarto siglo, las cosas se volvieron más complejas. Los obispos necesitaron supervisión. Por consiguiente nacieron los arzobispos y metropolitanos que gobernaban las iglesias de una provincia (Durant, *Age of Faith*, pp. 45, 756-760).
5. *Concerning the Mysteries* [Con respecto a los misterios], 9:52, 54. En las iglesias de Oriente, se ofrecía una oración al Espíritu para que produjera la magia. En las iglesias de Occidente, se dejó de lado esa oración, porque las palabras por sí mismas producían el truco (Dix, *Shape of the Liturgy*, pp. 240-241, 275; Josef A. Jungmann, *The Mass of the Roman Rite* [La misa del rito romano], vol. 1, Benziger, Nueva York, 1951, p. 52).
6. Campbell, *Elders*, pp 234-235. La palabra *sacerdote* (*priest* en inglés) etimológicamente es una contracción del término «presbyter». Hacia fines del período Inglés Antiguo, el término inglés *priest* (sacerdote) se había convertido en la palabra

tro de la iglesia Católica Romana, *sacerdote* fue el término más ampliamente usado para referirse al presbítero local.

LA INFLUENCIA DE LA CULTURA GRECO-ROMANA

La cultura greco-romana que rodeaba a los cristianos primitivos reforzaba la jerarquía diferenciada que lentamente se iba infiltrando en la iglesia. La cultura greco-romana era jerárquica por naturaleza. Esa influencia se filtraba en la iglesia cuando los nuevos convertidos introducían su bagaje cultural dentro de la comunidad de los creyentes.[1]

Las jerarquías humanas y el ministerio «oficial» institucionalizaron a la iglesia de Jesucristo. En el siglo cuarto, estos elementos endurecieron las arterias de la ekklesia de Dios, que una vez había sido viva y palpitante, y dentro de la que el ministerio había resultado funcional, dirigido por el Espíritu, orgánico y compartido por todos los creyentes.

En el siglo quinto, el concepto del sacerdocio de todos los creyentes había desaparecido por completo de la práctica cristiana. El acceso a Dios estaba ahora controlado por una casta clerical. El celibato del clero comenzó a enfatizarse. La Comunión tomada de forma infrecuente se convirtió en un hábito regular del así llamado laicado. El edificio de la iglesia estaba cubierto de incienso y humo. Las oraciones del clero se decían en secreto. Y ya se había introducido la pequeña mampara o cortina, profundamente significativa, que separaba al clero del laicado.

El rol del obispo también estaba cambiando, elevándolo de un servicio como cabeza de la iglesia local a convertirse en el representante de todos los de un área dada.[2] Los obispos gobernaban sobre las iglesias del mismo modo en que los gobernadores romanos gobernaban sobre sus provincias.[3] Con el tiempo, al obispo de Roma se le dio la mayor autoridad sobre todos, y su puesto finalmente evolucionó hacia el cargo de papa.[4]

---

corriente para reemplazar a «presbyter» y a «sacerdos» (Cross y Livingstone, *Oxford Dictionary of the Christian Church*, p. 1325).
1. Hatch, *Organization of the Early Christian Churches*, pp 30-31.
2. Hanson, *Christian Priesthood Examined*, p. 71.
3. Robert F. Evans, *One and Holy: The Church in Latin and Patristic Thought* [Una y santa: La iglesia en el pensamiento latino y patrístico], S.P.C.K., Londres, 1972, p. 48.
4. Antes de Constantino, el obispo de Roma no ejercía jurisdicción fuera de Roma. En tanto que se lo honraba, no tenía esa clase de autoridad eclesiástica (Bruce Shelley, *Church History in Plain Language* [Historia de la iglesia en lenguaje llano], Word, Waco, TX, 1982, p. 151. La palabra *papa* viene del título *papa*, usado para expresar el cuidado paternal de todo obispo. No fue hasta el siglo sexto que el término comenzó a ser usado exclusivamente para el obispo de Roma. Aquí incluimos un breve bosquejo de los orígenes del papa católico romano. Hacia fines del segundo siglo, a los obispos romanos se les rendían grandes honores. Esteban I (muerto en 257) fue el primero en usar el texto petrino (Mateo 16:18) para sustentar la preeminencia

CONSTANTINO Y LA JERARQUÍA ROMANA

La estructura de liderazgo jerárquico hizo su aparición por primera vez en el antiguo Egipto, en Babilonia y en Persia.[1] Luego se continuó en las culturas griega y romana, en las que se perfeccionó.

El historiador D. C. Trueman escribe: «Los persas han hecho dos contribuciones destacadas al mundo antiguo: la organización de su imperio y su religión. Ambas contribuciones han tenido una considerable influencia sobre el mundo occidental. El sistema de administración imperial fue heredado por Alejandro Magno, adoptado por el Imperio Romano y, con el tiempo, legado a la Europa moderna».[2]

El mundo social en el que se extendió el cristianismo era conducido por un solo gobernante: el emperador. Poco después de que Constantino asumiera el trono, a principios del siglo cuarto, la iglesia se convirtió en una sociedad jerárquicamente organizada, con todas las de la ley.[3]

Edwin Hatch escribe: «Mayormente, las iglesias cristianas se asociaban entre ellas siguiendo las líneas del Imperio Romano». Esto no solo se aplicaba a la jerarquía diferenciada que había adoptado dentro de su estructura de liderazgo, sino también a la forma en que la iglesia se dividía en distintos grados como diócesis, provincias y municipalidades, todas controladas por un sistema de liderazgo de arriba hacia abajo. «El desarrollo de organización de las iglesias cristianas fue gradual», añade Hatch, «[y] los elementos de los que se componía esa organización ya existían dentro de la sociedad humana».[4]

Will Durant señala un punto similar, haciendo notar que el cristianismo «creció por medio de la absorción de la fe y el ritual paganos; se convirtió en una iglesia triunfante al heredar

---

del obispo de Roma. Pero no era algo sostenido universalmente. La aparición del papado moderno se puede trazar hasta Leo el Grande, que ejerció sus funciones del año 440 al 461. Leo fue el primero en realizar una reivindicación teológica y bíblica en cuanto a la primacía del obispo de Roma. Bajo él, finalmente se estableció la primacía de Roma. Con la llegada de Gregorio el Grande (540-604), se amplió y realzó la «primacía papal». (De paso, Gregorio se convirtió por mucho en el mayor terrateniente de Italia, estableciendo un precedente para los papas ricos y poderosos que lo seguirían). A mediados del tercer siglo, la iglesia romana contaba con 30.000 miembros, 150 clérigos, y 1.500 viudas y pobres (González, *Story of Christianity*, 1:242; Schaff, *History of the Christian Church*, pp. 212, 218-219; Shelley, *Church History in Plain Language*, pp. 150-151; Davies, *Early Christian Church*, pp. 135-136, 250; Durant, *Age of Faith*, p. 521; Hanson, *Christian Priesthood Examined*, pp. 76 y subsiguientes. Gregorio también fue el primero en utilizar el término *siervo de los siervos de Dios* (Schaff, *History of the Christian Church*, 3:534, 4:329).

1. Durant, *Caesar and Christ*, pp. 670-671.
2. D. C. Trueman, *The Pageant of the Past: The Origins of Civilization* [El desfile del pasado: Orígenes de la civilización], Ryerson, Toronto, 1965, p. 105.
3. Grant, *Early Christianity and Society*, pp. 11-12. «La organización de la iglesia se adaptó a las divisiones geográficas y políticas del Imperio» (Schaff, *History of the Christian Church*, 3:7).
4. Hatch, *Organization of the Early Christian Churches*, pp. 185, 213. Como lo dice Bruce Shelley: «A medida que la iglesia iba creciendo, adoptaba, muy naturalmente, la estructura del Imperio». *Church History in Plain Language*, p. 152.

los patrones organizativos y el genio de Roma... Así como Judea le había pasado la ética cristiana, y Grecia le había transmitido su teología, ahora Roma le traspasaba su organización; todo eso, con una docena de credos rivales absorbidos, entró a formar parte de la síntesis cristiana».[1]

En el siglo cuarto, la iglesia siguió el ejemplo del Imperio Romano. El emperador Constantino organizó la iglesia en diócesis, siguiendo el patrón de los distritos regionales romanos. (La palabra *diocese* era un término secular que hacía referencia a las unidades administrativas de mayor dimensión del Imperio Romano). Más tarde, el Papa Gregorio le dio forma a todo el ministerio de la iglesia siguiendo la ley romana.[2]

Durand agrega: «Cuando el cristianismo conquistó Roma, la estructura eclesiástica de la iglesia pagana, el título y las vestimentas del sumo pontífice... y la pompa de una ceremonia inmemorial pasaron como la sangre materna a la nueva religión, y la Roma cautiva capturó a su conquistador».[3]

Todo esto estaba groseramente contrapuesto con la forma de Dios para su iglesia. Por lo tanto, cuando Jesús entró en la escena de la historia humana, arrasó tanto con el icono de la religión profesional como con la forma jerárquica de liderazgo.[4] Como extensión de la naturaleza y misión de Cristo, la iglesia primitiva constituyó el primer movimiento de la historia «conducido por laicos». Pero con la muerte de los apóstoles y los hombres que ellos habían entrenado, las cosas comenzaron a cambiar.[5]

A partir de ese tiempo, la iglesia de Jesucristo ha derivado sus patrones de organización eclesiástica de las sociedades en las que se ha emplazado, a pesar de la advertencia de nuestro Señor acerca de que él iniciaba una nueva sociedad de carácter único (Mateo 23:8-11 y Marcos 10:42 y subsiguientes). En sorprendente contraste con las previsiones del Antiguo Testamento, hechas en el Monte Sinaí, ni Jesús ni Pablo impusieron patrones organizacionales fijos para el Nuevo Israel.

---

1. *Caesar and Christ*, pp. 575, 618. Durant escribe: «La Iglesia Romana siguió los pasos del Estado Romano» (p. 618).
2. Stevens, *Other Six Days*, p. 44; Trueman, *Pageant of the Past*, p. 311; Fox, *Pagans and Christians*, p. 573; Cross y Livingstone, *Oxford Dictionary of the Christian Church*, p. 482.
3. Durant, *Caesar and Christ*, pp. 671-672.
4. Mateo 20:25-28, 23:8-12; Lucas 22:25-27.
5. Pablo entrenó a una cantidad de hombres para que ocuparan su lugar. Entre ellos estaban Timoteo, Tito, Gayo, Trófimo, Tiquico, y otros. Véase el libro de Viola *So You Want to Start a House Church?* [¿Así que desean comenzar una iglesia de hogar?] para mayores detalles.

CONSTANTINO Y LA GLORIFICACIÓN DEL CLERO

Desde el año 313 d.C. hasta el 325, el cristianismo ya no fue una religión debatiéndose en el intento por sobrevivir al gobierno romano. Disfrutaba del calor del sol del imperialismo, cargada de dinero y status.[1] Ser un cristiano bajo el reinado de Constantino ya no constituía una desventaja. Era una ventaja. Era elegante formar parte de la religión del emperador. Y pertenecer al clero implicaba recibir las mayores ventajas.[2]

Los clérigos recibían los mismos honores que los más altos oficiales del Imperio Romano y hasta que el mismo emperador.[3] De hecho, Constantino les otorgó a los obispos de Roma más poder del que les dio a los gobernadores romanos.[4] ¡También ordenó que el clero recibiera asignaciones anuales fijas (una paga ministerial)!

En el año 313 d.C., exceptuó al clero cristiano de pagar impuestos, algo de lo que los sacerdotes paganos habían disfrutado tradicionalmente.[5] También los exceptuó de ejercer cargos públicos obligatorios y de otros deberes cívicos.[6] Fueron liberados de ser juzgados por cortes seculares y de servir en el ejército.[7] (Los obispos solo podían ser juzgados por una corte de obispos, no por cortes legales ordinarias).[8]

En todas estas cosas al clero se le dio un status de clase especial. Constantino fue el primero en usar las palabras *clerical* y *clérigos* para describir una clase social más alta.[9] Él también sentía que el clero cristiano merecía los mismos privilegios que los oficiales del gobierno. Así que los obispos se sentaban a juzgar al igual que los jueces seculares.[10]

Los resultados netos fueron alarmantes: el clero tenía prestigio por ser titular de algún oficio en la iglesia, privilegios por ser una clase favorecida, y poder como elite acaudalada. Se habían convertido en una clase aislada con un status civil y una forma de vida separados. (Esto incluía el celibato del clero).[11]

---

1. Hanson, *Christian Priesthood Examined*, p. 62.
2. En ese tiempo, el término *clero* se amplió para incluir a todos los funcionarios de la iglesia (Niebuhr y Williams, *Ministry in Historical Perspectives*, p. 29). Véase también el libro de Boggs, *Christian Saga*, pp. 206-207.
3. Jungmann, *Early Liturgy*, pp. 130-131.
4. Durant, *Caesar and Christ*, pp. 618-619.
5. Hanson, *Christian Priesthood Examined*, p. 62; Durant, *Caesar and Christ*, pp. 656-657, 668.
6. Duchesne, *Early History of the Christian Church*, p. 50; Johnson, *History of Christianity*, p. 77; Fox, *Pagans and Christians*, p. 667.
7. Tales exenciones se les garantizaban a profesiones como los médicos y profesores. David Andrews, *Christi-Anarchy* [Cristianarquía], Lion Publications, Oxford, 1999, p. 26.
8. Collins y Price, *Story of Christianity*, p. 74.
9. Johnson, *History of Christianity*, p. 77. Un siglo después, Julián, el Apóstata usaba los mismos términos (*clerical*, *clérigos*) en un sentido negativo.
10. Fox, *Pagans and Christians*, p. 667.
11. Hatch, *Organization of the Early Christian Churches*, pp. 153-155, 163. Durante los tres primeros siglos del cristianismo, no se les requería a los sacerdotes que fueran célibes. En Occidente, el Consejo Español de Elvira, llevado a cabo en el año 306 d.C. fue el primero en requerir a los clérigos que se mantuvieran célibes. Eso fue reafirmado por el papa Siricio en el

Aún se vestían y arreglaban de un modo diferente del de la gente común.[1] Los obispos y sacerdotes se afeitaban la cabeza. Esta práctica, conocida como tonsura, viene de la antigua ceremonia romana de adopción. Todos aquellos que llevaban la cabeza rasurada eran conocidos como clérigos o el clero.[2] También comenzaron a usar las ropas de los oficiales romanos (ver capítulo 6).

No debería causarnos sorpresa que tanta gente experimentara un repentino «llamado al ministerio» durante la época de Constantino.[3] En su mente, tener un cargo en la iglesia había llegado a ser más bien una carrera que un llamado.[4]

UNA FALSA DICOTOMÍA

Bajo Constantino, el cristianismo fue reconocido y honrado por el estado. Esto desdibujó la línea entre la iglesia y el mundo. La fe cristiana ya no era una religión de minorías. En lugar de eso, estaba protegida por los emperadores. Como consecuencia, la membresía de la iglesia creció rápidamente: gran cantidad de personas con conversiones cuestionables comenzaron a incorporarse. Esa gente introdujo en la iglesia una amplia variedad de ideas paganas. Según palabras de Will Durant: «En tanto que el cristianismo convirtió al mundo; el mundo convirtió al cristianismo y permitió el despliegue del paganismo natural de la humanidad».[5]

Como hemos visto en el capítulo 3, las prácticas de las religiones mistéricas comenzaron a ser utilizadas en la adoración dentro de la iglesia. Y la noción pagana de la dicotomía entre lo sagrado y lo profano se abrió paso dentro de la mentalidad cristiana.[6] Se podría decir con justicia que la distinción de clases entre el clero y el laicado surgió a partir de esta misma dicotomía. La vida cristiana ahora se dividía en dos partes: la secular y la espiritual, la profana y la sagrada.

---

año 386 d.C. Todo sacerdote que se casaba o continuaba viviendo con su mujer era apartado del sacerdocio. En Oriente, los sacerdotes y los diáconos podían ser casados antes de su ordenación, pero no casarse luego. Los obispos tenían que ser célibes. Gregorio el Grande hizo bastante por promover el celibato clerical, que muchos no seguían. El celibato clerical solo amplió el abismo que separaba al clero del así llamado pueblo de Dios «corriente» (Cross y Livingstone, *Oxford Dictionary of the Christian Church*, p. 310; Schaff, *History of the Christian Church*, 1:441-446; Durant, *Age of Faith*, p. 45).

1. La ropa del obispo era la antigua toga del magistrado romano. Al clero no se le permitía que se dejara crecer el cabello como los filósofos paganos (Hatch, *Organization of the Early Christian Churches*, pp. 164-165).
2. Collins y Price, *Story of Christianity*, p. 74.
3. Hanson, *Christian Priesthood Examined*, p. 62.
4. Niebuhr y Williams, *Ministry in Historical Perspectives*, p. 29.
5. Durant, *Caesar and Christ*, p. 657.
6. Senn, *Christian Worship and Its Cultural Setting*, pp. 40-41.

En el tercer siglo, la brecha entre el clero y el laicado se ensanchó hasta un punto de no retorno.[1] Los clérigos eran los líderes entrenados de la iglesia, los guardianes de la ortodoxia, los gobernantes y maestros del pueblo. Poseían dones y gracias que no estaban disponibles para los mortales de menor grado.

El laicado estaba formado por los cristianos no entrenados, de segunda clase. El gran teólogo Karl Barth acertadamente dijo: «El término "laicado" es uno de los peores dentro del vocabulario de la religión y debería ser desterrado de las conversaciones cristianas».[2]

Esta falsa dicotomía llevó a la idea completamente errónea de que hay profesiones sagradas (un llamado «al ministerio») y profesiones ordinarias (un llamado a una vocación mundana).[3] El historiador Philip Schaff acertadamente describe esos factores como haber creado la «secularización de la iglesia» en la que «la corriente pura del cristianismo» se ha contaminado.[4] Tomemos nota de que esta dicotomía errónea todavía vive en la mente de muchos creyentes hoy. Pero ese concepto es pagano, no cristiano. Rompe con la realidad neotestamentaria de que la vida cotidiana es santificada por Dios.[5]

Junto con esos cambios de mentalidad llegó un nuevo vocabulario. Los cristianos comenzaron a adoptar el vocabulario de los cultos paganos. El título *pontifex* (pontífice, un título pagano) se convirtió en un término común para el clero cristiano en el siglo cuarto. También «Maestro de ceremonias» y «Gran maestre de la logia».[6] Todo eso reforzó la mística del clero como los custodios de los misterios de Dios.[7]

En resumen, para finales del cuarto siglo e inicios del quinto, el clero se había vuelto una casta sacerdotal, un grupo de

---

1. Norrington, *To Preach or Not*, p. 25.
2. Karl Barth, *Theologische Fragen und Antworten*, 1957, pp. 183-184, citado por R. J. Erler y R. Marquard, editores, en *A Karl Barth Reader* [Un lector de Karl Barth], transcripción de G. W. Bromiley, Eerdmans, Grand Rapids, 1986, pp. 8-9.
3. Todo debería ser hecho para la gloria de Dios, porque él ha santificado lo cotidiano (1 Corintios 10:31). La falsa dicotomía entre los sagrado y lo profano ha sido abolida para siempre en Cristo. Ese pensamiento pertenece al paganismo y al antiguo judaísmo. Para el cristiano «no hay nada impuro en sí mismo» y «lo que Dios ha purificado, tú no lo llames impuro» (Romanos 14:14; Hechos 10:15). Para acceder a una consideración de la falacia de la disyuntiva sagrado/profano, véase el libro de Davies, *Secular Use of Church Buildings*, pp. 222-237.
4. Schaff, *History of the Christian Church*, 3:125-126.
5. Dunn, *New Testament Theology in Dialogue*, p. 127.
6. Hanson, *Christian Priesthood Examined*, p. 64. Términos como *coryphaeus* (maestro de ceremonias) e *hierophant* (Gran Maestre de la Logia) se tomaron libremente de los cultos paganos y se usaron para denominar al clero cristiano. Tertuliano fue el primero en usar el término *supreme pontiff* (obispo de obispos) para referirse al obispo de Roma en su obra *On Chastity* [Sobre la castidad], escrita alrededor del año 218 d.C. Tertuliano, sin embargo usa ese término sarcásticamente (Bruce, *Spreading Flame*, p. 322).
7. Hanson, *Christian Priesthood Examined*, p. 64.

«hombres santos» de una elite espiritual.[1] Eso nos lleva al espinoso tema de la ordenación.

LA FALACIA DE LA ORDENACIÓN

En el siglo cuarto, la teología y el ministerio eran del dominio exclusivo de los sacerdotes. El trabajo y la guerra eran del dominio de los laicos. ¿Cuál era el rito de pasaje a la sagrada esfera del sacerdocio? La ordenación.[2]

Antes de examinar las raíces históricas de la ordenación, echemos un vistazo a la manera en que el liderazgo era reconocido en la iglesia primitiva. Después de dar comienzo a una iglesia, los obreros apostólicos (iniciadores de iglesias) del primer siglo volverían a visitar ese cuerpo de creyentes luego de un cierto período. En algunas de esas iglesias, los obreros reconocerían ancianos de una manera pública. En cada uno de estos casos, los ancianos ya estaban «en su puesto» antes de ser públicamente refrendados.[3]

Los ancianos emergían naturalmente dentro de la iglesia a través de un proceso que requería tiempo. No eran designados para un puesto externo.[4]

En lugar de eso, eran reconocidos en virtud de su antigüedad y servicio espiritual a la iglesia. De acuerdo con el Nuevo Testamento, el reconocimiento de ciertos miembros con dones es algo instintivo y orgánico.[5] Todo creyente tiene el discernimiento como para reconocer dentro de la iglesia a aquellos que han sido dotados para llevar adelante diversos ministerios.

Resulta sorprendente que solo haya tres pasajes del Nuevo Testamento que hablan de ancianos reconocidos públicamente: se reconocieron ancianos en las iglesias de Galacia (Hechos 14:23); Pablo mandó a Timoteo reconocer ancianos en Éfeso (1 Timoteo 3:1 y subsiguientes); y él también le dijo a Tito que los reconociera en la iglesias de Creta (Tito 1:5 y subsiguientes).

La palabra *ordenar* (según aparece en la versión inglesa King James; en las versiones en español aparece *nombrar* en la NVI, y

---

1. Ibid., 65-66; von Campenhausen, *Tradition and Life in the Church*, pp. 222-223.
2. Warkentin, *Ordination: A Biblical-Historical View*, pp. 40, 167.
3. Véase Hechos 13-19; 1 Corintios; 2 Corintios. Yo (Frank) trazo la cronología del tiempo en que los apóstoles visitaban las iglesias que habían establecido, y del tiempo en el que reconocieron ancianos en mi libro: Viola, *The Untold Story of the New Testament Church: An Extraordinary Guide to Understanding the New Testament* [La historia no contada de la iglesia del Nuevo Testamento: Una guía extraordinaria para la comprensión del Nuevo Testamento], Destiny Image, Shippensburg, PA, 2004.
4. Según el comentarista bíblico Alfred Plummer, las palabras griegas traducidas como «ordenar» no tienen ningún significado eclesiástico especial en el Nuevo Testamento. Ninguna de ellas implica el rito de ordenación u otra ceremonia especial. Artículo "The Pastoral Epistles" [Las epístolas pastorales], en *The Expositor's Bible*, (W. Robertson Nicoll, editor) Armstrong, Nueva York, 1903, pp. 219-221.
5. Hechos 16:2; 1 Corintios 16:18; 2 Corintios 8:22; Filipenses 2:22; 1 Tesalonicenses 1:5, 5:12; 1 Timoteo 3:10.

establecer o *constituir* en la RVR1960) en estos pasajes no significa establecer en funciones.[1] Más bien incluye la idea de refrendar, confirmar y hacer manifiesto algo que ya ha venido sucediendo.[2] También transmite la idea de bendición.[3] El reconocimiento público de ancianos y otros ministerios generalmente iba acompañado de la imposición de manos de los obreros apostólicos. (En caso de los obreros que eran enviados, esto se hacía a través de la iglesia o de los ancianos).[4]

En el primer siglo, la imposición de manos simplemente significaba refrendar o confirmar una función, no la puesta en funciones o la concesión de un status especial. Lamentablemente, vino a significar esto último hacia fines del segundo siglo y principios del tercero.[5]

Durante el tercer siglo, la *ordenación* adquirió un significado completamente distinto. Se volvió un rito cristiano formal.[6] En el siglo cuarto, a la ceremonia de ordenación se la adornó con ropaje simbólico y un ritual solemne.[7] La ordenación produjo una casta eclesial que usurpó el sacerdocio de los creyentes.

¿De dónde sacaron los cristianos su patrón de ordenaciones? Le dieron forma a su ceremonia de ordenación siguiendo la costumbre romana de designar hombres para funciones civiles. El proceso entero, hasta las mismas palabras, salieron directamente del mundo cívico de Roma.[8]

En el siglo cuarto, los términos usados para la designación de puestos romanos y para la ordenación cristiana se volvieron sinónimos.[9] Cuando Constantino hizo una elección del cristia-

---

1. Warkentin, *Ordination: A Biblical-Historical View*, p. 4. Los traductores de la versión inglesa King James han usado el término *ordenar* para traducir 21 diferentes palabras hebreas y griegas. La mala comprensión eclesiástica del siglo diecisiete influyó sobre esta pobre elección en cuanto a la palabra.
2. La palabra griega *cheirotoneo* en Hechos 14:23 significa literalmente «extender la mano», como cuando se vota. Por lo tanto, es probable que los apóstoles impusieran manos sobre aquellos que la mayoría de la iglesia consideraba que ya estaban funcionando como supervisores en su medio.
3. Campbell, *Elders*, pp. 169-170.
4. Hechos 13:2; 1 Timoteo 4:14. Pablo, un obrero más anciano, también impuso manos sobre Timoteo, un obrero más joven (2 Timoteo 1:6).
5. Warkentin, *Ordination: A Biblical-Historical View*, pp. 104, 111, 127, 130. Warkentin realiza un estudio exhaustivo sobre el significado neotestamentario de la «imposición de manos» en los capítulos 9-11 de su libro. Su conclusión es: «La imposición de manos no tiene nada que ver con una puesta en funciones de rutina en la iglesia, sea de ancianos, diáconos, pastores o misioneros» (p. 156).
6. El registro más antiguo del rito de ordenación se encuentra en la *Apostolic Tradition of Hippolytus* [Tradición apostólica de Hipólito] (alrededor del año 215). En el siglo cuarto abundan las referencias acerca de él (Warkentin, *Ordination: A Biblical-Historical View*, pp. 25, 41).
7. Warkentin, *Ordination: A Biblical-Historical View*, p. 104.
8. Hatch, *Organization of the Early Christian Churches*, pp. 129-130. Esta misma tendencia fue recogida por el judaísmo en una época tan temprana como el primer siglo. Los escribas judíos que eran muy competentes en la interpretación de la Torah y en las tradiciones orales ordenaban hombres para ocupar un puesto dentro del Sanedrín. A esos hombres se los veía como mediadores de la voluntad de Dios para todo Israel. Aquel que era «ordenado» por el Sanedrín se volvía tan poderoso que a principios del segundo siglo los romanos condenaban a muerte a cualquiera que llevara a cabo una ordenación judía. Warkentin, *Ordination: A Biblical-Historical View*, pp. 16, 21-23, 25.
9. Warkentin, *Ordination: A Biblical-Historial View*, p. 35. Esto se hace evidente en *Apostolic Constitutions* [Estatutos apostólicos] (350-375 d.C.).

nismo como religión, las estructuras de liderazgo de la iglesia fueron respaldadas por una sanción política. Las formas del sacerdocio del Antiguo Testamento se combinaron con las jerarquías griegas.[1] Lamentablemente, la iglesia se sintió segura en esta nueva forma, tal como lo está hoy.

Muy pronto la ordenación se percibió como un rito que daba como resultado un cargo irrevocable.[2] Agustín enseñó que la ordenación confiere un «sello decididamente inamovible» sobre los sacerdotes, el que les confiere el poder para cumplir con sus funciones sacerdotales.[3]

La ordenación cristiana, entonces, vino a ser comprendida como aquello que constituía la diferencia esencial entre el clero y el laicado. A través de ella, al clero se le otorgaba el poder de administrar los sacramentos. Se creía que el sacerdote, que llevaba adelante el servicio divino, debería ser el más perfecto y santo de todos los cristianos.[4] Gregorio Nacianceno (329-389) y Crisóstomo tenían una perspectiva tan alta de aquellos que ocupaban los puestos de sacerdocio que se cernía un peligro sobre el clero si fallaban en vivir a la altura de la santidad de su servicio.[5] «El sacerdote, observó [Crisóstomo], siempre es considerado por su parroquia como un ángel y no como hecho del mismo material frágil que el resto de los hombres».[6]

¿Cómo podía el sacerdote vivir en semejante estado de pura santidad? ¿De qué manera sería digno de presentar su servicio dentro del «coro de ángeles»?

La respuesta era la ordenación. A través de la ordenación una corriente de gracias divinas fluía hacia el sacerdote, convirtiéndolo en un vaso adecuado para el uso de Dios. Esta idea, también conocida como «atributos sacerdotales», aparece por primera vez en los escritos de Gregorio de Nisa (330-395).

Gregorio argumentaba que la ordenación hace del sacerdote «un hombre mejor y diferente, de una manera invisible pero real», elevándolo muy por encima del laicado.[7] Gregorio escribió: «El mismo poder de la palabra hace al sacerdote venerable y honorable, separado... En tanto que ayer era uno en medio de la masa, uno del pueblo, de pronto se convierte en

---
1. Ibid., 45.
2. Niebuhr y Williams, *Ministry in Historical Perspectives*, p. 75.
3. von Campenhausen, *Tradition and Life in the Church*, p. 224.
4. Ibid., p. 227.
5. Ibid., p. 228.
6. Niebuhr y Williams, *Ministry in Historical Perspectives*, pp. 71, 128.
7. von Campenhausen, *Tradition and Life in the Church*, p. 229.

guía, en presidente, en maestro de justicia, en instructor de misterios ocultos».[1]

Consideremos las palabras de un documento del siglo cuarto: «El obispo, él es el ministro de la Palabra, el poseedor del conocimiento, el mediador entre Dios y ustedes en diversas partes de su adoración a la Divinidad... Él es su gobernante y su soberano... Después de Dios él es su dios terrenal, y el que tiene el derecho a ser honrado por ustedes».[2] Los sacerdotes fueron identificados como los «vicarios de Dios sobre la tierra».

Para señalar una mayor diferencia entre los sacerdotes y las demás personas, tanto su estilo de vida como su manera de vestir eran distintos al los de los laicos.[3] Lamentablemente, ese concepto de ordenación nunca ha dejado a la fe cristiana. Está vivo y saludable dentro del cristianismo contemporáneo. De hecho, si nos preguntamos por qué y cómo el pastor de nuestros días ha llegado a ser tan exaltado como el «santo hombre de Dios», aquí encontramos las raíces.

Eduard Schweizer, en su clásica obra *Church Order in the New Testament* [Orden de la iglesia en el Nuevo Testamento], argumenta que Pablo no tenía nada que ver con una ordenación que confiriera poderes clericales o ministeriales a un cristiano.[4] Los pastores del primer siglo (ancianos, sobreveedores) no pasaron por nada que se parezca a una ordenación de los días actuales. No fueron establecidos por encima del resto del rebaño. Más bien eran los que servían entre ellos (Ver Hechos 20:28 y 1 Pedro 5:2-3).

Los ancianos del primer siglo simplemente eran refrendados públicamente por los obreros apostólicos como aquellos que tomaban cuidado de la iglesia. Ese refrendar implicaba sencillamente el reconocimiento de una función. No le confería poderes especiales. Ni se trataba de una posesión permanente.

La práctica contemporánea de la ordenación crea una casta especial de cristianos. Sea el sacerdote dentro del Catolicismo o el pastor dentro del Protestantismo, los resultados son los mismos: el ministerio más importante se ha restringido a unos pocos creyentes «especiales».

---

1. *On the Baptism of Christ: A Sermon for the Day of Lights* [Acerca del bautismo de Cristo: Un sermón para el día de las luces], por Gregorio de Nisa. Ver también Niebuhr y Williams, *Ministry in Historical Perspectives*, p. 75. Se consideraba que la ordenación confería al recipiente un *character indelibilis*. Eso es, algo sagrado que entraba en él (Warkentin, *Ordination: A Biblical-Historical View*, p. 42; Schaff, *History of the Christian Church*, 3:489).
2. *Apostolic Constitutions* II.4.26.
3. David D. Hall, *The Faithful Shepherd* [El pastor fiel], The University of North Carolina Press, Chapel Hill, 1972, p. 6.
4. Schweizer, *Church Order in the New Testament*, p. 207.

Semejante idea no es escritural y resulta dañina. El Nuevo Testamento en ningún lugar limita el predicar, bautizar o administrar la Cena del Señor a los que han sido «ordenados». El eminente erudito James D. G. Dunn lo especifica mejor cuando dice que la tradición de lo laico/clerical ha hecho más por socavar la autoridad del Nuevo Testamento que la mayor parte de las herejías.[1]

Dado que un cargo eclesial solo se podría ejercer a través del rito de la ordenación, la facultad para ordenar se convirtió en el tema crucial en cuanto a tener autoridad religiosa. El contexto bíblico se había perdido. Y se usó el método de los textos de prueba para justificar la jerarquía establecida entre el clero y los laicos. Quizá el ejemplo más conocido es el uso de Mateo 16 entre los católicos primitivos para la creación del sistema del papado y de la doctrina de la sucesión apostólica. El resultado fue que los creyentes comunes, en general poco educados e ignorantes, quedaron a merced de un clero profesional.[2]

LA REFORMA

Los reformadores del siglo dieciséis colocaron al sacerdocio católico bajo un fuerte cuestionamiento. Atacaron la idea de que el sacerdote tuviera poderes especiales para convertir el vino en sangre. Rechazaron la sucesión apostólica. Alentaron al clero a casarse. Revisaron la liturgia para permitirle más participación a la congregación. También abolieron el cargo de obispo y retrotrajeron el sacerdocio a la condición de presbiterio.[3]

Desafortunadamente, sin embargo, los reformadores trasladaron la distinción católica romana entre clero y laicado al movimiento protestante. También mantuvieron la idea católica de ordenación.[4] Aunque abolieron el cargo de obispo, resucitaron el gobierno de un solo obispo, vistiéndolo con un nuevo atuendo.

El grito de guerra de la reforma fue la restauración del sacerdocio de todos los creyentes. Sin embargo, esa restauración fue solo parcial. Lutero, Calvino y Zwinglio reafirmaron el

---

1. Dunn, *New Testament Theology in Dialogue*, p 138 y subsiguientes, 126-129.
2. Warkentin, *Ordination: A Biblical-Historical View*, pp. 45, 51; Hatch, *Organization of the Early Christian Churches*, pp. 126-131. La ordenación creció para convertirse en un instrumento de consolidación del poder clerical. A través de ella, el clero podía señorear sobre el pueblo de Dios tanto como sobre las autoridades seculares. El efecto neto es que la ordenación moderna establece barreras artificiales entre los cristianos y obstruye el ministerio mutuo.
3. Hanson, *Christian Priesthood Examined*, p. 82.
4. En tanto que Lutero rechazaba la idea de que la ordenación cambiara el carácter de la persona que era ordenada, sin embargo se aferró a su importancia. Para el pensamiento de Lutero, la ordenación era un rito de la iglesia. Y resultaba necesaria una ceremonia especial para llevar adelante los deberes pastorales (Senn, *Christian Liturgy*, p. 297).

sacerdocio de los creyentes con respecto a la propia relación individual con Dios. Enseñaron correctamente que cada cristiano tenía acceso directo a Dios sin necesidad de un mediador. Fue una restauración maravillosa. Pero en una sola dirección.

Los reformadores fallaron en recuperar la dimensión corporativa del sacerdocio de todos los creyentes. Restauraron la doctrina del sacerdocio de los creyentes de un modo soteriológico, es decir, lo relacionaron con la salvación. Pero fallaron en restaurarlo eclesiológicamente, o sea, en lo relacionado con la iglesia.[1]

En otras palabras, los reformadores solo recuperaron el sacerdocio del creyente (en singular). Nos recordaron que cada cristiano tiene un acceso individual e inmediato a Dios. Maravilloso como es eso, no recuperaron el sacerdocio de todos los creyentes (colectivo y en plural). Se trata de la bendita verdad acerca de que todo cristiano forma parte de un clan en el que la Palabra de Dios es compartida entre unos y otros. (Los anabaptistas recuperaron esta práctica. Lamentablemente, esa recuperación fue una de las razones por las que las espadas de los protestantes y católicos se tiñeron de la sangre de los anabaptistas).[2]

En tanto que los reformadores se opusieron al papa y a su jerarquía religiosa, siguieron conservando la estrecha perspectiva heredada acerca del ministerio. Creían que el «ministerio» era una institución cerrada para aquellos pocos «llamados» y «ordenados».[3] Por lo tanto los reformadores continuaron reafirmando la escisión clero/laicado. Solo en su retórica declaraban que todos los creyentes eran sacerdotes y ministros. Con la práctica, lo negaban. Así que, luego de desvanecerse el humo de la Reforma, acabamos en lo mismo que los católicos nos habían transmitido: ¡un sacerdocio selecto!

Lutero sostenía la idea de que aquellos que predicaban necesitaban ser entrenados de forma especial. Al igual que los católicos, los reformadores creían que solo el «ministro ordenado» podría predicar, bautizar y administrar la Cena del Señor.[4] Como

---

1. «El sacerdocio de todos los creyentes no solo se refiere a la relación de cada persona con Dios y del sacerdocio de uno hacia sus vecinos, como se veía en Lutero; se refiere también a la igualdad de todas las personas de la comunidad cristiana con respecto a las funciones formales». John Dillenberger y Claude Welch, *Protestant Christianity: Interpreted through Its Development* [Cristianismo protestante: Interpretado a través de su desarrollo], The Macmillan Company, Nueva York, 1988, p. 61.
2. Hall, *Faithful Shepherd*, p. 8. Para acceder a un tratamiento convincente acerca de la historia anabaptista, ver el libro de Peter Hoover *The Secret of the Strenght: What Would the Anabaptists Tell This Generation?* [El secreto de la fortaleza: ¿Qué le dirían los anabaptistas a esta generación?], Benchmark Press, Shippensburg, PA, 1998.
3. J. A. Ainslie, *The Doctrines of Ministerial Order in the Reformed Churches of the 16th and 17th Centuries* [Las doctrinas del orden ministerial en las iglesias reformadas de los siglos dieciséis y diecisiete], T. & T. Clark, Edimburgo, 1940, pp. 2, 5.
4. Warkentin, *Ordination: A Biblical-Historical View*, pp. 57-58, 61-61

resultado, la ordenación le daba al ministro un aura especial de favor divino que no podía ser cuestionada.

Lamentablemente, Lutero y los otros reformadores denunciaron violentamente a los anabaptistas por practicar el funcionamiento de todos los miembros en la iglesia.[1] Los anabaptistas creían que cada cristiano tenía el derecho a pararse y hablar en una reunión. Porque aquello no era tan solo del dominio del clero. Lutero se oponía tanto a esa práctica que dijo que venía «del abismo del infierno» y que aquellos que fueran encontrados culpables de practicarla deberían ser muertos.[2]

Abreviando, los reformadores retuvieron la idea de que la ordenación constituía la clave para que hubiera poder en la iglesia. Era deber del ministro ordenado transmitir la revelación de Dios a su pueblo.[3] Y se le pagaba por realizar su papel.

Al igual que el sacerdote católico, el ministro reformado era visto por la iglesia como el «hombre de Dios», el mediador entre Dios y su pueblo sostenido económicamente.[4] No era un mediador que perdonara pecados, sino un mediador que comunicaba la voluntad divina.[5] Así que en el Protestantismo un viejo problema se presentaba bajo una nueva forma. La jerga había cambiado, pero el error permanecía.

En el siglo diecisiete, los escritores puritanos John Owen (1616-1683) y Thomas Goodwin (1600-1680), al igual que Lutero y Calvino, visualizaron el pastorado como una parte integral permanente de la casa de Dios. Owen y Goodwin llevaron a los puritanos a enfocar toda autoridad en el rol pastoral. En su pensamiento, al pastor se le ha dado «el poder de las llaves». Solo él ha sido ordenado para predicar, administrar los sacramentos,[6]

---

1. Los anabaptistas creían y practicaban el mandato de 1 Corintios 14:26, 30-31 acerca de que todo creyente tenía el derecho de funcionar en cualquier momento en una reunión de la iglesia. En los días de Lutero esta práctica era conocida como el *Sitzrecht*, el «derecho del que está sentado» (Hoover, *Secret of the Strenght*, pp. 58-59).
2. Lutero anunció que «el *Sitzrecht* pertenecía al abismo del infierno» y constituía una «perversión del orden público... que socavaba el respeto por la autoridad». En un lapso de 20 años, se pasaron más de 116 leyes en las tierras germanas de toda Europa haciendo de esta «herejía anabaptista» una ofensa capital (Hoover, *Secret of the Strenght*, pp. 59, 198). Más aún, Lutero sentía que si toda la iglesia administraba públicamente la Cena del Señor esto sería una «confusión deplorable». Seún el pensamiento de Lutero, una persona debía asumir esta tarea: el pastor. Paul Althaus, *The Theology of Martin Luther* [La teología de Martín Lutero], Fortress Press, Filadelfia, 1966, p. 323.
3. Warkentin, *Ordination: A Biblical-Historical View*, p. 105.
4. Ibid. Los protestantes consideran hoy el «ministerio» más como un cuerpo mediador establecido dentro del gran cuerpo de Cristo, que como una función compartida por todos.
5. Del mismo modo en que el clero católico romano era visto como el que guardaba las puertas de la salvación, el clero protestante fue visto como el consignatario de la revelación divina. Según la *Augsburg Confession* [Confesión de Augsburgo] de 1530, el oficio más alto dentro de la iglesia era el de la predicación. En el antiguo judaísmo, el rabí interpretaba la Torah ante el pueblo. En la iglesia protestante, el ministro es considerado el custodio de los misterios de Dios (Warkentin, *Ordination: A Biblical-Historical View*, p. 168).
6. John Owen, *The True Nature of a Gospel Church and Its Government* [La verdadera naturaleza de una iglesia del evangelio y su gobierno], editor, John Huxtable, James Clarke, Londres, 1947, pp. 41, 55, 68, 99; Ainslie, *Doctrines of Ministerial order*, pp. 37, 49, 56, 59, 61-69, Thomas Goodwin, *Works*, 11:309.

leer las Escrituras en público,[1] y ha sido entrenado en los idiomas bíblicos originales, lo mismo que en lógica y en filosofía.

Tanto los reformadores como los puritanos sostenían la idea de que los ministros de Dios tienen que ser profesionales competentes. Por lo tanto, los pastores deben pasar por un largo entrenamiento académico para poder cumplir con su cargo.[2]

DE SACERDOTE A PASTOR

A Juan Calvino no le gustaba usar la palabra *sacerdote* para referirse a los ministros.[3] Prefería el término *pastor*.[4] Según el pensamiento de Calvino *pastor* era la palabra más alta que se podía usar para el ministerio. Le gustaba porque la Biblia hacía referencia a Jesucristo como «el gran Pastor de las ovejas» (Hebreos 13:20).[5] Irónicamente, Calvino creía que estaba restaurando al obispo neotestamentario (*episkopos*) en la persona del pastor.[6]

A Lutero tampoco le gustaba usar la palabra *sacerdote* para definir a los nuevos ministros protestantes. Escribió: «No podemos ni deberíamos dar el nombre de sacerdotes a aquellos que están a cargo de la Palabra y de los sacramentos en medio de la gente. La razón por la que se los ha llamado sacerdotes es por causa de la costumbre de los pueblos paganos, o como vestigios de la nación judía. Eso resulta altamente injurioso para la iglesia».[7] Así que también él adoptó los términos *predicador, ministro* y *pastor* para referirse a esa función.

Zwinglio y Martín Bucer también estuvieron a favor de la palabra *pastor*. Ellos escribieron tratados populares sobre el tema.[8] Como resultado, el término comenzó a permear a las iglesias de la Reforma.[9] Sin embargo, dada su obsesión por la

---

1. Jon Zens, artículo "Building Up the Body: One Man or One Another" [Edificar el Cuerpo: Un hombre o los unos a los otros], en *Baptist Reformation Review* 10 Nº 2, 1981, pp. 21-22.
2. Hall, *Faithful Shepherd*, pp. 28-29.
3. Juan Calvino, *Institutes of the Christian Religion* [Institución de la religión cristiana], Westminster Press, Filadelfia, 1960, libro 4, capítulo 8, Nº 14.
4. *Pastor* viene del latín. William Tyndale prefirió el término *pastor* en su traducción de la Biblia. Tyndale debatió con Sir Thomas More sobre la cuestión de *pastor* como contrapuesto a *sacerdote*. Tyndale, un protestante, tomó la posición de que «pastor» era lo exegéticamente correcto. (Ver *The Parker Society Series on the English Reformers* [La serie de la Sociedad Parker con respecto a los reformadores ingleses] en cuanto a este intercambio de ideas).
5. Hall, *Faithful Shepherd*, p. 16.
6. Sykes, *Old Priest and New Presbyter*, p. 111.
7. Lutero, "Concerning the Ministry" [Concerniente al ministerio], *Luther's Works* [Las obras de Lutero], pp. 35, 40.
8. Uno de los libros más influyentes durante la Reforma fue la *Pastorale* [Pastoral] de Bucer. En el mismo espíritu, Zwinglio publicó un folleto titulado *The Pastor* [El pastor].
9. El orden de la iglesia de Calvino en Ginebra, con pastores y ancianos en el gobierno, constituyó el modelo de mayor influencia durante la Reforma. Se convirtió en el patrón para las iglesias protestantes de Francia, Holanda, Hungría y Escocia, así como también entre los puritanos ingleses y sus descendientes (Niebuhr y Williams, *Ministry in Historical Perspectives*, pp. 115-117, 131). Calvino también dio surgimiento a la idea de que el pastor y el maestro eran las únicas dos funciones «corrientes» de Efesios 4:11-12 que continúan perpetuamente en la iglesia (Hall, *Faithful Shepherd*, p. 28). Durante el siglo diecisiete, los puritanos utilizaron el término *pastor* en algunas de sus obras publicadas. Algunas obras anglicanas y puritanas sobre

predicación, el término favorito para llamar al ministro era *predicador*. Y así fue como la gente común generalmente lo llamó.[1]

Recién en el siglo dieciocho el término *pastor* se volvió de uso corriente, eclipsando los términos *predicador* y *ministro*.[2] La influencia en este sentido provino de los pietistas luteranos. Desde entonces este término es el que más se ha extendido dentro del cristianismo tradicional.[3]

Aún así, los reformadores consideraban que el pastor debía ser la cabeza funcional de la iglesia. Según Calvino, «El cargo pastoral es necesario para preservar a la iglesia en la tierra de una forma aún más importante de lo que el sol, el alimento y la bebida nutren y sustentan la vida presente».[4]

Los reformadores creían que el pastor poseía poder y autoridad divinos. No hablaba en su propio nombre sino en el nombre de Dios. Calvino reforzó aún más la primacía del pastor al considerar como ofensas públicas serias los actos de desprecio o ridiculización hacia el ministro.[5]

Esto no debería tomarnos por sorpresa al descubrir qué fue lo que Calvino tomó como modelo para el ministerio. No tomó a la iglesia de la época apostólica. En lugar de eso, tomó como patrón el gobierno de un solo obispo como se hizo en el siglo segundo.[6] Eso se aplica a los demás reformadores también.[7]

---

cuidado pastoral se refieren al clero parroquial (local), como «párrocos» o «pastores». (George Herbert, *The Country Parson and the Temple* [El párroco rural y el templo], Paulist Press, Mahwah, NJ, 1981, y Richard Baxter, *The Reformed Pastor* [El pastor reformado], Sovereign Grace Trust Fund, Lafayette, IN, 2000.

1. Niebuhr y Williams, *Ministry in Historical Perspectives*, p. 116. «Los reformadores germanos también adhirieron al uso medieval y llamaron al predicador *Pfarrer*, es decir, párroco (derivado de *parochia* [parroquia] y de *parochus* [párroco])». En tanto que a los predicadores luteranos se los llama pastores en los Estados Unidos, todavía se los denomina *Pfarrer* (cabeza de la parroquia) en Alemania. Dado lo gradual de la transición de sacerdote católico a pastor protestante, no es infrecuente que la gente todavía llame a sus nuevos predicadores protestantes por sus antiguos títulos católicos, como sacerdote.
2. La palabra *pastor* siempre ha aparecido en la literatura teológica en fechas tan anteriores como el Período Patrístico. La elección de la palabra dependía de la función que uno quisiera destacar: un pastor proveía una guía de un modo moral y espiritual. Un sacerdote oficiaba los sacramentos. Aún así, el término *pastor* no estuvo en labios del creyente común hasta después de la Reforma.
3. Niebuhr y Williams, *Ministry in Historical Perspectives*, p. 116. La palabra *sacerdote* pertenece a la tradición católica/anglicana; la palabra *ministro* pertenece a la tradición reformada; y la palabra *pastor* pertenece a la tradición luterana y a la evangélica (p. viii). Los reformadores hablaban del ministro como *pastor*, pero mayormente lo llamaban *predicador*. La palabra *pastor* posteriormente evolucionó para convertirse en el término predominante dentro del cristianismo para ese oficio. Eso se debió a que la corriente dominante en esos grupos buscó distanciarse del vocabulario de la «alta iglesia» (sector de la iglesia anglicana más cercano al catolicismo). El término *ministro* se fue introduciendo gradualmente en el mundo anglo parlante a través de los Inconformes y de los Disidentes. Deseaban establecer una distinción entre el «ministerio» protestante y el clero anglicano.
4. Calvino, *Institutes of the Christian Religion*, IV:3:2, p. 1055.
5. Niebuhr y Williams, *Ministry in Historical Perspectives*, p. 138.
6. «Porque su modelo de ministerio (el de Calvino) se remonta a la iglesia de principios del segundo siglo más que a la de una época estrictamente apostólica. En la era apostólica, la comunidad cristiana local no estaba a cargo de un solo pastor, sino de una cantidad de personas que se sabía que funcionaban indistintamente como presbíteros (ancianos) y obispos, como él hace notar. Fue solo durante el segundo siglo que hizo su aparición el obispo o pastor único dentro de la comunidad cristiana, como se ve en las Epístolas de Ignacio... Fue esta etapa del desarrollo del oficio ministerial en la iglesia de principios del segundo siglo la que Calvino tomo como modelo» (Mackinnon, *Calvin and the Reformation*, pp 81-82).
7. James H. Nichols escribe: «Los reformadores también aceptaron en general el sistema de un ministerio institucionalizado de los pastores y obispos para conducir a los laicos en la adoración... No intentaron volver a la época de los apóstoles». (*Corporate Worship*, p. 21).

Lo irónico aquí es que Juan Calvino deploraba que la Iglesia Católica Romana hubiese construido sus prácticas sobre «invenciones humanas» en lugar de hacerlo sobre la Biblia.[1] Pero Calvino hizo lo mismo. En este sentido, los protestantes son exactamente tan culpables como los católicos. Ambas denominaciones basan sus prácticas en tradiciones humanas.

Calvino enseñaba que la predicación de la Palabra de Dios y la adecuada administración de los sacramentos constituyen las señales de una verdadera iglesia.[2] En su concepto, la predicación, el bautismo y la Eucaristía debían ser llevados a cabo por el pastor y no por la congregación.[3] Para todos los reformadores, la función principal de un ministro era predicar. El preeminente lugar que ocupaba la predicación se reflejaba muy bien en la Misa Germana de Lutero, que incluía tres servicios los domingos. A las 5 ó 6 a.m., se pronunciaba un sermón sobre la epístola de ese día. En el servicio principal de las 8 ó las 9 a.m., el ministro predicaba sobre el evangelio señalado para ese día. El sermón vespertino de la tarde se basaba en el Antiguo Testamento.[4]

Al igual que Calvino, Lutero también hizo de la función del pastor algo aparte y exaltado. Aunque Lutero argumentaba que las llaves del Reino le pertenecían a todos los creyentes, confinó su uso a aquellos que tenían cargos dentro de la iglesia.[5] «Todos somos sacerdotes», decía Lutero, «en la medida en que somos cristianos, pero aquellos a los que llamamos sacerdotes son ministros seleccionados de nuestro medio para actuar en nuestro nombre, y su sacerdocio es nuestro ministerio».[6]

Eso era sacerdotalismo puro y simple. Lutero rompió con el bando católico en el sentido de que rechazaba un sacerdocio sacrificial. Pero en lugar de eso, él creía que el transmitir la Palabra de Dios le pertenecía a una orden especial.[7]

---

1. Niebuhr y Williams, *Ministry in Historical Perspectives*, p. 111.
2. Calvino, *Institutes of the Christian Religion*, IV: 1:9, p. 1023.
3. John H. Yoder, "The Fullness of Christ" [La plenitud de Cristo], *Concern* 17, 1969, p. 71.
4. Niebuhr y Williams, *Ministry in Historical Perspectives*, pp. 131, 133, 135; "Powerful Preaching: A Sample of How Luther Could Bring Bible Characters to Life" [Predicación poderosa: Una muestra de cómo Lutero podía darles vida a los personajes bíblicos], *Christian History* 12, Nº 3, 1993, p. 27. Lutero era áspero, poderoso y dramático. Transmitía su propia persona en sus sermones sin superponerse con el mensaje. Era un predicador voraz, y se estima que pronunció unos 4.000 sermones. Sus mensajes eran imponentes, poéticos y creativos. Zwinglio predicaba de un modo directo y natural, y sin embargo era considerado como demasiado intelectual. Calvino resultaba coherente en su exhaustiva exposición de los pasajes, pero siempre era impersonal. Bucer era prolijo y tenía una tendencia a divagar. Aún así, la predicación de los primitivos protestantes resultaba muy doctrinaria, y obsesionada con la «sana y pura doctrina». Por esta razón, los predicadores de la Reforma eran principalmente maestros de la Biblia.
5. Hall, *Faithful Shepherd*, p. 8.
6. Niebuhr y Williams, *Ministry in Historical Perspectives*, p. 112. Los reformadores sustituyeron la palabra *sacerdote* por *ministro*. Jones, *Historical Approach to Evangelical Worship*, p. 141.
7. B. A. Gerrish, artículo "Priesthood and Ministry in the Theology of Luther" [Sacerdocio y ministerio en la teología de Lutero], en *Church History* 34, 1965, pp. 404-422.

Las siguientes son declaraciones características de Lutero al exaltar al pastor: «Dios habla a través del predicador... Un predicador cristiano es un ministro de Dios que ha sido separado, sí, él es un ángel de Dios, un verdadero obispo enviado por Dios, un salvador de mucha gente, un príncipe y un rey en el reino de Cristo... No existe nada más precioso ni más noble sobre la tierra y en esta vida que un verdadero párroco o predicador».[1]

Lutero dijo: «No deberíamos permitir que nuestro pastor hablara las palabras de Cristo por sí mismo, como si estuviera diciéndolas desde su propia persona; más bien él es la boca de todos nosotros y todos las hablamos junto con él en nuestros corazones... Es algo maravilloso que la boca de cada pastor sea la boca de Cristo; por lo tanto deberíamos escuchar al pastor no como a un hombre sino como a Dios».[2] Podemos oír resonar estas palabras como un eco de Ignacio.

Estas ideas revelan una perspectiva imperfecta de la iglesia. Lutero sentía que la iglesia era principalmente un espacio para la predicación. Decía Lutero: «La congregación cristiana nunca debería reunirse a menos que se predicara la Palabra de Dios y se hicieran oraciones, independientemente de lo breve del tiempo con que contaran».[3] Lutero creía que la iglesia era simplemente un encuentro de gente para escuchar una predicación. Por esa razón, él llamó al edificio de la iglesia un Mundhaus, que significa una casa de la boca.[4] También emitió esta alarmante declaración: «Los oídos constituyen los únicos órganos de un cristiano».[5] Estas son las raíces de las que brota el Protestantismo.

LA CURA DE ALMAS

Calvino, Lutero y Bucer creían que las dos funciones clave del pastor eran la proclamación de la Palabra (predicación) y la celebración de la Eucaristía (la Comunión). Pero Calvino y Bucer agregaron un tercer elemento. Enfatizaron que el pastor tenía el deber de proporcionar cuidado y sanidad a la congregación.[6] Esto se conoce como la «cura de almas». Bucer escribió un

---

1. Niebuhr y Williams, *Ministry in Historical Perspectives*, pp. 114-115.
2. Althaus, *Theology of Martin Luther*, p.326.
3. "Concerning the Ordering of Divine Worship in the Congregation" [Concerniente al orden de culto divino en la congregación], *Works of Martin Luther* [Obras de Martín Lutero], C. M. Jacobs, editor, Muhlenberg Press, Filadelfia, 1932, VI, p. 60.
4. Niebuhr y Williams, *Ministry in Historical Perspectives*, p. 114.
5. *Luther's Works*, 29:224.
6. John T. McNeill, *A History of the Cure of Souls* [Una historia de la cura de almas], Harper and Row, Nueva York, 1951.

libro prominente sobre ese tema, titulado *True Cure of the Souls* [Verdadera cura de las almas], en 1538.

El origen de la «cura de almas» se remonta a los siglos cuarto y quinto.[1] La encontramos en las enseñanzas de Gregorio Nacianceno. Gregorio llamaba al obispo un «pastor», un médico de almas que diagnostica las enfermedades de sus pacientes y prescribe ya sea medicinas o el cuchillo.[2]

Los seguidores más tempranos de Lutero también practicaron el cuidado de las almas.[3] Pero en la Ginebra de Calvino, fue elevado a un arte. A cada pastor, junto con un anciano, se les requería visitar los hogares de sus feligreses. También se cumplía con las visitas regulares a los enfermos y a aquellos que estaban en prisión.[4] Para Calvino y Bucer, el pastor no era meramente un predicador y un dispensador de sacramentos. Era también la «cura de las almas», o «curate». Su tarea consistía en traer sanidad, cura y compasión a aquellos del pueblo de Dios que estuvieran sufriendo.[5]

Esta idea aún pervive en el mundo protestante hoy. Se la encuentra fácilmente dentro de los conceptos contemporáneos de cuidado pastoral, de consejería pastoral y de psicología cristiana. En la iglesia de nuestros días, la carga de prestar estos cuidados normalmente cae sobre los hombros de un hombre: el pastor. (En el primer siglo caía sobre los hombros de la iglesia toda y sobre un grupo de hombres experimentados denominados «ancianos»).[6]

LA IGLESIA CONDUCIDA POR UN PASTOR

En resumen, la Reforma Protestante le aplicó un golpe al sacerdotalismo católico romano. Sin embargo, no fue un golpe mortal sino un mero cambio semántico. Los reformadores retuvieron el gobierno de un solo obispo. El pastor ahora

---

1. Gregorio Nacianceno, Crisóstomo, Agustín y Gregorio el Grande escribieron mucho sobre la «cura de almas» (McNeill, *A History of the Cure of Souls*, p. 100). En el año 591 d.C., Gregorio el Grande escribió un tratado para los pastores titulado *The Book of Pastoral Rule* [El libro del gobierno pastoral]. Esta obra todavía se usa en los seminarios hoy, y le debe un gran aporte a Gregorio Nacianceno (p. 109). Gregorio el Grande fue más pastor para la iglesia de Occidente que cualquiera de los otros papas.
2. McNeill, *A History of the Cure of Souls*, p. 108. Gregorio Nacianceno articuló estas cosas en su Second Oration [Segundo discurso], escrito en el año 362 d.C.
3. Ibid., p 177.
4. Niebuhr y Williams, *Ministry in Historical Perspectives*, p. 136. En 1550 se emitió la orden de que los ministros deberían visitar todos los hogares al menos una vez al año.
5. Ese libro salió en versión alemana y en versión latina (McNeill, *A History of the Cure of Souls*, p. 177).
6. Ver el libro de Viola *Redescubre la iglesia*. La sanidad humana se produce a través de permanecer conectados dentro de la comunidad cristiana. Ver la obra de Larry Crabb's *Connecting: Healing Ourselves and Our Relationships* [Conectarnos: Sanarnos nosotros mismos y nuestras relaciones], WPublishing, Nashville, 2004.

representaba el papel del obispo. La iglesia conducida por el obispo evolucionó hacia una iglesia conducida por el pastor. El pastor vino a ser tenido por la cabeza local de una iglesia: el anciano principal.[1] Como lo ha señalado un escritor: «En el Protestantismo, los predicadores tienden a ser los voceros representativos de la iglesia y la iglesia a menudo se considera la iglesia de un predicador determinado. Esto constituye un gran peligro y una amenaza a la religión cristiana, y no es ajeno al clericalismo».[2]

En su retórica, los reformadores han condenado la división clero-laicado. Pero en su práctica, la han retenido por completo. Como lo dice Kevin Giles: «Las diferencias entre el clero católico y el protestante se han borrado, tanto en la práctica como en la teología. En ambas líneas de iglesias el clero constituye una clase aparte; en ambas su status de carácter especial se ha basado en iniciativas divinas (mediadas de distintas maneras); y en ambas, hay ciertos deberes que les están reservados».[3]

La tradición post bíblica, de larga data, en cuanto al ejercicio del gobierno por parte de un solo obispo (ahora encarnado en el pastor) prevalece dentro de la iglesia protestante hoy. Algunos factores psicológicos tremendos hacen que los laicos sientan que el ministerio es responsabilidad del pastor. *Es su trabajo, él es el experto*. Esta es su manera de pensar.

La palabra neotestamentaria para ministro es *diakonos*. Significa «servidor». Pero la palabra ha sido distorsionada debido a que los hombres han profesionalizado el ministerio. Hemos tomado la palabra *ministro* y la hemos vuelto equivalente a pastor, sin ningún tipo de justificación tomada de las Escrituras. De igual manera, erróneamente hemos equiparado predicación y ministerio a sermón desde el púlpito, también sin ninguna justificación bíblica.

---

1. Muchas iglesias reformadas distinguen entre ancianos «que enseñan» y ancianos «que gobiernan». Los ancianos que enseñan ocupan la posición tradicional de obispo o ministro, en tanto que los ancianos que gobiernan manejan la administración y la disciplina. Esta forma de gobierno de la iglesia fue introducida en Nueva Inglaterra desde Europa (Hall, *Faithful Shepherd*, p. 95). Con el tiempo, debido a lo impopular del cargo, los ancianos que gobernaban fueron descartados y quedaron solo los ancianos que enseñaban. Esto fue así también en las iglesias bautistas de los siglos dieciocho y diecinueve. Con frecuencia esas iglesias ni siquiera tenían los recursos financieros como para sostener a un «ministro». De esta manera, hacia fines del siglo diecinueve, las iglesias evangélicas adoptaron la tradición de «un solo pastor». Mark Dever, *A Display of God's Glory* [Un despliegue de la gloria de Dios], Center for church Reform, Washington, 2001, p. 20; R. E. H. Uprichard, artículo "The Eldership in Martín Bucero and John Calvin" [Los ancianos según Bucer y Juan Calvino], en *Irish Biblical Studies Journal* (18 de junio de 1996), pp. 149, 154. Así que el pastor único dentro de las iglesias evangélicas fue una evolución a partir de una pluralidad de ancianos en la tradición reformada.
2. Niebuhr y Williams, *Ministry in Historical Perspectives*, p. 114. Los así llamados «predicadores laicos» aparecieron con los avivamientos evangélicos del siglo dieciocho (p. 206).
3. Kevin Giles, *Patterns of Ministry among the First Christians* [Patrones de ministerio entre los primeros cristianos], HarperCollins, Nueva York, 1991, pp. 195-196.

DE QUÉ MANERA EL ROL PASTORAL DAÑA LA VIDA DEL CUERPO

Una vez desenterradas las casi desconocidas raíces de la función del pastor contemporáneo, giremos la atención hacia los efectos prácticos que el tener un solo pastor tiene sobre el pueblo de Dios.

La distinción no escritural entre clero y laicado ha causado un daño del que no se habla al cuerpo de Cristo. Ha dividido la comunidad de creyentes entre cristianos de primera y de segunda clase. La dicotomía clero/laicado perpetúa una horrible falsedad, a saber, que algunos cristianos son más privilegiados que otros en cuando al servicio al Señor.

El ministerio de un solo hombre es completamente foráneo al Nuevo Testamento, y sin embargo nosotros lo abrazamos aunque sofoque nuestro funcionamiento. Nosotros somos piedras vivas y no muertas. Sin embargo, el oficio pastoral nos ha transformado en piedras que no respiran.

Permítannos volverlo más personal. Creemos que el oficio pastoral te ha robado el derecho a funcionar como miembro pleno del cuerpo de Cristo. Ha distorsionado la realidad del cuerpo, haciendo del pastor una boca gigante y transformándote en un pequeño oído.[1] Te ha convertido en espectador mudo, aunque eficiente en cuanto a tomar notas del sermón o a pasar la bolsa de la ofrenda.

Pero eso no es todo. El oficio pastoral del día de hoy ha destronado la idea central de la epístola a los Hebreos: el fin del antiguo sacerdocio. Ha vuelto ineficaz la enseñanza de 1 Corintios 12-14, acerca de que cada miembro del cuerpo tiene tanto el derecho como el privilegio de ministrar en una reunión de la iglesia. Ha vaciado el mensaje de 1 Pedro 2 acerca de que cada hermano y hermana es un sacerdote en funciones.

Ser un sacerdote en funciones no significa que solo podamos realizar ciertas formas muy restrictivas de ministerio como cantar canciones desde un banco, levantar las manos durante la adoración, encargarnos de pasar una presentación en powerpoint, o enseñar en una clase de Escuela Dominical. ¡Esa no es la idea neotestamentaria de ministerio! Son meras ayudas para el ministerio del pastor. Según lo dijo un erudito: «Gran parte del culto protestante, hasta el día de hoy, se ha visto infectado por

---

1. Pongamos esta tragedia en la forma de una pregunta bíblica: «Si todos ellos fueran un solo miembro, ¿qué sería del cuerpo?» (1 Corintios 12:19).

la desbordante tendencia a considerar el culto como tarea del pastor (y quizá del coro), mientras la mayoría de los laicos tienen muy poco que hacer aparte de cantar unos pocos himnos y escuchar de un modo atento y en actitud de oración».[1]

Esperamos que los médicos y los abogados nos atiendan, no que nos entrenen en cómo servir a otros. ¿Por qué? Porque ellos son los expertos. Son profesionales entrenados. Desafortunadamente, miramos al pastor de la misma manera. Todo eso ejerce violencia sobre el hecho de que cada creyente es un sacerdote. No solo ante Dios, sino los unos ante los otros.

Pero aún hay algo más. El pastorado contemporáneo rivaliza con la conducción funcional de Cristo en su iglesia. Ilegítimamente ocupa el único lugar de centralidad y liderazgo en medio del pueblo de Dios, lugar reservado para una sola persona: el Señor Jesús. Jesucristo es la única cabeza sobre cada iglesia y su palabra final.[2] A causa de su oficio, el pastor desplaza y suplanta la jefatura de Cristo al establecerse como la cabeza humana de la iglesia.

Por esa razón, creemos que el rol pastoral de nuestros días estorba el cumplimiento del propósito eterno de Dios. ¿Por qué? Porque ese propósito se centra en hacer la conducción de Cristo visiblemente manifiesta en la iglesia a través de un funcionamiento participativo y mutuo, abierto y libre de cada miembro del cuerpo.[3] Mientras que el oficio pastoral esté presente dentro de una iglesia determinada, esa iglesia tendrá escasas chances de ser testigo de algo tan glorioso.

DE QUÉ MODO SE DAÑA EL PASTOR A SÍ MISMO

El pastor contemporáneo no solo daña al pueblo de Dios, también se daña a sí mismo. El oficio pastoral tiene la capacidad de triturar a muchos de los que entran dentro de sus parámetros. Entre los pastores ocurre un promedio anormalmente alto de depresiones, agotamiento, estrés y crisis emocionales. Al tiempo de escribir esta obra, se informaba que había más de 500.000

---

1. Davies, *New Westminster Dicionary of Liturgy*, p. 292.
2. En este sentido (y contrariamente a la opinión pública) el pastor *no es* «el cerebelo, el centro que comunica mensajes, coordina funciones y lleva respuestas entre la Cabeza y el Cuerpo». No está llamado a dar «la comunicación autoritativa de la verdad de la Cabeza al Cuerpo». Y no es el «comunicador preciso de las necesidades del Cuerpo ante la Cabeza». El pastor ha sido descrito con estos términos exagerados en el artículo de David L. McKenna "The Ministry's Gordian Knot" [El nudo gordiano del ministerio], en *Leadership* (invierno de 1980), pp. 50-51.
3. Ver Efesios 3:8-11. Para acceder a una consideración más completa de este propósito, ver el libro de Frank *God's Ultimate Passion*.

pastores pagos sirviendo en las iglesias de los Estados Unidos.[1] Consideremos las siguientes estadísticas referidas a esta enorme cantidad de profesionales de la religión, que dan testimonio acerca del daño letal que implica el oficio pastoral:

> El 94% de ellos se sienten presionados a que su familia sea ideal.
> El 90% trabaja más de cuarenta y seis horas semanales.
> El 81% dice que cuenta con un tiempo insuficiente para dedicarle a su cónyuge.
> El 80% cree que el ministerio pastoral afecta a su familia negativamente.
> El 70% no tiene alguien al que pueda considerar su amigo cercano.
> El 70% muestra una autoestima más baja de la que tenía cuando entró al ministerio.
> El 50% se siente incapaz de cumplir con las demandas de la tarea.[2]
> El 89% está desalentado o lucha con la depresión.
> Más del 40 % informa estar sufriendo a causa del agotamiento, de programas que implican un desgaste emocional, y de expectativas irreales por parte de otros.[3]
> El 33% considera el ministerio pastoral un peligro indiscutido para la familia.[4]
> El 33% ha pensado seriamente en abandonar ese cargo durante el año pasado.[5]
> El 40% de las renuncias al pastorado se deben a un agotamiento.[6]

Se espera que la mayoría de los pastores haga malabarismos con dieciséis tareas importantes al mismo tiempo.[7] Y muchos se

---

1. Grupo Barna, artículo "A Profile of Protestant Pastors" [Perfil de los pastores protestantes], en *The Barna Update* (25 de septiembre de 2001), (http://www.barna.org). La mitad de estas iglesias tienen menos de 100 miembros activos (Larry Witham, artículo "Flocks in Need of Shepherds", [Rebaños en busca de pastor] en *The Washington Times* (2 de julio de 2001).
2. H. B. London y Neil B. Wiseman, *Pastors at Risk* [Pastores en riesgo], Victor Books, Wheaton, 1993; artículo "Is the Pastor's Family Safe at Home?" [¿Está segura la familia del pastor en casa?], en *Leadership* (Otoño de 1992); *Physician Magazine* [Revista médica] (septiembre/octubre 1999), p. 22; Grupo Barna, artículo "Pastors Feel Confident in Ministry, but Many Struggle in Their Interaction with Others", en *The Barna Update* (10 de julio de 2006). http://www.barna.org
3. Recopilación de sondeos de Encuentros de Pastores de Enfoque a la Familia.
4. Instituto Fuller de Crecimiento de la Iglesia (Seminario Teológico Fuller, Pasadena, 1991).
5. Witham, "Flocks in Need of Shepherds".
6. *Vantage Point*, Seminario Denver (junio de 1998), p. 2.
7. Grupo Barna, artículo "A Profile of Protestant Pastors", en *The Barna Update* (25 de septiembre de 2001). Estas tareas incluyen: proyectar la visión, identificar líderes y entrenarlos, predicar y enseñar, recaudar dinero, servir a los necesitados, proveer estrategias y planeamiento, organizar las actividades y programas de la iglesia, supervisar toda la administración, manejar al personal de la iglesia y a los voluntarios, resolver conflictos, representar a la congregación ante la comunidad, proveer

desmoronan bajo la presión. Por esa razón 1,400 ministros, de todas las denominaciones y a través de todos los Estados Unidos, son despedidos o se ven obligados a renunciar cada mes.[1] Durante los pasados veinte años, el promedio de duración de un pastorado ha bajado de siete años a solo cuatro.[2]

Desafortunadamente, son pocos los pastores que unen los puntos para descubrir que es su cargo el que causa toda esa turbulencia subyacente.[3] Para decirlo de manera simple, nunca fue la intención de Jesús que ninguna persona se pusiera tantos sombreros como los que se supone que use el pastor hoy. El Señor nunca planeó que ninguna persona llevara semejante carga.

Las demandas del pastorado son aplastantes; drenan completamente toda la sustancia de un mortal hasta dejarlo seco. Imaginemos por un momento que trabajamos para una compañía que nos paga en base a lo bien que hacemos sentir a nuestra gente. ¿Qué tal resultaría si la paga dependiera de lo buenos que fuéramos para entretener, de lo amistosos que resultáramos, de lo populares que consideraran a nuestra esposa e hijos, de lo bien vestidos que anduviéramos y de lo perfecto de nuestro comportamiento?

¿Podemos imaginar el estrés absoluto que eso nos causaría? ¿Podemos apreciar de qué manera semejante presión nos forzaría a representar un papel, a buscar una apariencia que asegurara nuestra autoridad, nuestro prestigio y nuestro empleo? (Por esa razón muchos pastores se resisten a recibir cualquier tipo de ayuda).[4]

La profesión de pastor dicta parámetros de conducta como

---

cuidado y consejería a la congregación, evangelizar a los que no son salvos, administrar los sacramentos, y disciplinar a algunos individuos.

1. La publicación *The Christian Citizen* (noviembre de 2000) informó que eran 1.400 los pastores que abandonaban el pastorado cada mes. En la misma línea, *The Washington Times* publicó una serie de cinco artículos, firmados por Larry Witham, sobre la «crisis del clero» que arrasaba a los Estados Unidos. Witham informaba lo siguiente: Muy pocos de los clérigos de este país son jóvenes; solo el 8% tienen menos de 35 años; de los 70.000 estudiantes matriculados en los 237 seminarios teológicos acreditados de la nación, solo una tercera parte desea conducir una iglesia como pastor; el pastorado convoca a un número muy importante de candidatos de mayor edad; de igual manera, la escasez de clérigos ha golpeado a las iglesias protestantes tradicionales en el Canadá. «En tanto que ministrar a un rebaño puede ser personalmente enriquecedor, también causa desaliento intentar cumplir con las expectativas que se tienen sobre uno como teólogo, consejero, orador, administrador y organizador de la comunidad, todo al mismo tiempo, y por una suma no muy grande de dinero». (Douglas Todd, artículo "Canada's Congregations Facing Clergy Shortage" [Las congregaciones de Canadá enfrentan una escasez de clérigos], en *Christian Century* [10 de octubre de 2001], p. 103).
2. Datos tomados de las investigaciones de Sondeo a los Pastores conducidas por el Grupo Barna desde 1984 hasta el 2006.
3. Yo (Frank) cierta vez leí la siguiente promoción de un libro de recursos para pastores: «El hombre trabaja de sol a sol, pero la tarea del pastor nunca está completa. Eso es porque debe ponerse tantos sombreros diferentes: el de predicador, el de maestro, el de consejero, el de administrador, el de líder de alabanza, y con mucha frecuencia, ¡hasta el de reparador de muebles! Para aquellos pastores que quieren que alguien les de una mano con algunos de esos sombreros, nosotros... tenemos precisamente los recursos que necesitan».
4. Para acceder a un informe de primera mano acerca de las presiones psicológicas que sufren los pastores modernos, ver el libro de C. Welton Gaddy, *A Soul Under Siege: Surviving Clergy Depression* [Un alma sitiada: Sobrevivir a la depresión], Westminster, Filadelfia, 1991.

cualquier otra profesión, como la de los maestros, médicos, o abogados. La profesión determina la manera en que los pastores deben vestir, hablar y actuar. Esa es una de las principales razones por la que muchos pastores viven vidas muy artificiales.

En este sentido, el rol pastoral fomenta la falsedad. Los feligreses esperan que su pastor se muestre siempre alegre, absolutamente espiritual y disponible ante cualquier llamado. También esperan que tenga una familia perfectamente disciplinada. Más aún, nunca debe parecer resentido o amargado.[1] Muchos pastores asumen ese rol igual que lo hacen los actores cuando representan una tragedia griega.[2]

En base a montones de testimonios personales que hemos oído de antiguos pastores, muchos de ellos (sino la mayoría) no pueden permanecer en su oficio sin corromperse en cierta medida. La política de dominación endémica a este cargo constituye un problema tremendo que aísla a muchos de ellos y envenena su relación con los demás.

En un artículo perspicaz dirigido a los pastores, al que tituló «Evitar el agotamiento del clero», el autor sugiere algo sorprendente. Su consejo a los pastores nos permite echarle una ojeada a la política de dominación que acompaña al pastorado.[3] Él le implora a los pastores que «tengan comunión con el clero de otras denominaciones. Esas personas no pueden dañarlos en lo eclesiástico, dado que no pertenecen a su círculo oficial. No hay resorte político que puedan tocar para deshacerlos».[4]

La soledad profesional es otro virus que alcanza altos niveles entre los pastores. La peste de ser un llanero solitario lleva a algunos ministros a volcarse a otras carreras. Y a otros los conduce a destinos más crueles.[5]

Todas esas patologías tienen sus raíces en la historia del pastorado. Se vuelve muy «solitaria la cima» debido a que Dios nunca tuvo la intención de que nadie estuviera en la cima, ¡a

---

1. Larry Burkett, artículo "First-Class Christians, Second-Class Citizens" [Cristianos de primera clase, ciudadanos de segunda clase], en *East Hillsborough Christian Voice* (febrero de 2002), p. 3.
2. No todos los pastores representan este papel. Pero los pocos que logran resistir a esa increíble presión parecen ser una excepción a la regla.
3. Resulta alarmante que el 23 por ciento de los clérigos hayan sido despedidos por lo menos una vez, y que el 41 por ciento de las congregaciones hayan echado por lo menos a dos pastores. Investigación llevada a cabo por *Leadership*, y publicada en el libro de G. Lloyd Rediger *Clergy Killers: Guidance for Pastors and Congregations Under Attack* [Asesinos de clérigos: Guía para pastores y congregaciones bajo ataque], Westminster/John Knox, Filadelfia, 1997.
4. J. Grant Swank, artículo "Preventing Clergy Burnout" [Evitar el agotamiento del clero], en *Ministry* (noviembre de 1998), p. 20.
5. Larry Yeagley, artículo "The Lonely Pastor" [El pastor solitario], en *Ministry* (septiembre de 2001, p. 28; Michael L. Hill y Sharon P. Hill, *The Healing of a Warrior: A Protocol for the Prevention and Restoration of Ministers Engaging in Destructive Behavior* [La cura de un guerrero: Protocolo para la prevención de la conducta destructiva en la que se involucran los ministros y restauración de los que caen en ella] (Ciber libro, 2000).

excepción de su Hijo! De hecho, el pastor de nuestros días intenta llevar él solo sobre sus hombros las cincuenta y ocho exhortaciones que hablan de «unos a otros».[1] No es de sorprender que tantos de ellos sean aplastados por semejante peso.[2]

CONCLUSIÓN

El pastor contemporáneo es la parte integrante más incuestionable del cristianismo del siglo veintiuno. Sin embargo, ni una línea de las Escrituras respalda la existencia de este oficio.

Más bien, el pastor de nuestros días nació a partir del gobierno de un único obispo originado primariamente por Ignacio y Cipriano. El obispo evolucionó en un presbítero local. Durante la Edad Media, el presbítero se convirtió en un sacerdote católico. Durante la Reforma, se transformó en el «predicador», en «el ministro» y finalmente en «el pastor»: la persona sobre la que está montado todo el Protestantismo. Para reducirlo a una frase: El pastor protestante no es nada más que un sacerdote católico levemente reformado. (Otra vez señalamos: estamos hablando de la función y no de los individuos).

Los sacerdotes católicos tenían siete obligaciones en la época de la Reforma: la predicación, los sacramentos, la oración por el rebaño, llevar una vida disciplinada y pía, los ritos de la iglesia, el apoyo a los pobres, y la visita a los enfermos.[3] El pastor protestantes toma sobre sí todas esas responsabilidades; y además a veces bendice eventos cívicos.

El afamado poeta John Milton lo definió muy bien cuando dijo: «¡El nuevo presbítero no es sino un antiguo sacerdote pero en mayor escala!»[4] En otras palabras, ¡el pastor contemporáneo no es sino un antiguo sacerdote pero escrito con letras más grandes!

---

1. Por ejemplo: Amarnos unos a los otros (Romanos 13:8); preocuparnos unos por los otros (1 Corintios 12:25); servirnos unos a otros (Gálatas 5:13); edificarnos unos a otros (Romanos 14:19); tolerarnos unos a otros (Efesios 4:2); exhortarnos unos a otros (Hebreos 3:13 RVR60), y otros.
2. *Searching Together* 23, Nº 4 (invierno de 1995) analiza esta cuestión extensamente.
3. Johann Gerhard en *Church Ministry* [Ministerio de la iglesia], por Eugene F. A. King, Concordia Publishing House, St. Louis, 1993, p. 181.
4. Tomado del poema de Milton, de 1653, "On the New Forcers of Conscience under the Long Parliament".

➤Profundizando

1. **En tanto que ustedes nos hacen notar que la iglesia primitiva recibía supervisión por parte de los que iniciaban nuevas iglesias, que no se quedaban por largos períodos en ninguna de ellas, ¿no sería mayormente porque los líderes entrenados eran muy pocos (situación que aún persiste en muchos lugares del mundo) y tenían que ser compartidos por una cantidad de iglesias?**

   No. Los que establecían iglesias deliberadamente se iban para que la iglesia pudiera funcionar bajo la conducción de Cristo. Si aquel que establece iglesias se queda en una de ellas, los miembros naturalmente esperarán que él la lidere. Se obstaculizaría el funcionamiento de cada uno de los miembros. Esto sigue siendo así hoy. El patrón que se ve a través de todo el Nuevo Testamento es que los que establecían iglesias (los obreros apostólicos) siempre dejaban la iglesia una vez que habían establecido los fundamentos. Para más detalles al respecto, leer *The Normal Christian Church Life* [La vida cristiana normal de la iglesia], de Watchman Nee (Living Stream Ministry, Anaheim, 1980).

2. **Santiago 3:1 dice: «No pretendan muchos de ustedes ser maestros, pues, como saben, seremos juzgados con más severidad». 1 Corintios 12:27-31 señala claramente que el Espíritu Santo ha dado distintos dones a las personas; no todos han recibido el don de apóstol, profeta o maestro, y cada creyente tiene una función diferente. ¿Esas Escrituras no apoyan la idea de que Dios ha llamado solo a algunos a predicar, enseñar y ministrar a la iglesia en general?**

   Sí, absolutamente. Estamos de acuerdo en que hay maestros, predicadores, profetas, apóstoles, evangelistas y hasta pastores en la iglesia de Jesucristo. El oficio pastoral contemporáneo, sin embargo, no es lo que esos textos tiene en la mira. De hecho, dado que generalmente se espera de los pastores hoy que asuman diversos roles, muy a menudo operan fuera de sus propios dones. Eso es injusto tanto para ellos como para los que conforman el cuerpo y poseen esos dones precisamente pero no tienen autorización para usarlos.

3. **En tanto que ustedes califican a la ordenación como un rito cristiano formal que tiene raíces paganas, ese proceso asegura que los líderes de la iglesia logren una comprensión adecuada de las Escrituras y que se comprometan públicamente a edificar la iglesia. Por lo tanto, ¿no sirve la ordenación como salvaguarda para aquellos que están en la iglesia?**

   Esta pregunta se basa en la suposición de que el sistema clerical moderno constituye el modelo para el ministerio cristiano. Como ya lo hemos señalado, los cristianos primitivos no sabía nada de un clero. Y ciertamente no tenían conocimiento de un clero ordenado.

   Los obreros apostólicos reconocieron ancianos locales en algunas iglesias. (Hechos 20:28, 1 Timoteo 3 y Tito 1 describen las cualidades de esos ancianos). Y las iglesias enviaban obreros apostólicos para realizar la tarea de establecer iglesias. Pero esas prácticas tienen pocos puntos de contacto con las ceremonias de ordenación modernas, que colocan a algunos cristianos por encima de otros.

4. **¿Qué quieren decir cuando señalan que «muchos pastores (sino la mayoría de ellos) no pueden permanecer en su oficio sin corromperse en cierta medida»? Algunas de las personas más piadosas y generosas que conozco son pastores que trabajan arduamente por el Reino.**

Nosotros conocemos muchos pastores generosos, piadosos y muy trabajadores también. Pero además conocemos incontables pastores que han admitido, a menudo muy tarde en sus carreras, haber sido corrompidos por su cargo en cierta medida. Algunos nos han confesado personalmente esto: «Durante unos cuantos años eso no me afectó, pero luego de un tiempo, comenzó a cambiarme sin que me diera cuenta». Nos explicaron que se habían vuelto complacientes con la gente, intentando actuar para su «audiencia» y mantener una cierta imagen. Esta observación no tiene nada que ver con los motivos de un pastor. Tiene que ver con la poderosa influencia de un sistema no bíblico.

Dejando eso de lado, la verdadera pregunta es: ¿Debemos apoyar un cargo y un papel que no se basa en el Nuevo Testamento? Si el oficio y el rol pastoral moderno es algo inspirado por Dios, entonces deberíamos apoyarlo. Pero si no lo es, no nos debería sorprender enterarnos de que tiene efectos dañinos sobre aquellos que cumplen con ese rol.

5. **¿Qué les dirían ustedes a los pastores que al leer este capítulo sintieran que los están atacando personalmente?**

No está en nuestro corazón rebajar a ningún pastor o ministro. Creemos que la mayoría de ellos han sido llamados por Dios, que aman a Dios y que son siervos ante su pueblo (ver p. 108). Sin embargo, admitimos que algunos pastores puedan sentirse atacados cuando lean este capítulo. Sugerimos que, en algunos casos, eso puede ser porque su identidad está demasiado ligada a su puesto, lo que no causa sorpresa considerando la estructura y el sistema de liderazgo que hemos creado y transmitido a través de los años. Los pastores que están seguros de su función o rol no deberían sentirse amenazados al leer este libro. No declaramos ser infalibles en nuestras conclusiones. Simplemente pedimos que nuestros lectores estén abiertos a considerarlas.

LA ROPA DEL DOMINGO A LA MAÑANA: ENCUBRIR EL PROBLEMA

«Cuídense de los maestros de la ley. Les gusta pasearse con ropas ostentosas».
—JESUCRISTO, EN LUCAS 20:46

«Cuídense de que nadie los cautive con la vana y engañosa filosofía que sigue tradiciones humanas, la que va de acuerdo con los principios de este mundo y no conforme a Cristo».
—PABLO DE TARSO, EN COLOSENSES 2:8

TODOS LOS DOMINGOS POR LA MAÑANA millones de protestantes a través de todo el mundo se colocan sus mejores ropas para asistir a la iglesia en ese horario.[1] Pero nadie parece preguntarse por qué. Cientos de miles de pastores utilizan atuendos especiales que los distinguen de sus feligreses. Y a ninguno parece importarle.

Debemos admitir que la ropa se ha vuelto más casual en una cantidad de iglesia durante las últimas décadas. Una persona vestida en jeans puede entrar hoy en el santuario de muchas congregaciones sin recibir miradas reprobatorias. Sin embargo el vestirse formalmente para asistir a la iglesia sigue siendo una práctica común en muchas partes. En este capítulo vamos a explorar los orígenes de ese «acicalarse» para ir a la iglesia. También vamos a trazar las raíces del atavío especial de los clérigos.

---

1. Denominaciones como la de Vineyard son la excepción. Esas nuevas denominaciones propugnan una forma menos formal de culto que normalmente incluye café y donas antes del servicio. Los shorts y las camisetas constituyen un atavío frecuente en un servicio de la iglesia Vineyard. La mayoría de los feligreses de las 320.000 iglesias protestantes de los Estados Unidos se «visten formalmente» para ir a la iglesia el domingo a la mañana. Si añadiéramos la cantidad de cristianos no protestantes que se engalanan para asistir a ella, la cifra sería astronómica.

VESTIR ELEGANTEMENTE PARA IR A LA IGLESIA

La práctica de vestirse formalmente para asistir a la iglesia es un fenómeno relativamente reciente.[1] Comenzó a fines del siglo dieciocho, con la Revolución Industrial, pero se expandió mucho más a mediados del siglo diecinueve. Antes de esa época, el «vestirse elegantemente» para los eventos sociales era conocido solo entre los muy ricos. La razón es simple. ¡Solo los aristócratas pudientes de la sociedad podían permitirse el lujo del buen vestir! La gente común tenía solo dos juegos de ropas: uno de trabajo, para las labores del campo, y otro, un poco menos destrozado, para ir a la ciudad.[2]

Vestirse elegantemente para cualquier ocasión era una opción de la nobleza más acaudalada.[3] Desde los tiempos medievales hasta el siglo dieciocho, la ropa constituyó un claro indicador de la clase social a la que uno pertenecía. En lugares como Inglaterra, a la gente pobre le estaba prohibido usar la ropa de la gente «mejor».[4]

Eso cambió con la invención de la manufactura textil masiva y el desarrollo de la sociedad urbana.[5] Las ropas finas se volvieron más accesibles a la gente común. Nació la clase media, y los que pertenecían a ella pudieron emular a la envidiada aristocracia. Por primera vez, la gente de clase media podía distinguirse de los campesinos.[6] Para demostrar su status, recientemente mejorado, ahora podían «vestir elegantemente» para los eventos sociales, al igual que las personas acaudaladas.[7]

Algunos grupos cristianos de fines del siglo dieciocho y principios del diecinueve resistieron esta tendencia cultural. Juan Wesley escribió en contra de usar ropa cara u ostentosa.[8] Los primeros metodistas resistieron tanto la idea de vestir

---

1. Vestirse «decentemente» para los servicios de la iglesia se remonta a alrededor del tercer siglo. Clemente de Alejandría (150-215) lo señala de este modo: «El hombre y la mujer han de ir a la iglesia decentemente ataviados, con un paso natural, adoptando una actitud de silencio... que la mujer observe estas cosas aún más. Que ande enteramente cubierta, a menos que esté en su casa». ("Going to Church", [Ir a la iglesia], en *The Instructor*, libro 3, capítulo 11).
2. Max Barsis, *The Common Man through the Centuries* [El hombre común a través de los siglos], Unger, Nueva York, 1973.
3. Leigh Eric Schmidt, artículo "A Church Going People Is a Dress-Loving People" [La gente que va a la iglesia es gente a la que le encanta vestir bien], en *Church History* (58), pp. 38-39.
4. Ibíd.
5. James Hargreaves inventó la hiladora de usos múltiples en 1764, creando así ropa más fina y colorida de lo que podían permitirse las masas. Elizabeth Ewing, *Everyday Dress 1650-1900* [Ropa cotidiana, de 1650 a 1900], Batsford, Londres, 1984, pp. 56-57.
6. Bushman, *Refinement of America* [Refinamiento en Estados Unidos], p. 313.
7. Henry Warner Bowden y P. C. Kemeny, editores, *American Church History: A Reader* [Historia de la iglesia norteamericana: Un lector], Abingdon Press, Nashville, 1971, pp. 87-89. La vestimenta y la jerarquía estaban muy conectadas en la Norteamérica colonial. Un panfleto publicado de manera anónima en Filadelfia en 1722, titulado *The Miraculous Power of Clothes, and Dignity of the Taylors: Being an Essay on the Words, Clothes Make Men* [El milagroso poder de la ropa, y la dignidad de los sastres: Siendo un ensayo sobre palabras, la ropa hace al hombre] sugería lo siguiente: El status social, la clase y el poder se exhiben, expresan y sostienen a través de la ropa. La conexión entre vestimenta y jerarquía en la sociedad colonial había investido a la ropa de un poder simbólico. Con el tiempo, esta mentalidad se filtró dentro de la iglesia cristiana.
8. Rupert Davies, *A History of the Methodist Church in Great Britain* [Una historia de la Iglesia Metodista en Gran Bretaña],

elegantemente para ir a la iglesia que se apartaron de cualquiera que llevara ropa cara a sus reuniones.[1] Los primeros bautistas también condenaron la ropa fina, enseñando que separaba a los ricos de los pobres.[2]

A pesar de estas protestas, los cristianos tradicionales comenzaron a usar ropa fina siempre que podían. La clase media, cada vez más numerosa, prosperaba, deseaba tener hogares más grandes, edificios eclesiales más importantes, y ropa más sofisticada.[3] A medida que la aculturación victoriana de la clase media fue creciendo, los edificios eclesiales más suntuosos comenzaron a atraer a la gente más influyente de la sociedad.[4]

Esto llegó a su punto máximo cuando en 1843 Horace Bushnell, un influyente ministro congregacionalista de Connecticut, publicó un ensayo titulado «Buen gusto y moda». En él Bushnell argumentaba que la sofisticación y el refinamiento eran atributos de Dios y que los cristianos debían emularlos.[5] De ese modo nació la idea de vestir con elegancia para ir a la iglesia a honrar a Dios. Los miembros de la iglesia adoraban ahora dentro de edificios de elaborada decoración, luciendo ropas finas para honrar a Dios.[6]

En 1846, un presbiteriano de Virginia, llamado William Henry Foote escribió: «La gente que va a la iglesia es gente a la que le encanta vestir bien».[7] Esta declaración simplemente daba a entender el ritual que los cristianos tradicionales habían adoptado en cuanto a llevar una vestimenta formal para ir a la iglesia. La tendencia era tan poderosa que para la década de 1850 hasta los metodistas «resistentes a la vestimenta elegante» habían sido absorbidos por ella. Y también comenzaron a usar lo mejor que tenían para ir el domingo a la iglesia.[8]

Epworth, Londres, 1965, p. 193; Nehemiah Curnock, editor, *Journals of Wesley* [Diarios de Wesley], Epworth Press, Londres, 1965, p. 193. La enseñanza de Wesley acerca de la ropa ha sido llamada «un evangelio de sencillez». Su mensaje principal era que los cristianos debían vestir con sencillez, prolijidad y simpleza. Wesley hablaba sobre este tema tan a menudo que se le atribuyó haber acuñado la frase: «El aseo personal se acerca a lo piadoso». Sin embargo, la tomó prestada de un rabí (Phinehas Ben-Yair, *Song of Songs* [Cantar de los Cantares], Midrash Rabbah, I.1:9).

1. Davies, *History of the Methodist Church*, p. 197.
2. Schmidt, "A Church Going People Is a Dress-Loving People", p. 40.
3. Bushman, *Refinement of America*, pp. 335, 352.
4. Ibid., p. 350. Las denominaciones que tenían un gran número de miembros pudientes (Episcopal, Unitaria, y otras) comenzaron a venderles bancos a las familias acomodadas para financiar programas de edificios eclesiales elaborados. «Además del costo del banco, los que iban a adorar tenían que usar ropas que estuvieran de acuerdo con el esplendor del edificio; y el estilo de la congregación se convirtió en una barrera infranqueable para muchos. Un siglo antes, un granjero común podía vestirse con una camisa azul a cuadros para asistir a la iglesia. En medio de la atmósfera refinada de los nuevos y hermosos templos, se requería más que eso».
5. Ibid., pp. 328, 331.
6. Ibid., p. 350.
7. Schmidt, "A Church Going People Is a Dress-Loving People", p. 36.
8. Bushman, *Refinement of America*, p. 319. «Los primeros metodistas sabían que los vestidos a la moda eran el enemigo, y que ahora el enemigo iba ganando». Schmidt escribe: «La gente se preocupaba por el Sabbath... para vestirse con sus mejores ropas; ponerse lo mejor el domingo resultaba proverbial. Aún los pietistas y los evangélicos, que insistían en la ropa simple,

Por consiguiente, y como ha sucedido con casi todas las otras prácticas aceptadas por la iglesia, podemos decir que los cristianos visten bien para asistir a los servicios porque han sido influidos por la cultura que los rodea. Hoy muchos cristianos se «ponen el traje» el domingo a la mañana, sin siquiera preguntarse por qué, y se van al culto. Pero ahora conocen la historia detrás de esa costumbre mecánica.

Ha sucedido de este modo exclusivamente por el esfuerzo de la clase media del siglo diecinueve por intentar ser como sus ricos contemporáneos aristocráticos, y exhibir un status mejorado por la ropa. (Ese esfuerzo fue incentivado por las nociones victorianas de respetabilidad). No ha tenido nada que ver con la Biblia, con Jesucristo ni con el Espíritu Santo.

¿Y QUÉ ES LO QUE ESTÁ MAL?

¿Por qué hacer tanta alharaca con respecto a «vestirse elegantemente» para asistir a la iglesia? No es siquiera una cuestión candente. Sin embargo, lo que implica vestirse formalmente para ir a la iglesia es lo que la transforma en una cuestión candente.

En primer lugar, refleja la falsa división entre lo secular y lo sagrado. Pensar que a Dios le importe en lo más mínimo que nosotros usemos ropa elegante los domingos para «encontrarnos con él» constituye una violación al Nuevo Pacto. Tenemos acceso a la presencia de Dios en todo tiempo y circunstancia. ¿Realmente espera él que su pueblo se vista como para un concurso de belleza los domingos por la mañana?

En segundo lugar, el usar ropas atrayentes y llamativas los domingos por la mañana expresa a gritos un mensaje embarazoso: que la iglesia es el lugar en el que los cristianos esconden su verdadera manera de ser y la «disfrazan» para hacerla aparecer agradable y hermosa.[1] Pensémoslo. Usar lo mejor que tenemos el domingo para ir a la iglesia es poco más que un manejo de la imagen. Le confiere a la casa de Dios un aspecto semejante al de un escenario: vestimenta, maquillaje, utilería, iluminación, ujieres, música especial, un maestro de ceremonia, actuación y un programa a presentar.[2]

---

sin embargo se aseguraban de que sus cuerpos estuvieran solemne y decentemente vestidos» (Schmidt, "A Church Going People Is a Dress-Loving People", p. 45).

1. Dios mira el corazón; no se deja impresionar por los atuendos que nosotros llevamos (1 Samuel 16:7; Lucas 11:39; 1 Pedro 3:3-5). Nuestra adoración es en el espíritu, no a través de formas físicas externas (Juan 4:20-24).
2. Christian Smith, "Our Dressed Up Selves" [Nuestro acicalado yo], en *Voices in the Wilderness* (septiembre/octubre de 1987), p. 2.

Vestir elegantemente para presentarse en la iglesia viola la realidad de que la iglesia está integrada por gente con problemas complejos y desprolijos; ¡gente real que puede haberse trabado en una discusión seria con su cónyuge justo antes de entrar al estacionamiento de la iglesia y que ensaya una sonrisa colosal para disimularlo!

El usar nuestra «ropa de domingo» esconde un problema básico subyacente. Fomenta la ilusión de que, de alguna manera, somos «buenos» porque nos vestimos para Dios. Se trata de un intento de simulación que deshumaniza y da un falso testimonio al mundo.

Enfrentémoslo. Como seres humanos caídos, raramente estamos dispuestos a aparecer tal como realmente somos. Casi siempre confiamos en nuestra actuación o en nuestra vestimenta para darle a la gente una cierta impresión de lo que queremos que crean de nosotros. Todo eso difiere marcadamente de la simplicidad que caracterizaba a la iglesia primitiva.

En tercer lugar, el vestirnos de gala para ir a las reuniones es darle un cachetazo a la simplicidad primitiva que constituyó el sello distintivo de la iglesia primitiva. Los cristianos del primer siglo no se «acicalaban» para asistir a las reuniones de la iglesia. Se encontraban en la simplicidad de sus salas de estar. No se vestían para hacer exhibición de su clase social. De hecho, los cristianos primitivos hacían un esfuerzo muy concreto para mostrar su absoluto desdén por la distinción entre las clases sociales.[1]

En la iglesia fueron borradas todas las diferencias sociales y raciales. Los cristianos primitivos sabían bien que ellos constituían una nueva especie sobre el planeta.[2] Por esa razón, Santiago les dirigió una represión a aquellos creyentes que trataban a los cristianos ricos mejor que a los pobres. El reprobaba completamente que los ricos vistieran de un modo diferente del de los pobres.[3]

Y sin embargo, muchos cristianos tienen la falsa impresión de que es «irreverente» vestirse con ropa informal para asistir a

---

1. En su libro *Ante Pacem: Archaeological Evidence of Church Life Before Constantine*, Graydon Snyder declara que existen alrededor de treinta cartas escritas por cristianos de una época anterior a Constantino. Según esas cartas, los cristianos normalmente abandonaban su nombre de familia, que indicaba su status social. Solo se llamaban «hermano» o «hermana» los unos a los otros. Graydon Snyder, mensajes de e-mail a Frank Viola, 12 y 14 de octubre de 2001 y 10 de julio de 2007.
2. Los cristianos primitivos se veían a ellos mismos como una nueva creación, una nueva humanidad, y una nueva especie que trascendía todas las distinciones y barreras naturales (1 Corintios 10:32; 2 Corintios 5:17; Gálatas 3:28; Efesios 2:15; Colosenses 3:11).
3. Santiago 2:1-5. Este pasaje también sugiere que las personas que llevaban a la iglesia ropas a la moda eran la excepción y no la norma.

un servicio de la iglesia el domingo por la mañana. Eso no difiere de la forma en que los escribas y fariseos acusaron al Señor y a sus discípulos de ser irreverentes por no seguir la tradición de los ancianos (Marcos 7:1-13).

Resumiendo: decir que el Señor espera que su pueblo se vista con ropas finas cuando la iglesia se reúne es hacer un agregado a las Escrituras y hablar sobre lo que Dios no ha hablado.[1] Tal práctica tiene que ver con tradiciones humanas, en el mejor de los casos.

EL ATUENDO DEL CLERO

Ahora peguemos un giro y consideremos la evolución de la indumentaria del clero. El clero cristiano no se vistió de un modo diferente de la gente común hasta la llegada de Constantino.[2]

Contrariamente a la opinión popular, el ropaje del clero (incluyendo las «vestimentas eclesiales» tradicionales de la *alta iglesia* —sector anglicano más litúrgico) no se ha originado a partir de las vestimentas sacerdotales del Antiguo Testamento. Más bien tuvo sus orígenes en el ropaje secular del mundo greco-romano.[3]

He aquí la historia: Clemente de Alejandría argumentaba que el clero debía usar mejores prendas de ropa que el laicado. (Para esa época ya la liturgia de la iglesia se consideraba un acontecimiento formal). Clemente decía que la ropa de los ministros debía ser «simple» y «blanca».[4]

El blanco ha sido el color del clero durante siglos. Esa costumbre parece haber sido tomada del filósofo pagano Platón, que escribió que «el blanco es el color de los dioses». En ese

---

1. Deuteronomio 4:2; Proverbios 30:6; Apocalipsis 22:18.
2. *The Catholic Encyclopedia 1913 On-Line Edition* [Enciclopedia católica de 1913 edición On-Line], sv "Vestments" [Vestiduras] http://www.newadvent.org/cathen/15388a.htm; *Encyclopedia Britannica Online* [Enciclopedia Britanica Online], sv "Sacred Rights Ceremonies: The Concept and Forms of Ritual: Christianity" [Ceremonias de derechos sagrados: El concepto y las formas del ritual: Cristianismo] (1994-1998) Poco antes de Constantino, los clérigos usaban un manto de tela fina cuando administraban la Eucaristía.
3. *Catholic Encyclopedia*, sv "Vestments". Bajo "Orígenes", el artículo dice: «Las vestiduras cristianas no se originaron en los vestidos sacerdotales del Antiguo Testamento; más bien se desarrollaron a partir de las vestimentas seculares del mundo greco-romano». Consultar también el libro de Janet Mayo, *A History of Ecclesiastical Dress* [Historia de la vestimenta eclesiástica], Holmes & Meier Publishers, Nueva York, 1984, pp. 11-12. Mayo escribe: «Una consideración de las vestimentas eclesiásticas revelará que tuvieron sus orígenes en la ropa secular romana. El concepto de que las vestimentas eran de origen levítico y procedían de los vestidos sacerdotales judíos constituye una idea posterior». Para acceder a una historia poco común del vestuario religioso, consultar el libro de Amelia Mott Gummere, *The Quaker: A Study in Costume* [Los cuáqueros: un estudio sobre vestimenta], Ferris and Leach, Filadelfia, 1901. Notemos que el ropaje del sacerdocio del Antiguo Testamento era sombra y figura del ropaje espiritual con que los cristianos han sido vestidos en Cristo Jesús (Hebreos 10:1; Colosenses 2:16-17; 3:10-14; Efesios 4:24; 1 Pedro 5:5; Apocalipsis 19:8).
4. "On Clothes" [Sobre la vestimenta], *The Instructor*, libro 3, capítulo 11.

sentido, tanto Clemente como Tertuliano sentían que los colores logrados a través de una tintura le desagradaban al Señor.[1]

Con la llegada de Constantino, la distinción entre obispos, sacerdotes y diáconos comenzó a echar raíces.[2] Cuando Constantino mudó su corte a Bizancio y le cambió el nombre a Constantinopla, en el año 330 d.C., la vestimenta oficial romana gradualmente fue siendo adoptada por los sacerdotes y diáconos.[3] El clero ahora se identificaba por su atuendo, que iba de acuerdo con el de los oficiales seculares.[4]

Luego de las conquistas germánicas del Imperio Romano, del cuarto siglo en adelante, la moda en cuanto a la ropa secular cambió. Las prendas largas y sueltas de los romanos dieron paso a las túnicas cortas de los godos. Pero el clero, deseando seguir diferenciándose del laicado, continuó utilizando la arcaica vestimenta romana.[5]

El clero usaba esas prendas fuera de moda durante el servicio de la iglesia, copiando el modelo del ritual secular de la corte.[6] Cuando los laicos adoptaron el nuevo estilo de ropa, el clero consideró que semejante vestimenta era «mundana» y «bárbara». Y ellos retuvieron lo que consideraban una manera «civilizada» de vestir. Y fue así que se convirtió en el atuendo clerical.[7] Esta práctica era apoyada por los teólogos de este tiempo. Por ejemplo, Jerónimo (alrededor de 342-420) observaba que el clero nunca debía entrar al santuario llevando prendas cotidianas.[8]

A partir del siglo quinto, los obispo usaron ropa púrpura.[9] En los siglos sexto y séptimo, el atuendo clerical se volvió más elaborado y costoso.[10] En la Edad Media su ropaje adquirió significados

---

1. Ibid., libro 2, capítulo 11; Mayo, *A History of Ecclesiastical Dress*, p. 15.
2. Mayo, *A History of Ecclesiastical Dress*, pp. 14-15.
3. Ibid., Latourette, *A History of Christianity*, p. 211; Brauer, *The Westminster Dictionary of Church History* [Diccionario Westminster de historia de la iglesia], The Westminster Press, Filadelfia, 1971, p. 284.
4. «La ropa del obispo era la antigua túnica del magistrado romano». Hatch, *Organization of the Early Christian Churches*, p. 164. El ropaje del obispo indica una estructura de casta específica. Incluía un manto blanco con flecos, o *mappula*, unas chinelas negras bajas, o *campagi*, y *udones*, o medias blancas. Esa era la vestimenta de los magistrados romanos. Johnson, *History of Christianity*, p. 133.
5. Senn, *Christian Worship and Its Cultural Setting*, p. 41; "Sacred Rights Ceremonies", *Encyclopedia Britannica Online*.
6. Eugene TeSelle, profesor de historia de la iglesia y de teología, Vanderbilt University, a través de un mensaje de e-mail a Frank Viola, 18 de enero de 2000.
7. Mayo, *A History of Ecclesiastical Dress*, p. 15; Jones, *Historical Approach to Evangelical Worship*, p. 117.
8. Jerónimo dijo que Dios era honrado cuando el obispo llevaba una túnica blanca más bella que la usual. Frank Senn, erudito en liturgia, a través de un mensaje de e-mail a Frank Viola, 18 de julio de 2000. Consultar también el escrito de Jerónimo "Against Jovinianus" [Contra Joviniano], libro 2.34, *Nicene and Post-Nicene Fathers* [Padres de Nicea y de post Nicea], serie 2, volumen 6, y "Lives of Illustrious Men" [Vida de hombres ilustres], capítulo 2, (*Nicene and Post-Nicene Fathers*, serie 2, volumen 3).
9. Collins y Price, *The Story of Christianity*, pp. 25, 65.
10. Jones, *Historical Approach to Evangelical Worship*, pp. 116-117. *History of Ecclesiastical Dress*, de Mayo, entra en muchos detalles sobre el desarrollo de cada pieza de la vestimenta clerical a través de todas las etapas de la historia y dentro de cada tradición. No se utilizó ningún tocado distintivo en la cabeza durante el primer milenio, y la faja no fue conocida hasta el siglo octavo. Elias Benjamin Sanford, editor, *A Concise Cyclopedia of Religious Knowledge* [Enciclopedia concisa de conocimiento religioso], Charles L. Webster & Company, Nueva York, 1890, p. 943.

místicos y simbólicos.[1] Algunas vestiduras especiales se comenzaron a generar alrededor de los siglos sexto y séptimo. E hizo su aparición la costumbre de mantener un conjunto de prendas especiales en la sacristía para colocarlas sobre la ropa de calle.[2]

Durante los siglos diecisiete y dieciocho, se aceptaron las vestiduras como objetos sagrados, heredados de la túnicas de los sacerdotes levíticos del Antiguo Testamento.[3] (Esto fue una racionalización para justificar la práctica). Para el siglo doce, el clero también comenzó a usar ropas de calle que los distinguían de todos los demás.[4]

QUÉ FUE LO QUE CAMBIÓ LA REFORMA

Durante la Reforma, la ruptura con la tradición y con las vestiduras clericales fue lenta y gradual.[5] En lugar de los atuendos clericales, los reformadores adoptaron la toga negra de los eruditos.[6] Esta también fue conocida como el manto de los filósofos, ya que fue usada por ellos durante los siglos cuarto y quinto.[7] El nuevo atuendo clerical se difundió tanto, que la toga negra del erudito secular se convirtió en la vestidura del pastor protestante.[8]

El pastor luterano andaba por las calles con su larga toga negra. También llevaba un «cuello» redondo que cobró mayor tamaño con el tiempo. Se volvió tan grande, que en el siglo diecisiete fue llamado «el cuello piedra de molino»[9] (Ese cuello aún se usa en algunas iglesias luteranas hoy).

Resulta interesante, sin embargo que los reformadores retuvieran las vestiduras clericales. El pastor protestante las usaba

---

1. Mayo, *A History of Ecclesiastical Dress*, p. 27. Isidoro de Pelusio (muerto alrededor de 440) fue el primero en atribuirle interpretaciones simbólicas a las distintas partes de la vestimenta. Se le dio significado simbólico a todo el atuendo sacerdotal alrededor del siglo octavo en Occidente y alrededor del noveno en Oriente (*Catholic Encyclopedia*, sv "Vestments"). La gente del Medioevo tenía un idilio con el simbolismo, así que no podían resistirse a darle a toda vestimenta religiosa un significado «espiritual». Esos significados todavía sobreviven hoy en las iglesias litúrgicas.
2. Senn, *Christian Worship and Its Cultural Setting*, p. 41. La sacristía era un cuarto especial dentro del edificio de la iglesia en el que se guardaban las vestiduras clericales y los vasos sagrados.
3. Mayo, *A History of Ecclesiastical Dress*, p. 27.
4. Collins y Price, *The Story of Christianity*, pp. 25, 65.
5. Mayo, *A History of Ecclesiastical Dress*, p. 64, Zwinglio y Lutero rápidamente descartaron las ropas de los sacerdotes católicos. Hall, *Faithful Shepherd*, p. 6.
6. Zwinglio fue el primero en introducir la toga del erudito en Zurich, en el otoño de 1523. Lutero comenzó a usarla en la tarde del 9 de octubre de 1524 (Niebuhr y Williams, *Ministry in Historical Perspectives*, p. 147). Consultar también el libro de George Marsden *The Soul of the American University: From Protestant Establishment to Established Nonbelief* [El alma de la universidad norteamericana: de un establishment protestante a un descreimiento establecido], Oxford University Press, Nueva York, 1994, p. 37.
7. H. I. Marrou, *A History of Education in Antiquity* [Historia de la educación en la antigüedad], Sheed and Ward, Nueva York, 1956, p. 206. «El filósofo podía reconocerse por su manto, que era corto, oscuro y hecho de tela rústica» Consultar también la obra de Smith, *From Christ to Constantine*, p. 105.
8. Niebuhr y Williams, *Ministry in Historical Perspectives*, p. 147. La toga negra fue la «prenda de calle del clero» en el siglo dieciséis (Senn, *Christian Worship and Its Cultural Setting*, p. 42).
9. Chadwick, *Reformation*, pp. 422-423.

cuando administraba la Cena del Señor.[1] Este es el caso aún hoy en muchas denominaciones protestantes. Al igual que los sacerdotes católicos, muchos pastores se colocan la toga clerical antes de levantar el pan y la copa.

El atuendo del pastor reformado (la túnica negra) simbolizaba su autoridad espiritual.[2] Esa tendencia continuó a través de los siglos diecisiete y dieciocho. Los pastores siempre usaron ropa oscura, preferentemente negra. (Ese era el color tradicional de ciertos «profesionales», como los abogados y médicos, durante el siglo dieciséis).

El negro pronto se convirtió en el color de todos los ministros en todas las ramas de la iglesia.[3] La túnica negra de los eruditos con el tiempo evolucionó hasta llegar a la «levita» de la década de 1940. La levita posteriormente fue reemplazada por el «traje de calle» negro o gris del siglo veinte.[4]

A comienzos del siglo veinte, muchos clérigos usaban un cuello blanco con una corbata. De hecho, se consideraba completamente impropio para un clérigo aparecer sin una corbata.[5] El clero de la iglesia baja (bautistas, pentecostales, y otros) usaban cuello y corbata. El clero de la alta iglesia (anglicanos, episcopales, luteranos y otros) adoptaron el cuello clerical, a menudo apodado el «collar del perro».[6]

Los orígenes del cuello clerical se remontan a 1865. No se trató de un invento católico, como se cree popularmente. Fue inventado por los anglicanos.[7] Los sacerdotes de los siglos dieciocho y diecinueve tradicionalmente usaban sotanas (prendas largas hasta el piso con cuellos levantados) sobre ropa blanca (a veces llamada alba).

En otras palabras, usaban un cuello negro con una parte blanca en el medio. El cuello clerical simplemente constituyó una versión removible de este cuello. ¡Se inventó para que los sacerdotes, tanto anglicanos como católicos, pudieran ponérselos encima de su ropa de calle y ser reconocidos como «hombres de Dios» en cualquier lugar!

---

1. Mayo, *A History of Ecclesiastical Dress*, p. 66.
2. Bowden and Kemeny, *American Church History*, p. 89.
3. Mayo, *A History of Ecclesiastical Dress*, pp. 77-78.
4. Ibid., 118.
5. Ibid., 94.
6. Ibid., 94, 118.
7. Niebuhr y Williams, *Ministry in Historical Perspectives*, p. 164. Según *The London Times* (del 14 de marzo de 2002), el cuello clerical fue inventado por el Reverendo Dr. Donald McLeod, de Glasgow. Una creencia popular es que al cuello clerical lo inventó la Contrarreforma Católica para evitar que los sacerdotes usaran grandes cuellos almidonados como los que usaban los pastores protestantes (Chadwick, *Reformation*, p. 423). Pero parece haber comenzado a existir mucho después de eso.

Hoy el traje oscuro con una corbata es el atuendo estándar para la mayoría de los pastores protestantes. ¡Muchos pastores ni por asomo se dejarían ver sin él! También algunos pastores protestantes usan el cuello clerical. Ese cuello es un símbolo inconfundible de que la persona que lo lleva es un clérigo.

¿RESULTA DAÑINO USAR UN ATUENDO ESPECIAL DE CLÉRIGO?

Un clérigo con un atavío especial constituye una afrenta a los principios espirituales que gobiernan la casa de Dios. Es un golpe en el mismo corazón de la iglesia, al separar al pueblo de Dios en dos clases: la «profesional» y la «no profesional».

Lo mismo que el «vestir elegante» para asistir a la iglesia, el ropaje clerical (sea la elaborada vestimenta de los ministros de la «alta iglesia» o el traje oscuro del pastor evangélico) tiene sus raíces en la cultura mundana. El atuendo distintivo del clero se remonta al siglo cuarto, cuando los clérigos adoptaron la vestimenta secular de los oficiales romanos.

El Señor Jesús y sus discípulos no sabían nada de usar ropa especial para impresionar a Dios o distinguirse del resto del pueblo.[1] El utilizar un atavío especial con un propósito religioso más bien fue la característica de los escribas y fariseos.[2] Y ni los escribas ni los fariseos pudieran escapar a la mirada penetrante del Señor cuando les dijo: «Cuídense de los maestros de la ley. Les gusta pasearse con ropas ostentosas y les encanta que los saluden en las plazas, y ocupar el primer puesto en las sinagogas y los lugares de honor en los banquetes» (Lucas 20:46).

➤Profundizando

1. *Ustedes dan a entender que nunca se debería animar a la gente a que se vista elegantemente para asistir a la iglesia. Sin embargo, para mí el hacerlo sirve como un recordatorio de que debemos mostrarle a Dios el respeto que merece. En ese sentido, ¿no es algo positivo llevar a la iglesia ropas buenas?*

---

1. Lucas 7:25; 2 Corintios 8:9. Parecería que las mejores ropas que Jesús tuvo sobre la tierra le fueron dadas como una burla: Lucas 23:11. Recordemos que el Hijo de Dios no entró a esta tierra con vestimentas reales, sino envuelto en pañales (Lucas 2:7). Notemos que Juan el Bautista es el caso más extremo entre aquellos que no buscaron impresionar a Dios a través de sus ropas (Mateo 3:4).
2. Mateo 23:5; Marcos 12:38.

Si usted siente que el vestirse con elegancia para ir a los encuentros de la iglesia es algo positivo, y puede hacerlo para el Señor con motivos puros, entonces, por favor, hágalo. Pero debemos tener cuidado de no juzgar ni tener en menos a aquellos que no se vistan así para las reuniones.

2. **¿Ustedes piensan que vestirse con elegancia para ir a la iglesia es inherentemente erróneo, o creen que es una práctica inventada humanamente que puede ser redimida?**

Lo último. A diferencia de algunas otras prácticas tradicionales que hemos señalado en este libro, creemos que esta es una práctica extra bíblica que puede ser redimida (ver la respuesta anterior). No hay nada inherentemente erróneo en usar ropa elegante para ir a una reunión cristiana. Lo mismo que con todas las tradiciones religiosas, simplemente creemos que es importante preguntarnos por qué lo hacemos y ponernos en contacto con los motivos que hay detrás de ella.

➤ LOS MINISTROS DE LA MÚSICA: CLERO DEDICADO A LA MÚSICA

capítulo siete

«El sello de un auténtico evangelicalismo no es la repetición de las viejas tradiciones sin un sentido crítico, sino la disposición a someter toda tradición, por más antigua que sea, a un renovado escrutinio bíblico y a reformarla, si fuese necesario».
—JOHN STOTT, MINISTRO BRITÁNICO Y ERUDITO EN BIBLIA DEL SIGLO VEINTE

«El verdadero problema no es que la iglesia sea demasiado rica sino que se ha vuelto fuertemente institucionalizada, con una inversión agobiante en mantenimiento. Tiene las características de un dinosaurio o de un acorazado. Se ha echado al hombro una maquinaria y un programa que va más allá de sus posibilidades, de modo que está absorbida por problemas de abastecimiento y preocupada por sobrevivir. La inercia de la máquina es tal que las asignaciones financieras, las cuestiones legales, los canales de organización, las actitudes de mente, todo ello, está dirigido a darle continuidad y realce al status quo. Si alguien procurara seguir adelante en un curso que se cruzara con esos canales, entonces las energías se le agotarían mucho antes de alcanzar las líneas enemigas».
—JOHN A. T. ROBINSON, ERUDITO EN NUEVO TESTAMENTO EN INGLÉS DEL SIGLO VEINTE

ENTREMOS EN UNA REUNIÓN DE CUALQUIER IGLESIA CRISTIANA, y encontraremos que generalmente se comienza cantando himnos y coros, o canciones de adoración y alabanza. Una persona (o un grupo de personas) conduce y dirige el canto. En las iglesias más tradicionales, es el director del coro, o el ministro de la música. (En algunas congregaciones, este rol hasta es ejecutado por el pastor principal). O puede ser manejado por el mismo coro. En las iglesias contemporáneas, es el líder de alabanza o el equipo de adoración el que lo lleva a cabo.

Apuntando en la línea del sermón, aquellos que «dirigen la alabanza» eligen las canciones a entonar. Ellos dan comienzo a esos cantos. Deciden cómo deben cantarse esas canciones. Y determinan cuándo deben terminar. Los que forman parte de la audiencia de ninguna manera dirigen o le dan forma al canto. Son conducidos por otros, que con frecuencia forman parte del equipo eclesiástico, o tienen un rango semejante.

Esto, en marcado contraste con las enseñanzas y el ejemplo del Nuevo Testamento. En la iglesia primitiva, la adoración y el canto quedaban en manos de todo el pueblo de Dios.[1] La iglesia misma dirigía sus propios cantos. Cantar y conducir las canciones era un asunto comunitario, no una cuestión profesional dirigida por especialistas.

LOS ORÍGENES DEL CORO

Todo comenzó a cambiar con la aparición del clero y el advenimiento del coro cristiano, que se remonta hasta el siglo cuarto. Poco después del Edicto de Milán (313 d.C.) cesó la persecución a los cristianos. Durante el gobierno de Constantino, se desarrollaron y entrenaron coros para colaborar en la celebración de la Eucaristía. La práctica se tomó de la costumbre romana, que comenzaba sus ceremonias imperiales con música y procesiones. Se establecieron escuelas especiales, y a los cantantes del coro se les dio un status de segunda línea dentro del clero.[2]

Las raíces del coro se encuentran en los templos paganos griegos y en las obras de teatro griegas.[3] Will Durant lo dice estupendamente: «Durante la Edad Media, así como en Grecia, el principal manantial de teatro se encontraba en la liturgia religiosa. La misa en sí misma constituía un espectáculo teatral; el santuario era un escenario sagrado; los celebrantes llevaban ropaje simbólico; el sacerdote y los acólitos entablaban un diá-

---

1. Efesios 5:19 (RVR1960); Colosenses 3:16. Notemos las palabras «entre vosotros» y «unos a otros» que aparecen en estos pasajes.
2. Liemohn, *The Organ and Choir in Protestant Worship* [El órgano y el coro en la adoración protestante], p. 8.
3. Los griegos habían capacitado coros para acompañar el culto pagano (H.W. Parke, *The Oracles of Appollo in Asia Minor* [Los oráculos de Apolo en el Asia Menor], Croom Helm, Londres, 1985, pp. 102-102. Las obras de teatro griegas, tanto la tragedia como la comedia, eran acompañadas por orquestas (Marion Bauer y Ethel Peyser, *How Music Grew* [Cómo se desarrolló la música], G. P. Putnam's Sons, Nueva York, 1939, pp. 36, 45; Elizabeth Rogers, *Music through the Ages* [La música a través de las edades], G. P. Putnam Sons, 1967, p. 87; Carl Shaulk, *Key Words in Church Music* [Palabras claves en la música de iglesia], Concordia Publishing House, St. Louis, 1978, p. 64; Quasten, *Music and Worship in Pagan and Christian Antiquity*, p. 76; Alfred Sendrey, *Music in the Social and Religious Life of Antiquity* [La música en la vida social y religiosa de la antigüedad], Fairleigh Dickinson University Press, Rutherford, NJ, 1974, pp. 327, 412. Normalmente, entre quince y veinticuatro personas integraban los coros griegos (Claude Calame, *Choruses of Young Women in Ancient Greece* [Coros de mujeres jóvenes en la antigua Grecia], Rowman & Littlefield, Lanham, MD, 2001, p. 21. Algunos han intentado argumentar que los cristianos tomaron los grupos corales y las salmodias de la sinagoga judía. Pero resulta altamente improbable, ya que los cristianos del tercer y cuarto siglo tomaban poco y nada de los judíos. En cambio, extraían mucho de la cultura greco-romana que los rodeaba. Como dato interesante, la música griega tuvo su génesis en el Oriente y en el Asia Menor (Rogers, *Music through the Ages*, p. 95).

logo; y la respuesta antifonal del sacerdote al coro, y de un coro a otro, sugerirían precisamente la misma evolución de una obra de teatro, a partir del diálogo que había generado la obra sagrada de Dionisio».[1]

Con la aparición del coro en la iglesia cristiana, el canto ya no era llevado a cabo por todo el pueblo de Dios sino por un grupo clerical compuesto por cantantes capacitados.[2] Este cambio se debió en parte al hecho de que se habían esparcido doctrinas heréticas a través del canto de los himnos. El clero sentía que si el canto de los himnos quedaba bajo su control, podrían ponerle un freno al crecimiento de la herejía.[3] Pero también tenía sus raíces en el poder creciente que le daba al clero el ser los principales actores de la representación escénica cristiana.[4]

Ya por el año 367 d.C. el canto congregacional estaba totalmente prohibido. Se lo reemplazó con música ejecutada por coros calificados.[5] De ese modo hizo su aparición en la iglesia el cantante con entrenamiento profesional. El canto en los cultos cristianos pertenecía ahora al dominio del clero y del coro.

A Ambrosio se le atribuye el haber creado los primeros himnos pos apostólicos.[6] Esos himnos seguían el modelo de las antiguas modalidades griegas y se los llamaba con nombres griegos.[7] Ambrosio también creó una colección de salmodias litúrgicas que todavía se usan hoy en algunas iglesias católicas.[8] La salmodia litúrgica es descendiente directa de las salmodias romanas de origen pagano, que se remontan a las antiguas ciudades sumerias.[9]

---

1. Durant, *Age of Faith*, p. 1027.
2. Liemohn, *Organ and Choir in Protestant Worship*, pp. 8-9. Hasta el siglo cuarto, el canto congregacional constituyó un rasgo característico del culto cristiano.
3. Edward Dickinson, *The Study of the History of Music* [El estudio de la historia de la música], Charles Scribner's Sons, Nueva York, 1905, pp. 16, 24.
4. Bauer y Peyser, *How Music Grew*, pp 71-72.
5. Rogers, *Music through the Ages*, p. 108. El Concilio de Laodicea (alrededor del año 367 d.C.) prohibió a todos los que no fueran cantantes canónicos el cantar en la iglesia. Este acto estaba destinado a asegurar que la calidad del canto pudiera ser más homogénea y controlable por parte de los que dirigían el culto (Davies, *New Westminster Dictionary of Liturgy*, p. 131; Arthur Mees, *Choirs and Choral Music* [Coros y música coral], Greenwood Press, Nueva York, 1969, pp. 25-26.
6. Los himnos de Ambrosio eran ortodoxos. Los arrianos utilizaban los himnos para promover ampliamente sus enseñanzas heréticas con respecto a Jesús. (Los arrianos creían que Jesús era una criatura creada por Dios).
7. Bauer y Peyser, *How Music Grew*, p. 71. «El sistema musical griego fue el precursor del usado por la iglesia cristiana primitiva, y su línea de descendencia a partir Grecia nunca se rompió sino que siguió a través de Roma, la Edad Media y los tiempos modernos» (Dickinson, *The Study of the History of Music*, p. 9). En realidad, el texto más temprano con que contamos de un himno cristiano completo está fechado alrededor del año 200 d.C. Ambrosio simplemente hizo de la composición de himnos una práctica común en la iglesia. La música cristiana en ese tiempo se sacaba de los giros idiomáticos populares griegos. Barry Leisch, *The New Worship: Straight Talk on Music and the Church* [El nuevo culto: Hablemos sin rodeos sobre música y la iglesia], Baker Book House, Gran Rapids, 1996, p. 35.
8. Rogers, *Music through the Ages*, p. 106.
9. Bauer y Peyser, *How Music Grew*, p. 70; Rogers, *Music through the Ages*, p. 61. «A partir de las palabras que han sobrevivido, sabemos que cada templo [sumerio] practicaba liturgias de canto bien organizadas, usando las técnicas de solos con respuesta (entre el sacerdote y el coro) y antifonías (de coro a coro)». Consultar también la obra de Dickinson, *The Study of the History of Music*, p. 25.

Los coros papales comenzaron en el siglo quinto.[1] Cuando Gregorio el Grande se convirtió en papa, cerca de fines del siglo sexto, él reorganizó la Schola Cantorum (escuela de canto) de Roma. (Esa escuela fue fundada por el papa Silvestre, que murió en el año 335 d.C.).[2]

A través de esa escuela, Gregorio estableció cantantes profesionales que adiestraron a los coros a través de todo el Imperio Romano. Los cantores recibían su entrenamiento durante nueve años. Tenían que memorizar cada canción que cantaban, lo que incluía el famoso canto gregoriano.[3] Gregorio borró hasta los últimos vestigios del canto congregacional, por creer que la música era una función clerical y derecho exclusivo de cantantes calificados.

Los coros bien entrenados, los cantantes calificados y el fin del canto congregacional, todo eso reflejaba la mentalidad cultural de los griegos. Al igual que con la oratoria (el discurso profesional), la cultura griega estaba construida alrededor de una dinámica audiencia-actor. Lamentablemente, ese rasgo fue trasladado de los templos de Diana y de las obras de teatro griegas a la iglesia cristiana. La congregación del pueblo de Dios se convirtió en espectadora no solo del ministerio hablado, sino también del canto.[4] Resulta deplorable que el espíritu griego de no ser más que espectadores todavía sobreviva en la iglesia contemporánea.

Los coros cristianos de muchachos también se remontan a los días de Constantino. Algunos existen todavía. La mayoría fueron creados tomándolos de los orfanatos.[5] El coro de los Niños Cantores de Viena, por ejemplo, fue fundado en Viena, Austria, en 1498. El coro cantaba exclusivamente para la corte, en la misa, y en conciertos privados y eventos del estado.[6] Los primeros coros de niños varones en realidad fueron fundados por paganos que adoraban a los dioses greco romanos.[7] Esos paganos creían que la voz de los muchachitos poseía poderes especiales.[8]

---

1. Dickinson, *The Study of the History of Music*, p. 18.
2. Rogers, *Music through the Ages*, p. 109; Andrew Wilson-Dickson, *The Story of Christian Music* [Historia de la música cristiana], Lion Publications, Oxford, 1992, p. 43; Appleby, *History of Church Music*, p. 28.
3. Bauer y Peyser, *How Music Grew*, pp. 73-75; Rogers, *Music through the Ages*, p. 109. Todo el canto de esta época iba sin acompañamiento de instrumentos musicales.
4. Dickinson, *Study of the History of Music*, p. 14.
5. *The Catholic Encyclopedia*, sv "Choir" [Coro] http://www.newadvent.org/cathen/03693b.htm; Shaulk, *Key Words in Church Music*, pp. 64-65. Iris V. Cully y Kendig Brubaker Cully, editores, *Harper's Encyclopedia of Religious Education* [Enciclopedia Harper de educación religiosa], Harper & Row Publishers, San Francisco 1971.
6. http://www.bach-cantatas.com/Bio/Wiener-Sagerknaben.htm. Para acceder a una consideración sobre el origen pagano de los coros femeninos, ver la obra de Quasten, *Music and Worship in Pagan and Christian Antiquity*, pp. 78-86.
7. Parke, *The Oracles of Appollo in Asia Minor*, pp. 102-103; Quasten, *Music and Worship*, p. 87 y subsiguientes. «Los paganos con frecuencia utilizaban coros de niños varones en sus cultos, en especial durante ocasiones festivas».
8. Quasten, *Music and Worship*, p. 87.

LOS CANTOS FÚNEBRES Y LA PROCESIÓN

Otra forma de música que tiene raíces paganas es el canto fúnebre. Se introdujo en la iglesia cristiana a principios del tercer siglo. Según lo dice un erudito: «El culto pagano a los muertos formaba una parte demasiado importante de la vida pasada de muchos cristianos, anteriormente paganos, para que ellos simplemente pudieran reemplazar los cantos fúnebres paganos y la música mortuoria con salmodias».[1]

Durante la época de Constantino, las prácticas romanas de esponsales y de procesiones fúnebres fueron adaptadas y transformadas en «funerales» cristianos.[2] Eso fue tomado de prácticas paganas.[3] Las así llamadas endechas fúnebres que son aceptadas y llevadas a cabo por los cristianos también han salido del paganismo.[4] Se introdujeron en la iglesia cristiana a principios del tercer siglo. Tertuliano se oponía a la procesión fúnebre cristiana simplemente porque tenía un origen pagano.[5]

No solo la procesión fúnebre había emergido del paganismo, sino también la alocución fúnebre. Era práctica común de los paganos del Imperio Romano contratar a alguno de los profesores más elocuentes de la ciudad para que hablara en el funeral de alguno que amaban. El orador se guiaba por un pequeño libro de mano escrito para tales ocasiones. Se dejaba llevar hasta el punto de apasionamiento y entonces decía del difunto: «Ahora vive entre los dioses, y atravesando los cielos mira hacia la vida aquí abajo»[6]. Era su tarea reconfortar a los seres queridos del difunto. Ese rol se cumple hoy a través del pastor contemporáneo. ¡Hasta las palabras del discurso resultan sorprendentemente similares!

LA CONTRIBUCIÓN DE LA REFORMA

La mayor contribución musical hecha por los reformadores fue la restauración del canto congregacional y del uso de los instrumentos. John Huss (1372-1415), de Bohemia, y sus seguidores (llamados husitas) estuvieron entre los primeros en volver a traer ambas cosas de regreso a la iglesia.[7]

---

1. Ibid., 86, 160 y subsiguientes.
2. Senn, *Christian Worship and Its Cultural Setting*, p.41. Senn también explica la manera en que la práctica de las ceremonias de esponsales romanos se incorporaron a las bodas cristianas.
3. Ver capítulo 3.
4. Quasten, *Music and Worship*, p. 163.
5. Ibid., pp. 164-165.
6. MacMullen, *Christianizing the Roman Empire*, pp 11-13.
7. Jones, *Historical Approach to Evangelical Worship*, p. 257. Los husitas crearon el primer himnario protestante en 1505, en Praga. Consultar también el libro de Terry, *Evangelism: A Concise History*, p. 68.

Lutero también alentaba al canto congregacional durante ciertas partes del servicio.[1] Pero el canto congregacional de himnos no alcanzó su pico hasta el siglo dieciocho, durante el avivamiento de Wesley en Inglaterra.[2]

En las iglesias de la Reforma, el coro permaneció. Este dirigía y apoyaba el canto congregacional.[3] Alrededor de 150 años después de la Reforma, el canto congregacional se convirtió en una práctica generalmente aceptada.[4] En el siglo dieciocho, el órgano tomó el lugar del coro en cuanto a conducir el culto cristiano.[5]

Resulta interesante que no haya evidencias de instrumentos musicales en los servicios de la iglesia hasta la Edad Media.[6] Antes de eso, todo los cánticos en los servicios no iban acompañados por instrumentos musicales.[7]

Los padres de la iglesia veían con malos ojos a los instrumentos musicales, porque los asociaban con la inmoralidad y la idolatría.[8] Calvino estuvo de acuerdo en esto, y consideró los instrumentos musicales como paganos. Por consecuencia, durante dos siglos las iglesias reformadas cantaron salmos sin el uso de instrumentos.[9]

El órgano fue el primer instrumento utilizado por los cristianos posteriores a la época de Constantino.[10] Se encontraron órganos en iglesias cristianas en tiempos tan tempranos como

---

1. Jones, *Historical Approach to Evangelical Worship*, p. 257. Durante los días de Lutero, se publicaron unos sesenta himnarios. Más específicamente, Lutero agregó el canto congregacional como parte de la liturgia. Él dejó una Misa Latina, que era cantada por el coro en ciudades y universidades, y una Misa Germana, que era cantada por la congregación en pueblos y zonas rurales. Esos dos modelos se fundieron en la práctica luterana de los siglos dieciséis a dieciocho. Los reformados se opusieron tanto a la música coral como a los himnos congregacionales. Solo aprobaban el canto de Salmos métricos (versificados) y otros cánticos basados en la Biblia. Desde su perspectiva, los coros y los himnos eran romanos. Así que el hecho de que los luteranos los usaran demostraba una reforma a medio cocinar (Frank Senn, en un mensaje de e-mail a Frank Viola, el 18 de noviembre de 2000).
2. Jones, *Historical Approach to Evangelical Worship*, p. 257. Los himnos de Isaac Watts, John Wesley y Charles Wesley fueron ampliamente usados. La composición de himnos y el canto se extendieron por todas las Iglesias Libres de dos continentes durante ese tiempo.
3. Liemohn, *Organ and Choir in Protestant Worship*, p. 15. John F. White señala que «hasta este día aún existe bastante confusión acerca de cuál es la función específica de los coros en los cultos protestantes, y sobre el hecho de que no existen fundamentos racionales para la existencia del coro en el protestantismo» (*Protestant Worship and Church Architecture*, p. 186).
4. Liemohn, *Organ and Choir in Protestant Worship*, pp. 15-16.
5. Ibid., p. 19. En el siglo dieciséis, el órgano sonaba como contraparte del canto al unísono de la congregación, por lo tanto tapaban a la gente. Las iglesias de Ginebra quitaron los órganos de los edificios de sus iglesias porque no querían que se le robara el culto a la gente (Wilson-Dickson, *Story of Christian Music*, p. 62, 76-77). Al igual que con el campanario y otros adornos, con el tiempo las iglesias evangélicas importaron los órganos de los anglicanos, durante el 1800, para mantenerse a tono con la competencia. Bushman, *Refinement of America*, pp. 336-337.
6. Ferguson, *Early Christians Speak*, p. 157.
7. Padres de la iglesia como Clemente de Alejandría (del tercer siglo), Ambrosio, Agustín y Jerónimo (de los siglos cuarto y quinto), se opusieron a la utilización de instrumentos musicales en su culto. Al igual que lo haría Calvino más tarde, asociaban los instrumentos musicales con las ceremonias paganas y las producciones teatrales romanas. Liemohn, *Organ and Choir in Protestant Worship*, p. 2; Quasten, *Music and Worship*, p. 64.
8. Ferguson, *Early Christians Speak*, p. 157.
9. Jones, *Historical Approach to Evangelical Worship*, pp. 255-256. El *Salterio de Ginebra*, publicado en 1522, fue el himnario habitual de las iglesias reformadas en Europa y los Estados Unidos durante más de 200 años.
10. Ibid., p. 256.

el siglo sexto. Pero no fueron utilizados durante la misa hasta el siglo doce. En el siglo trece, el órgano se convirtió en parte integrante de la misa.[1]

En un principio, el órgano era utilizado para darle el tono a los sacerdotes y al coro.[2] Durante la Reforma, el órgano se convirtió en el instrumento habitual usado en los cultos protestantes, a excepción del calvinismo, que quitó y destruyó los órganos que había en las iglesias.[3] El primer órgano comprado por una iglesia norteamericana data de 1704.[4]

Los primeros coros protestantes comenzaron a florecer a mediados del siglo dieciocho.[5] Se les asignaban asientos especiales a los miembros del coro para mostrar su status especial.

En un comienzo, la función del coro era establecer el tono del canto congregacional. Pero antes de que pasara mucho tiempo, el coro comenzó a contribuir con algunas selecciones especiales.[6] Y fue así que nació la música especial cantada por el coro mientras la congregación los contemplaba actuar.

A fines del siglo diecinueve, el coro de niños hizo su aparición en las iglesias norteamericanas.[7] En esa época se volvió costumbre que el coro interpretara música especial dentro de las iglesias no litúrgicas. (Esa práctica con el tiempo se introdujo también en las iglesias litúrgicas.[8]

La ubicación del coro es digna de notar. A finales del siglo dieciséis, el coro se trasladó de la tarima del coro (plataforma del clero) a la tribuna alta de atrás, donde se había instalado el órgano de tubos.[9] Pero durante el Movimiento de Oxford de fines del siglo diecinueve y principios del veinte, el coro regresó a la plataforma. Fue en esa época que los miembros del coro comenzaron a usar túnicas eclesiásticas.[10] En las década de 1920 y de 1930, era costumbre de los coros norteamericanos usar esas vestiduras especiales, que hacían juego con los recientemente adquiridos

---

1. Liemohn, *Organ and Choir in Protestant Worship*, p. 4.
2. Ibíd., p. 3.
3. Ibíd., 3, 32-33. Los wesleyanos prohibieron los órganos en 1796, prefiriendo el bajo de viola como único instrumento lícito para la adoración. Pero los órganos se instalaron doce años después en las iglesias wesleyanas (pp. 91-92). El órgano luterano se convirtió en característica indispensable del culto luterano. Irónicamente, la tradición luterana en cuanto a la música de órgano fue establecida por un calvinista holandés de nombre Jan Pieterszoon Sweelinck, a principios del siglo diecisiete (Senn, *Christian Liturgy*, p. 534).
4. La iglesia era la Trinity Church de Nueva York. Para acceder a una consideración acerca de los primeros órganos usados en los Estados Unidos, ver la obra de Liemohn, *Organ and Choir in Protestant Worship*, pp. 110-111.
5. Ibíd., p. 113. White, *Protestant Worship and Church Architecture*, p. 110.
6. Liemohn, *Organ and Choir in Protestant Worship*, p. 115.
7. Ibíd., p. 125. La Primera Iglesia Presbiteriana de Flemington, Nueva Jersey, es considerada la primera iglesia en organizar un coro de niños.
8. Ibíd.
9. Senn, *Christian Liturgy*, p. 490.
10. Liemohn, *Organ and Choir in Protestant Worship*, p. 127; Wilson-Dickson, *Story of Christian Music*, p. 137.

edificios eclesiales neo góticos.¹ El coro, con sus arcaicas ropas clericales, ¡ahora se ubicaba junto al clero frente a la gente!²

EL ORIGEN DEL GRUPO DE ALABANZA

En muchas iglesias contemporáneas, sean o no carismáticas, el coro ha sido reemplazado por el grupo de alabanza.³ Esas iglesias tienen santuarios que se jactan de contar con pocos símbolos religiosos (posiblemente con excepción de banderas y estandartes).

Frente al escenario hay un sencillo podio, algunas plantas, amplificadores, bafles, y cantidad de cables. La vestimenta por lo general es casual. Normalmente se utilizan sillas plegables o asientos como los de un teatro en lugar de los bancos. El grupo de alabanza típico incluye una guitarra eléctrica, una batería, un teclado, posiblemente un bajo, y algunos vocalistas especiales. Es usual que las palabras se proyecten en una pantalla o en una pared lisa a través de un retroproyector, por un proyector de video, o por imágenes en PowerPoint. Las canciones normalmente son seleccionadas antes del servicio de culto. Raramente se cuenta con libros de canciones o himnarios.

En esas iglesias, adorar significa seguir las canciones prescritas por la banda. El tiempo de alabanza y la adoración en general dura de veinte a cuarenta minutos. Las primeras canciones suelen ser animados coros de alabanza.⁴ El grupo de alabanza entonces conduce a la congregación, que se muestra vivaz, bate palmas, balancea el cuerpo, levanta las manos, y hasta a veces danza, luego se da paso a un popurrí de canciones de adoración individualistas y suaves. (En general, el foco de las canciones se concentra en ciertas experiencias espirituales individuales. Los pronombres en primera persona del singular —*yo, mí, mío*— son dominantes en una buena cantidad de los cánticos.⁵ En algunas iglesias contemporáneas, la tendencia es a avanzar hacia algunas líneas en plural —nosotros, nuestro. Se trata de un cambio maravilloso).

---

1. Senn, *Christian Worship and Its Cultural Setting*, p. 49.
2. A. Madeley Richardson, *Church Music* [Música de iglesia], Longmans, Green, & Co., Londres, 1910, p. 57.
3. Denominaciones como Vineyard, Calvary Chapel y Hope Chapel tienen una buena cuota del mercado de este tipo de iglesias. Sin embargo, muchas iglesias denominacionales y no denominacionales han adoptado el mismo estilo de culto.
4. La recuperación del canto de coros sobre las Escrituras fue introducido por el movimiento de Jesús de la década de 1970. David Kopp, *Praying the Bible for Your Life* [Orar la Biblia con referencia a la vida], Waterbrook Press, Colorado Springs, 1999, pp. 6-7.
5. Esto traza un mapa perfecto del enfoque egocéntrico de la generación de la posguerra.

Cuando la banda desciende del escenario, los ujieres recogen la ofrenda. A eso generalmente le sigue el sermón, y el pastor domina el resto del servicio. En muchas iglesias, el pastor llama al equipo de adoración para que regrese al escenario a ejecutar unas pocas canciones de adoración más mientras él concluye con su sermón. A continuación puede venir un «tiempo de ministración» mientras la banda sigue tocando.

La liturgia de canto que acabamos de describir funciona como una obra de relojería en una iglesia típicamente carismática y no denominacional. Pero, ¿de dónde salió?

En 1962, un grupo de músicos eclesiásticos británicos insatisfechos, de Dunblane, Escocia, trataron de revitalizar las canciones cristianas tradicionales. Conducidos por el ministro congregacionalista Erik Routley, esos artistas recibieron la influencia de Bob Dylan y Sydney Carter. George Shorney Jr., de la compañía editora Hope Publishing Company llevó el nuevo estilo a los Estados Unidos. Esos nuevos himnos cristianos constituyeron una reforma, pero no una revolución. La revolución apareció cuando el rock and roll se adaptó a la música cristiana con la llegada del movimiento de Jesús. Esta reforma estableció el escenario para que ciertos cambios musicales revolucionarios se arraigaran dentro de la iglesia cristiana a través de Calvary Chapel y de Vineyard.[1]

El origen de los grupos de alabanza se remontan a la fundación de la iglesia Calvary Chapel en 1965. Chuck Smith, el fundador de la denominación, comenzó un ministerio entre los hippies y los surfistas. Smith les daba la bienvenida a los hippies recientemente convertidos para que afinaran de nuevo sus guitarras y ejecutaran su música, ahora redimida, en la iglesia. Proveyó un escenario para que esa contracultura hiciera música, permitiéndoles llevar cabo actuaciones y conciertos los domingos por la noche. Las nuevas formas musicales comenzaron a ser llamadas «alabanza y adoración».[2] Cuando el movimiento de Jesús comenzaba a florecer, Smith fundó la compañía discográfica

---

1. Desde el advenimiento de la música cristiana contemporánea, ha comenzado «una guerra sobre la adoración», lo que ha constituido una fuerza divisora, al estilo de los Balcanes, dentro de las iglesias cristianas, separándolas entre «las amantes de la música al viejo estilo tradicional» y «las amantes de la música al nuevo estilo contemporáneo». No pocas iglesias han resultado divididas por la mitad por esta cuestión de la forma de música a usar durante los servicios. La controversia sobre música contemporánea versus música tradicional se ha convertido en la raíz, tallo y ramas del nuevo tribalismo que acosa a la iglesia moderna.
2. Michael S. Hamilton, artículo "The Triumph of Praise Songs: How Guitars Beat Out the Organ in the Worship Wars" [El triunfo de las canciones de alabanza: Forma en que las guitarras eliminan al órgano en las guerras de adoración], *Christianity Today*, 12 de julio de 1999.

Maranatha Music, a principios de la década de 1970. Su meta era distribuir las canciones de esos jóvenes artistas.[1]

Vineyard, bajo la influencia del genio musical de John Wimber, hizo lo mismo con el grupo de alabanza. Wimber, un ex pastor de la iglesia Calvary Chapel, se convirtió en el líder del movimiento Vineyard en 1982. Desde ese tiempo, Vineyard probablemente haya tenido mayor influencia en cuanto a establecer grupos de adoración y a difundir la música de adoración que Calvary Chapel. La música de Vineyard es considerada más íntima y llena de adoración, en tanto que la música de Calvary Chapel es conocida por sus canciones alegres, y orientadas hacia la alabanza.[2]

En su momento, la guitarra reemplazó al órgano como instrumento central para conducir la adoración en la iglesia protestante. Aunque sigue el patrón de los conciertos de rock de la cultura secular, el grupo de alabanza se ha vuelto tan común como el púlpito.

¿Y CUÁL ES LA QUEJA?

Quizás ustedes se estén preguntando: *¿Y qué hay de malo en tener un director de coro, un líder de alabanza, o un grupo de alabanza que conduzca el canto en la iglesia?* Nada... si todos los miembros de la iglesia están conformes con ello. Sin embargo, muchos cristianos sienten que esto le roba al pueblo de Dios una función vital: elegir y conducir su propio canto en las reuniones (tener la adoración divina en sus propias manos) para permitir a Jesucristo dirigir el canto de su iglesia más que dejar que sea guiado por un facilitador humano. El canto en la iglesia primitiva se caracterizaba precisamente por esos rasgos.

Escuchemos la descripción que hace Pablo de una reunión de la iglesia del Nuevo Testamento: «Cada uno puede tener un himno» (1 Corintios 14:26). «Anímense unos a otros con salmos, himnos y canciones espirituales» (Efesios 5:19). Consideremos las palabras «cada uno». Los directores de canto, los coros y los grupos de alabanza vuelven esto imposible ya que limitan el liderazgo de Cristo en su ministerio de conducir a sus hermanos a cantar canciones a su Padre. De este ministerio (que es poco

---

1. Donald E. Miller, *Reinventing American Protestantism* [Reinventar el protestantismo norteamericano], University of Berkeley Press, Berkeley, 1997, pp. 65, 83.
2. Ibid., pp. 19, 46-52, 84.

conocido hoy) el escritor de Hebreos dice: «Tanto el que santifica como los que son santificados tienen un mismo origen, por lo cual Jesús no se avergüenza de llamarlos hermanos, cuando dice: "Proclamaré tu nombre a mis hermanos; en medio de la congregación te alabaré"» (Hebreos 2:11-12).

Cuando las canciones de adoración solo pueden ser anunciadas, iniciadas y conducidas por los talentosos, ese elemento de servicio viene a convertirse más bien en un entretenimiento que en adoración colectiva.[1] Y solo a aquellos que «pasan la preselección» se les permite participar en el ministerio de conducir los cánticos. Nuestro argumento es que según los principios del Nuevo Testamento, el ministerio del canto debe quedar en manos de todo el pueblo de Dios. Y debería haber algún espacio en el que este ministerio se pudiera expresar.

Yo (Frank) no soy un teórico. Por casi veinte años me he reunido con iglesias en las que cada miembro ha sido entrenado para comenzar una canción de forma espontánea.[2] Imagínenlo: Cada hermano y hermana libres de conducir canciones bajo el liderazgo de Jesucristo; y hasta de escribir sus propias canciones y traerlas a las reuniones para que todos las aprendamos. He encontrado numerosas iglesias que han experimentado esa gloriosa dinámica. Alguien comienza una canción y todos los demás se unen a ella. Entonces algún otro comienza otra canción y de ese modo la adoración continúa sin largas pausas y sin un líder visible presente.

Sea dicho de paso, esa es exactamente la forma en la que los cristianos del primer siglo adoraban. Sin embargo resulta una experiencia infrecuente dentro de la iglesia institucional de nuestros días. La buena noticia es que eso es posible y está a disposición del que desee experimentar la conducción de Cristo a través de una canción en una reunión de la iglesia. El canto en esas iglesias es intensamente corporativo en lugar de ser individualista y subjetivo.[3]

«Junto a los ríos de Babilonia nos sentábamos, y llorábamos al acordarnos de Sión. En los álamos que había en la ciudad colgábamos nuestras arpas. Allí, los que nos tenían cautivos nos pedían que entonáramos canciones; nuestros opresores nos pedían

---

1. Yo no tengo problema para nada con que los músicos talentosos toquen delante de una audiencia para alentarla, instruirla, inspirarla y hasta entretenerla. Sin embargo, eso no debería confundirse con el ministerio de los cantos de alabanza y adoración, que pertenecen a toda la iglesia.
2. Yo (Frank) explico de forma práctica cómo puede un grupo de cristianos conducir sus propios cantos y componer sus propias canciones en mi libro *Gathering in Homes* [Reunirse por las casas], Present Testimony Ministry, Gainesville, FL, 2006.
3. Efesios 5:19 y Colosenses 3:16 captan el sabor de la naturaleza corporativa del canto de los cristianos del primer siglo.

estar alegres; nos decían: "¡Cántennos un cántico de Sión!" ¿Cómo cantar las canciones del Señor en una tierra extraña?»... «Cuando el Señor hizo volver a Sión a los cautivos, nos parecía estar soñando. Nuestra boca se llenó de risas; nuestra lengua, de canciones jubilosas. Hasta los otros pueblos decían: El Señor ha hecho grandes cosas por ellos». (Salmos 137:1-4; 126:1-2).

➤Profundizando

1. **1. Ustedes han expuesto las «raíces paganas» que tiene el coro de la iglesia; sin embargo, no sé por qué eso en sí mismo pueda volverlo menos valioso. No tengo el don del canto, pero aprecio que aquellos que aman la música y tienen talento en esa área se tomen el tiempo y realicen el esfuerzo de prepararse para conducirme a mí a la adoración a través del canto. ¿Qué piensan?**

   Nosotros también apreciamos a aquellos que han sido dotados para la música y pueden usar su talento musical para bendecir a otros. Sin embargo, restringir la elección de las canciones de los encuentros a unas pocas personas selectas (es decir, a un coro, o a un grupo de alabanza) no le permite al resto del cuerpo participar de ese ministerio. Eso contradice a las Escrituras. Como Pablo dice, «cada uno puede tener un himno» en la reunión (1 Corintios 14:26; véase también Efesios 5:19 y Colosenses 3:16).

2. **2. Frecuentemente mi pastor y el grupo de alabanza eligen música que se corresponda con el mensaje de la mañana. Puede ser que yo no me «conecte» con cada canción elegida, pero no veo como podrían las cosas resultar diferentes si todos los presentes fueran invitados a elegir y dirigir una canción.**

   Cuando uno nunca ha visto a un grupo de cristianos escoger y conducir sus propias canciones de un modo espontáneo bajo el liderazgo de Cristo, es difícil captar cómo sería eso. Baste decir que hay un mundo de diferencia entre tener un grupo selecto de gente que elige las canciones y permitir que cada creyente participe en cuanto a iniciar el canto. Es la diferencia que se aprecia entre seguir pasivamente a una persona (o pequeño grupo) y lograr que todos participen juntos de una manera activa y espontánea.

3. **3. En épocas del Antiguo Testamento (véase 1 Crónicas 23:5, 30; 25:1-31; 2 Crónicas 7:6), Dios instituyó líderes de alabanza «profesionales» entre las familias levíticas que conducían el culto público y escribían muchos de los Salmos (por ejemplo, aquellos compuestos por Asaf y los descendientes de Coré). ¿Piensan ustedes que eso proporciona una base bíblica para un ministerio de la música válido? ¿Por qué?**

   Creemos que en realidad esos pasajes apoyan nuestro punto. El sacerdocio del Antiguo Testamento había sido restringido a un grupo selecto de personas: los levitas. En el Nuevo Pacto, ese sacerdocio selectivo fue descartado, y cada cristiano ha sido constituido un sacerdote para Dios. No formamos parte del sacerdocio levítico; somos sacerdotes según el orden de Melquisedec (Hebreos 5-7). Cristo es nuestro Sumo Sacerdote, y todos los creyentes son sacerdotes bajo él (1 Pedro 2:5, 9; Apocalipsis 1:6). Por lo tanto, según creemos, esos pasajes muestran que cada cristiano tiene el derecho a participar en «la conducción de la adoración» bajo la dirección de Cristo.

4. **4. ¿Creen ustedes que está mal que un cristiano cante un solo en una reunión de la iglesia, o que una banda toque una canción y conduzca a un grupo de creyentes a un canto de adoración?**

Para nada. Simplemente nuestro argumento es que si esas cosas eclipsan, hacen nulo, o reemplazan completamente al ministerio dado a todo creyente en cuanto a dirigir y a participar del canto de alabanzas y adoración al Señor, deberíamos considerar la posibilidad de se haya silenciado un ministerio de la iglesia ordenado por Dios.

EL DIEZMO Y EL SALARIO DE LOS CLÉRIGOS: PUNTOS DOLOROSOS DE NUESTRAS BILLETERAS

> capítulo ocho

«A diferencia de muchos, nosotros no somos de los que trafican con la palabra de Dios».
— PABLO DE TARSO EN 2 CORINTIOS 2:17

«A la iglesia, el abrazar a la masa de la población del Imperio, desde el César hasta el más vil de los esclavos, y vivir en medio de todas sus instituciones, la llevó a recibir en su seno vastos depósitos de material foráneo del mundo y del paganismo... Aunque la antigua Grecia y Roma hayan caído para siempre, el espíritu del paganismo greco-romano no se ha extinguido. Todavía vive en el corazón del hombre natural, que en este día necesita tanto como siempre de la regeneración del Espíritu de Dios. Vive también en muchas prácticas idólatricas y supersticiosas de las iglesias griega y romana, contra lo cual el espíritu puro del cristianismo se ha manifestado instintivamente desde el principio, y se seguirá manifestando hasta que todo vestigio de idolatría, grosera o refinada, sea superado tanto en lo externo como en lo interno, y bautizado y santificado no solo con agua, sino también con el espíritu y el fuego del evangelio».
— PHILIP SCHAFF, HISTORIADOR DE LA IGLESIA DEL SIGLO DIECINUEVE

«¿ACASO ROBA EL HOMBRE A DIOS? ¡Ustedes me están robando! Y todavía preguntan: "¿En qué te robamos?" En los diezmos y en las ofrendas. Ustedes —la nación entera— están bajo gran maldición, pues es a mí a quien están robando. Traigan íntegro el diezmo para los fondos del templo, y así habrá alimento en mi casa. Pruébenme en esto —dice el Señor Todopoderoso, y vean si no abro las compuertas del cielo y derramo sobre ustedes bendición hasta que sobreabunde» (Malaquías 3:8-10).

Este pasaje parece constituir el texto bíblico favorito de muchos líderes cristianos, en especial cuando el ofrendar se halla en marea baja. Si ya has estado por un tiempo en la iglesia contemporánea, habrás esuchado leer este pasaje desde el púlpito en numerosas ocasiones. Consideremos algo de la retórica que lo acompaña:

«Dios te ha mandado dar tus diezmos con fidelidad. Si no diezmas, estás robando al Dios Todopoderoso, y te estás poniendo debajo de maldición».

«¡Tus diezmos y ofrendas son necesarios para que la obra de Dios continúe!» («La obra de Dios», por supuesto, incluye la paga del equipo pastoral y también saldar la cuenta mensual de electricidad para mantener el edificio a flote).

¿Cuál es el resultado de este tipo de presiones? El pueblo de Dios es persuadido a dar una décima parte de sus ingresos de la semana o del mes. Cuando lo hacen, sienten que han puesto contento a Dios. Y pueden esperar que él los bendiga financieramente. Cuando fallan, sienten que son desobedientes y entonces se preocupan de que pueda avecinarse una maldición económica sobre ellos.

Pero demos unos pasos hacia atrás y hagámonos esta aguda pregunta: «¿Nos enseña a diezmar la Biblia? ¿Estamos espiritualmente obligados a financiar al pastor y a su equipo?»

La respuesta a estas dos preguntas pueden sacudirnos.

¿DIEZMAR ES BÍBLICO?

El diezmo aparece en la Biblia. Por lo tanto, sí, el diezmar es bíblico. Pero no es cristiano. El diezmo pertenece al antiguo Israel. Esencialmente eso constituía su impuesto a los ingresos. Nunca encontramos a los cristianos del primer siglo diezmando en el Nuevo Testamento.

Numerosos cristianos no tienen ni la menor idea sobre lo que la Biblia enseña con respecto al diezmo. Así que considerémoslo. La palabra *diezmo* simplemente significa la décima parte.[1] El Señor instituyó tres clases de diezmos para Israel como parte de su sistema de impuestos. Son:

---

1. En el Antiguo Testamento, la palabra hebrea que se usaba para «diezmo» era *maaser*, que significa una décima parte. En el Nuevo Testamento, la palabra griega es *dekate*, que también significa una décima parte. La palabra no ha sido tomada del mundo religioso sino del mundo de las matemáticas y las finanzas.

> Un diezmo al producto de la tierra para sostener a los levitas que no tenían herencia en Canaán.[1]
> Un diezmo sobre el producto de la tierra para patrocinar festivales religiosos en Jerusalén. Si los productos eran demasiado pesados como para que la familia los llevara a Jerusalén, los podían convertir en dinero.[2]
> Un diezmo sobre el producto de la tierra recolectado cada tres años para los levitas de la localidad, los huérfanos, los extranjeros, y las viudas.[3]

Ese era el diezmo bíblico. Dios mandó a Israel dar el 23,3% de sus ingresos cada año, no el 10%[4]. Esos diezmos provenían del producto de la tierra: lo que incluía la semilla de la tierra, el fruto de la tierra, y las manadas y rebaños. Era el producto de la tierra y no dinero.

Se puede apreciar un claro paralelo entre el sistema de diezmos de Israel y el actual sistema de impuestos de los Estados Unidos. Israel estaba obligado a sostener a sus trabajadores nacionales (los sacerdotes), sus festividades (o festivales), y a sus pobres (los extranjeros, viudas y huérfanos) con sus diezmos anuales. La mayoría de los sistemas de impuestos modernos sirven a un propósito semejante.

Con la muerte de Jesús, todos los códigos ceremoniales que pertenecían a los judíos fueron clavados a la cruz de Cristo y enterrados, para no ser utilizados nunca más ni condenarnos. Por esa razón, no vemos a los cristianos diezmar en el Nuevo Testamento, del mismo modo en que no los vemos sacrificar cabras y toros para cubrir sus pecados.

Pablo escribe: «Antes de recibir esa circuncisión, ustedes estaban muertos en sus pecados. Sin embargo, Dios nos dio vida en unión con Cristo, al perdonarnos todos los pecados y anular la deuda que teníamos pendiente por los requisitos de la ley. Él anuló esa deuda que nos era adversa, clavándola en la cruz... Así que nadie los juzgue a ustedes por lo que comen o beben, o con respecto a días de fiesta religiosa, de luna nueva o de reposo.

---

1. Levítico 27:30-33; Números 18:21-31.
2. Deuteronomio 14:22-27. A esto en ocasiones se lo llama «el diezmo de la festividades».
3. Deuteronomio 14:28-29, 26:12-13. El historiador judío Josefo y otros eruditos creen que se trata de un tercer diezmo usado de un modo diferente que el segundo. Stuart Murray, *Beyond Tithing* [Más allá del diezmo], Paternoster Press, Carlisle, UK, 2000, pp. 76, 90; "What's a Tithe?" Preguntas sobre el diezmo, sobre el dar generosamente, http://generousgiving.org/page.asp?sec=43&page=589.
4. Veinte por ciento anual y diez por ciento cada tres años equivale a 23,3% cada año. Dios estableció estos tres diezmos (Nehemías 12:44; Malaquías 3:8-12; Hebreos 7:5).

Todo esto es una sombra de las cosas que están por venir; la realidad se halla en Cristo».[1]

Dar el diezmo le correspondía exclusivamente a Israel bajo la Ley. Cuando se trata de mayordomía financiera, vemos que los cristianos del primer siglo daban con alegría, según sus posibilidades, no por la obligación de obedecer un mandato.[2] El dar en la iglesia primitiva era algo voluntario.[3] Y aquellos que se beneficiaban eran los pobres, los huérfanos, las viudas, los enfermos, los presos y los extranjeros.[4]

Podemos percibir que ahora mismo alguien hace la siguiente objeción: «¿Y qué de Abraham? Él vivió antes de la Ley. Y lo vemos entregándole los diezmos al sumo sacerdote Melquisedec (Génesis 14:17-20). ¿No derriba eso el argumento acerca de que el diezmo es parte de la Ley Mosaica?»

No, para nada. En primer lugar, el diezmo de Abraham fue completamente voluntario y no compulsivo. Dios no le mandó hacerlo de la forma en que se lo mandó a Israel.

En segundo lugar, Abraham diezmó de los despojos que había obtenido después de una batalla en particular que había peleado. No diezmó de sus propios ingresos regulares ni de sus propiedades. El acto de diezmar por parte de Abraham sería semejante al caso de que uno ganara la lotería o un premio mayor, o recibiera una bonificación en el trabajo, y entonces diezmara.

En tercer lugar, y lo más importante, esa fue la única vez de la que se tiene registro en que Abraham diezmó, en los 175 años de vida que tuvo sobre esta tierra. No hay evidencias de que jamás volviera a hacer tal cosa. Por consiguiente, si desean usar a Abraham como «texto de prueba» para argumentar que los cristianos deben diezmar, ¡entonces están obligados a hacerlo solo una vez![5]

Esto nos lleva de vuelta al texto de Malaquías 3, tan frecuentemente citado. ¿Qué es lo que Dios dice allí? En primer lugar, este pasaje iba dirigido al antiguo Israel, que se hallaba bajo la Ley Mosaica. El pueblo de Dios estaba reteniendo sus diezmos y ofrendas. Consideremos lo que sucedería si una buena parte

---

1. Colosenses 2:13-14, 16-17; ver también Hebreos 6-10.
2. Esto resulta muy claro en 2 Corintios 8:3-12, 9:5-13. La palabra de Pablo acerca del dar es esta: Dar conforme a la manera en que Dios nos ha prosperado, según la capacidad y medios de los que dispongamos.
3. Gough, *Early Christians*, p. 86.
4. "How We Christians Worship" [La manera en que los cristianos adoramos], *Christian History* 12, Nº 1 (1993), p. 15.
5. Lo mismo se aplica a Jacob. Según Génesis 28:20-22, Jacob prometió diezmar para el Señor. Pero al igual que el diezmo de Abraham, el de Jacob fue completamente voluntario. Y hasta donde sabemos, no constituyó una práctica de toda la vida. Si es que Jacob comenzó a diezmar regularmente (y eso no se puede probar), él esperó que pasaran veinte años antes de comenzar. Para citar a Stuart Murray: «El diezmar parecer ser casi algo secundario en estas historias (las de Abraham y Jacob) y el autor no le concede una significación teológica a esta práctica».

de los ciudadanos de un país se rehusaran a pagar sus impuestos. Eso sería visto como una forma de robo por muchos, y en algunos países, aquellos que no están dispuestos a pagar, enfrentan las consecuencias.[1]

Del mismo modo, cuando Israel retuvo sus impuestos (diezmos), le estaba robando a Dios, a Aquel que había instituido el sistema de diezmos. El Señor entonces ordenó a su pueblo traer sus diezmos a la bodega. La bodega estaba ubicada en las cámaras del templo. Las cámaras habían sido destinadas a guardar los diezmos (que eran productos, no dinero) para el sustento de los levitas, los pobres, los extranjeros y las viudas.[2]

Notemos el contexto de Malaquías 3:8-10. En el versículo 5, el Señor dice que él juzgará a aquellos que opriman a la viuda, al huérfano y al extranjero. Él dice: «De modo que me acercaré a ustedes para juicio. Estaré presto a testificar contra los hechiceros, los adúlteros y los perjuros, contra los que explotan a sus asalariados; contra los que oprimen a las viudas y a los huérfanos, y niegan el derecho del extranjero, sin mostrarme ningún temor».

Las viudas, los huérfanos y los extranjeros eran los justos destinatarios del diezmo. A causa de que Israel estaba reteniendo sus diezmos, se lo consideraba culpable de ignorar las necesidades de esos tres grupos. Aquí, en Malaquías 3:8-10, percibimos el corazón de Dios: él se opone a la opresión de los pobres.

¿Cuántas veces hemos escuchado a los pastores señalar este punto cuando predican sobre Malaquías 3? En cantidad de sermones he escuchado acerca del diezmar, pero nunca se me informó acerca de qué hablaba el pasaje en realidad. Esto es, que el diezmo se da para sostener a las viudas, a los huérfanos, a los extranjeros y a los levitas (que no poseían nada).

EL ORIGEN DEL DIEZMO Y DEL SALARIO DEL CLÉRIGO

El Nuevo Testamento insta a los creyentes a dar conforme a su capacidad. Los cristianos de la iglesia primitiva daban para ayudar a otros creyentes, así como también para sostener a los obreros apostólicos, lo que les permitía a ellos viajar y establecer iglesias.[3]

---

1. Notemos que algunos creen en ciertos países que pagar impuestos no es una obligación legal. Simplemente estamos usando este ejemplo como una ilustración y nada más.
2. Nehemías 12:44, 13:12-13; Deuteronomio 14:28-29, 26:12.
3. Ayuda a otros creyentes: Hechos 6:1-7, 11:27-30, 24:17; Romanos 15:25-28; 1 Corintios 16:1-4; 2 Corintios 8:1-15, 9:1-12; 1 Timoteo 5:3-16. Sostén brindado a los que establecen iglesias: Hechos 15:3; Romanos 15:23-24; 1 Corintios 9:1-14, 16:5-11;

Uno de los testimonios más destacados de la iglesia primitiva tiene que ver con lo generosos que eran los cristianos con los pobres y los necesitados.[1] Eso provocaba que los de afuera, incluyendo el filósofo Galeno, observaran el poder imponente y encantador de la iglesia primitiva y dijeran: «¡Miren cómo se aman unos a otros!»[2]

En el tercer siglo, Cipriano de Cartago fue el primer escritor cristiano en mencionar la práctica de sostener financieramente al clero. Él argumentaba que del mismo modo en que se sostenía a los levitas con el diezmo, así también se debería sostener al clero cristiano con los diezmos.[3] Pero este es un pensamiento equivocado. Hoy el sistema levítico ha sido abolido. Todos somos sacerdotes ahora. Así que si un sacerdote demanda un diezmo, ¡entonces todos los cristianos deberían darse sus diezmos unos a otros!

La petición de Cipriano era excesivamente extraña para su tiempo. No fue recogida ni encontró resonancia dentro del común de los cristianos hasta mucho después.[4] Además de Cipriano, ningún otro escritor cristiano anterior a Constantino jamás hizo referencia al Antiguo Testamento para propugnar el diezmo.[5] No fue hasta el cuarto siglo, o sea trescientos años después de Cristo, que algunos líderes cristianos comenzaron a recomendar el diezmo como práctica cristiana para el sostén del clero.[6] Pero no se difundió ampliamente entre los cristianos hasta el siglo octavo.[7] Según un erudito:

«Durante los primeros setecientos años no fueron mencionados [los diezmos] prácticamente nunca».[8] Trazar un gráfico de la historia del diezmo cristiano resulta un ejercicio fascinante.[9] El diezmar se extendió a la iglesia a partir del estado. Esta es la historia. En los siglos séptimo y octavo, arrendar

---

2 Corintios 1:16; Filipenses 4:14-18; Tito 3:13-14; 3 Juan 1:5-8. Existe una conexión cercana entre la billetera y el corazón. Uno de cada seis versículos en Mateo, Marcos y Lucas hace referencia al dinero. De las treinta y ocho parábolas del Nuevo Testamento, doce tienen que ver con dinero.

1. En el libro de Kreider, *Worship and Evangelism in Pre-Christendom*, p. 20, se encuentra un relato histórico conmovedor y elocuente sobre la generosidad de los cristianos del tercer y cuarto siglos. Ver también el testimonio de Tertuliano sobre caridad cristiana en la obra de Johnson, *History of Christianity*, p. 75, y en la de Tan, *Lost Heritage*, pp. 51-56.
2. Tertuliano, *Apology* [Apología], 39:7; Robert Wilken, *The Christians as the Romans Saw Them* [Los cristianos tal como los veían los romanos], University Press, New Haven, CT, 1984, pp. 79-82.
3. Cipriano, Epistle 65:1; Murray, *Beyond Tithing*, p. 104.
4. Murray, *Beyond Tithing*, pp. 104-105; Ferguson, *Early Christians Speak*, p. 86.
5. Murray, *Beyond Tithing*, p. 112. Crisóstomo abogó a favor de diezmar para los pobres en algunos de sus escritos (pp. 112-117).
6. Ibid., p. 107. *The Apostolic Constitutions* [Los estatutos apostólicos] (de alrededor del año 380 d.C.) apoyaba el diezmo para financiar al clero, argumentando acerca del sistema levítico del Antiguo Testamento (pp. 113-116). Agustín argumentó en favor del diezmo, pero no lo presentó como una norma. De hecho, Agustín sabía que al apoyar el diezmo no representaba la posición histórica de la iglesia. El diezmo fue practicado por algunos cristianos piadosos del siglo quinto, pero de ninguna manera constituyó una práctica difundida (pp. 117-121).
7. Hatch, *Growth of Church Institutions*, pp. 102-112.
8. Ibid., p. 102.
9. Murray traza la historia entera en *Beyond Tithing*, capítulos 4-6.

tierras era una característica familiar de la economía europea. La cifra del diezmo, o la décima parte, se usaba como forma corriente de calcular el pago a los terratenientes. A medida que la iglesia incrementó la posesión de tierras a través de Europa, el 10% de cargo por su renta pasó de pagarse a los terratenientes seculares a pagarse a la iglesia. Los líderes eclesiásticos se convirtieron en terratenientes. Y el diezmo se convirtió en el impuesto eclesiástico. Eso le dio al cargo del 10% por renta un nuevo significado. Con un sentido creativo, se relacionó esto con la ley del Antiguo Testamento y vino a ser identificado con el diezmo levítico.[1] Por consiguiente, el diezmo cristiano institucionalizado se basaba en una fusión de la práctica del Antiguo Testamento con el sistema corriente de arrendamientos de la Europa medieval.[2]

En el siglo octavo, el diezmo era requerido por ley en muchas áreas de la Europa occidental.[3] Pero hacia fines del siglo décimo, el diezmo como cargo de renta por la tierra prácticamente se había perdido. Sin embargo, el diezmo permaneció y se lo veía como un requerimiento moral apoyado por el Antiguo Testamento. El diezmo había evolucionado hacia una práctica religiosa legalmente obligatoria a través de toda la Europa cristiana.[4]

Para decirlo de otra manera, antes del siglo octavo, el diezmo se practicaba como una ofrenda voluntaria.[5] Pero hacia fines del siglo décimo, se había desvirtuado en un requerimiento legal para financiar a la iglesia del estado; era demandado por el clero y hecho cumplir por las autoridades seculares.[6]

Hoy, el diezmo no constituye ya un requerimiento legal en ninguna nación.[7] Sin embargo, la práctica obligatoria de diezmar sigue bastante viva en nuestros días, tal como lo estaba cuan-

---

1. Hatch, *Growth of Church Institutions*, p. 103. Los pseudo-Isidorean Decretales (decretos falsos atribuidos a un hombre, o grupo, conocido como pseudo-Isidoro) prueban que los diezmos habían evolucionado a partir del pago de rentas por el uso de tierras pertenecientes a la iglesia. El Concilio de Valencia, en el año 855, señala que este «decreto tiene que ver con el pago de diezmos como alquiler, acerca del cual algunos arrendatarios de tierras de la iglesia aparentemente se han aflojado, y entonces insta a un pago general por parte de todos los cristianos» (pp. 104-105). Ver también el libro de Murray, *Beyond Tithing*, p. 138.
2. *Beyond Tithing*, p. 137. Murray escribe: «Muchos aspectos de la cristiandad emergieron simplemente de una fusión entre elementos bíblicos y seculares; entre temas y prácticas del Antiguo Testamento e instituciones e ideas romanas y paganas».
3. Ibid., p. 134. Carlomagno codificó el diezmo y lo hizo obligatorio a través de toda la extensión de su reino en 779 y en 794 (p. 139); Durant, *Age of Faith*, p. 764.
4. Murray, *Beyond Tithing*, pp. 111, 140.
5. La excepción a esto se produjo en la Galia durante el siglo sexto. El Sínodo de Tours, en 567, convirtió el diezmo en obligatorio en la región. El Sínodo de Macon, en 585, amenazó con excomulgar a aquellos que se rehusaran a diezmar. Para acceder a una consideración corta pero detallada de la manera de dar de los cristianos en la época patrística de la iglesia, ver el libro de Kreider *Worship and Evangelism in Pre-Christendom*, pp. 34-35.
6. Murray, *Beyond Tithing*, pp. 2, 140. Los teólogos y los legisladores elaboraron los detalles del sistema de diezmos.
7. Llama la atención que la Iglesia de Inglaterra dejara de lado el diezmo como requerimiento legal hace un tiempo relativamente corto, en la década de 1930 (Murray, *Beyond Tithing*, pp. 3-6).

do era legalmente vinculante. Por supuesto, no recibimos un castigo físico si dejamos de diezmar. Pero en muchos ministerios a la gente se le dice, o se le hace sentir, que está pecando.

De hecho, en algunas iglesias, si uno no diezma, no se le permite tener una posición ministerial. A un amigo mío lo tuvieron en cuenta para el presbiterio de una conocida congregación. Sin embargo, debido a que él creía en el dar anónimamente (no usaba cheques), no se le permitió ser anciano. ¿Cuál fue la razón? Se le dijo que la iglesia tenía que saber quién obedecía a Dios diezmando y quién no. Esa era la política de todo el consejo de esa denominación en particular. Solo los que diezmaban podían ser ancianos.

En lo que tiene que ver con el sueldo de los clérigos, los ministros de los tres primeros siglos no recibían salario. Pero cuando apareció Constantino, él instituyó la práctica de pagar un salario fijo al clero con los fondos de la iglesia y los del tesoro municipal e imperial.[1] Y así nació el salario del clero, una práctica dañina que no encuentra sus raíces en el Nuevo Testamento.[2]

No cabe duda de que resulta imperativo para los creyentes apoyar la obra del Señor económicamente y dar generosamente para los pobres. Las Escrituras nos impone ambas, y el reino de Dios las necesita desesperadamente. La cuestión bajo análisis en este capítulo es si el diezmo como una «ley» cristiana resulta apropiado, considerando la manera en que normalmente se usa: para financiar el salario del clero, los costos operativos, y los gastos generales del edificio de la iglesia.

UNA CARGA SOBRE LOS POBRES

Si un creyente desea diezmar por una decisión personal o por convicción, eso está bien. El diezmar se convierte en un problema cuando se lo presenta como un mandamiento de Dios, obligatorio para todo creyente.

Bajo el sistema del Antiguo Testamento, el diezmo era una buena noticia para los pobres. Sin embargo, en nuestros días, el

---

1. C.B. Hassel, *History of the Curch of God, form Creation to AD 1885* [Historia de la Iglesia de Dios desde al creación hasta 1885 d.C.], Gilbert Beebe'e Sns Publishers, Middletown, NY, 1886, pp. 374-392, 472; Smith, *From Christ to Constantine*, p. 123. Los montanistas del Segundo siglo fueron los primeros en pagar a sus líderes, pero esa práctica no se volvió generalizada hasta la llegada de Constantino (Smith, *From Christ to Constantine*, p. 193)
2. Para encontrar respuesta a los pasajes bíblicos que algunos han usado para defender el salario del clero (del pastor), ver al libro de Viola *Redescubre la iglesia*.

diezmo obligatorio equivale a una opresión de los pobres.[1] No pocos cristianos pobres son arrojados a una pobreza mayor debido a que se sienten obligados a dar más allá de sus posibilidades. Se les dice que si no diezman están robándole a Dios y quebrantando su mandamiento.[2] En esos casos, el evangelio ya no es que «a los pobres se les anuncian las buenas nuevas».[3] Más bien, se convierte en una carga pesada. En lugar de libertad, eso se torna en opresión. ¡Somos muy propensos a olvidar que el diezmo original establecido por Dios en Israel era para beneficiar a los pobres, no para lastimarlos!

Inversamente, el diezmo contemporáneo es de buenas nuevas para los ricos. Para aquel que gana mucho, el 10% no es sino una suma irrisoria. El diezmar, por lo tanto, aplaca la conciencia de los prósperos sin impactar en su estilo de vida. No son pocos los cristianos acomodados que se dejan llevar por el pensamiento engañoso de que están «obedeciendo a Dios» porque echan el 10% de sus ingresos en el platillo de las ofrendas.

Pero Dios tiene una perspectiva muy diferente de las dádivas. Recordemos la parábola de la viuda pobre: «Jesús se detuvo a observar y vio a los ricos que echaban sus ofrendas en las alcancías del templo. También vio a una viuda pobre que echaba dos moneditas de cobre. —Les aseguro —dijo— que esta viuda pobre ha echado más que todos los demás. Todos ellos dieron sus ofrendas de lo que les sobraba; pero ella, de su pobreza, echó todo lo que tenía para su sustento» (Lucas 21:1-4).

Lamentablemente, el diezmar a menudo es visto como la prueba de fuego del discipulado. Si uno es un buen cristiano, va a diezmar (o así se piensa). Pero esta es una aplicación falaz. El diezmar no constituye una señal de devoción cristiana. ¡Si fuera así, los cristianos del primer siglo de las iglesias que Pablo levantó estarían condenados a no ser devotos porque toda la evidencia de la que disponemos muestra que ellos no diezmaban![4]

---

1. Sin mencionar las complejidades de diezmar que se han pasado por alto. Consideremos lo siguiente: ¿Uno diezma sobre el neto o sobre el total bruto? ¿Cómo se aplican las excepciones a los impuestos? Murray da detalles de las complejidades que ignoramos cuando tratamos de importar a nuestra cultura de hoy el sistema bíblico de diezmos tal como era practicado por el antiguo Israel. Dentro de un sistema con años de jubileo, Sabbaths, cosechas y primeros frutos, el diezmo tenía sentido y ayudaba a distribuir la riqueza de la nación. Hoy, con frecuencia lleva a cometer burdas injusticias (ver *Beyond Tithing*, capítulo 2).
2. Murray demuestra con fuerza que el diezmar acaba lastimando a los pobres (*Beyond Tithing*, pp. 8-10, 35-38).
3. Mateo 11:5; Lucas 4:18, 7:22; 1 Corintios 1:26-29; Santiago 2:5-6.
4. Pablo estableció aproximadamente catorce iglesias. Todas eran mayoritariamente gentiles. Pablo nunca impuso la Ley sobre ellos (ver Gálatas). Decir que las iglesias gentiles que Pablo plantó diezmaban es usar un argumento de silencio, y va totalmente en contra de su evangelio de liberación de la Ley. Según el pensamiento de Pablo, si alguien diezmaba, eso le hacía deudor de toda la ley, lo que incluye la circuncisión (Gálatas 5:3).

Una de las causas por las que persisten las continuas campañas a favor del diezmo en la iglesia hoy es el salario del clero. No son pocos los pastores que sienten que deben predicar sobre diezmar para recordarle a la congregación su obligación de sostenerlos a ellos, y de cubrir los costos operativos y los programas. Lamentablemente, se han empleado con demasiada frecuencia las promesas de bendición económica y el temor a la maldición financiera como incentivos para asegurarse de que los diezmos sigan entrando.

En este sentido, hoy el diezmar se presenta a veces como el equivalente a una inversión cristiana en la bolsa. Paga el diezmo, y Dios te dará más dinero a cambio. Rehúsate a diezmar, y Dios te castigará. Pensamientos semejantes desgarran el mismo corazón de las buenas nuevas del evangelio.

Lo mismo se podría decir con respecto al salario del clero. A esto tampoco hace mención el Nuevo Testamento. De hecho, el salario de los clérigos va en contra mismo de todo el Nuevo Pacto.[1] Los ancianos (pastores) del primer siglo no eran asalariados.[2] Eran hombres con dedicación a tareas terrenales.[3] Le daban al rebaño en lugar de sacarle. Fue a un grupo de ancianos que Pablo dirigió estas palabras aleccionadoras: «No he codiciado ni la plata ni el oro ni la ropa de nadie. Ustedes mismos saben bien que estas manos se han ocupado de mis propias necesidades y de las de mis compañeros. Con mi ejemplo les he mostrado que es preciso trabajar duro para ayudar a los necesitados, recordando las palabras del Señor Jesús: "Hay más dicha en dar que en recibir"» (Hechos 20:33-35).

Darle un salario a los pastores los coloca por encima del resto del pueblo de Dios. Crea una casta clerical que convierte al cuerpo vivo de Cristo en un negocio. Dado que al pastor y a su equipo se los compensa por el ministerio, ellos constituyen

---

1. Ver Hechos 20:17-38. Notemos que esas son las últimas palabras de Pablo a los ancianos efesios, pensando que nunca más los vería, de modo que resultan significativas (1 Tesalonicenses 2:9; 1 Pedro 5:1-2).
2. Ver las obras de: Simon J. Kistemacher, *New Testament Commentary: Acts* [Comentario del Nuevo Testamento: Hechos], Baker Book House, Grand Rapids, 1990, pp. 737, 740; Roland Allen, *Missionary Methods: St. Paul's or Ours?* [Métodos misioneros: ¿El de San Pablo o el nuestro?], Eerdmans, Grand Rapids, 1962, p. 50; Watchman Nee, *The Normal Christian Church Life* [La vida cristiana normal de la iglesia], Living Stream Ministry, Anaheim, CA, 1980, pp. 62-63, 139-143; R. C. H. Lenski, *Commentary on St. Paul's Epistles to Timothy* [Comentario a las epístolas de San Pablo a Timoteo], Ausburg Publishing House, Minneapolis, 1937, p. 683; R. C. H. Lenski, *Commentary on St. Paul's Epistle to the Galatians* [Comentario a la epístola de San Pablo a los Gálatas], Ausburg Publishing House, Minneapolis, 1961, pp. 303-304; F. F. Bruce, *The Book of Acts* [El libro de Los Hechos], Eerdmans, Grand Rapids, 1988, pp. 389, 395.
3. Las referencias que el Nuevo Testamento hace a los ancianos lo deja en claro. Además, 1 Timoteo 3:7 dice que la comunidad debe pensar bien de un obispo o anciano. La implicancia natural de esto es que él se desempeña como un empleado corriente dentro de un trabajo secular.

los profesionales pagos. El resto de la iglesia cae en un estado de dependencia pasiva.

Si todos los cristianos hicieran contacto con el llamado que tienen sobre ellos para ser sacerdotes en funcionamiento dentro de la casa del Señor (y se les permitiera ejercer ese llamado), inmediatamente surgiría la pregunta: «¿Por qué razón le estamos pagando a nuestro pastor?!!!»

Pero ante la presencia de un sacerdocio pasivo, tales preguntas nunca se hacen.[1] Por el contrario, cuando la iglesia funciona como debería, el clero profesional se vuelve innecesario. De pronto el pensamiento *Esa es tarea del pastor* se convierte en herético. Dicho simplemente, el clero profesional promueve la ilusión tranquilizadora de que la Palabra de Dios es un material secreto y confidencial (y peligroso) que solo expertos con credenciales pueden manejar.[2]

Pero eso no es todo. El pagarle a un pastor lo impulsa a ser alguien que busca agradar al hombre. Lo convierte en esclavo de los hombres. Su bono de comida depende de cuánto le guste su persona a la congregación. Por lo tanto no puede hablar libremente sin el temor a perder importantes diezmos. (Más de un pastor nos ha confesado precisamente eso).

Un peligro más que acarrea el pastorado pago es que produce un clero que se siente «atascado» en el puesto de pastor por creer que le falta la capacidad para conseguir empleo.[3] Yo (Frank) conozco personalmente a un buen número de pastores que tuvieron convicción en cuanto a dejar el ministerio. Toda su escolaridad y entrenamiento habían estado dirigidos a estudiar y predicar la Biblia. En tanto que esas habilidades son dignas de mención, resultan poco atractivas para el mercado secular de empleos. El mayor obstáculo que enfrentan luego es cómo forjar una nueva carrera para sostener a su familia. Un amigo mío, ex pastor, está escribiendo un folleto acerca de cómo los pastores pueden encontrar empleo y entrar en nuevas carreras luego de

---

1. Según Elton Trueblood, «Nuestra oportunidad de dar un gran paso adelante descansa en abrir el ministerio a los cristianos comunes, del mismo modo en que nuestros antepasados abrieron la lectura de la Biblia a los cristianos en general. Hacer esto significa, en un sentido, inaugurar una nueva Reforma, en tanto que en otro sentido implica completar la Reforma anterior, en la que las implicaciones de la posición tomada no fueron comprendidas plenamente ni seguidas con lealtad» (*Your Other Vocation* [Tu otra vocación], Harper & Brothers, Nueva York, 1952, p. 32).
2. Vienen a nuestra mente las palabras de Jesús: «¡Ay de ustedes, expertos en la ley!, porque se han adueñado de la llave del conocimiento...» (Lucas 11:52).
3. Los griegos hablaban públicamente por una tarifa. Los rabinos judíos aprendían un oficio y no aceptaban dinero por sus servicios religiosos. De modo que el predicador moderno ha adoptado la costumbre griega más que la judía que Pablo de Tarso seguía aún siendo cristiano.

dejar el sistema clerical. Sus ideas no están basadas en teorías. Él y otros como él las han encarnado.

Aún así, resulta extremadamente difícil para muchos pastores contemporáneos reconocer la falta de apoyo para su oficio que hay en las Escrituras, simplemente porque dependen financieramente de él. Como dijo Upton Sinclair cierta vez: «Es difícil lograr que un hombre comprenda algo cuando su salario depende de que no lo entienda». No sorprende entonces que dar el paso para salir del pastorado demande de una persona un tremendo coraje.

Una cantidad de mis amigos ex pastores (soy Frank) han admitido que formaban parte de un sistema religioso que los dañaba sutil pero profundamente tanto a ellos como a sus familias.[1] Desafortunadamente, la mayoría de nosotros somos absolutamente ingenuos en cuanto a entender el poder aplastante del sistema religioso. Es un sistema anónimo que no se cansa de masticar y escupir fuera a los suyos.[2]

LOS UJIERES Y LA RECOLECCIÓN DE LA OFRENDA

A pesar de esos problemas, el recolectar diezmos y ofrendas forma parte ahora de casi todo servicio de la iglesia. ¿Cómo fue tomando forma la práctica de tener ujieres que pasaran el plato, o bolsa, para la colecta? Se trata de otro invento post apostólico. Comenzó en 1662, aunque antes de eso ya había bandejas y arcones para recibir limosnas.[3]

---

1. He detallado una cantidad de esos efectos en el capítulo 5, bajo el título «De qué modo se daña a sí mismo el pastor».
2. Muchos pastores no tienen ninguna conciencia de dónde se están metiendo cuando entran al ministerio profesional. Tengo un amigo joven que recientemente renunció a ser pastor metodista. Me dijo: «No tenía la más mínima idea de dónde me estaba metiendo hasta que entré allí. Esto ha lastimado profundamente a mi esposa. No tenía nada que ver con lo que jamás me había imaginado». No fue la primera vez que escuché esas palabras. Según Eugene Peterson, «A derecha e izquierda encontramos pastores norteamericanos que están abandonando sus puestos, y en una proporción alarmante. No solo dejan sus iglesias y se consiguen otros trabajos. Las congregaciones aún les pagan sus salarios... Pero [esos pastores] abandonan su llamado». *Working the Angles: The Shape of Pastoral Integrity* [Trabajar las perspectivas: La forma que toma la integridad pastoral], Eerdmans, Grand Rapids, 1987, p. 1.
3. James Gilchrist, *Anglican Church Plate* [El plato de la Iglesia Anglicana], The Connoisseur, Londres, 1967, pp. 98-101. Los primitivos platos para ofrendas se llamaban «bandejas de limosnas». Las bandejas de plata para las limosnas no hicieron su aparición como parte corriente del mobiliario hasta luego de la Reforma (Michael Clayton, *The Collector's Dictionary of the Silver and Gold of Great Britain and North America* [El diccionario del coleccionista de plata y oro en Gran Bretaña y Norteamérica], The Word Publishing Company, Nueva York, 1971, p. 11). Según Charles Cox y Alfred Harvey, la utilización de cajas de limosnas y de bandejas de limosnas fue casi por completo una práctica posterior a la Reforma. En épocas medievales, los edificios de la iglesia contaban con arcones para limosnas con una ranura en la tapa. En el siglo catorce hicieron su aparición los platos para limosnas. En el siglo dieciséis, los diáconos, o los encargados de la capilla, comenzaran a pasar entre la gente los recipientes para recoger las limosnas. J. G. Davies, editor, *A New Dictionary of Liturgy and Worship* [Un nuevo diccionario de liturgia y adoración], SCM Press, 1986, pp. 5-6; Charles Oman, *English Church Plate de 597-1830* [El plato en la iglesia inglesa, de 597-1830], Oxford University Press, Londres, 1957; J. Charles Cox y Alfred Harvey, *English Church Furniture* [Moblaje en la iglesia inglesa], EP Publishing Limited, 1973, pp. 240-245; David C. Norrington, artículo "Fund-Raising: The Methods Used in the Early Church Compared with Those Used in English Churches Today" [Recolección de fondos: Los métodos utilizados en la iglesia primitiva comparados con los usados en las iglesias inglesas hoy], EQ70, Nº 2, 1998, p. 130. Vale la pena leer todo el artículo de Norrington. Él muestra que los métodos actuales de «solicitud» no son análogos a los del Nuevo Testamento (pp. 115-134).

El ujier se originó a partir de la reorganización litúrgica de la Iglesia de Inglaterra que realizó la reina Elizabeth (1533-1603). Los ujieres eran los responsables de acompañar a la gente hasta sus asientos (en parte para asegurarse de que los sitios reservados no fueran ocupados por personas a los que no estaban destinados), de recolectar la ofrenda, y de llevar un registro de aquellos que tomaban la Comunión. El predecesor del ujier fue el «portero» de la iglesia, de un orden menor (más bajo que el clero), cuya presencia puede trazarse hasta el tercer siglo.[1] Los porteros tenían el deber de abrir y cerrar las puertas de la iglesia, mantener el orden dentro del edificio, y proporcionar una orientación general a los diáconos.[2] Los porteros fueron reemplazados por «encargados de la capilla» en Inglaterra, antes y durante el período de la Reforma.[3] Luego del encargado de capilla, llegó el ujier.

CONCLUSIÓN

Como lo hemos visto, el diezmar, aunque es bíblico, no es cristiano. Jesucristo no lo enseñó a sus discípulos.[4] Los cristianos del primer siglo no lo observaron. Y durante trescientos años los seguidores de Cristo no lo llevaron a cabo. El diezmar no se convirtió en una práctica ampliamente aceptada entre los cristianos hasta el siglo octavo, a pesar de que dieron generosamente de sus recursos desde un principio, con frecuencia muy por encima del 10%.

El diezmar se menciona solo cuatro veces en el Nuevo Testamento. Pero en ninguna de esas instancias se aplica a los cristianos.[5] El diezmar pertenecía a la era del Antiguo Testamento en la que resultaba necesario un sistema de impuestos para sostener a los pobres y a un sacerdocio especial que había sido apartado para ministrar al Señor. Con la llegada de Jesucristo, ha habido un «cambio de ley»: la antigua ha sido «dejada de lado» y convertida en obsoleta por la nueva (Hebreos 7:12-18; 8:13).

---

1. *The Catholic Encyclopedia*, sv "porter, doorkeeper" [portero], http://www.newadvent.org/cathen/12284b.htm.
2. Profesor John McGuckin, en mensaje de e-mail a Frank Viola, 23 de septiembre de 2002. La palabra *ujier* tiene origen anglo-sajón y se refiere a una persona que guía a la gente en una corte o en la iglesia. Profesor Eugene A. Teselle, en mensaje de e-mail a Frank Viola, el 22 de septiembre de 2002.
3. Cox y Harver, *English Church Furniture*, p. 245.
4. En Mateo 23:23, Jesús desafió la falta de consistencia de los fariseos y maestros de la Ley. No estaba prescribiéndoles pautas a sus discípulos.
5. Murray trata estas cuatro instancias en detalle, probando que no constituyen textos de prueba con respecto a que los cristianos tengan que diezmar. También muestra que según Jesús, el diezmar está más bien vinculado con el legalismo y la justicia propia que con un modelo a imitar (ver *Beyond Tithing*, capítulo 3).

Todos somos sacerdotes ahora, libres de funcionar en la casa de Dios. La Ley, el antiguo sacerdocio, y el diezmo han sido todos crucificados. No hay un velo en el templo ahora, no hay impuesto para el templo, y no existe un sacerdocio especial que se posicione entre Dios y el hombre. Hemos sido hechos libres de la esclavitud de diezmar y de la obligación de sostener a un sistema clerical no bíblico. Que podamos, al igual que los cristianos de Macedonia, dar liberalmente, con un corazón alegre, sin culpa, y no por una obligación o manipulación religiosa... para ayudar generosamente a aquellos que están en necesidad (2 Corintios 8:1-4; 9:6-7).

➤Profundizando

1. **Ustedes parecen suponer que muchos pastores alientan a diezmar a sus miembros simplemente porque desean asegurarse de recibir su paga, y de tener dinero para solventar sus programas. ¿No sería probable que los pastores animaran a dar porque Jesús y el apóstol Pablo también lo hicieron? ¿Podrían ustedes explicar en detalle la actitud que las iglesias deberían tener con respecto a dar?**

En realidad, ambas son verdad. Muchos pastores han confesado que su salario ejerce una fuerte influencia. También sabemos que otros pastores tienen una motivación diferente. Con respecto a su otra pregunta, los cristianos que deseen diezmar son libres de hacerlo. Y si ellos no desean diezmar, también son libres de no hacerlo. Pablo señala cuál es la actitud adecuada al dar, cuando escribe: «Cada uno debe dar según lo que haya decidido en su corazón, no de mala gana ni por obligación, porque Dios ama al que da con alegría» (2 Corintios 9:7).

2. **Primera Timoteo 5:17 dice que «los ancianos que dirigen bien los asuntos de la iglesia son dignos de doble honor [u honorarios]» ¿Eso no apoya la idea de pagar a los pastores? Si no es así, ¿qué piensan que quiere decir este pasaje?**

Para comenzar, ese pasaje trata acerca de los ancianos, y no del oficio pastoral moderno. En verdad el griego dice que los ancianos que cuidan al pueblo de Dios son dignos de un doble honor. La versión Reina Valera Revisada del 1960 y la Nueva Versión Internacional traducen estas palabras del texto como *doble honor*.

En el versículo 18 Pablo cita el Antiguo Testamento para respaldar su argumento. Del mismo modo en que el buey que trilla merece que se le dé maíz, y los trabajadores, que se les pague, los ancianos que cuidan al pueblo de Dios merecen un «doble honor», eso es, gran respeto.

Así que el punto crítico es: ¿Qué significa «doble honor»? ¿Indica el salario de un clérigo, un honorario, o simplemente mayor respeto?

En primer lugar, las palabras específicas que el griego usa en el Nuevo Testamento para indicar *paga* o *salario* no aparecen en este texto. Más bien, la palabra griega *honor*, usada en este pasaje, significa respetar o valorar a alguien o algo. La misma palabra se usa cuatro veces en Timoteo. En todos los caso significa respeto.

En segundo lugar, todos los cristianos son llamados a honrarse unos a otros (Romanos 12:10). Sería absurdo darle a eso el significado de que todos los creyentes deberían recibir pago los unos de los otros. Otra vez, aquellos ancianos que sirven bien deben recibir más honor, o un mayor respeto.

En tercer lugar, el hecho de que el respeto era lo que Pablo tenía en mente queda confirmado por el versículo 19. Pablo va más allá al decir que los ancianos no deben ser acusados (deshonrados) a menos que haya dos o tres testigos que confirmen la acusación.

Admitimos que el doble honor pudiera incluir ofrendas hechas de propia voluntad para bendecirlos de tanto en tanto (Gálatas 6:6). Pero no es la idea dominante. Las Escrituras nos dicen que los ancianos merecen honor (respeto), no un salario.

Por consiguiente, 1 Timoteo 5 resulta por completo coherente con las palabras dirigidas a los ancianos y registradas en Hechos 20:33-35. Allí él les dice a los ancianos de Éfeso que no ha recibido dinero del pueblo de Dios sino que en lugar de eso ha suplido sus propias necesidades. Pablo entonces les señala a los ancianos que deben seguir su ejemplo en esto. Ese pasaje por sí mismo argumenta en contra de la idea de un clero contratado o de un equipo pastoral pago.

Resulta sorprendente que las palabras de 1 Timoteo 5:17-18 y Hechos 20:33-35 estuvieran dirigidas al mismo grupo de gente: los ancianos de Éfeso. Sin embargo no existe contradicción. Dado que los ancianos eran hombres locales, no estaban autorizados a recibir un sostén financiero completo como los apóstoles itinerantes que viajaban de región en región para establecer iglesias (1 Corintios 9:1-18).

Pablo era un obrero apostólico itinerante. Por lo tanto, él tenía el legítimo derecho a recibir un apoyo económico completo de parte del pueblo del Señor (ver 1 Corintios 9). Pero intencionalmente renunciaba a ese derecho cada vez que trabajaba con un grupo de cristianos (1 Corintios 9:14-18; 2 Corintios 11:7-9; 12:13-18; 1 Tesalonicenses 2:6-9; 2 Tesalonicenses 3:8-9). Nos preguntamos qué sucedería si más cantidad de ministros hoy siguieran los pasos de Pablo.

El argumento de Pablo en 1 Timoteo 5:17-18 simplemente es este: Del mismo modo en que el buey que trabaja merece comida y el trabajador que es empleado merece su pago, los ancianos que sirven bien deberían recibir un doble respeto. (En 1 Corintios 9, Pablo utiliza la misma analogía. En ese texto, sin embargo, Pablo está hablando de los obreros apostólicos más que de los ancianos locales, y él deja en claro que son las finanzas más que el honor lo que está en la mira).

➤ EL BAUTISMO Y LA CENA DEL SEÑOR: DILUIR LOS SACRAMENTOS

«Muchas instituciones y elementos pertenecientes a instituciones que a veces se han considerado como pertenecientes al cristianismo primitivo, corresponden en realidad a la Edad Media».
—EDWIN HATCH, TEÓLOGO INGLÉS DEL SIGLO DIECINUEVE

«El clero protestante ha rescatado la Biblia de la oscuridad de las bibliotecas papales y la ha distribuido por toda la tierra. La ha exaltado hasta el punto más alto en que se la puede ensalzar humanamente. La ha estudiado, comentado y explicado; más aún, hasta ha sometido cada palabra, frase y expresión, tanto en el original como en sus traducciones, a toda posible interpretación. El resultado es que el cristianismo está ahogado en teología y en críticas: ha refinado y forzado las verdades de la revelación, las ha hecho girar y las ha retorcido dándole las más fantásticas formas que la imaginación o la lógica humana puedan concebir. Se ha construido un sistema técnico de la Divinidad que rivaliza en complejidad con toda la maquinaria de la iglesia Romana».
—STEPHEN COLWELL, ESCRITOR DEL SIGLO DIECINUEVE, AUTOR DE NEW THEMES FOR THE PROTESTANT CLERGY.

SE HAN ESCRITO INCONTABLES LIBROS sobre los dos sacramentos protestantes: el bautismo y la Cena del Señor. Sin embargo, existe poco y nada impreso que permita trazar el origen de la forma en que los practicamos hoy. En este capítulo, veremos lo mucho que nos hemos alejado en nuestra práctica del bautismo en agua y de la Cena del Señor.

DILUCIÓN DE LAS AGUAS DEL BAUTISMO

La mayoría de los cristianos evangélicos cree y practica el bautismo de los creyentes como contraposición al bautismo infantil.¹ Del mismo modo, la mayoría de los protestantes creen en el bautismo, y lo practican por inmersión o por vertido encima más que por aspersión. Tanto el Nuevo Testamento como la historia de la iglesia primitiva apoyan estas dos posturas.²

Sin embargo, lo típico en la mayoría de las iglesias contemporáneas es que el bautismo esté separado de la conversión por grandes espacios de tiempo. Muchos cristianos fueron salvos a una cierta edad y bautizados a una edad bastante más avanzada. Durante el primer siglo, jamás se oyó de algo así.

En la iglesia primitiva, los convertidos eran bautizados inmediatamente después de creer.³ Un erudito dice, acerca del bautismo y la conversión: «Deben ir juntos. Aquellos que se arrepentían y creían en la Palabra, eran bautizados. Ese era el patrón invariable, hasta donde sabemos».⁴ Otro escribe: «Cuando nació la iglesia, los convertidos eran bautizados con muy poca (o ninguna) demora».⁵

Durante el primer siglo, el bautismo en agua constituía la confesión externa de la fe de una persona.⁶ Pero implicaba más que eso; era la forma en la que algunos acudían al Señor. Por esa razón, la confesión del bautismo está ligada vitalmente al ejercicio de una fe salvadora. Tanto que los escritores del Nuevo Testamento con frecuencia usaban la palabra *bautismo* en lugar de la palabra *fe*, ligada con el ser «salvos»⁷. Esto, porque el bautismo constituía la confesión inicial de fe en Cristo de los cristianos primitivos.

En nuestros días, la «oración del pecador» ha reemplazado el rol del bautismo en agua como la confesión de fe inicial. A los no creyentes se les dice: «Repita conmigo esta oración, acepte a Jesús como su Salvador personal, y será salvo». Pero en ningún lugar de todo el Nuevo Testamento encontramos que ninguna persona haya sido guiada al Señor a través de la oración

---

1. A pesar de que no podemos ofrecer en este capítulo un análisis detallado de lo que las Escrituras enseñan con respecto al bautismo, considerado desde un punto de vista teológico, el bautismo de los niños divorcia dos cosas que la Palabra sistemáticamente une: (1) fe y arrepentimiento y (2) bautismo en agua.
2. El término *bautismo* en el griego (*baptizo*) puede tener una cantidad de significados, dependiendo del contexto en el que sea usado. La inmersión era la práctica común de la iglesia cristiana hasta fines de la Edad Media en Occidente (Ferguson, *Early Christians Speak*, p. 43-51.
3. Hechos 2:37-41; 8:12 y subsiguientes, 27-38; 9:18; 10:44-48; 16:14-15, 31-33;18:8; 19:1-5; 22:16.
4. Green, *Evangelism in the Early Church*, p. 153.
5. David F. Wright, *The Lion Handbook of the History of Christianity* [El manual del león sobre historia del cristianismo], Lion Publications, Oxford, 1990, «Beginings" [Comienzos], ver la sección referida a "Instruction for Baptism" [Instrucción sobre el bautismo].
6. Agustín llamaba al bautismo una «palabra visible» (*Tractates on the Gospel According to Saint John*, [Tratados sobre el Evangelio según San Juan] LXXX, p. 3.
7. Marcos 16:16; Hechos 2:38; Hechos 22:16; y 1 Pedro 3:21 son algunos de los ejemplos.

del pecador. Y no existe la más mínima mención en la Biblia con respecto a un Salvador «personal».

En cambio, durante el primer siglo, los no creyentes eran llevados a Jesucristo a través de pasar por las aguas del bautismo. Dicho de otra forma, ¡el bautismo en agua era la oración del pecador en el siglo primero! El bautismo acompañado de la aceptación del evangelio. Por ejemplo, cuando Lidia escuchó a Pablo predicar el evangelio, creyó y fue bautizada inmediatamente junto con toda su casa (Hechos 16:14-15). Del mismo modo, cuando Pablo condujo al carcelero de Filipo y a toda su casa al Señor, ellos fueron bautizados inmediatamente (Hechos 16:30-33). Ese era el patrón neotestamentario (ver también Hechos 2:41; 8:12, 35-37). El bautismo indicaba un quiebre completo con el pasado y una entrada plena a Cristo y su iglesia. El bautismo era al mismo tiempo un acto de fe y una expresión de fe.[1]

¿Y cuándo se separó al bautismo del acto de recibir a Cristo? Comenzó a principios del segundo siglo. Ciertos cristianos influyentes enseñaron que el bautismo debería ir precedido por un período de instrucción, oración y ayuno.[2] Esa tendencia se volvió peor durante el tercer siglo, en el que los nuevos convertidos tenían que esperar tres años antes de poder bautizarse.

En ese tiempo, cuando alguien era candidato al bautismo, se examinaba su vida cuidadosamente.[3] Tenía que demostrar que era digno del bautismo por su conducta.[4] El bautismo se volvió un ritual rígido y embellecido, que tomó elementos de las culturas judía y griega, y estaba compuesto por: la bendición de las aguas, el desnudarse completamente, la repetición de un credo, la unción con aceite acompañada de exorcismo, y el darle a la persona recién bautizada leche y miel.[5] Se había desvirtuado hasta convertirse en un acto asociado con obras más que con la fe.

---

1. La importancia del bautismo en agua para la fe cristiana se ha visto reflejada en el arte cristiano primitivo (Andre Grabar, *Christian Iconography* [Iconografía cristiana], Princeton University Press, Princeton, 1968.
2. Ferguson, *Early Christians Speak*, p. 33.
3. Wright, *The Lion Handbook of the History of Christianity*, "Beginnings" [Comienzos], sección sobre "Instruction for Baptism" [Instrucción sobre el bautismo]. Wright señala ya que en el cuarto siglo el clero se había hecho cargo de la instrucción de los convertidos y el obispo se responsabilizaba personalmente de la enseñanza y disciplina que precedía al bautismo. Aquí encontramos al precursor de la clase prebautismal supervisada por el pastor con que contamos en muchas iglesias protestantes modernas. Desde el segundo siglo en adelante, los bautismos normalmente tuvieron lugar en Pascua. He ahí el origen de la Cuaresma (Smith, *From Christ to Constantine*, p. 151.
4. Ferguson, *Early Christians Speak*, p. 35.
5. Ibid., pp. 35-36; W. R. Halliday, *The Pagan Background of Early Christianity* [El trasfondo pagano del cristianismo primitivo], Cooper Square Publishers, Nueva York, 1970, p. 313. El dar leche y miel fue tomado del paganismo. Los nuevos convertidos («catecúmenos», como vinieron a ser llamados, de dónde se deriva la palabra *catecismo*) generalmente eran bautizados un domingo de Pascua o de Pentecostés. El jueves anterior a eso, el candidato tenía que ser bañado. Pasaba el viernes y el sábado en ayuno, y luego era exorcizado por el obispo para echarle fuera cualquier demonio. A fines del segundo siglo, esta constituía una ceremonia bautismal bastante uniforme en todo el Occidente. Gregorio Dix señala que la introducción del credo en el cristianismo comienza en la primera mitad del segundo siglo, con el credo bautismal. El credo estaba conformado por una serie de tres preguntas referidas respectivamente a las tres personas de la Trinidad. El concilio de Nicea del año 325 d.C. llevó al credo a dar un paso adelante. Evolucionó para convertirse en una prueba de comunión para aquellos que

El legalismo que acompañaba al bautismo condujo a un concepto aún más sorprendente: Solo el bautismo perdonaba los pecados. Si una persona cometía pecado luego del bautismo, no podía ser perdonado. Por esa razón, la demora en bautizarse se volvió común durante el siglo cuarto. Dado que se creía que el bautismo producía el perdón de los pecados, muchos sentían que era mejor retrasar el bautismo para poder obtener el máximo de beneficios.[1] Por lo tanto, algunas personas, como Constantino, esperaron hasta estar en su lecho de muerte para bautizarse.[2]

LA ORACIÓN DEL PECADOR Y EL SALVADOR PERSONAL

Como lo señalamos anteriormente, la oración del pecador con el tiempo reemplazó al rol bíblico del bautismo en agua. Aunque hoy nos la tratan de vender como evangelio, esa oración es de un desarrollo reciente. D. L. Moody fue el primero en emplearla.

Moody utilizó este «modelo» de oración cuando entrenaba a sus colaboradores en la evangelización.[3] Pero no fue de uso popular hasta la década de 1950, en que apareció el folleto de Billy Graham *Paz con Dios*, y más tarde con el de Cruzada Estudiantil para Cristo, *Las cuatro leyes espirituales*.[4] No contiene nada particularmente erróneo. Ciertamente, Dios responde las oraciones sentidas de cualquier individuo que extiende su mano hacia él con fe. Sin embargo, no debería reemplazar al bautismo en agua como instrumento externo de conversión e inicio.

La expresión *Salvador personal* es también otra innovación reciente salida del ethos (valores y actitudes de la clase media) del movimiento evangélico norteamericano del siglo diecinueve.[5] Se originó a mediados del 1800, para ser exactos.[6] Pero se

---

pertenecían a la iglesia y no en una prueba de fe para los que estaban afuera de ella (Dix, *The Shape of the Liturgy*, p. 485; Norrington, *To Preach or Not*, p. 59).

1. Ferguson, *Early Christians Speak*, p. 60.
2. Green, *Evangelism in the Early Church*, p. 156.
3. C. L. Thompson, *Times of Refreshing, Being a History of American Revivals with Their Philosophy and Methods* [Tiempos de refrigerio: Una historia de los avivamientos norteamericanos, con sus métodos y filosofía], Golden Censer Co. Publishers, Rockford, 1878; Paul H. Chitwood, "The Sinner's Prayer: An Historical and Theoloical Analysis" [La oración del pecador: un análisis teológico e histórico] (Disertación, Seminario Teológico Bautista del Sur, Luisville, KY, 2001).
4. Aquí incluimos la clásica «oración del pecador» que aparece en el folleto *Las cuatro leyes espirituales*: «Señor Jesús, te necesito. Gracias por morir en la cruz por mis pecados. Abro la puerta de mi vida y te recibo como mi Salvador y mi Señor. Gracias por perdonar mis pecados y darme vida eterna. Toma control del trono de mi vida. Hazme la clase de persona que tú deseas que sea». Durante el primer siglo, el bautismo en agua era el testimonio visible que mostraba públicamente el corazón mismo de esta oración.
5. Véase en el capítulo 3 un análisis de la contribución realizada por Finney, Moody y otros.
6. Esa expresión no aparece en la base de datos de "Making of America" que va de 1800 a 1857. Comienza a aparecer en 1858 en el "Ladies Repository", una publicación periódica de la Iglesia Metodista Episcopal de mediados de 1800. Es interesante notar que 1858 es el año en que Charles Finney dio por concluidos sus avivamientos de oración, que ahora son tan famosos.

volvió de uso común a través de Charles Fuller (1887-1968). Fuller literalmente usó esa expresión miles de veces en su programa de radio, increíblemente popular, *Old Fashioned Revival Hour* [Hora del avivamiento al viejo estilo], que salió al aire de 1937 a 1968. Su programa llegaba a cualquier punto del globo desde Norteamérica. Al momento de su muerte, era escuchado a través de más de 650 radioemisoras alrededor del mundo.[1]

Hoy, la expresión *Salvador personal* se utiliza de una forma tan corriente que nos parece bíblica. Pero consideremos la ridiculez de su utilización. ¿Alguna vez has presentado a alguno de tus amigos con una designación semejante: «Este es mi "amigo personal" Billy Smith»?

En Jesucristo, tú yo hemos recibido algo que es mucho más grande que un Salvador personal. ¡Hemos recibido la misma relación que Cristo tiene con su Padre! Según las enseñanzas del Nuevo Testamento, lo que el Padre era para Jesucristo lo es Jesucristo para nosotros. Porque ahora estamos «en Cristo», el Padre nos ama y nos trata del mismo modo que a su propio Hijo. En otras palabras, compartimos la perfecta relación que Cristo tiene con su Padre y participamos de ella.[2]

Esa relación es tanto colectiva como individual. Todos los cristianos comparten juntos esa relación. En este sentido, la expresión *Salvador personal* refuerza un cristianismo altamente individualista. Pero el Nuevo Testamento no conoce una fe cristiana de «solo Jesús y yo». En lugar de eso, el cristianismo es intensamente comunitario. El cristianismo es una vida vivida en medio de un cuerpo de creyentes que conocen a Cristo al mismo tiempo como Señor y como Salvador.

LA CENA DEL SEÑOR

Ríos de sangre han corrido tanto por mano de cristianos católicos como protestantes sobre las complejidades doctrinales relacionadas con la Santa Comunión.[3] La Cena del Señor, una vez preciosa y viva, se convirtió en el centro de debates teológi-

---

1. Véase http://www.answers.com/topic/charles-e-fuller.
2. Juan 17:23, 20:21; Romanos 8:15; Gálatas 4:6; Efesios 1:4-6. Para acceder a una consideración más completa de este tópico, ver el libro de Bill Freeman *The Church Is Christ* [La iglesia es Cristo], Ministry Publications, Scottsdale, AZ, 1993, capítulo 3.
3. Una de las figuras más conocidas que resultó muerta a causa de sus puntos de vista sobre la Cena del Señor fue Thomas Cranmer. Cranmer fue reconocido arzobispo de Canterbury por Enrique VIII, pero ejerció su mayor influencia durante el breve reinado del hijo de Enrique, Eduardo VI. Posteriormente, durante el reinado de la reina María, Cranmer fue acusado de sedición por defender la teología sacramental protestante. Fue quemado en la hoguera en marzo de 1556 (Douglas, *Who's Who in Christian History*, pp. 179-180).

cos por siglos. Desafortunadamente, pasó de ser un cuadro concreto y sorprendente del cuerpo y la sangre de Cristo a ser un pensamiento abstracto y metafísico.

En este libro no podemos preocuparnos por las minucias teológicas que rodean a la Cena del Señor. Pero resulta claro que los protestantes (lo mismo que los católicos) no practican la Cena de la manera en que se la observaba durante el primer siglo. Para los cristianos primitivos, la Cena del Señor era una comida comunitaria festiva.[1] El clima era de celebración y gozo. Cuando los creyentes comenzaron a reunirse para la comida, partían el pan y lo hacían pasar. Luego comían su comida, la que concluía luego de pasar la copa. La Cena del Señor esencialmente era un banquete cristiano. Y no había ningún clérigo oficiándolo.[2]

Hoy, la tradición nos ha forzado a tomar la Cena en la forma de un dedal de zumo de uva que apenas nos produce un cosquilleo en la lengua, y de una galleta sin sabor a nada, pequeña, del tamaño de un bocado. Con frecuencia se toma la Cena en una atmósfera de solemnidad. Se nos dice que recordemos los horrores de la muerte de nuestro Señor y que reflexionemos sobre nuestros pecados.

Además, la tradición nos ha enseñado que tomar la Cena del Señor puede resultar algo peligroso. Por lo tanto muchos cristianos contemporáneos nunca toman la Comunión si no está un clérigo ordenado presente. A menudo, se señala el texto de 1 Corintios 11:27-33. En el versículo 27, el apóstol Pablo advierte a los creyentes que no deben participar de la Cena del Señor «indignamente». En esa ocasión, sin embargo, él parece estar hablando a algunos miembros de la iglesia que estaban deshonrando la Cena por no esperar a que sus hermanos pobres comieran con ellos, y por que algunos se emborrachaban con el vino.

TRUNCAR LA COMIDA

¿Y por qué una comida completa fue reemplazada por una ceremonia que incluía solo el pan y la copa? Esta es la historia.

---

1. Consultar el libro de Eric Svendsen *The Table of the Lord* [La mesa del Señor], NTRF, Atlanta, 1996; el de F. F. Bruce, *First and Second Corinthians* [Primera y Segunda Corintios], NCB, Oliphant, Londres, 1971, p. 110; el de White *The Wordliness of Worship* [La mundanalidad de la adoración], p. 85; William Barclay, *The Lord's Supper* [La Cena del Señor], Westminster Press, Filadelfia, 1967, pp. 100-107; I. Howard Marshall, *Last Supper and Lord's Supper* [La última Cena y la Cena del Señor], Eerdmans, Grand Rapids, 1980; Vernard Eller, *In Place of Sacraments* [En lugar de sacramentos], Eerdmans, Grand Rapids, 1972, pp. 9-15.
2. Barclay, *The Lord's Supper*, pp. 102-103. La Cena del Señor una vez constituyó una función de los «laicos», pero con el tiempo se desvirtuó para ser un deber de la clase sacerdotal.

Durante el primer siglo y principios del segundo, los cristianos primitivos llamaban a la Cena del Señor la «fiesta de amor».[1] En esa época ellos tomaban el pan y la copa dentro de un contexto de comida festiva. Pero alrededor del tiempo de Tertuliano, se comenzaron a separar el pan y la copa de la comida. Hacia fines del segundo siglo, esa separación se volvió completa.[2]

Algunos eruditos han argumentado que los cristianos abandonaron la comida porque querían evitar que la Eucaristía fuera profanada con la participación de no creyentes.[3] Esto en parte puede ser cierto. Pero es más probable que la creciente influencia de los rituales religiosos paganos despojaran a la Cena de la atmósfera no religiosa, realista y alegre que tenía una comida en la sala de una casa.[4] En el siglo cuarto, ¡se prohibió la fiesta de amor entre los cristianos![5]

Con el abandono de esa comida, los términos *partimiento del pan* y *Cena del Señor* desaparecieron.[6] El término común para referirse a ese ritual, ahora truncado (con solo el pan y la copa), era *Eucaristía*.[7] Ireneo (130-200) fue uno de los primeros en llamar al pan y a la copa una ofrenda.[8] A partir de él, comenzó a llamárselos la «ofrenda» o el «sacrificio».

La mesa del altar en la que se colocaban el pan y la copa vino a ser vista como un altar en el que se ofrecía una víctima.[9] La Cena ya no fue más un evento comunitario. Más bien era un ritual efectuado por el sacerdote para ser mirado a distancia. A través de los siglos cuarto y quinto, se fue produciendo un creciente sentido de sobrecogimiento y temor asociado con la mesa en la que se celebraba la sagrada Eucaristía.[10] Se convirtió en un

---

1. Se la llamaba *Ágape*. Judas 1:12.
2. Dix, *The Shape of the Liturgy*, p. 23; Ferguson, *Early Christians Speak*, pp. 82-84, 96-97, 127-130. Durante el primer siglo y principios del segundo, la Cena del Señor parece haberse tomado de noche, como una comida. Fuentes del siglo segundo muestran que se tomaba solo los domingos. En la *Didache*, la Eucaristía todavía se muestra como tomada junto con la comida Ágape (fiesta de amor). Ver también Davies, *Secular Use of Church Buildings*, p. 22.
3. Svendsen, *The Table of the Lord*, pp. 57-63.
4. En cuanto a la influencia pagana sobre la evolución de la misa cristiana, ver el ensayo de Edmund Bishop "The Genius of the Roman Rite" [El genio del rito romano]; Duchesne, *Christian Worship*, pp. 86-227; Jungmann, *Early Liturgy*, pp. 123, 130-144, 291-292; Smith, *From Christ to Constantine*, p. 173; Durant, *Caesar and Christ*, pp. 599-600, 618-619, 671-672.
5. Fue prohibida por el Concilio de Cartago en el año 397 d.C. Barclay, *Lord's Supper*, p. 60; Charles Hodge, *First Corinthians* [Primera a los Corintios], Crossway Books, Wheaton, IL, 1995, p. 219; R. C. H. Lenski, *The Interpretation of 1 and 2 Corintios* [La interpretación de 1 y 2 Corintios], Augsburg Publishing House, Minneapolis, 1963, p. 488.
6. Gough, *The Early Christians*, p. 100.
7. Ibid., 93. *Eucaristía* significa «acción de gracias».
8. Tad W. Guzie, *Jesus and the Eucharist* [Cristo y la Eucaristía], Paulist Press, Nueva York, 1974, p. 120.
9. Ibid.
10. Escritores tan tempranos como Clemente de Alejandría, Tertuliano e Hipólito (principios del tercer siglo) comenzaron a usar lenguaje que hablaba de la presencia de Cristo en general en el pan y el vino. Pero en tan temprana etapa no se realizaron intentos de argumentar acerca de un realismo físico que «cambiaba» el pan y vino en carne y sangre. Más tarde, algunos escritores de Oriente (Cirilo, de Jerusalén; Serapión, obispo de Thmuis; y Atanasio) introdujeron una oración para que el Espíritu Santo trasformara el pan y el vino en el cuerpo y la sangre. Pero fue Ambrosio de Milán (fines del cuarto siglo) el que comenzó a colocar el poder de la consagración en el recitado de las palabras de introducción. Se creía que las palabras «Este es mi cuerpo» (en latín *hoc est corpus meum*) contenían en ellas el poder de transformar el pan y el vino (Jungman,

ritual sombrío. El gozo que en tiempo había formado parte de él se había desvanecido.[1]

La mística asociada con la Eucaristía se debía a la influencia de las religiones paganas de misterio, nubladas por la superstición.[2] Bajo esa influencia, los cristianos comenzaron a atribuirle matices sagrados al pan y a la copa. Se los veía como objetos santos en ellos mismos.[3]

Debido a que la Cena del Señor se había convertido en un ritual sagrado, requería que una persona sagrada la administrara.[4] Hizo, entonces, su entrada el sacerdote, para ofrecer el sacrificio de la misa.[5] Se creía que él tenía el poder de hacer bajar a Dios del cielo y confinarlo a un pedazo de pan.[6]

Alrededor del siglo décimo, el significado de la palabra *cuerpo* cambió dentro de la literatura cristiana. Anteriormente, los escritores cristianos utilizaban la palabra *cuerpo* para referirse a una de tres cosas: (1) el cuerpo físico de Jesús, (2) la iglesia, o (3) el pan de la Eucaristía.

Los padres de la iglesia primitiva veían a la iglesia como una comunidad de fe que se identificaba a sí misma por el partimiento del pan. Pero en el siglo décimo, se dio un cambio tanto en pensamiento como en lenguaje. La palabra *cuerpo* ya no se usaba para referirse a la iglesia. Solo se utilizaba para hacer referencia al cuerpo físico del Señor, o para el pan de la Eucaristía.[7]

Por consecuencia, la Cena del Señor se alejó mucho de la idea de que la iglesia se reunía a celebrar el partimiento del pan.[8] El cambio de vocabulario se reflejaba en esta práctica. La Eucaristía había dejado de formar parte de una comida comunitaria gozosa para ser vista como sagrada en sí misma, aún mientras estaba sobre la mesa. Quedó envuelta en una bruma religiosa.

The Mass of the Roman Rite, pp. 52, 203-204; Dix, *The Shape of the Liturgy*, pp. 239, 240-245. A propósito, el latín comenzó en África del Norte hacia fines del segundo siglo y se extendió lentamente hacia Roma, hasta volverse de uso corriente hacia fines del cuarto siglo. Bard Thompson, *Liturgies of the Western Church* [Liturgias de la iglesia de Occidente], Meridian Books, Cleveland, 1961, p. 27.

1. Este cambio también se vio reflejado en el arte cristiano. No existen rostros sombríos de Jesús antes del siglo cuarto (Graydon Snyder, en un mensaje de e-mail a Frank Viola, el 12 de octubre de 2001; véase también su libro *Ante Pacem*).
2. Guzie, *Jesus and the Eucharist*, p. 121.
3. Esto sucedió durante el siglo noveno. Antes de ello, era el *acto* de tomar la Eucaristía lo que se consideraba sagrado. Pero en el año 830 d.C., un hombre de nombre Radbert escribió el primer tratado que hacía un acercamiento a la Eucaristía que se centraba directamente en el pan y el vino. Todos los escritores cristianos anteriores a Radbert describían lo que los cristianos hacían cuando tomaban el pan y el vino. Ellos describían la *acción* de tomar los elementos. Radbert fue el primero en enfocarse exclusivamente en los elementos en sí: el pan y el vino ubicados en la mesa del altar (Guzie, *Jesus and the Eucharist*, pp. 60-61, 121-123).
4. Dunn, *New Testamet Theology in Dialogue*, pp. 125-135.
5. Eso comenzó alrededor del siglo cuarto.
6. Hanson, *Christian Priesthood Examined*, p. 80.
7. Guzie, *Jesus and the Eucharist*, p. 125-127.
8. Para muchos esclavos y gente pobre, la cena del Señor era la única comida real. Resulta interesante que recién después del Sínodo de Hipona, en el año 393 d.C., comenzó a aparecer el concepto de ayunar para la Cena del Señor (Barclay, *Lord's Supper*, p. 100).

Mirada con sobrecogimiento, era administrada por un sacerdote taciturno, y se la había alejado por completo de la naturaleza comunitaria de la ekklesia.

Todos estos factores dieron inicio a la doctrina de la transubstanciación. En el siglo cuarto, la creencia de que el pan y el vino se transformaban realmente en el cuerpo y la sangre del Señor era explícita. De todas formas, la transubstanciación era la doctrina que daba una explicación teológica acerca de cómo ocurría ese cambio.[1] (Esa doctrina fue elaborada desde el siglo once hasta el trece).

Con esta doctrina de la transubstanciación, el pueblo de Dios se acercaba a los elementos con un sentimiento de temor. Se mostraba renuente aún a aproximarse a ellos.[2] Se creía que al pronunciar las palabras de la Eucaristía el pan literalmente se convertía en Dios. Todo eso hizo de la Cena del Señor un ritual sagrado llevado a cabo por gente sagrada, y alejado de las manos del pueblo de Dios. Tan profundamente afianzada estaba la idea medieval de que el pan y la copa eran una «ofrenda» que hasta algunos de los reformadores se aferraron a ella.[3]

En tanto que los cristianos protestantes contemporáneos han descartado la *noción* católica de que la Cena del Señor constituye un sacrificio, han continuado abrazando la *práctica* católica de la Cena. Observemos el desarrollo de una reunión en la que se celebra la Cena del Señor (a la que con frecuencia se la denomina la «Santa Comunión») y notaremos lo siguiente:

> La Cena del Señor consiste de una galleta del tamaño de un bocado (o un trocito de pan) y un pequeño vaso de jugo de uva (o vino). Al igual que en la iglesia Católica, se la ha separado de la comida.

> El ambiente es sombrío y taciturno, como en la iglesia Católica.

> El pastor les dice a los feligreses que deben examinarse a ellos mismos en lo que hace al pecado antes de participar de los elementos, práctica que viene de Juan Calvino.[4]

---

1. Gough, *Early Christians*, pp. 111-112. El pleno desarrollo de la doctrina de la transubstancición se le atribuye a Tomás de Aquino. En este sentido, Martín Lutero creía que la «opinión de Tomás» debió haber permanecido como una opinión y no convertirse en un dogma de la iglesia (Senn, *Christian Liturgy*, p. 307).
2. Hatch, *Growth of Church Institutions*, p. 216. La transubstanciación se definió como doctrina en el Concilio de Letrán, en el año 1215 d.C. como resultado de 350 años de controversia sobre esa doctrina en Occidente (Dix, *Shape of the Liturgy*, p. 630; Hanson, *Christian Priesthood Examined*, p. 79; Philip Schaff, *History of the Christian Church* [Historia de la iglesia cristiana], 7, Eerdmans, Grand Rapids, 1994, p. 614).
3. Jones, *Historical Approach to Evangelical Worship*, p. 143.
4. White, *Protestant Worship*, p. 66. 1 Corintios 11:27-33 no constituye una exhortación a examinarse uno mismo con respecto al

> Tal como el sacerdote católico, muchos pastores lucen ropas clericales para la ocasión. Y siempre es el pastor el que administra la Cena y recita las palabras de introducción «Este es mi cuerpo» antes de repartir los elementos a la congregación.[1]

Con algunos toques menores aquí y allá, todo esto es Catolicismo medieval de la cabeza a los pies.

EN RESUMEN

A través de nuestra tradición hemos vaciado de verdadero significado y poder al bautismo en agua. Concebido y practicado debidamente, el bautismo en agua constituye la confesión inicial de fe del creyente delante de los hombres, los demonios, los ángeles y Dios. El bautismo es una señal visible que describe nuestra separación del mundo,[2] nuestra muerte con Cristo, la sepultura de nuestro viejo hombre,[3] la muerte de la vieja creación,[4] y el lavado de la Palabra de Dios.[5]

El bautismo en agua es la forma neotestamentaria de conversión e inicio. Eso es idea de Dios. Reemplazarlo por la oración del pecador, humanamente inventada, es despojar al bautismo de su propio testimonio, dado por Dios.

Con respecto a esto mismo, cuando a la Cena del Señor se la separa de su propio contexto de ser una comida completa, se convierte en un rito extraño, al estilo pagano.[6] La Cena se ha convertido en un ritual vacío oficiado por un clérigo, en lugar de ser una experiencia de vida compartida que disfruta la iglesia. Se ha vuelto un ejercicio religioso malsano, más que un festival alegre, una ceremonia viciada por el individualismo más que un evento corporativo lleno de significado.

Como lo dijo un erudito: «No caben dudas en cuanto a que la Cena del Señor comenzó como una comida familiar o una comida de amigos en un hogar privado... pasó de ser una comida

---

pecado personal. Se trata más bien de una exhortación a examinarse uno mismo en el área de tomar la Cena de una «manera digna». Los corintios estaban deshonrando la Cena, porque no esperaban a sus hermanos más pobres para comer con ellos, y porque se emborrachaban con el vino.
1. Mateo 26:25-27; Marcos 14:21-23; Lucas 22:18-20.
2. Hechos 2:38-40; 1 Corintios 10:1-2.
3. Romanos 6:3-5; Colosenses 2:11-12.
4. 1 Pedro 3:20-21.
5. Hechos 22:16; Efesios 5:26.
6. Eduard Schweizer, *The Church As the Body of Christ* [La iglesia como cuerpo de Cristo], John Knox Press, Richmond, VA, 1964, pp. 26, 36-37.

real a ser una comida simbólica... dejó de lado la simplicidad desnuda para pasar a un esplendor elaborado... la celebración de la Cena del Señor dejó de ser una función laica para convertirse en una función sacerdotal. En el Nuevo Testamento no hay ninguna indicación de que conducir el culto de comunión en la Cena del Señor constituya el privilegio especial o el deber de alguna persona».[1]

Cuando Israel ya se había separado del pensamiento original de Dios, el profeta clamó: «Así dice el Señor: "Deténganse en los caminos y miren; pregunten por los senderos antiguos. Pregunten por el buen camino, y no se aparten de él. Así hallarán el descanso anhelado» (Jeremías 6:16). De la misma manera, podemos rechazar las vanas tradiciones de los hombres y volver a las sendas antiguas... ¿a aquellas santas tradiciones que nos fueron transmitidas por Jesucristo y sus apóstoles?[2]

➤Profundizando

1. *En tanto que la oración del pecador puede no encontrarse en la Biblia, el repetirla junto con otro creyente cuando le entregué mi vida a Cristo me ayudó a comprender lo que estaba haciendo: admitir delante de Dios mi total ruina y reconocer mi necesidad de perdón. ¿Dicen ustedes que es erróneo hacer la oración del pecador, o simplemente que esta no debe tomar el lugar del bautismo como reconocimiento público de conversión?*

    Lo último. Simplemente queremos decir que eso no debería reemplazar al bautismo en agua como modelo bíblico de conversión e inicio.

2. *Ustedes muestran preocupación acerca de que la expresión Salvador personal pueda socavar la verdad de que nuestra relación es tanto individual como colectiva; ¿acaso esa expresión no nos recuerda también la necesidad que tenemos de hacer nuestra propia confesión de fe y no presuponer que simplemente por formar parte de una iglesia eso nos da un boleto para el cielo?*

    Ciertamente deberíamos hacer nuestra propia confesión de fe. Los cristianos primitivos confesaban a Jesús como Señor y Salvador. Muchos cristianos hoy piensan que eso es suficiente. Por lo tanto, no se sienten obligados a insertar la palabra *personal* delante de lo otro.

3. *3. Las palabras del apóstol Pablo en 1 Corintios 11:23-26, con las que les recuerda a los creyentes las palabras de Jesús cuando instituyó la Cena del Señor, parecen*

---

1. Barclay, *Lord's Supper*, pp. 99-102.
2. El Nuevo Testamento nos exhorta repetidamente a que nos apeguemos a la tradición apostólica dada a la iglesia por Jesucristo y los apóstoles (1 Corintios 11:2, 16; 2 Tesalonicenses 2:15, 3:6). Véase el libro de Viola *Redescubre la iglesia* para más detalles.

enfatizar la comunión como un momento para recordar la muerte expiatoria de Cristo. Naturalmente, entonces, muchos creyentes usan ese tiempo para confesar sus pecados y recordar la misericordia de Dios. Difícilmente sea un «ritual vacío» como ustedes lo describen. ¿Qué piensan?

Estamos de acuerdo en que la Cena del Señor no es un ritual vacío para todos los cristianos. Al mismo tiempo, lamentamos que muchas iglesias hayan perdido el enfoque que tenían los primeros cristianos cuando celebraban la comunión. Los cristianos primitivos tomaban la cena en una atmósfera de gozo y celebración. A través de ello, proclamaban la muerte victoriosa de Cristo y su futura venida. También la tomaban como una completa comida de comunión con el cuerpo de Cristo, la iglesia. De esa forma nos fue traspasada por Jesús y los apóstoles. Por lo tanto, deberíamos preguntarnos: ¿Despojar a la Cena del Señor de la comida y convertirla en una ocasión sombría ha sido un proceso de desarrollo o de alejamiento? ¿Hemos mejorado en cuanto a lo que Jesús y los apóstoles no entregaron, o nos hemos desviado?

➤ LA EDUCACIÓN CRISTIANA: EXPANDIR EL CRANEO

«¿Qué tiene que ver Atenas con Jerusalén?».
—TERTULIANO, TEÓLOGO DEL TERCER SIGLO

«La iglesia primitiva no contaba con el Nuevo Testamento, ni con una teología bien pensada, ni con tradiciones estereotipadas. Los hombres que llevaron el cristianismo al mundo gentil no contaban con un entrenamiento especial, sino solo con una gran experiencia, en la que "todas las máximas y filosofías se reducían a la simple tarea de caminar en la luz, dado que la luz había llegado"».
—B. H. STREETER, TEÓLOGO INGLÉS, ERUDITO EN BIBLIA

SEGÚN EL PENSAMIENTO de la mayoría de los cristianos, la educación formal califica a una persona para realizar la obra del Señor. A menos que un cristiano se haya graduado de una institución bíblica o de un seminario, es visto como un «para» ministro. Un pseudo obrero cristiano. Esa persona no puede predicar, enseñar, bautizar ni administrar la Cena del Señor, dado que no ha sido capacitada formalmente para realizar tales cosas... ¿verdad?

La idea de que un obrero cristiano debe asistir a una institución bíblica o a un seminario para tener legitimidad está profundamente arraigada; hasta tal punto que cuando alguno siente un «llamado» de Dios sobre su vida, se encuentra condicionado a comenzar la búsqueda de un instituto bíblico o de un seminario al que asistir.

Ese pensamiento no encaja con la mentalidad cristiana primitiva. Los institutos bíblicos, seminarios y hasta la Escuela Dominical estaban completamente ausentes de la iglesia primitiva. Todos ellos son innovaciones humanas que aparecieron cientos de años después de la muerte de los apóstoles.

Entonces, ¿cómo se entrenaba a los obreros cristianos durante el primer siglo si no podían asistir a una institución religiosa? A diferencia del entrenamiento ministerial de nuestros días, la capacitación del primer siglo tenía que ver con la práctica más que con lo académico. Era una cuestión de aprendizaje más que de educación intelectual. Iba dirigida principalmente al espíritu y no al lóbulo frontal.

Durante el primer siglo, los llamados a la obra del Señor fueron capacitados de dos maneras: (1) Aprendieron las lecciones esenciales del ministerio cristiano por compartir la vida con un grupo de cristianos. En otras palabras, no siendo líderes se capacitaron a través de experimentar la vida del cuerpo. (2) Aprendieron a hacer la obra de Dios bajo la tutela de otro obrero mayor y más maduro.

Haciendo una observación sobre la iglesia del primer siglo, el puritano John Owen escribió: «Toda iglesia era un seminario entonces, en el que se realizaba la preparación y la provisión».[1] Como un eco de esas palabras, R. Paul Stevens señala: «La mejor estructura para equipar a todo cristiano ya está en su lugar. Es anterior al seminario y al seminario de fin de semana y perdurará más allá de ellos. En el Nuevo Testamento no se ofrece ningún otro lugar para la edificación y el equipamiento que la iglesia local. En la iglesia del Nuevo Testamento, al igual que en el ministerio de Jesús, la gente aprendía en el horno de la vida, dentro de un contexto de relaciones, vida, trabajo y ministerio».[2]

En marcado contraste con esto, la capacitación ministerial contemporánea puede describirse a través de los patrones de la charla religiosa llevada a cabo por los miserables que fueron a consolar a Job: es racional, objetiva y abstracta. Muy poco de ella es práctica, experimental o espiritual.

El examen completo de los métodos con los que fueron capacitados los obreros cristianos del primer siglo va más allá del ámbito de este libro. Sin embargo, hay un puñado de libros dedicados al tema.[3] En este capítulo trazaremos los orígenes del seminario, el instituto bíblico y la Escuela Dominical. También rastrearemos la historia del pastor de jóvenes. Y analizaremos el

---

1. John Owen, *Hebrews* [Hebreos], Alister McGrath y J. I. Packer, editores, Crossway Books, Wheaton, IL, 1998, p. 131.
2. R. Paul Stevens, *Liberating the Laity* [Liberar al laicado], InterVarsity Press, Downers Grove, IL, 1985, p. 46. Notemos que esas palabras no se pueden decir de la iglesia institucional moderna. Más bien se aplican a todas las iglesias al estilo del primer siglo.
3. Entre ellos, el de Viola *So You Want to Start a House Church?* [¿Así que quieren iniciar una iglesia de hogar?]; el de Robert E. Coleman, *The Master Plan of Evangelism* [El plan maestro de evangelización], Fleming H. Revell, Grand Rapids, 1993; el de A. B. Bruce, *The Training of the Twelve* [El entrenamiento de los doce], CT:Keats, New Canaan, 1979; y el de Gene Edwards, *Overlooked Christianity* [Cristianismo pasado por alto], Seedsowers, Sargent, GA, 1997. También son dignos de tener en cuenta los siguientes libros de Watchman Nee, que contienen mensajes dados por Nee a sus colaboradores más jóvenes durante la capacitación de obreros que llevaba a cabo: *The Character of God's Workman* [El carácter del obrero de Dios], *The Ministry of God's Word* [El ministerio de la Palabra de Dios] y *The Release of the Spirit* [La liberación del Espíritu]. 2 Timoteo 2:2 se refiere al concepto de capacitación de los obreros cristianos que está ejemplificado en los Evangelios y en los Hechos

modo en que cada uno de ellos está en desacuerdo con la manera de Cristo, porque se basan en el sistema educativo del mundo.[1]

CUATRO ETAPAS EN LA EDUCACIÓN TEOLÓGICA

A través de la historia de la iglesia ha habido cuatro etapas en la educación teológica. Son: la episcopal, la monástica, la académica y la seminarista (pastoral).[2] Examinemos brevemente cada una:

Episcopal. La teología durante la era patrística (tercer a quinto siglos) se llamó episcopal porque los teólogos principales de la época eran obispos.[3] Este sistema estuvo marcado por la capacitación de los obispos y sacerdotes acerca de cómo llevar a cabo los diversos rituales y liturgias de la iglesia.[4]

Monástica. La etapa monástica de la educación teológica estuvo atada a la visa ascética y mística. Era enseñada por monjes que vivían en comunidades monásticas (y más adelante escuelas catedralicias).[5] Las escuelas monásticas fueron fundadas en el tercer siglo. Esas escuelas enviaban misioneros a territorios ignotos después del siglo cuarto.[6]

Durante este etapa, los padres de la iglesia de Oriente se empaparon del pensamiento platónico. Se aferraron a la perspectiva errónea de que Platón y Aristóteles eran los maestros cuyas técnicas podían usarse para llevar a los hombres a Cristo. Aunque no intentaron conducir a la gente por mal camino, su fuerte dependencia de esos filósofos paganos diluyó gravemente la fe cristiana.[7]

---

1. Para acceder a una consideración perspicaz del aspecto educativo del sistema mundial, ver la obra de Watchman Nee, *Love Not the World* [No améis al mundo],Tyndale House Publishers, Carol Stream, IL, 1978.
2. Robinson, *New Reformation* [Nueva Reforma]. pp. 60-65. Robinson argumenta que la teología patrística fue escrita por obispos, la teología medieval fue escrita por profesores universitarios, la teología reformada fue escrita por pastores, y la teología de la «nueva Reforma» será escrita por y para todo el pueblo de Dios. Una «teología para todo el pueblo de Dios» se enfoca en las preocupaciones y experiencias de todos los cristianos, no solo de las preocupaciones y experiencias de un grupo especializado que realiza una tarea especializada (el clero). Eruditos contemporáneos como R. Paul Stevens, en sus obras *Abolition of the Laity* [Abolición del laicado] y *Other Six Days* [Otros seis días], y Robert Banks en *Reenvisioning Theological Education* [Reenfocar la educación teológica] (Eerdmans, Grand Rapids, 1999) han escrito mucho sobre este tipo de teología. También el artículo de Harold H. Rowdon "Theological Education in Historical Perspective" [Educación teológica en perspectiva histórica], en *Vox Evangelica* 7, Paternoster Press, Carlisle, UK, pp 75-87, da una perspectiva general de la educación teológica a través de la historia.
3. Agustín era una de esas personas. En el siglo quinto, un grupo de clérigos se reunía en torno a él para recibir entrenamiento (Rowdon, "Theological Education in Historical Perspective", p. 75).
4. Las escuelas episcopales no asumieron un carácter académico para entrenar al clero hasta el siglo sexto. Antes de eso, los posible sacerdotes aprendían la forma de llevar a cabo los rituales y conducir las liturgias bajo la dirección de sus obispos. Edward J. Power, *A Legacy of Learning: A History of Western Education* [Un legado de aprendizaje: Historia de la educación occidental], State University of New York Press, Albany, 1991, pp. 98, 108.
5. Antes del siglo doce, en Occidente la única educación disponible era la provista por las escuelas catedralicias y monásticas.
6. Marrou, *History of Education in Antiquity* [Historia de la educación en la antigüedad], p. 329.
7. En su libro *Ascension and Ecclesia* [Ascensión y Ecclesia], Eerdmans, Grand Rapids, 1999, Douglas Farrow expone acerca de la manera en que el pensamiento griego se posesionó de la teología a través de Orígenes y luego de Agustín, y la forma en que eso inevitablemente afectó áreas de la vida de la iglesia.

Dado que muchos de los padres de la iglesia eran filósofos y oradores con anterioridad a su conversión, la fe cristiana muy pronto comenzó a mostrar una inclinación filosófica. Justino Mártir (100-165), uno de los maestros cristianos más influyentes del segundo siglo, «se vestía con el atuendo de un filósofo».[1] Justino creía que la filosofía era la revelación de Dios a los griegos. Aseguraba que Sócrates, Platón y otros tenían la misma posición para los gentiles que Moisés tenía para los judíos.[2]

Después del año 200 d.C., Alejandría se convirtió en la capital intelectual del mundo cristiano, como lo había sido para los griegos. Se instituyó allí una escuela especial en el año 180 d.C. Esa escuela era el equivalente a una facultad de teología.[3]

En Alejandría, se inició el estudio institucional de la doctrina cristiana.[4] Orígenes (185-254), uno de los maestros más influyentes de esa temprana escuela, a su vez había sido influido profundamente por la filosofía pagana. Era colega de Plotino, el padre del neoplatonismo, y absorbió muchas de sus enseñanzas. Según el pensamiento neoplatónico, un individuo debe ascender pasando por diferentes etapas de purificación para alcanzar la unión con Dios.[5] Orígenes fue el primero en organizar los conceptos teológicos clave en una teología sistemática.[6]

Acerca de este período Will Durant ha hecho esta observación: «La brecha entre la filosofía y la religión se iba cerrando, y durante mil años se consintió en que la razón fuera la criada de la teología».[7] Edwin Hatch les hace eco a estos pensamientos al decir: «En un siglo y medio posterior a que el cristianismo y la filosofía se pusieron en un contacto cercano por primera vez, las ideas y métodos de la filosofía habían fluido de modo tal dentro del cristianismo, y ocupado un espacio tan grande, que hicieron de él tanto una religión como una filosofía».[8]

Luego de la muerte de Orígenes, las escuelas cristianas

---

1. Eusebio, *The History of the Church*, IV, pp. 11, 8.
2. Boggs, *Christian Saga*, p. 151; Hatch, *Influence of Greek Ideas and Usages*, pp. 126-127.
3. Algunos dicen que fue fundada por Pantaneus, el maestro de Clemente de Alejandría. Otros, que fue fundada por Demetrio. B. H. Streeter, *The Primitive Church* [La iglesia primitiva], The Macmillan Company, Nueva York, 1929, p. 57; James Bowen, *A History of the Western Education* [Historia de la educación occidental], 1, St. Martin's Press, Nueva York, 1972, p. 240; Rowdon, "Theological Education in Historical Perspective", p. 76.
4. Bowen, *A History of the Western Education*, 1:240; Collins y Price, *The Story of Christianity*, p. 25.
5. Durant, *Caesar and Christ*, p. 610. El neoplatonismo floreció entre los años 245 y 529, e influyó directamente sobre el pensamiento cristiano a través de Orígenes, Clemente de Alejandría, Agustín y el Pseudo-Dionisio. Esta idea todavía es muy prevalente dentro del pensamiento católico. Ver el libro de Philip S. Watson, *Neoplatonism and Christianity:928 Ordinary General Meeting of the Victoria Institute* [El neoplatonismo y la cristiandad: Reunión General Ordinaria número 928 del Instituto Victoria], vol. 87 (The Victoria Institute, Surrey, UK, 1955.
6. *Pastor's Notes* 5, Nº 2:7.
7. Durant, *Caesar and Christ*, p. 611.
8. Hatch, *Influence of Greek Ideas and Usages*, p. 125.

desaparecieron. La educación teológica se revirtió, volviendo a la forma episcopal. Los obispos eran capacitados a través del contacto personal con otros obispos.[1] La suma y sustancia del aprendizaje clerical durante este tiempo consistía en el estudio de la teología pastoral de Gregorio el Grande.[2] Gregorio enseñaba a los obispos a ser buenos pastores.[3] A mediados del siglo octavo, se fundaron escuelas para obispos. En el siglo décimo, las catedrales comenzaron a auspiciar escuelas propias.[4]

Académica. La tercera etapa de la educación teológica le debe mucho a la cultura de la universidad.[5] Para el año 1200, una buena cantidad de escuelas catedralicias habían evolucionado en universidades. La Universidad de Bologna, en Italia, fue la primera en aparecer. La Universidad de París llegó en un inmediato segundo lugar, seguida por la de Oxford.[6]

La Universidad de Paris se convirtió en el centro filosófico y teológico del mundo en esa época.[7] (Más tarde se convertiría en la semilla de lo que sería el seminario protestante).[8] La educación superior era del dominio del clero.[9] Y el erudito era visto como el guardián de la antigua sabiduría.

La universidad de nuestros días se desarrolló a partir de la responsabilidad de los obispos en cuanto a proporcionar capacitación clerical.[10] En la universidad, la teología era considerada como la «reina de las ciencias».[11] Desde mediados del siglo doce hasta fines del catorce, se establecieron setenta y una universidades en Europa.[12]

---

1. Marrou, *History of Education in Antiquity*, p. 329.
2. Schaff, *History of the Christian Church*, 4:400.
3. La obra de Gregorio *Book of Pastoral Rule* [Libro de gobierno pastoral] fue escrito en el año 591. Consiste en un análisis de los deberes del oficio de obispo.
4. Douglas, *New Twentieth Century Encyclopedia of Religious Knowledge*, p. 289. Notre Dame fue una de las primeras escuelas catedralicias. La Universidad de París se desarrolló a partir de una escuela catedralicia. Bowen, *History of the Western Education*, 2:111. Luego del año 1100, las escuelas catedralicias se expandieron, separándose en «escuelas secundarias» para varones y una escuela superior de estudios avanzados.
5. La palabra *universidad* proviene del término latín medieval *universitas*, que era el usado para los gremios de artesanos medievales (Bowen, *History of the Western Education*, 2:109).
6. William Boyd, *The History of Western Education* [Historia de la educación occidental],Barnes & Noble, Nueva York, 1967, p. 128. Para acceder a la consideración de los orígenes del sistema universitario, ver la obra de Helen Wieruszowski *The Medieval University* [La universidad medieval], Van Nostrand, Princeton, 1966.
7. Bowen, *History of the Western Education*, 1:110.
8. La palabra *seminario* procede del latín, *seminarium*, que significa «semillero» (Reid, *Concise Dictionary of Christianity in America*, p. 1071).
9. Collins y Price, *Story of Christianity*, p. 112.
10. Rowdon, "Theological Education in Historical Perspective", p. 79. El Concilio de Latrán de 1215 exhortó a todo obispo metropolitano a asegurarse de que la teología fuera enseñada en toda iglesia catedral.
11. Ibid.
12. Power, *Legacy of Learning* [Legado de educación], p. 149. La historia de la graduación en la universidad resulta bastante interesante. A aquellos que pasaban el nivel académico se los denominaba *masters*. Los abogados fueron los primeros en ser llamados *doctores*. *Doctor* significa «uno que enseña». Viene de *doctrina*, que significa «aprendizaje o educación». Un *doctor*, entonces, es un *master* que enseña. Los estudiantes diligentes que buscaban reconocimiento fueron llamados *bachilleres* (p. 153). El rector tenía el control supremo sobre la universidad. Los *masters* les daban clase a los *bachilleres* que al principio vivían en cuartos alquilados de forma privada, y luego en residencias estudiantiles facilitadas por los *masters* (Rowdon, "Theological Education in Historical Perspective", p. 79). La palabra *facultad*, que significa "fuerza, poder y

La teología contemporánea fue metiéndose en las abstracciones de la filosofía griega.[1] Los contenidos académicos adoptaron el modelo aristotélico de pensamiento, que se centraban en el conocimiento racional y lógico. El impulso dominante de la teología escolástica fue la asimilación y transmisión del conocimiento. (Por esa razón la mente occidental siempre ha sido aficionada a la formulación de credos, declaraciones doctrinales, y otras abstracciones sin sangre en las venas).

Uno de los profesores más influyentes en cuanto a la forma adquirida por la teología contemporánea fue Pedro Abelardo (1079-1142). Abelardo es responsable, en parte, de habernos transmitido una teología «moderna». Sus enseñanzas pusieron la mesa y prepararon el menú para los filósofos escolásticos como Tomás de Aquino (1225-1274).[2]

Distinguida por Abelardo, la escuela de Paris emergió como el modelo que seguirían todas las universidades.[3] Abelardo aplicó la lógica aristotélica a la verdad revelada, aunque él mismo comprendía la tensión existente entre las dos: «No deseo ser un filósofo si eso implica contradecir a San Pablo; no quiero ser un discípulo de Aristóteles si implica separarme de Cristo». También le dio a la palabra *teología* el sentido que tiene hoy. (Antes de él, esta palabra era usada solamente para describir creencias paganas).[4]

Tomando como punto de partida a Aristóteles, Abelardo llegó a dominar el arte filosófico de la dialéctica: una disputa lógica acerca de la verdad. Él aplicó este arte a las Escrituras.[5] La educación teológica cristiana jamás se recuperó de la influencia de Abelardo. Atenas todavía corre por su torrente sanguíneo. Aristóteles, Abelardo, y Aquino, todos ellos, creían que la razón constituía la puerta de entrada a la verdad divina. Así que desde sus principios, la educación universitaria occidental se involucró en la fusión de elementos cristianos y paganos.[6]

Martín Lutero lo tenía claro cuando dijo: «¡Qué otra cosa

---

capacidad", apareció alrededor del año 1270. Representaba la división en diversas materias de las agrupaciones medievales. La palabra *facultad* con el tiempo reemplazó a *agrupación o corporación* en referencia al grupo de académicos de cada materia. Bowen, *A History of the Western Education*, 2:111; Charles Homer Haskins, *The Rise of Universities* [La aparición de universidades], H. Holt, Nueva York, 1923, p. 17.
1. Stevens, *Other Six Days*, pp. 12-13; Stevens, *The Abolition of the Laity*, pp. 10-22.
2. D. W. Robertson, *Abelard and Heloise* [Abelardo y Eloísa], The Dial Press, Nueva York, 1972, xiv.
3. Bowen, *History of the Western Education*, 2:109.
4. Para disgusto de muchos en sus días, Abelardo llamó a uno de sus libros *Teología Cristiana* (Robertson, *Abelard and Heloise*, xii-xiii).
5. Esto no debería confundirse con el enfoque del apóstol Pablo, que puede haber utilizado la lógica griega para razonar con los griegos, y la retórica para comunicarse con ellos, pero no uso la dialéctica (lógica griega) para comprender o interpretar las Escrituras.
6. Marsden, *Soul of the American University*, p. 34.

son las universidades sino lugares en los que se entrena a los jóvenes en las glorias de Grecia».[1] Aunque Lutero mismo fue un hombre de la universidad, su crítica iba dirigida a la práctica de la enseñanza de lógica aristotélica en el nivel universitario.[2]

Seminarista. La teología del seminario surgió a partir de la teología escolástica que se enseñaba en las universidades. Como lo hemos visto, esa teología se basaba en el sistema filosófico aristotélico.[3] La teología seminarista estaba dedicada al entrenamiento de ministros profesionales. Su meta era producir especialistas religiosos entrenados en un seminario. No enseñaba la teología de los obispos primitivos, ni la de los monjes ni la de los profesores, sino la de los ministros profesionalmente «calificados». Esta es la teología que prevalece en los seminarios contemporáneos.

Uno de los más grandes teólogos de este siglo, Karl Barth, ha reaccionado en contra de la idea de que la educación teológica deba ser relegada a los oradores profesionales de una clase de elite. Él escribió: «La teología no es un coto de caza privado para teólogos. No se trata de una cuestión personal para profesores... Ni de un asunto particular de los pastores... La teología es un tema para la iglesia... El término "laicado" es uno de los peores dentro del vocabulario de la religión y debería hacérselo desaparecer de toda conversación cristiana».[4]

Con respecto al seminario, podríamos decir que Pedro Abelardo puso el huevo y Tomás de Aquino lo empolló. Tomás de Aquino ha tenido la mayor de las influencias sobre la capacitación teológica contemporánea. En 1879, su obra fue refrendada por una bula papal, como auténtica expresión de doctrina a ser aprendida por todos los estudiantes de teología. La tesis principal de Tomás de Aquino era que Dios se puede conocer a través de la razón humana. Él «prefería el intelecto al corazón como órgano a través del que llegar a la verdad».[5] Por lo tanto, cuanto más alto entrenamiento recibía la razón y el intelecto de la gente, mejores condiciones tenían ellos de conocer a Dios. Tomás de Aquino tomó esta idea de Aristóteles. Y ese es el su-

---

1. Ibid., p. 35.
2. Ibid., p. 36. En cuanto a las ideas de Lutero con respecto a la educación, ver el libro de Boyd, *History of Western Education*, pp. 188 y subsiguientes. Irónicamente, Melanchton, el colaborador de Lutero combinaba el humanismo (que tiene raíces paganas) con el protestantismo en la educación de la Europa del Norte.
3. Rowdon, "Theological Education in Historical Perspective", p. 79.
4. Barth, *Theologische Fragen and Antworten*, pp., 175, 183-184, citado en el libro de Erler y Marquard, *Karl Barth Reader*, pp. 8-9.
5. Durant, *Age of Faith*, p. 964.

puesto subyacente de muchos (sino la mayoría) de los seminarios contemporáneos.

La enseñanza del Nuevo Testamento es que Dios es Espíritu, y como tal, se lo conoce por revelación (percepción espiritual) dada al espíritu humano.[1] La razón y el intelecto puede llevarnos a conocer acerca de Dios. Y también nos ayudan a comunicar lo que sabemos. Pero no alcanzan a darnos una revelación espiritual. El intelecto no es la puerta de entrada para conocer profundamente al Señor. Tampoco lo son las emociones. En las palabras de A. W. Tozer: «La verdad divina es de naturaleza espiritual, y por esa causa solo puede recibirse por revelación espiritual... Los pensamiento de Dios pertenecen al mundo del espíritu, los del hombre, al mundo del intelecto, y en tanto que el espíritu puede abarcar al intelecto, el intelecto humano jamás puede abarcar al espíritu. ...El hombre no puede conocer a Dios a través de la razón; solo alcanza a saber acerca de Dios. ...La razón del hombre es un buen instrumento, útil en su campo. No fue dada como un órgano a través del que conocer a Dios».[2]

Resumiendo, un extenso conocimiento bíblico, un intelecto de alto nivel, y una capacidad de razonamiento agudo no son capaces de producir automáticamente hombres y mujeres que conozcan a Jesucristo profundamente y puedan impartir a otros esa revelación que transmite vida.[3] (Esa, de paso, es la base del ministerio espiritual). Como una vez lo dijo Blaise Pascal (1623-1662): «Es el corazón el que percibe a Dios, y no la razón».[4]

Hoy, tanto protestantes como católicos recurren al trabajo de Tomás de Aquino, utilizando su bosquejo para los estudios teológicos.[5] Su obra cumbre, *Suma Teológica*, es el modelo utilizado prácticamente para todas las clases de teología hoy, sea pro-

---

1. Juan 4:23-24; 1 Corintios 2:9-16.
2. *Gems from Tozer* [Gemas de Tozer], Christian Publications, Camp Hill, PA, 1969, pp. 36-37.
3. Este tópico escapa al ámbito de nuestro libro. Cuatro grandes obras que nos abren las Escrituras sobre este tema son: T. Austin-Sparks, *What Is Man?* [¿Qué es el hombre?], Testimony Publications, Pensacola, FL, no disponible; Watchman Nee, *The Spiritual Man* [El hombre espiritual], Christian Fellowship Publishers, Nueva York, 1977, Mary McDonough, *God's Plan of Redemption* [El plan de redención de Dios], Living Stream Ministry, Anaheim, 1999; Ruth Paxson, *Life on the Highest Plane* [Vida en el plano más alto], Kregel, Grand Rapids, 1996.
4. *Pensées* #424. Para acceder a una consideración de la manera en que se puede encontrar a Dios más allá de los límites de la razón y el intelecto humano, ver el libro del Dr. Bruce Demarest *Satisfy Your Soul: Restoring the Heart of Christian Spirituality* [Satisface tu alma: Restaurar el corazón de la espiritualidad cristiana], NavPress, Colorado Springs, 1999.
5. "Thomas Aquinas Concludes Work on *Summa Teologiae*" [Tomás de Aquino da una conclusión a su obra en la *Suma Teológica*], *Christian History* 9, Nº 4, 1990, p. 23. Más adelante en su vida, Tomás tuvo una experiencia espiritual con el Señor. Fue más allá de su intelecto y llegó a su espíritu. La experiencia resultó tan profunda que Tomás declaró: «Todo lo que he escrito hasta ahora me parece nada más que paja... comparado con lo que me ha sido revelado». Luego de esa experiencia de Cristo, Tomás abandonó todos sus voluminosos escritos. Su *Suma Teológica*, del tamaño de un mamut, nunca fue completada. Dejó de lado la pluma el 6 de diciembre de 1273, diciendo: «Y ahora espero el fin de mi vida» (*Suma Teológica*, Grandes libros del mundo occidental, vol. 19, Tomás de Aquino I, vi; Collins y Price, *Story of Christianity*, p. 113).

testante o católica. Consideremos el orden en el que la teología de Tomás ha sido delineada:

Dios
La Trinidad
La Creación
Los ángeles
El hombre
El gobierno divino (salvación y demás)
El fin [1]

Ahora comparemos este bosquejo con un típico libro de texto de teología sistemática de los utilizados en los seminarios protestantes:

Dios
Unidad y Trinidad
La creación
Angelología
El origen y carácter del hombre
Soteriología (salvación y otros)
Escatología: El estado final [2]

Sin lugar a dudas, Tomás de Aquino es el padre de la teología contemporánea.[3] Su influencia se extendió a los seminarios protestantes a través de los protestantes escolásticos.[4] La tragedia es que Tomás se apoyaba completamente en el método de la lógica demoledora de Aristóteles cuando exponía sobre las Sagradas Escrituras.[5] Según palabras de Will Durant: «El poder

---

1. *Suma Teológica*, VII.
2. Henry C. Thiessen, *Lectures in Systematic Theology* [Discursos sobre teología sistemática], Eerdmans, Grand Rapids, 1979, v. Cualquier texto corriente de teología sistemática protestante sigue la misma plantilla. Todo eso deriva de Tomás de Aquino.
3. El sistema teológico de Tomás de Aquino continúa reafirmándose. Por ejemplo, la mayoría de los seminarios protestantes de los Estados Unidos y Europa sigue lo que se conoce como el Modelo de Berlín para la educación teológica. Este modelo comenzó en Berlín en 1800. Vino como consecuencia del racionalismo ilustrado que reafirmaba la teología como un ejercicio cerebral. La mayoría de los seminarios modernos utilizan este modelo hoy (*Vantage Point: The Newsletter of Denver Seminary*, junio de 1998, p. 4). Según el Dr. Bruce Demarest: «Como un legado del Iluminismo del siglo dieciocho, los evangélicos con frecuencia ensalzan la "razón" como la llave que abre el conocimiento de Dios. La teología entonces se convierte en una empresa intelectual, una actividad de la mente y para la mente. Morton Kelsey observa que "En el Protestantismo, Dios se volvió una idea teológica conocida por inferencia más que una realidad conocida por experiencia". A través de un enfoque del "lado izquierdo del cerebro", Dios fácilmente puede convertirse en una abstracción ajena a una experiencia que se puede vivir. A. W. Tozer hace notar que del mismo modo en que muchos científicos pierden a Dios en el mundo que él creó (por ejemplo, Carl Sagan), también muchos teólogos pierden a Dios dentro de su Palabra» (*Satisfy Your Soul*, pp. 95-96).
4. Francis Turretin (reformado) Y Martin Chemnitz (luterano) fueron los dos principales escolásticos protestantes.
5. El término *lógica demoledora* denota ir a extremos para forzar la lógica de un argumento de modo que calce dentro de alguna idea en particular. Si alguno duda acerca de que Tomás de Aquino lo hiciera, simplemente lea su *Suma Teológica*. Aquino se apoya fuertemente en la lógica y en la filosofía aristotélicas para sustentar sus perspectivas teológicas. Tomás también escribió comentarios sobre la obra de Aristóteles. Según Durant, Tomás de Aquino conocía las obras de Aristóteles más acabadamente que cualquier otro pensador medieval, a excepción de Averroes. Para acceder a una consideración acerca de

de la Iglesia todavía era suficiente como para lograr, a través de Tomás de Aquino y otros, la transfiguración [transformación] de Aristóteles en un teólogo medieval». En otro libro, Durant dice que «[Tomás] comenzó con una larga serie de obras que presentaban la filosofía aristotélica en vestiduras cristianas».[1] Tomás de Aquino también cita profusamente a otro filósofo pagano a través de su *Suma Teológica*.[2] Independientemente de lo mucho que deseemos negarlo, la teología contemporánea es una mezcla del pensamiento cristiano con la filosofía pagana.

Así que tenemos cuatro etapas de educación teológica: episcopal, o teología de los obispos; monástica, o teología de los monjes; académica, o teología de los profesores; y seminarista, o teología de los ministros profesionales.[3]

Cada etapa de la educación cristiana es, y siempre lo ha sido, altamente intelectual e inclinada al estudio.[4] Como lo ha señalado un erudito: «Sea que una institución educativa fuera monástica, episcopal o presbiteriana, nunca separaba la enseñanza de la educación religiosa, ni de la instrucción en cuanto a los dogmas de la iglesia y a la moral. El cristianismo era una religión intelectual».[5] Se nos ha enseñado a ser racionalistas (como productos que somos de la Reforma), y muy teóricos, en nuestro enfoque de la fe cristiana.[6]

LOS PRIMEROS SEMINARIOS

Durante gran parte del Medio Evo, la educación clerical fue mínima.[7] En tiempos de la Reforma, muchos pastores protestantes que se habían convertido del Catolicismo Romano no tenían experiencia en la predicación. Les faltaba tanto educación como entrenamiento.

---

cómo adoptó Tomás de Aquino el sistema filosófico de Aristóteles, véase la obra de Douglas *Who's Who in Christian History*, pp. 30-34, y la de Durant, *Age of Faith*, pp. 961-978.

1. Durant, *Story of Philosophy* [Historia de la filosofía], Washington Square Press, Nueva York, 1952, p. 104; Durant, *Age of Faith*, p. 962. La cátedra francesa de filosofía en París censuró a Tomás por empañar la teología cristiana con la filosofía de un pagano.
2. Aquino citó al Pseudo-Dionisio, un neoplatónico, más de cien veces en su *Suma Teológica*. Tomás de Aquino sin duda pensaba que el Dionisio al que citaba era el hombre al que Pablo había llevado a Cristo en su paso por Atenas (Hechos 17:34). Sin embargo, no lo era. Pseudo-Dionisio era un neoplatónico que vivió mucho después de Dionisio el areopagita.
3. Un quinto estilo de teología, denominada «teología laica», o «teología para todo el pueblo de Dios» es por la que abogan algunos eruditos contemporáneos. Ver la nota al pie N° 2, pág. 203 de este capítulo.
4. La excepción quizá fue la forma «monástica». Algunas escuelas monásticas estudiaban los escritos de los místicos cristianos junto con Aristóteles y Platón.
5. Marrou, *History of Education in Antiquity*, p. 343; Marsden, *Soul of the American University*, p. 38.
6. Consideremos la siguiente cita: «Cristo no designó profesores sino seguidores. Si el cristianismo... no se reproduce en la vida de la persona, expresándolo, entonces eso no expresa el cristianismo, porque el cristianismo es un mensaje sobre la vida y solo se puede expresar cuando se hace real en las vidas de los hombres» (Søren Kierkegaard).
7. Marsden, *Soul of the American University*, p. 38.

Sin embargo, a medida que la Reforma fue avanzando, se tomaron provisiones para que los pastores sin educación asistieran a escuelas y universidades. Los ministros protestantes no fueron entrenados en la oratoria. En lugar de eso, los capacitaron en cuanto a exégesis y teología bíblica. Se suponía que si sabían teología, podían predicar. (Esta presuposición da cuenta de los largos sermones del siglo dieciséis, ¡que con frecuencia duraban dos o tres horas!)[1]

Este tipo de entrenamiento teológico produjo una «nueva profesión», la del pastor teológicamente capacitado. Los pastores educados ahora ejercían una tremenda influencia, detentando títulos como el de doctor en teología u otros grados académicos que les otorgaban prestigio.[2] A mediados del siglo dieciséis, la mayoría de los ministros protestantes había recibido capacitación universitaria de algún tipo.[3]

Así que desde sus inicios, el Protestantismo promovió un clero bien educado, que se convirtió en la columna vertebral del movimiento.[4] A través de todas las tierras protestantes, los clérigos eran los ciudadanos mejor educados. Y usaron su educación para ejercer autoridad.[5]

En tanto que los ministros protestantes agudizaban su entendimiento teológico, alrededor de la cuarta parte de los clérigos católicos no contaban con una capacitación universitaria. La iglesia católica reaccionó ante eso en el Concilio de Trento (1545-1563). Para que la iglesia pudiera combatir contra la nueva Reforma Protestante, tenía que educar mejor a su clero. ¿Cuál era la solución? La fundación de los primeros seminarios.[6]

Los católicos querían que el aprendizaje y la devoción de sus sacerdotes igualara a la de los pastores protestantes.[7] Por lo tanto, el Concilio de Trento requirió que todas las catedrales e iglesias grandes «se ocuparan de una cierta cantidad de jóvenes de su ciudad y de su diócesis para educarlos religiosamente, y para entrenarnos en las disciplinas eclesiásticas». Así que debemos reconocerles a los católicos la fundación del seminario, hacia fines del siglo dieciséis.

---

1. Niebuhr y Williams, *Ministry in Historical Perspectives*, p. 133.
2. Ibid., 144.
3. Ibid., 142.
4. Marsden, *Soul of the American University*, p. 37.
5. Ibid., 37.
6. Reid, *Concise Dictionary of Christianity in America*, p. 309; Durant, *Reformation*, p. 932. Trento hizo previsión para tener un seminario en cada diócesis. A. G. Dickens, *Reformation and Society in Sixteenth-Century Europe* [Reforma y sociedad en la Europa del siglo dieciséis], Hartcour, Brace, & World, Inc., Londres, 1966, p. 189; Collins y Price, *Story of Christianity*, p. 149.
7. Rowdon, "Theological Education in Historical Perspective", p. 81.

Los orígenes del primer seminario protestante quedaron en la niebla del olvido. Pero las mejores evidencias indican que los protestantes copiaron el modelo católico y establecieron su primer seminario en Norteamérica. Lo hicieron en Andover, Massachusetts, en 1808.[1]

La educación cristiana en los Estados Unidos era tan aristotélica y altamente sistematizada como en Europa.[2] Para el año 1860, había sesenta seminarios protestantes en suelo norteamericano.[3] Este crecimiento vertiginoso mayormente vino como resultado de la afluencia de convertidos que se produjo durante el Segundo Gran Despertar (1800-1835) y la necesidad que se percibía de entrenar ministros que se ocuparan de ellos.[4]

Antes de que fuera fundado el Seminario Andover, los protestantes ya contaban con Yale (1701) y Harvard (1636) para entrenar a su clero. La ordenación se les concedía luego de pasar por un examen formal de graduación.[5] Pero con el tiempo, esas universidades rechazaron las creencias cristianas ortodoxas. (Por ejemplo, Harvard adoptó el unitarismo).[6] Los protestantes ya no confiaban la educación de sus universitarios a Yale o Harvard, así que establecieron sus propios seminarios para realizar la tarea ellos mismos.[7]

ESCUELAS BÍBLICAS

La escuela bíblica esencialmente constituye un invento evangélico norteamericano del siglo diecinueve. Una escuela bíblica es una cruza entre un instituto bíblico (un centro de entrenamiento) y una escuela de artes liberal. Sus estudiantes se concentran en los estudios religiosos y se capacitan para el servicio cristiano. Los fundadores de las primeras escuelas bíblicas

---

1. Reid, *Concise Dictionary of Christianity in America*, p. 113. Juan Calvino estableció la Academia de Ginebra en 1559, pero eso técnicamente no era un seminario. En tanto que la Academia se utilizaba para entrenar teólogos, no fue concebida originalmente como una escuela teológica. Proporcionaba una educación total a los que no eran clérigos también. Resulta interesante que Theodore Beza (la mano derecha de Calvino) rastreó el pedigrí académico de la Academia de Ginebra hasta los griegos, los que a su vez habían recibido su «verdadera filosofía» de los egipcios. Se argumentaba que eso era bueno, dado que Moisés había sido educado en toda la sabiduría de los egipcios (Robert W. Henderson, *The Teaching Office in the Reformed Tradition* [El oficio de la enseñanza en la tradición reformada], Westminster Press, Filadelfia, 1962, pp. 51-61.
2. John Morgan, *Godly Learning* [Aprendizaje de la devoción], Cambridge University Press, Nueva York, 1986, p. 107. La educación de seminario en los Estados Unidos también estuvo dominada por la filosofía del «sentido común» escocés de Thomas Reid. Con posterioridad, los seminarios liberales vinieron a preferir a G. W. F. Hegel, en tanto que los seminarios conservadores se apegaron a Reid.
3. Reid, *Concise Dictionary of Christianity in America*, p. 113.
4. Ibid., 113.
5. Warkentin, *Ordination: A Biblical-Historical View*, p. 75.
6. El unitarismo niega la Trinidad, la divinidad de Jesús, y otras creencias cristianas ortodoxas.
7. El primer seminario católico en tocar suelo norteamericano se estableció en Baltimore, en 1791. Reid, *Concise Dictionary of Christianity in America*, p. 1071.

recibieron la influencia de los pastores londinenses H. G. Guinness (1835-1910) y Charles Spurgeon (1834-1892).

En respuesta al avivamiento de D. L. Moody, floreció el movimiento de las escuelas bíblicas hacia fines del siglo diecinueve y principios del veinte. Las dos primeras fueron el Missionary Training Institute (Instituto de Entrenamiento Misionero, del Nyack College, Nueva York), en 1882 y el Moody Bible Institute (Instituto Bíblico Moody, de Chicago), en 1886.[1] Su enfoque era entrenar laicos comunes para que se convirtieran en obreros cristianos «a tiempo completo».[2]

¿Qué fue lo que condujo a la fundación de la escuela bíblica? Desde mediados del siglo diecinueve, se prestó poca atención a los valores cristianos tradicionales como parte integral de la educación superior. La teología liberal había comenzado a dominar en las universidades estatales a través de toda Norteamérica. Ante la presencia de ese elemento, la demanda de misioneros, líderes paraeclesiales y ministros llevó a la creación de la escuela bíblica para «equipar a los llamados» con educación en las Escrituras.[3] Hoy hay más de cuatrocientas escuelas e institutos bíblicos en los Estados Unidos y Canadá.[4]

LA ESCUELA DOMINICAL

La Escuela Dominical también es de invención relativamente reciente, nacida con unos 1700 años de posterioridad a Cristo. Al editor de un diario, llamado Robert Raikes (1736-1811), de Gran Bretaña se le reconoce haber sido su fundador.[5] En 1780 Raikes estableció una escuela en «Scout Alley», Gloucester, para niños pobres. Raikes no comenzó la Escuela Dominical con el propósito de brindar instrucción religiosa. En realidad la fundo para enseñar los elementos básicos de la educación a los niños pobres.

Raikes estaba preocupado por el bajo nivel de alfabetización y moral entre los niños de la calle. Muchos de los niños que

---

1. El Instituto Bíblico Moody fue constituido formalmente en 1889 (Virgina Brereton, "The Popular Educator" [El educador popular], *Christian History* 9, N° 1, 1990, p. 28).
2. Reid, *Concise Dictionary of Christianity in America*, pp. 42-43; *Harper's Encyclopedia of Religious Education*, p. 61.
3. *Harper's Encyclopedia of Religious Education*, p. 61.
4. "Bible College Movement" [Movimiento de las escuelas bíblicas], *The Evangelical Dictionary of Christian Education*, Baker Book House, Grand Rapids 2001.
5. *Harper's Encyclopedia of Religious Education*, p. 625. La mayoría de los libros de historia le atribuyen a Raikes la paternidad de la escuela dominical. Pero se dice que otros también han sido sus fundadores juntamente con Raikes, entre las que están Hannah More y Sarah Trimmer (Thomas W. Laqueur, *Religion and Respectability: Sunday Schools and Working Class Culture, 1780-1850* [Religión y respetabilidad: Escuelas dominicales y la cultura de la clase trabajadora de 1780 a 1850], Yale University Press, New Haven, CT, 1976, p. 21). Se ha dicho que el Reverendo Thomas Stock, de Gloucester, le dio a Raikes la idea de la educación dominical (p. 22).

asistían a su escuela eran víctimas de abuso social y también por parte de sus empleadores. Como los niños no podían leer, les resultaba fácil a otros sacar ventaja de ellos. Aunque Raikes era un laico anglicano, la Escuela Dominical prendió como fuego, extendiéndose a las iglesias Bautista, Congregacional y Metodista a través de toda Inglaterra.[1]

El movimiento de la Escuela Dominical alcanzó la cima cuando llegó a los Estados unidos. La primera Escuela Dominical norteamericana comenzó en Virginia en 1785.[2] Luego, en 1790, un grupo de moradores de Filadelfia formaron la Sociedad de Escuelas Dominicales. Su propósito fue proporcionar educación a los niños indigentes para mantenerlos fuera de las calles los domingos.[3] En los siglos dieciocho y diecinueve, muchas escuelas dominicales operaban separadamente de las iglesias. La razón: los pastores sentían que los laicos no podían enseñar la Biblia.[4] A mediados de 1800, las escuelas dominicales se extendieron más lejos y más ampliamente a través de todos los Estados Unidos. En 1810, la Escuela Dominical comenzó a cambiar: de esfuerzo filantrópico para ayudar a niños pobres paso a convertirse en un mecanismo evangélico.

A D. L. Moody se lo reconoce como el que popularizó la Escuela Dominical en los Estados Unidos.[5] Bajo la influencia de Moody, la Escuela Dominical se convirtió en el principal campo de reclutamiento de la iglesia contemporánea.[6] Hoy la Escuela Dominical se utiliza tanto para reclutar nuevos convertidos como para entrenar a los niños y jovencitos en las doctrinas de la fe.[7] La educación pública se ha hecho cargo del rol para el que fue diseñada la Escuela Dominical.[8]

Deberíamos tener en cuenta que el siglo diecinueve fue una época de construcción de instituciones en los Estados Unidos.

---

1. *Harper's Encyclopedia of Religious Education*, p. 625. La escuela dominical se desarrolló como parte del avivamiento evangélico de las décadas de 1780 y 1790 (Laqueur, *Religion and Respectability*, p. 61). Al morir Raikes en 1811, había 400.000 niños asistiendo a las escuelas dominicales en Gran Bretaña. C. B. Eavey, *History of Christian Education*, [Historia de la educación cristiana]Moody Press, Chicago, 1964, pp. 225-227.
2. Terry, *Evangelism: A Concise History*, p. 180.
3. *Harper's Encyclopedia of Religious Education*, p. 625.
4. Terry, *Evangelism: A Concise History*, p. 181.
5. Brereton, "Popular Educator", p. 28; Collins y Price, *Story of Christianity*, p. 187. El ministerio de la Escuela Dominical de Moody se ocupaba de más de 1500 niños.
6. Anne M. Boylan, *Sunday School: The Formation of an American Institution 1790-1880* [Escuela Dominical: la formación de una institución norteamericana de 1790 a 1880], Yale University Press, New Haven, CT, 1988, p. 167. Este era el caso en 1880. Arthur Flake desarrolló el programa de la escuela dominical dentro de la Convención Bautista del Sur. También popularizó los principios de crecimiento de la Escuela Dominical que fueron adoptados por otras denominaciones. (Terry, *Evangelism: A Concise History*, p. 181). Ver también el artículo de Elmer Towns, "Sunday School Movement" [El movimiento de la escuela dominical], *New Twentieth Century Encyclopedia of Religious Knowledge*, pp. 796-798.
7. Ibíd., p 170; Reid, *Concise Dictionary of Christianity in America*, p. 331.
8. *Pastor's Notes* [Notas del pastor] 4, Nº 1, Christian History Institute, Worcester, 1991, p. 6.

Durante ese tiempo se crearon corporaciones, hospitales, asilos y prisiones, y también establecimientos para niños como orfanatos, reformatorios y escuelas públicas gratuitas.[1] La Escuela Dominical era solo otra de esas instituciones.[2] Hoy es parte integral de la iglesia tradicional.

En su conjunto, no vemos a la Escuela Dominical contemporánea como una institución eficaz. Según algunos estudios, la asistencia a la Escuela Dominical ha ido declinando durante las últimas dos décadas.[3]

Describiendo las formas de la iglesia primitiva, un erudito dice: «No hay evidencia que sugiera que los maestros dividieran a los grupos sobre una base de edad y sexo. La responsabilidad de la educación temprana del niño, y en particular la educación religiosa, recaía sobre los padres... No parece que se hubieran hecho arreglos especiales para los niños de la iglesia primitiva. La escuela cristiana era algo aún alejado de ellos (alrededor del año 372 d. C.); y la Escuela Dominical aún más».[4]

EL PASTOR DE JÓVENES

El pastor de jóvenes comenzó a aparecer en las iglesias mucho después que la Escuela Dominical, mayormente debido a que la sociedad no reconoció ni satisfizo las necesidades de este grupo etario hasta el siglo veinte.[5] En 1905, G. Stanley Hall popularizó el concepto de «adolescente» como distinto de adulto joven y de niño grande.[6]

Luego, en la década de 1940, se acuñó el término inglés *teenager* (que equivale a adolescente en castellano). Y por primera vez se creó una subcultura joven distinta. Las personas cuyas edades iban de los trece a los diecinueve ya no eran simplemente «jóvenes». Ahora eran «adolescentes».[7]

---

1. Boylan, *Sunday School*, p. 1.
2. En 1824 había 48.681 niños en las escuelas dominicales afiliadas a la Unión de Escuelas Dominicales Norteamericanas de los Estados Unidos. En 1832, el número llegó a 301.358 (Boylan, *Sunday School*, p. 11). La Unión de Escuelas Dominicales Norteamericanas fue fundada en 1824, y comprendía 724 escuelas, incluyendo 68 en Filadelfia. En 1970, la Unión recibió el nuevo nombre de Sociedad Misionera Norteamericana (Reid, *Concise Dictionary of Christianity in America*, p. 18).
3. Bobby H. Welch, *Evangelism Through the Sunday School: A Journey of Faith* [Evangelización a través de la escuela dominical: Un recorrido de fe], Lifeway Press, Nashville, 1997. Otros estudios muestran que la asistencia ha sido estable durante la última década.
4. Norrington, *To Preach or Not*, p. 59.
5. Warren Benson y Mark H. Senter III, *The Complete Book of Youth Ministry* [El libro completo del ministerio de jóvenes], Moody Press, Chicago, 1987, p. 66.
6. Mark Senter III, *The Coming Revolution in Youth Ministry* [La revolución que viene en el ministerio de jóvenes], Victor Books, Chicago, 1992, p. 93.
7. Michael V. Uschan, *The 1940s: Cultural History of the US through the Decades* [La década de 1940: Historia cultural de los Estados Unidos a través de las décadas], Lucent Books, San Diego, 1999, p. 88; Mary Helen Dohan, *Our Own Words* [Nuestras propias palabras], Alfred Knopf, Nueva York, 1974, p. 289.

Después de la Segunda Guerra Mundial, los norteamericanos desarrollamos una gran preocupación por la gente joven de nuestra nación. Esa preocupación también alcanzó a la iglesia cristiana. Concentraciones de jóvenes que trabajaban en la década de 1930 bajo la bandera de «Juventud para Cristo» generaron alrededor de 1945 una organización paraeclesial que llevaba el mismo nombre.[1]

Con un nuevo entendimiento y una nueva preocupación por los «adolescentes», surgió la idea de que sería necesario emplear a alguien que trabajara con ellos. De ese modo nació el ministro de jóvenes profesionalizado. El pastor de jóvenes comenzó trabajando en grandes iglesias urbanas en las décadas de 1930 y 1940.[2] La iglesia Calvary Baptist Church, de Manhattan, contó con uno de los primeros pastores de jóvenes. La revista mensual *Moody Monthly* escribió sobre él hacia fines de los años 30.[3]

Sin embargo, la mayoría de los ministros de jóvenes trabajaban en esa época por el surgimiento de organizaciones paraeclesiales que completaran el panorama cristiano.[4] A principios de la década de 1950, miles de ministros de jóvenes, ya profesionales, satisfacían las necesidades espirituales de los jóvenes, que ahora tenían su propia música, vestimenta, literatura, lenguaje y reglas de urbanidad.[5] Durante ese tiempo, la iglesia cristiana comenzó a segregar a los adolescentes de todos los demás.

Desde mediados de la década de 1950 hasta fines de la de 1960, el pastor de jóvenes se convirtió en una parte oficial de las iglesias evangélicas. (Este puesto arrancó un poco más lento dentro de las denominaciones históricas).[6] Hacia fines de la década de 1980, la transformación del ministerio de jóvenes, de organizaciones paraeclesiales a iglesias institucionales, prácticamente ya se había completado.

---

1. Mark Senter III, *The Youth for Christ Movement As an Educational Agency and Its Impact upon Protestat Churches: 1931-1979* [El movimiento Juventud para Cristo como agente educador y su impacto sobre las iglesias protestantes: 1931-1979], University of Michigan, Ann Arbor, 1990, pp. 7-8. En las páginas 26 y subsiguientes, Senter analiza los factores históricos y sociales que dieron origen a una cantidad de organizaciones de jóvenes. Billy Graham se convirtió en el evangelista itinerante de Juventud para Cristo. En la década de 1950, Juventud para Cristo estableció clubes bíblicos a través de todo el país (Reid, *Concise Dictionary of Christianity in America*, p. 377) En Manhattan, el carismático Lloyd Bryant parece haber sido el primero en organizar concentraciones regulares de jóvenes. Christopher Schlect, *Critique of Modern Youth Ministry* [Crítica al ministerio de jóvenes moderno], Canon Press, Moscow, ID, 1995, p. 8.
2. La iglesia Calvary Baptist Church de Manhattan (1932), la Vista Community Church en el Condado Norte de San Diego (1948) y la Moody Memorial Church en Chicago (1949), todas ellas contrataron «directores de jóvenes». Como los clubes de Young Life y Juventud para Cristo florecían en el país en las décadas de 1930 y 1940, las iglesias más pequeñas comenzaron a emplear ministros de jóvenes (Senter, *Coming Revolution in Youth Ministry*, p. 142).
3. Mark Senter, en un mensaje de e-mail a Frank Viola, 22 de septiembre de 1999.
4. Young Life (1941), Juventud para Cristo (1945), Fellowship of Christian Athletes (1954, Juventud con una Misión (1960). Senter, *Coming Revolution in Youth Ministry*, pp. 27-28, 141; Mark Senter, "A Historial Framework for Doing Youth Ministry" [Un marco histórico para la realización del ministerio de jóvenes], *Reaching a Generation for Christ*, Moody Press, Chicago, 1997.
5. Christopher Schlect, *Critique of Modern Youth Ministry*, p. 6.
6. Senter, *Coming Revolution in Youth Ministry*, p. 142.

Hoy los pastores de jóvenes forman parte del clero profesional. Su puesto se basa sobre la errónea elección de la iglesia contemporánea de honrar una división nacida dentro de la cultura secular hace menos de un siglo, a saber, la división entre los adolescentes y todos los demás.

Dicho de otra manera, el pastor de jóvenes no existió hasta que un grupo demográfico denominado *los adolescentes* hizo su aparición. Al hacer esto, creamos un problema que nunca antes había existido: qué hacer por y con los jóvenes. No es diferente del problema que creamos cuando se inventó una nueva clase de cristianos: los «laicos». La pregunta: «¿De qué manera equipamos a los laicos?» nunca se había hecho antes de que la iglesia institucional los convirtiera en una clase aparte de cristianos.

EXPONGAMOS EL CORAZÓN DEL PROBLEMA

Los filósofos griegos Platón y Sócrates enseñaban que el conocimiento es una virtud. El bien depende de la amplitud de conocimientos que uno tenga. Por lo tanto, la enseñanza del conocimiento es la enseñanza de la virtud.[1]

Allí encontramos las raíces y el tronco de la educación cristiana contemporánea. Está fundada sobre la idea platónica de que el conocimiento es el equivalente al carácter moral. Por lo tanto, allí radica el gran error.

Platón y Aristóteles (ambos discípulos de Sócrates) son los padres de la educación cristiana contemporánea.[2] Para usar una metáfora bíblica, la educación cristiana de nuestros días, sea en un seminario o en una escuela bíblica, presenta un alimento tomado del árbol equivocado: el árbol del conocimiento del bien y del mal, en lugar de tomarlo del árbol de la vida.[3]

La enseñanza teológica contemporánea es esencialmente cerebral. Se la podría llamar «pedagogía líquida»[4] Nos esforzamos por abrirle la cabeza a la gente, le arrojamos adentro uno o dos tazones de información, y se la cerramos de nuevo. Ellos reciben la información, así que nosotros concluimos erróneamente que hemos realizado la tarea completa.

---

1. William Boyd y Edmund King, *The History of Western Education* [La historia de la educación occidental], Barnes & Noble Books, Lanham, MD, 1995, p. 28.
2. Power, *Legacy of Learning*, pp. 29-116.
3. El tiempo y el espacio no nos permiten explicar el significado de los dos árboles. Para acceder a una consideración más completa, ver el libro de Watchman Nee, *The Normal Christian Life* [La vida cristiana normal], capítulo 7.
4. La pedagogía es el arte y la ciencia de la enseñanza.

La enseñanza teológica contemporánea consiste en una educación de transferencia de datos. Se traslada de una carpeta a otra. En el proceso, nuestra teología raramente desciende más abajo del cuello. Si un estudiante repite adecuadamente, como un loro, las ideas de su profesor, se lo recompensa con un título. Y eso significa mucho en un tiempo en el que muchos cristianos se obsesionan con los títulos teológicos (y a veces los deifican) al momento de analizar quién está calificado para ministrar.[1]

El conocimiento teológico, sin embargo, no prepara a una persona para el ministerio.[2] Eso no significa que el conocimiento sobre el mundo, la historia de la iglesia, la teología, la filosofía y las Escrituras no tenga valor. Ese conocimiento puede resultar muy útil.[3] Pero no central. La competencia teológica y el tener un intelecto de alto nivel no califica a una persona para servir en la casa de Dios.

La falacia es que a los hombres y mujeres que se gradúan de un seminario o escuela bíblica se los considera inmediatamente como «calificados». Y los que no, son considerados como «no calificados». Según esta norma, muchos de los vasos escogidos del Señor no aprobarían el examen.[4]

Además, el entrenamiento teológico formal no equipa a los estudiantes para enfrentar muchos de los desafíos que encuentran en el ministerio. Según el estudio realizado por las Comunidades de Fe de Hoy y presentado por el Seminario Hartford, de Connecticut, los graduados de los seminarios y los clérigos con títulos superiores obtuvieron marcas más bajas que los graduados no provenientes de seminarios, tanto en su habilidad para enfrentar conflictos como en lo que hace a demostrar un «claro sentido de propósito».[5]

Esa medición puso de manifiesto que los clérigos que no

---

1. Uno de los problemas claves en el cristianismo es que ha heredado los patrones intelectuales del mundo antiguo (Marsden, *Soul of the American University*, p. 34).
2. Tengamos en cuenta que José Stalin asistió al Seminario Teológico Tiflis desde la edad de 14 y hasta los 19 (Adam B. Ulam, *Stalin the Man and His Era* [Stalin el hombre y su era], Viking Press, Nueva York, 1973, pp. 18-22; Alan Bullock, *Hitler and Stalin: Parallel Lives* [Hitler y Stalin: Vidas paralelas] Knopf, Nueva York, 1992, pp. 6, 13.
3. Pablo de Tarso tenía un alto nivel de educación, y resultó vital para la extensión del cristianismo primitivo. Pedro, por otro lado, no era una persona educada.
4. Jesús y los doce apóstoles eran todos hombres sin educación: «Los judíos se admiraban y decían: "¿De dónde sacó ese tantos conocimientos sin haber estudiado?"» (Juan 7:15). «Los gobernantes, al ver la osadía con que hablaban Pedro y Juan, y al darse cuenta de que eran gente sin estudios ni preparación, quedaron asombrados y reconocieron que habían estado con Jesús» (Hechos 4:13). Algunos cristianos notables, usados por Dios, nunca recibieron un entrenamiento teológico formal, incluyendo a A. W. Tozer, G. Campbell Morgan, Juan Bunyan, C. H. Spurgeon, D. L. Moody, y A. W. Pink. Además de eso, algunos de los más grandes expositores de la historia de la iglesia, como Watchman Nee, Stephen Kaung, y T. Austin-Sparks, no recibieron entrenamiento en ningún seminario.
5. Este estudio tiene sus bases en más de 14.000 congregaciones de cuarenta y una diferentes denominaciones y «grupos de fe». Se hizo uso de veintiséis diferentes mediciones. El estudio de las Comunidades de Fe de Hoy se considera la mirada más abarcadora de la religión en los Estados Unidos. Sus descubrimientos aparecen publicados en http://www.fact.hartsem.edu.

tenían educación ministerial ni un programa de certificación formal obtuvieron el puntaje más alto en los exámenes, lo que revelaba que manejaban bien los conflictos y el estrés. Los graduados de las escuelas bíblicas alcanzaron un puntaje ligeramente menor. ¡Los graduados de los seminarios obtuvieron el puntaje más bajo!

El principal descubrimiento de aquel estudio fue que «las congregaciones con líderes que tienen una educación de seminario son las que, como grupo, más probablemente informarán que en sus iglesias perciben menos claridad de propósito, tienen más conflictos de diferentes clases, menos comunicación interpersonal, menos confianza en el futuro, y consideran como una amenaza los cambios que se producen en el culto».[1]

Todo eso indica que una persona que se gradúa de un seminario, o de una escuela bíblica con una importante carga teológica, ha tenido poca (o quizá ninguna) experiencia práctica en el crisol de la vida del cuerpo. Por vida del cuerpo no nos referimos a la experiencia común de estar dentro del ámbito de una iglesia institucional. Nos referimos a la experiencia desordenada, desprolija, cruda y sumamente agotadora de ser cuerpo de Cristo donde los cristianos viven como una comunidad muy entretejida y luchan por tomar decisiones colectivas juntos, bajo el liderazgo de Cristo y sin un líder oficial sobre ellos. En este sentido, el seminario resulta atrofiante en ciertos niveles muy básicos, desde el punto de vista espiritual.

El enfoque que muestran los seminarios también es auto referencial. Establece sus propios criterios acerca de quién debe ministrar y en qué términos. Entonces, con frecuencia, juzga a aquellos que no piensan que esos criterios resulten particularmente útiles o importantes.

Pero quizá el problema más dañino de un seminario o escuela bíblica sea que perpetúa un sistema diseñado humanamente, en el que el clero vive, respira, y adquiere su ser. Ese sistema, junto con todas las otras tradiciones humanas pasadas de moda a las que hemos hecho referencia en este libro, se ve protegido, mantenido vivo y dado a conocer a través de nuestras escuelas ministeriales.[2]

En lugar de ofrecer una cura a las enfermedades de la iglesia,

---

1. Estudio de las Comunidades de Fe de Hoy, p. 67.
2. Irónicamente, los protestantes son conocidos por realizar una reflexión crítica de la doctrina. Pero no han aplicado esa reflexión a la práctica de su iglesia.

nuestras escuelas teológicas las empeoran al asumir (y hasta defender) todas las prácticas no bíblicas que las producen.

Las palabras de un pastor resumen el problema de una manera apropiada: «Pasé por todo el sistema con la mejor educación que los evangélicos me podían ofrecer; sin embargo, realmente no recibí el entrenamiento que necesitaba... siete años de la más alta educación en escuelas evangélicas de primer nivel no me prepararon para (1) llevar a cabo el ministerio, y (2) ser un líder. Comencé a analizar la cuestión de que podía predicar un gran sermón, del que luego la gente me decía, al estrechar mi mano: "Gran sermón, pastor". Pero esas mismas personas luchaban con una pobre autoestima, golpeaban a su cónyuge, enfrentaban conflictos por ser adictos al trabajo, y sucumbían a sus adicciones. Sus vidas no habían cambiado. Yo tenía que preguntarme por qué razón ese gran conocimiento que les transmitía no bajaba de la cabeza al corazón y a la vida. Y comencé a darme cuenta de que la crisis en la iglesia se debía en realidad a lo que habíamos aprendido en el seminario. Se nos había enseñado que si simplemente le traspasábamos a la gente información, ¡con eso bastaría!»[1]

▶Profundizando

1. *Si ustedes no creen que los seminarios provean el medioambiente adecuado para la educación de los líderes cristianos, ¿podrían darnos algunas especificaciones acerca de la manera en que piensan que los obreros cristianos deberían ser preparados para el servicio cristiano?*

Este es un tópico muy amplio. Pero para decirlo brevemente, la manera en que Jesucristo entrenaba a los obreros cristianos era vivir con ellos durante un período de algunos años. Era un entrenamiento «en medio de la tarea». Él monitoreaba a sus discípulos de cerca. También vivían juntos en comunidad. Jesús hacía el trabajo, ellos miraban, y luego iban a realizar una misión de prueba, de la que él hacía una crítica. Con el tiempo, él los envió y ellos llevaron a cabo la obra solos. Pablo de Tarso siguió el mismo patrón, entrenando a los obreros de la ciudad de Éfeso. Ellos formaban parte de la comunidad de Éfeso, observaron a Pablo, y con el tiempo, salieron a hacer la obra.

2. *¿Podrían explicar en mayor detalle su afirmación de que «el intelecto no constituye la puerta de entrada para conocer al Señor profundamente; y que tampoco lo son las*

---

1. El Dr. Clyde McDowell, citado en *Vantage Point: The Newsletter of Denver Seminary*, junio de 1998.

emociones»? ¿De qué manera nos afecta la observación de Tozer acerca de que solo podemos obtener la verdad divina a través de una revelación espiritual al momento de proporcionar entrenamiento cristiano?

Aquellos que capacitan a otros en la obra cristiana deberían estar familiarizados con las realidades espirituales que trascienden al intelecto y las emociones. Por consiguiente, la formación espiritual, la comprensión espiritual y la percepción espiritual son ingredientes vitales en la capacitación del que entra a un servicio espiritual. Eso incluye el pasar tiempo con el Señor, aprender a llevar su cruz, vivir en una comunidad auténtica, agudizar la intuición espiritual, y discernir la voz de Dios para ser guiado por él desde adentro.

3. *¿Qué recomendaciones hacen acerca de la manera en que la iglesia debería instruir a los niños y jóvenes?*

El Nuevo Testamento se mantiene en completo silencio sobre esa cuestión, aunque parecería sugerir que la responsabilidad en cuanto a la enseñanza moral de los niños recae sobre los hombros de los padres (Véase Efesios 6:4 y 2 Timoteo 1:5, 3:15).

Dicho esto, nuestra sugerencia es permitir que la creatividad de cada asamblea local descubra nuevas y eficaces maneras de ministrar a los más jóvenes.

REENFOCAR EL NUEVO TESTAMENTO: LA BIBLIA NO ES UN ROMPECABEZAS

> «Al manejar el tema del ministerio en el Nuevo Testamento, resulta esencial recordar el orden en que fueron escritos los libros del Nuevo Testamento. Si presuponemos (tal como nos llevaría a hacerlo el orden en que aparecen ahora) que los Evangelios fueron escritos primero, luego Hechos, y luego las cartas de Pablo, comenzando con Romanos y terminando por las epístolas pastorales a Timoteo y Tito y la epístola a Filemón, nunca podremos comprender el desarrollo de las instituciones ni el pensamiento de la iglesia primitiva».
> —RICHARD HANSON, ERUDITO EN PATRÍSTICA DEL SIGLO VEINTE

> «En los últimos 50 ó 100 años la investigación del Nuevo Testamento se ha enfocado incansable y satisfactoriamente en la tarea de esclarecer qué era aquello que se conocía como la "Ecclesia" en el cristianismo primitivo, que resulta muy diferente de eso a lo que hoy llamamos iglesia, sea del lado romano o del protestante... Esa perspectiva, que hemos alcanzado a través de un estudio del Nuevo Testamento libre de prejuicios, así como también por la necesidad desesperante de la iglesia, se puede expresar de la siguiente manera: La "Ecclesia" del Nuevo Testamento, la fraternidad de Jesucristo, tiene que ver con una comunión pura entre las personas y no con las características de una institución; por lo tanto resulta engañoso identificar a cualquiera de las iglesias que se han venido desarrollando históricamente, todas ellas marcadas por un carácter institucional, con la verdadera comunión cristiana».
> —EMIL BRUNNER, TEÓLOGO SUIZO DEL SIGLO VEINTE

¿POR QUÉ SERÁ QUE NOSOTROS LOS CRISTIANOS podemos repetir los mismos rituales todos los domingos sin siquiera notar que se contraponen al Nuevo Testamento?[1] El increíble poder de la tradición tiene algo que ver con ello. Como hemos visto, la iglesia a menudo ha sido influenciada por la cultura que la rodea,

---

1. Este capítulo se basa en un mensaje que Frank Viola dio en una conferencia de las iglesias de hogar en la Universidad Oglethorpe, en Atlanta, Georgia, el 29 de julio de 2000.

aparentemente sin tener conciencia de sus efectos negativos. En otros tiempos pudo reconocer, con mucha propiedad, la amenaza manifiesta que constituían las enseñanzas heréticas referidas a la persona y divinidad de Jesucristo. Pero en su esfuerzo por combatir esas amenazas, se ha apartado de la estructura orgánica que Dios ha inscrito en el ADN de la iglesia.

Pero hay algo más, algo muy fundamental, acerca de lo que la mayoría de los cristianos no tiene conciencia en absoluto. Se refiere a nuestro Nuevo Testamento. El problema no es lo que el Nuevo Testamento dice. El asunto es la manera en que nos acercamos a él.

El enfoque más comúnmente utilizado entre los cristianos contemporáneos al estudiar la Biblia es el denominado «de los textos de prueba». El origen de los textos de prueba se remonta a fines de la década de 1590. Un grupo de hombres, llamados los escolásticos protestantes, tomaron las enseñanzas de los reformadores y las sistematizaron según las reglas de la lógica aristotélica.[1]

Los escolásticos protestantes no solo sostenían que las Escrituras son la Palabra de Dios, sino que cada parte de ellas es palabra de Dios en sí misma, independientemente del contexto. Eso sentó las bases para la idea de que si tomamos un versículo cualquiera de la Biblia, este resulta verdadero por mérito propio y puede utilizarse como probatorio de una doctrina o práctica.

Cuando John Nelson Darby emergió, a mediados del 1800, elaboró una doctrina basándose en este enfoque. Darby llevó el texto de prueba al nivel de un arte. De hecho, fue Darby el que les proveyó a los cristianos evangélicos y a los fundamentalistas una buena parte de las enseñanzas que ellos aceptan en la actualidad.[2] Todas ellas se han construido a partir del método de prueba de texto. El texto de prueba, entonces, se convirtió en la manera más corriente de acercamiento a la Biblia de los cristianos contemporáneos.

Como resultado, los cristianos raramente (si es que alguna vez sucede) logramos ver el Nuevo Testamento como una totalidad. Más bien nos preparamos un plato a partir de pensamientos fragmentados, unidos entre sí por medio de una lógica propia

---

[1]. Para acceder a una consideración acerca del escolasticismo protestante, ver el libro de Walter Elwell, *Evangelical Dictionary of Theology* [Diccionario evangélico de teología], Baker Book House, Grand Rapids, 1984, pp. 984-985. Francis Turretin (reformado) y Martin Chemnitz (luterano) fueron las dos personas más influyentes dentro de los escolásticos protestantes (Elwell, *Evangelical Dictionary of Theology*, pp. 1116 y 209, respectivamente).

[2]. El dispensacionalismo y el rapto pretribulación son apenas dos de ellos. La muy exitosa serie *Left Behind* [Dejados atrás] está basada en esas enseñanzas (Ver la revista *Time*, del 1 de julio de 2002, pp. 41-48). En cuanto a los orígenes fascinantes de la doctrina de la pretribulación, ver la obra de MacPherson *Incredible Cover-Up* [Encubrimiento increíble].

de la humanidad caída. Como fruto de ese enfoque, nos hemos desviado mucho de los principios del la iglesia del Nuevo Testamento. Sin embargo, todavía creemos ser bíblicos. Permítannos ilustrar el problema a través de una historia ficticia.

LES PRESENTO A MARVIN SNURDLY

Marvin Snurdly es un consejero matrimonial reconocido mundialmente. En su carrera de veinte años como terapista matrimonial, Marvin ha aconsejado a miles de parejas en problemas. Tiene presencia por Internet. Cada día cientos de parejas le escriben cartas, haciendo referencia a sus dramas matrimoniales. Le llegan cartas de todo el globo. Y Marvin las responde a todas.

Pasan cien años, y Marvin Snurdly yace apaciblemente en su tumba. Tiene un biznieto llamado Fielding Melish. Fielding decide recuperar las cartas perdidas de su bisabuelo. Pero solo puede hallar trece de las cartas que Marvin escribió durante su vida; ¡apenas trece han sobrevivido! Nueve de ellas escritas a parejas que atravesaban crisis matrimoniales. Y cuatro a algunos cónyuges en forma individual.

Aquellas cartas fueron escritas todas dentro de un período de veinte años: desde 1980 a 2000. Fielding Melish planea compilar esas cartas en un volumen impreso. Pero hay algo peculiar en la forma en que Marvin escribió sus cartas, lo que vuelve la tarea de Fielding algo dificultosa.

En primer lugar, Marvin tenía la maldita costumbre de no ponerle fecha a sus cartas. No aparecen datos referidos a días, meses ni años en ninguna de las trece cartas. En segundo lugar, las cartas solo describen la mitad de las conversaciones. Las cartas que iniciaban el tema, escritas a Marvin, que lo llevaron a responderlas, ya no existen. En consecuencia, la única manera de comprender el trasfondo de cada una de sus cartas es reconstruir la situación matrimonial a través de la respuesta dada por él.

Cada carta fue escrita en un tiempo distinto, a personas de diferentes culturas y relacionadas con diversos problemas. Por ejemplo, en 1985, Marvin les escribió una carta a Paul y Sally, de Virginia, que pasaban por problemas sexuales en una fase temprana de su matrimonio. En 1990, Marvin les escribió una carta a Jethro y Matilda, de Australia, que enfrentaban problemas con sus hijos. En 1995, Marvin le envió una carta a una esposa, de México, que experimentaba la crisis de los cuarenta. Desafortunadamente, Fielding no tenía forma de saber cuándo se habían escrito esas cartas.

Tengamos esto en cuenta: en un período de veinte años se habían escrito trece cartas, todas a diferentes personas, de culturas diversas, y en distintos momentos; todas esas personas pasaban por diferentes problemas.

El deseo de Fielding Melish es colocar esas trece carta en orden cronológico. Pero sin los datos, no puede hacerlo. Entonces Fielding las coloca siguiendo su orden de extensión. O sea, toma la más larga de las cartas escritas por Marvin y la coloca en primer lugar. La segunda más extensa va a continuación. Luego la tercera y así sucesivamente. La compilación termina con la carta más corta. Las trece cartas no se acomodan según un arreglo cronológico sino teniendo en cuenta su extensión.

Aquel volumen halla eco en la prensa y se vuelve un libro de éxito de la noche a la mañana.

Pasan otros cien años, y *Las obras escogidas de Marvin Snurdly*, recopiladas por Fielding Melish pasan la prueba del tiempo. El libro todavía es muy popular. Pasan aún otros cien años, y ese volumen sigue siendo usado profusamente a través de todo el mundo occidental.

Se traduce el libro a docenas de idiomas. Los consejeros matrimoniales lo citan para arriba y para abajo. Las universidades lo emplean en sus clases de sociología. Y su uso es tan vasto que alguien tiene la brillante idea de hacer que ese libro sea más fácil de manejar y de citar.

¿Cuál es esa idea? Dividir las cartas de Marvin en capítulos y frases (o versículos) numerados. Así que a *Las obras escogidas de Marvin Snurdly* se les agrega una división por capítulos y versículos.

Pero al agregar una división en capítulos y versículos a lo que en otra época habían sido cartas vivas, algo imperceptible cambia. Las cartas pierden su toque personal. Y en cambio adquieren las características de un manual.

Diferentes sociólogos comienzan a escribir libros sobre el matrimonio y la familia. ¿Y cuál es su principal fuente? *Las obras escogidas de Marvin Snurdly*. Tomemos cualquier libro del siglo veinticuatro sobre el tema del matrimonio, y descubriremos que el autor cita capítulos y versículos de las cartas de Marvin.

Generalmente toma esta forma: Al tratar de establecer un

punto, uno de esos autores cita un versículo de la carta de Marvin a Paul y Sally. Luego recoge otro versículo de la carta escrita a Jethro y Matilda. Y extrae aun otro versículo de otra de las cartas. Entonces *cose* los tres versículos juntos y sobre ellos construye su propia filosofía matrimonial.

Prácticamente todos los sociólogos y terapeutas matrimoniales que escriben un libro sobre matrimonio hacen lo mismo. Pero lo irónico es esto: ¡Cada uno de esos autores con frecuencia contradice a los otros, aunque todos usen la misma fuente!

Eso no es todo. Las cartas de Marvin no solo han sido transformadas en una prosa fría, cuando originalmente eran epístolas vivas y palpitantes, dirigidas a personas reales y en lugares reales, sino que se han convertido en un arma en las manos de ciertos hombres que obedecen a sus propios planes. No son pocos los autores sobre el tema del matrimonio que comienzan a utilizar textos de prueba aislados tomados de la obra de Marvin para machacar con él a aquellos que están en desacuerdo con su filosofía matrimonial.

¿Cómo es posible? ¿Cómo pueden todos esos sociólogos contradecirse unos a los otros cuando utilizan exactamente la misma fuente? Se debe a que las cartas han sido sacadas de su propio contexto histórico. Cada carta ha sido considerada fuera de su secuencia cronológica y sacada del propio ambiente que ocupó en la vida real.

Dicho de otra forma, a las cartas de Marvin Snurdly se las ha convertido en una serie de frases fragmentadas, dislocadas y aisladas, de modo que cualquiera puede tomar una frase de una carta, otra frase de otra carta, y luego pegarlas juntas para crear una filosofía marital de su propia elección.

Historia sorprendente, ¿no? Bueno, vayamos al grano: Nos demos cuenta o no, ¡esta es una descripción del Nuevo Testamento!

EL ORDEN DE LAS CARTAS DE PABLO

El Nuevo Testamento consiste mayormente en las cartas del apóstol Pablo; de hecho, él ha escrito dos terceras partes de él. Él redactó trece cartas en un lapso de unos veinte años. Nueve de ellas fueron escritas a iglesias de diferentes culturas, que enfrentaban problemas diferentes, y en momentos distintos.[1]

A principios del segundo siglo, alguien tomó las cartas de Pablo y comenzó a compilarlas en un volumen. El término técnico usado para ese volumen fue «canon».[2] Los eruditos se refieren a la compilación de aquel volumen como el «canon paulino». El Nuevo Testamento consiste en esencia en esta compilación, con algunas otras pocas cartas agregadas, los cuatro evangelios y el libro de Hechos colocados delante de ellas y el Apocalipsis añadido al final.

En esa época, nadie sabía en qué momento habían sido escritas las cartas de Pablo. Y aun si se hubiera sabido, eso no habría tenido importancia. No existen precedentes de que se haya utilizado un orden alfabético o cronológico en ese tiempo. El mundo greco-romano del primer siglo ordenaba su literatura según la extensión, de mayor a menor.[3]

Consideremos la forma en que está ordenado el Nuevo Testamento. ¿Qué es lo que encontramos? La carta más larga de Pablo aparece primero.[4] Es Romanos. 1 Corintios es la segunda en extensión, así que sigue a Romanos. 2 Corintios es la tercera. Así que el Nuevo Testamento sigue ese patrón hasta llegar a ese pequeño libro llamado Filemón.[5]

En 1864, Thomas D. Bernard dio una serie de charlas como parte de las Conferencias Bampton. Esos discursos fueron publicados en 1872 en un libro titulado *El progreso de la doctrina en el Nuevo Testamento*. En ese libro, Bernard argumentaba que el orden actual en el que aparecen las cartas de Pablo en el Nuevo Testamento había sido divinamente inspirado y recomendado. Ese libro se volvió muy popular entre los maestros de la Biblia de los siglos diecinueve y veinte. Como resultado, casi todo texto teológico, texto exegético, o comentario bíblico escrito durante los siglos diecinueve y veinte sigue ese orden caótico que nos ciega para que no logremos alcanzar una vista panorámica del

---

1. Ver el libro de Donald Guthrie *New Testament Introduction* [Introducción al Nuevo Testamento], InterVarsity Press, Downers Grove, IL, 1990. Para acceder a un análisis interesante acerca de cómo llegó a nosotros la Biblia, ver *Christian History* 13, Nº 3, y el artículo de Ronald Youngblood "The Process: How We Got Our Bible" [El proceso: Cómo obtuvimos nuestra Biblia], *Christianity Today*, 5 de febrero de 1988, pp. 23-37.
2. Bruce, *Paul:Apostle of the Heart Set Free* [Pablo: El apóstol del corazón liberado], p. 465. Los eruditos se refieren al canon de Pablo como el «corpus paulino». Para conocer la historia del canon del Nuevo Testamento, ver el libro de F. F. Bruce *The Canon of Scripture* [El canon de las Escrituras], InterVarsity Press, Downers Grove, IL, 1988, capítulos 8-23.
3. Jerome Murphy-O'Connor, *Paul the Letter-Writer* [Pablo el escritor de cartas], The Liturgical Press, Collegeville, MN, 1995, pp. 121, 120. Esta práctica se conoce como *sticometría*.
4. Para acceder a una consideración acerca del orden del canon paulino, véase la obra de Murphy-O'Connor *Paul the Letter-Writer*, capítulo 3.
5. Hebreos no parece ser paulina, así que no forma parte del corpus paulino.

Nuevo Testamento. La crítica canónica es importante entre los seminaristas. Se trata del estudio del canon como unidad para poder adquirir una teología bíblica global. Lo que se necesita hoy es una teología construida no sobre el canon actual y su errada disposición, sino sobre la narrativa cronológica de la iglesia del Nuevo Testamento.

Este es el orden en el que aparecen las cartas de Pablo actualmente en el Nuevo Testamento. Los libros se ubican según una extensión que va de mayor a menor:

Romanos
1 Corintios
2 Corintios
Gálatas
Efesios[1]
Filipenses
Colosenses
1 Tesalonicenses
2 Tesalonicenses
1 Timoteo
2 Timoteo
Tito
Filemón

¿Cuál sería, entonces, el orden cronológico correcto de estas cartas? Según la mejor erudición de que disponemos, este sería el orden en el que fueron escritas:[2]

Gálatas
1 Tesalonicenses
2 Tesalonicenses
1 Corintios
2 Corintios
Romanos
Colosenses
Filemón

---

1. Efesios en realidad es un pelito más largo que Gálatas, pero los libros tuvieron una disposición errada debido a que eso se les pasó a los escribas. No causa sorpresa dado que la diferencia en extensión es MUY pequeña (Murphy-O'Connor, *Paul the Letter-Writer*, p. 124).
2. Véase el libro de Guthrie *New Testament Introduction*, edición revisada; el de F. F. Bruce *The Letters of Paul: An Expanded Paraphrase* [Las cartas de Pablo: Una paráfrasis expandida], Eerdmans, Grand Rapids, 1965; y el de Bruce, *Paul:Apostle of the Heart Set Free*.

Efesios
Filipenses
1 Timoteo
Tito
2 Timoteo

EL AGREGADO DE LOS NÚMEROS DE CAPÍTULOS Y VERSÍCULOS

En el año 1227, un profesor de la Universidad de Paris, de nombre Stephen Langton agregó la división en capítulos a todos los libros de la Biblia. Luego, en 1551, un impresor, de nombre Robert Stephanus (en algunas ocasiones llamado Robert Estienne) numeró las frases en todos los libros del Nuevo Testamento.[1]

Según el hijo de Stephanus, la división en versículos que su padre había realizado no estaba al servicio del sentido del texto. Stephanus no utilizó una metodología coherente. Al viajar a caballo desde París a Lyon, versificó todo el Nuevo Testamento dentro de la división en capítulos que había hecho Langton.[2]

Así que los versículos hicieron su aparición en las páginas de las Sagradas Escrituras en el año 1551.[3] Y a partir de ese entonces, el pueblo de Dios se ha acercado al Nuevo Testamento con tijeras y goma de pegar, cortando y pegando frases inconexas y aisladas tomadas de diferentes cartas, sacadas de su contexto de vida, y amarradas juntas para construir doctrinas flotantes a las que luego llamamos «la Palabra de Dios».

Los seminaristas, lo mismo que los estudiantes de las escuelas bíblicas, raramente logran tener la visión panorámica, fluida y libre de la historia de la iglesia primitiva que se logra al disponer los libros del Nuevo Testamento en un orden cronológico.[4] Como resultado, la mayoría de los cristianos ha perdido todo contacto con los eventos sociales e históricos que hay detrás de

---

1. Norman Geisler y William Nix, *A General Introduction of the Bible: Revised and Expanded* [Introducción general a la Biblia: Revisada y expandida], Moody Press, Chicago, 1986, pp. 340-341, 451; Bruce Metzger y Michael Coogan, *The Oxford Companion to the Bible* [El acompañante Oxford de la Biblia], Oxford University Press, Nueva York, 1993, p. 79.
2. H. von Soden, *Die Schriften des Newen Testamentes*, Vandenhoek, Gottingen, Alemania, 1912, pp. 1, 484. Connolly, *The Indestructible Book*, p. 154. Un historiador de la Biblia hizo la siguiente observación con respecto a la versificación del Nuevo Testamento por parte de Stephanus: «Creo que hubiera quedado mejor hecha de rodillas en su cuarto».
3. La versificación de la Biblia hebrea tuvo lugar en 1571. Theodore Beza colocó los versículos de Stephanus en su versión del Textus Receptus (el Texto Recibido), en 1565, lo que les concedió el lugar preeminente que tienen hoy. Kurt Galling, editor, *Die Religion in der Geschichte und der Gegenwart*, 3ª edición, J. C. B. Mohr, Tubingen, Alemania, 1957, 3:114.
4. En muchos seminarios y escuelas bíblicas la historia de la iglesia primitiva se enseña en una clase de «historia de la iglesia», en tanto que los libros del Nuevo Testamento se enseñan en una clase de «estudios del Nuevo Testamento». Y raramente este par se encuentra. Si no me creen, intenten lo siguiente: La próxima vez que estén frente a un estudiante del seminario (o ante un graduado), pídanle que trate de mencionar cronológicamente toda la serie de eventos acaecidos desde que Pablo escribió Gálatas hasta que escribió Romanos.

las cartas del Nuevo Testamento. En lugar de eso, han convertido el Nuevo Testamento en un manual que se puede utilizar para probar cualquier punto. Al desmenuzar la Biblia en fragmentos no resulta difícil lograrlo.

DE QUÉ MANERA NOS ACERCAMOS AL NUEVO TESTAMENTO

A los cristianos se nos ha enseñado a aproximarnos a la Biblia de una de estas ocho maneras:

> Buscar versículos que nos inspiren. Luego de encontrarlos, subrayarlos, memorizarlos, meditar sobre ellos, o colocarlos en la puerta de la refrigeradora.
> Buscar versículos que nos digan lo que Dios nos ha prometido, para proclamarlos con fe y por lo tanto obligar al Señor a que haga lo que nosotros queremos.
> Buscar versículos que nos digan lo que Dios nos manda hacer.
> Buscar versículos que podamos citar para darle un susto mortal al diablo o para resistirlo en los tiempos de tentación.
> Buscar versículos que prueben alguna doctrina en particular, como para despedazar a nuestro contrincante teológico y hacerlo jirones desde lo bíblico. (A causa del método del texto de prueba, una vasta porción de cristianos, que parecen vivir en un páramo, se comportan como si meramente citar al azar algún versículo descontextualizado de las Escrituras diera por finalizada cualquier discusión sobre prácticamente todo tema).
> Buscar versículos de la Biblia para controlar o corregir a los demás.
> Buscar versículos que provean buen material para sermones y que «prediquen» bien. (Eso constituye una adicción para muchos que predican y enseñan).
> A veces, cerrar los ojos, abrir la Biblia al azar, colocar el dedo sobre una página, leer lo que el texto dice, y luego asumir lo que hemos leído como una «palabra» personal del Señor.

Consideremos esa lista de nuevo. ¿Cual de esos enfoques

hemos usado? Volvamos a mirar. Notemos que cada uno de ellos es absolutamente individualista. Todos colocan al cristiano como individuo en el centro. Cada enfoque ignora el hecho de que la mayor parte del Nuevo Testamento fue dirigida a grupos colectivos de personas (iglesias), y no a individuos.

Pero eso no es todo. Cada uno de esos enfoques se ha construido a partir de textos de prueba aislados. Cada uno de ellos trata al Nuevo Testamento como un manual y nos vuelve ciegos a su verdadero mensaje. No sorprende entonces que estemos de acuerdo con los pastores rentados, el orden de culto de los domingos a la mañana, los sermones, los edificios de la iglesia, las vestimentas religiosas, los coros, los grupos de alabanza, los seminarios y el sacerdocio pasivo, todo ello sin siquiera pestañear.

Hemos enseñado un enfoque de acercamiento a la Biblia que se parece a un rompecabezas. A la mayoría de nosotros nunca se nos ha contado la historia completa que subyace en las cartas que Pablo, Pedro, Santiago, Juan y Judas escribieron. Se nos han enseñado capítulos y versículos, y no el contexto histórico.[1]

Por ejemplo, ¿alguna vez se nos ha hablado de la historia que hay detrás de la carta de Pablo a los Gálatas? Antes de asentir, veamos si podemos responder a estas preguntas sin tener que pensarlo dos veces: ¿Quiénes eran los gálatas? ¿Cuáles eran las cuestiones involucradas en el libro? ¿Cuándo y por qué les escribió Pablo? ¿Qué sucedió justo antes de que Pablo escribiera su tratado a los gálatas? ¿Dónde estaba cuando lo escribió? ¿Qué lo llevó a escribir la carta? Y, ¿en qué lugar del libro de Hechos encontramos el contexto histórico de esta carta? Todos estos temas de trasfondo resultan indispensables para comprender de qué se trata el Nuevo Testamento. Sin ellos, simplemente no podemos entender la Biblia con claridad y apropiadamente.[2]

Un erudito lo expresó de este modo: «La disposición de las cartas de Pablo en el Nuevo Testamento en general obedece a su extensión. Cuando las reacomodamos en un orden cronológico, tratando de que encajen en todo lo posible con el entorno de vida que figura en los relatos de Hechos de los Apóstoles, comienzan a revelarnos más de sus tesoros; comienzan a explicarse

---

1. A algunos de nosotros se nos ha enseñado un poco sobre el trasfondo histórico de la Biblia. Pero eso es apenas lo suficiente como para inocularnos y hacer que no busquemos saber más ni llegar al fondo de la historia.
2. F. F. Bruce, editor, *The New International Bible Commentary* [El nuevo comentario bíblico internacional], Zondervan, Grand Rapids, 1979, p. 1095.

por ellas mismas en un grado mucho mayor que cuando se ignora su trasfondo».[1]

Otro señala: «Si futuras ediciones [del Nuevo Testamento] procuraran ayudar en lugar de entorpecer la comprensión del lector del Nuevo Testamento, deberíamos tener en cuenta que es tiempo de hacer que tanto la división por capítulos como la división por versículos desaparezcan del texto y sean colocadas en el margen, en el lugar más discreto posible. Se debería hacer el esfuerzo por imprimir el texto de manera tal que resultara factible que las unidades [de sentido] que el propio autor tenía en mente se volvieran evidentes.»[2]

Podríamos llamar al método de estudio del Nuevo Testamento que hemos usado el «enfoque de la tablilla portapapeles». Si estamos familiarizados con las computadoras, tendremos conocimiento del componente portapapeles (clipboard). Cuando usamos un procesador de textos, podemos cortar y pegar un trozo de texto por medio de esa área de memoria o fichero especial en que se guardan temporalmente frases o palabras. Eso nos permite cortar una frase de un documento y pegarla en otro.

Los pastores, los seminaristas y también los laicos han sido condicionados por este enfoque al estudiar la Biblia. Esta es la manera en que justificamos nuestras tradiciones cerradas y elaboradas por el hombre, y luego las retransmitimos como bíblicas. Por esa razón, cada vez que abrimos nuestros Nuevos Testamentos habitualmente se nos pasa por alto la forma de ser de la iglesia primitiva. Vemos versículos. No vemos todo el cuadro.

Este enfoque sigue vivo y funcionando hoy, no solo dentro de las iglesias institucionales sino también en las iglesias de hogar. Permítanme usar otra ilustración para demostrar lo fácilmente que cualquiera puede caer en ello, con los efectos dañinos que eso suele producir.

LES PRESENTO A JOSÉ IGLESIA DE HOGAR

José Iglesia de Hogar creció dentro de la iglesia institucional. Durante los últimos diez años se ha sentido insatisfecho con ella. Sin embargo tiene su corazón puesto en Dios y desea con sinceridad ser usado por él.

Cuando José abre un libro que habla de las iglesias de hogar,

---
1. G. C. D. Howley, artículo "The Letters of Paul" [Las cartas de Pablo], *New International Bible Commentary*, p. 1095.
2. Von Soden, *Die Schriften des Newen Testamentes*, p. 482.

sufre una crisis de conciencia. Acaba descubriendo algunas cosas sorprendentes. A saber, que en el Nuevo Testamento no aparece el pastor contemporáneo. Ni los edificios de la iglesia. No existe el clero rentado, y que las reuniones de la iglesia son abiertas para que todos participen.

Todos esos descubrimientos sacuden el mundo de José a tal punto que abandona la iglesia institucional (luego de enfrentar la furia del pastor, dicho sea de paso). Como vemos, José comete el error de compartir esas «grandes revelaciones» con otras personas de la iglesia. Cuando el pastor se entera de ello, coloca a José en la mira, y lo llama hereje.

Luego de lamerse las heridas, José toma su Nuevo Testamento, sin darse cuenta en lo absoluto de que el enfoque de cortar y pegar todavía está instalado en su cerebro. La mentalidad de «tablero portapapeles» nunca ha desaparecido de su pensamiento. Y él no es para nada consciente de ello, como la mayoría de los cristianos.

José comienza a buscar los ingredientes que le permitan comenzar con una iglesia del Nuevo Testamento. Así que empieza, por su condicionamiento, a hacer lo que la mayoría de los cristianos hacen cuando buscan la voluntad de Dios. Comienza por entresacar versículos del Nuevo Testamento, ignorando el trasfondo social e histórico de esos versículos.

José se encuentra con Mateo 18:20: «Donde dos o tres se reúnen en mi nombre, allí estoy yo en medio de ellos». Continúa leyendo y descubre por Hechos 2:46 que los cristianos primitivos se reunían «en las casas» (RVR60). José tiene una revelación. «Todo lo que tengo que hacer es abrir mi casa, tener dos o tres personas que se reúnan allí, ¡y ya está! ¡Habré plantado una iglesia como las del Nuevo Testamento!»

De modo que al siguiente domingo, abre su casa e inicia una «iglesia de hogar» fundamentada en el Nuevo Testamento (o así lo cree él). Pronto tiene una nueva revelación: «Soy alguien que funda iglesias, como Pablo. He establecido una iglesia de hogar como él lo hizo». José no se da cuenta de que apenas ha tomado dos frases de dos documentos (completamente fuera de sus contextos históricos) y las ha cosido juntas para hacer algo que no tiene fundamento en las Escrituras.

Mateo 18:10 no es una receta sobre cómo fundar una iglesia. ¡Ese pasaje trata acerca de una reunión de excomunión! Hechos 2:46 es simplemente un informe de lo que los cristianos primitivos hacían. Sí, los cristianos primitivos se encontraban por los hogares. Y es altamente recomendable que nos reunamos por las casas hoy.[1] Pero abrir la casa e invitar a algunas personas para que se reúnan allí no hace de eso una iglesia. Ni convierte al dueño de la casa en alguien que establece iglesias.

Las iglesias que se establecieron durante el primer siglo fueron iniciadas con sangre, sudor y lágrimas. Las personas que las establecieron no dejaron la sinagoga el sábado y decidieron que iban a plantar iglesias de hogar el domingo. Cada hombre del Nuevo Testamento que estaba comprometido con el establecimiento de iglesias primero fue un hermano común dentro de una iglesia ya existente. Y con el tiempo, ese hombre, luego de muchas tribulaciones y de estar expuesto ante los demás en una iglesia que lo conocía muy bien, fue reconocido y enviado con la aprobación de esa iglesia. Este se ve como un patrón constante a través de todo el Nuevo Testamento.[2]

Se puede probar cualquier cosa con algunos versículos. Dar nacimiento a una iglesia que coincida con los principios del Nuevo Testamento implica muchísimo trabajo más que simplemente abrir nuestra casa y hacer que la gente se siente en sillones confortables para tomar un café, comer galletas y hablar sobre la Biblia.

¿Qué es lo que queremos decir al referirnos a una iglesia al estilo del Nuevo Testamento? Se trata de un grupo de personas que saben cómo experimentar a Jesucristo y expresarlo a él en una reunión sin la mediación de un oficiante humano. Un grupo de gente así puede funcionar junta de modo orgánico como un cuerpo cuando se los deja solos luego de que el que los ha establecido se marcha. (Lo que no implica que el que ha iniciado la iglesia nunca vaya a regresar. Hay muchas ocasiones en que será requerido para ayudar en la iglesia. Pero luego de establecer una iglesia, el que lo hace debería estar más ausente que presente).

Aquel que establece una iglesia al estilo del Nuevo Testamento se va de esa iglesia sin instalar un pastor, ancianos, un líder de alabanza, un facilitador bíblico o un maestro de la Biblia. Si esa iglesia ha sido bien plantada, aquellos creyentes sabrán como percibir y seguir el liderazgo vivo de Jesucristo en una reunión. Sabrán cómo permitirle conducir sus reuniones de un modo invisible. Traerán sus propias canciones, escribirán sus

---

1. Viola, *Redescubre la iglesia*.
2. Véase el libro de Viola, *So You Want to Start a House Church?*

propias canciones, ministrarán sobre lo que Cristo les haya mostrado, ¡y eso sin un líder humano presente! Lo que describimos aquí no es una filosofía de sillón. Yo (Frank) he trabajado con iglesias que reúnen estas condiciones.

Equipar a la gente para llevar esto a cabo implica mucho más que abrir nuestra casa y decir: «Vengan, participemos de un estudio bíblico».

Volvamos a nuestra historia. José Iglesia de Hogar ahora tiene lo que él considera una iglesia según el Nuevo Testamento. Como sucede en todos los grupos pequeños como el de José, surge la cuestión del liderazgo. ¿Y qué hace José? Toma su selector de textos y comienza a buscar versículos referidos al liderazgo. Se detiene en Hechos 14 y se siente atraído por el versículo 23, que dice que Pablo y Bernabé «en cada iglesia nombraron ancianos» ¡José tiene otra revelación! *La palabra de Dios declara que toda iglesia al estilo del Nuevo Testamento tiene ancianos*, reflexiona él. *¡Por lo tanto, nuestra iglesia de hogar necesita ancianos!* (José realiza este descubrimiento solo dos semanas después de abrir su casa).

Luego de tomar ese versículo fuera de su contexto, José designa ancianos. (De paso, José se convierte en uno de ellos).

¿Cuál era el contexto histórico de Hechos 14? Dos de las personas que establecían iglesias, Pablo y Bernabé, habían sido enviados por su iglesia madre en Antioquía. Antes de ser enviados, ambos hombres habían experimentado la vida de la iglesia como hermanos, no como líderes (Bernabé en Jerusalén y Pablo en Antioquía).

Hechos 14:23 forma parte de la descripción de lo que sucedió luego de que estos dos iniciadores de iglesias fueron enviados. Ellos estaban en el sur de Galacia. Los dos acababan de establecer cuatro iglesias. Y entonces regresaron a visitar esas iglesias entre seis meses y un año después de haberlas iniciado. Pablo y Bernabé volvieron a cada una de las iglesias de Galacia y «respaldaron públicamente a algunos ancianos» en cada iglesia.[1]

José ha cometido otro error, aunque más sutil, al interpretar este pasaje. El versículo dice que Pablo y Bernabé designaron ancianos en cada iglesia. José interpreta esto como que cada iglesia genuina ha de tener ancianos. Sin embargo, el texto no dice eso. El versículo se refiere a un evento sucedido en el sur de Galacia

---

1. Véase el libro de Viola Redescubre la iglesia.

durante el primer siglo. ¡«En cada iglesia» se refería a cada iglesia del sur de Galacia en el año 49 d.C.![11] Lucas hablaba sobre las cuatro iglesias que Pablo y Bernabé acababan de establecer. ¿Alcanzan a ver los problemas en los que nos metemos cuando alegremente sacamos algún versículo de su contexto histórico?

La verdad es que José Iglesia de Hogar se ha salido totalmente de los límites bíblicos. En primer lugar, él no es un iniciador de iglesias itinerante. (Esos eran los hombres que reconocían a los ancianos en el primer siglo). En segundo lugar, su iglesia es demasiado nueva como para tener ancianos. En Jerusalén pasaron por lo menos catorce años hasta que emergieron ancianos. Pero José Iglesia de Hogar tiene su versículo, así que «se basa en las Escrituras» (en su imaginación).

Luego se presenta la cuestión de dar dinero. Así que José se estaciona en 1 Corintios 16:2: «El primer día de la semana, cada uno de ustedes aparte y guarde algún dinero conforme a sus ingresos». Basándose en ese versículo, José instituye la regla de que todos en su iglesia de hogar deben entregar dinero al fondo de la iglesia los domingos por la mañana.

Otra vez, José toma un pasaje fuera de contexto y establece una práctica sobre él. 1 Corintios 16:2 trata acerca de un pedido hecho en cierta ocasión. Esto fue escrito alrededor del año 55 d. C. a la iglesia en Corinto. En ese momento Pablo estaba recolectando dinero de todas las iglesias gentiles que él había establecido. Pablo tenía una meta en mente: deseaba llevarles esa colecta a los hermanos y hermanas de Jerusalén que estaban pasando por una pobreza extrema. Lo que Pablo les estaba diciendo a los corintios era: «De paso, cuando yo vaya a visitarlos, deseo que tengan listo el dinero para llevar a Jerusalén. Así que cada domingo, cuando se reúnen, ¿podrían, por favor, ir separando una parte de sus ganancias para crear un fondo de ayuda?» 1 Corintios 16:2, por lo tanto, no tiene nada que ver con un ritual mecánico de recoger una ofrenda todos los domingos por la mañana.[2]

Lo siguiente que comienza a analizar la iglesia de hogar de José es la cuestión de la misión de la iglesia. Naturalmente, José saca su detector y comienza a buscar versículos que le proporcionen una respuesta. Se detiene en Mateo 28:19: «Vayan y hagan

---

1. Antioquía de Siria y Corinto no tenían ancianos, hasta donde sabemos.
2. Apoyamos completamente el dar con regularidad para las necesidades de la iglesia (tengan en cuenta que *no* es para el salario del pastor o para mantener los edificios de la iglesia). Pero no se puede usar este versículo para hacer de la ofrenda del domingo a la mañana una ley.

discípulos de todas las naciones». Él cruza la información con Marcos 16:15, que dice: «Vayan por todo el mundo y anuncien las buenas nuevas». Prosigue con Hechos 5:42: «No dejaban de enseñar y anunciar las buenas nuevas de que Jesús es el Mesías».

José reflexiona consigo mismo: *Nuestra misión es predicar el evangelio. Es para eso que existimos. ¡Caramba, si Dios no quisiera que predicáramos el evangelio, nos hubiera matado luego de salvarnos! Así que la única razón por la que respiramos, la única razón por la que tenemos iglesias de hogar, es para predicar el evangelio. Eso es lo que dice el Nuevo Testamento. Acabo de leerlo. ¡Y si no predicamos el evangelio regularmente, entonces estamos pecando en contra de Dios!*

Una vez más, el Sr. José Iglesia de Hogar ha tomado tres versículos totalmente fuera de contexto. En Mateo 28:19 y Marcos 16:15, Jesús está enviando a sus apóstoles. Y en Hechos 5:42, son los mismos apóstoles los que predican el evangelio. En el original griego, la «Gran Comisión» dice: «Y yendo por su camino...» Por lo tanto es una profecía («yendo») y no un mandamiento («vayan»).[1] El Señor no les mandó a los apóstoles «vayan». Les dijo que irían. Este es un punto importante.

A diferencia de los cristianos de hoy, los cristianos primitivos no hablaban de Cristo por un sentimiento de culpa o de deber, o por un mandato. ¡Compartían acerca de él porque desbordaban del Señor, y no podían evitarlo! Era algo espontáneo, orgánico, nacido de la vida y no de la culpa.

El proceso de pensamiento de José con respecto a la misión de la iglesia ha sido moldeado por dos cosas: el avivamiento del siglo diecinueve (ver el capítulo 3), y un enfoque de tablilla sujetapapeles con respecto a la Biblia.

EL EFECTO GLOBAL DEL ENFOQUE TIPO SUJETAPAPELES

Volvamos atrás y analicemos la historia de José. Él ha manejado extremadamente mal el Nuevo Testamento. ¿Sus motivos son puros? Sí. ¿Tiene un corazón inclinado hacia Dios? Sí. ¿Evitó eso que él aplicara mal las Escrituras? No.

José se acercó al Nuevo Testamento como nos enseñaron a hacer a muchos de nosotros: con tijeras y goma de pegar, listos

---

1. Kenneth S. Wuest, *The New Testament: An Expanded Translation* [El Nuevo Testamento: Una versión ampliada], Eerdmans, Grand Rapids, 1961.

a cortar, pegar y crear un sustento para nuestras doctrinas y prácticas favoritas.

El efecto global del enfoque tipo sujetapapeles es trágico. Ha producido una infinidad de iglesias en la actualidad que no tienen bases bíblicas para su existencia. (Hablamos de la iglesia institucional como la conocemos hoy). Pero más aún, ha generado una multitud de «iglesias de hogar» mecánicas, pro forma, sin vida ni color, y estériles.

Recordemos la visión que Ezequiel tuvo en el valle de los huesos secos (véase Ezequiel 37). El Señor llevó a Ezequiel a un valle lleno de huesos, y la Palabra de Dios, viva y eficaz vino para resucitar a esos huesos. Las Escrituras dicen que cada hueso se juntó con su hueso. Los huesos se cubrieron de tendones y carne. Y cuando el soplo de Dios vino sobre ellos como un viento impetuoso, esos huesos muertos se convirtieron en un poderoso ejército.

Muchos de los que «plantan» las iglesias de hogar contemporáneas podrían describirse como hombres que han ido al valle de los huesos secos con pegamento, agujas, hilo, y versículos del Nuevo Testamento en sus manos. Han tomado los huesos y los han pegado unos con otros. Han pasado hilo a través de los tendones y les han cosido carne encima. Luego se alejaron un poco y dijeron: «Miren, una iglesia del Nuevo Testamento, edificada sobre el Nuevo Testamento. Hemos designado ancianos, nos reunimos en una casa, no tenemos un clero sostenido, recogemos ofrendas todos los domingos, y predicamos el evangelio».

¡Pero no está el viento fuerte e impetuoso!

A la iglesia de Jesucristo no se le puede dar un comienzo. No se la puede soldar para unirla. No existe un plano o un modelo que se pueda sacar del Nuevo Testamento extrayendo versículos y tratando de imitarlos mecánicamente. ¡La iglesia de Jesucristo es una entidad biológica viviente! Es orgánica; por lo tanto, debe nacer.

Haremos bien en prestar atención a la forma en que se levantaron las iglesias en el primer siglo. Creo que las Escrituras tienen para nosotros principios duraderos sobre esta cuestión. Si contamos todas las iglesias que se mencionan en el Nuevo Testamento, descubriremos alrededor de treinta y cinco. Cada una de ellas fue establecida o ayudada por alguien itinerante dedicado a plantar iglesias, que solo predicaba a Cristo. No hay excepciones. La iglesia surgía como resultado de la presentación apostólica de Jesucristo.

Hay más versículos que sostienen este principio de los que hay en cuanto a reunirse por las casas. Existen más versículos que lo apoyan de los que hay a favor de las reuniones abiertas y participativas. Encontramos más versículos que lo sostienen que los que hay en referencia a levantar una ofrenda los domingos por la mañana. El libro de los Hechos es un registro de las iglesias que fueron establecidas por obreros extra locales en Judea, el sur de Galacia, Macedonia, Acaya, Asia Menor y Roma. Las epístolas son cartas escritas por obreros apostólicos a iglesias en crisis, a individuos, y a aquellos a los que estaban capacitando para el ministerio espiritual. El principio de contar con obreros de fuera de la localidad para establecer iglesias es predominante en el Nuevo Testamento.[1]

Y como lo hemos visto, hay mucho más en las Escrituras que apoya esa práctica de lo que hay para todas aquellas prácticas no bíblicas que llevamos a cabo dentro de la iglesia contemporánea, incluyendo el contratar a un pastor. El patrón en cuanto a tener obreros extra locales que establecían iglesias y les brindaban apoyo es una constante en todo el Nuevo Testamento. Y está profundamente arraigado en los principios divinos.[2]

UN REMEDIO PRÁCTICO

¿Cuál es, entonces, el antídoto contra el enfoque sujetapapeles del Nuevo Testamento? ¿Cuál es el remedio que nos llevará a ser vivas expresiones del cuerpo de Cristo para nuestro tiempo? El antídoto comienza por comprender el Nuevo Testamento.

Hemos sido condicionados para acercarnos al Nuevo Testamento con un microscopio y extraer versículos que nos muestren lo que hacían los cristianos primitivos. Tenemos que abandonar esa mentalidad completamente, dar un paso atrás, y echarle una nueva mirada a las Escrituras. Es preciso que nos familiaricemos con la totalidad de esa historia amplia, de principio al fin. Necesitamos aprender a visualizar el Nuevo Testamento de manera panorámica, no microscópica.

F. F. Bruce, uno de los mayores eruditos de nuestro tiempo, alguna vez hizo una declaración apasionante. Dijo que leer

---

1. Para ver emerger cronológicamente este principio en las Escrituras, consultar el libro de Viola *The Untold Story of the New Testament Church.*
2. Véase el libro de Viola *So You Want to Start a House Church?* que consiste en un análisis detallado de las cuatro maneras en que se establecieron iglesias en el primer siglo, y de los principios espirituales que las gobernaban.

las cartas de Pablo era como escuchar una de las dos voces que participan de una conversación telefónica.[1] Gracias a cierta erudición bíblica reciente, ahora podemos reconstruir la saga completa de la iglesia primitiva. En otras palabras, ¡podemos oír la otra parte de la conversación! El libro de Frank, *The Untold Story of the New Testament Church* [La historia no contada de la iglesia del Nuevo Testamento] reconstruye ambos lados de la conversación, creando una narración fluida sobre la iglesia primitiva.

Conocer la historia de la iglesia primitiva es curarnos para siempre del enfoque sujetapapeles del Nuevo Testamento, caracterizado por cortar y pegar.

Aprender la historia desnudará los principios espirituales que están en el mismo Dios y que aparecen constantes a través de todo el Nuevo Testamento. Continuamente perdemos de vista esos principios a causa de la forma en que nos aproximamos a la Biblia y debido a que las cartas de Pablo no están dispuestas cronológicamente.

Cuando descubramos la historia nuestros versículos deberán inclinarse ante ella. Ya no podremos tomar un versículo fuera de contexto y decir: «Miren, se espera que hagamos esto». Muchos de los versículos que los cristianos tomamos habitualmente de la Biblia no producen nada. Y lo que resulta aún más significativo, acercarnos a la Biblia de esta nueva manera nos permitirá apreciar la pasión y unidad con la que los primeros cristianos vivían mientras buscaban seguir con fidelidad a su Señor Jesús y representarlo. ¿Y cuál era esa pasión? Esa es la pregunta que nos queda para el capítulo final.

➤Profundizando

1. *¿Quieren decir ustedes que siempre resulta peligroso manejar las Escrituras por tópicos, sea en un estudio individual o al prepararnos para enseñar sobre alguna cuestión específica? ¿O creen que si los cristianos se tomaran el tiempo de llegar a una comprensión panorámica de las Escrituras podrían evitar los peligros del texto de prueba?*

> Los estudios de tópicos fácilmente puede llevarnos por mal camino si precisamente los textos que forman parte del «tópico» no son comprendidos dentro de sus contextos históricos. Por esa razón, lo mejor es comenzar con la narrativa de las Escrituras, considerando todo el fluir de cada historia

---

1. F. F. Bruce, *Answers to Questions* [Respuestas a preguntas], Zondervan, Grand Rapids, 1972, p. 93.

dentro de su contexto histórico. Una vez establecido el fundamento, los estudios por tópicos pueden tener mucho sentido.

2. **¿Es la «iglesia orgánica» un sinónimo de «iglesia de hogar»? Si no lo es, ¿cuál es la distinción entre ellas?**

No, no son sinónimas. Algunas iglesias de hogar son orgánicas, en tanto que otras no. Una buena cantidad de las iglesias de hogar de hoy en día son apenas estudios bíblicos glorificados. Muchas otras son súper fiestas (la reunión se desenvuelve en torno a una comida compartida y eso es todo). Algunas iglesias de hogar están tan institucionalizadas como las iglesias tradicionales, y cuentan con un púlpito en la sala de la casa, y las sillas dispuestas en filas para que los asistentes puedan escuchar un sermón de cuarenta y cinco minutos.

La vida de la iglesia orgánica consiste en una experiencia de base, marcada por una comunidad en la que la gente se mira a la cara, con todos los miembros en funcionamiento, reuniones abiertas y participativas, un liderazgo no jerárquico, y la centralidad y supremacía de Jesucristo como líder funcional y cabeza del grupo. Dicho de otra forma, la vida de la iglesia orgánica es la «experiencia» del Cuerpo de Cristo. En su forma más pura, es la comunión del trino Dios traída a la tierra y experimentada por los seres humanos.

3. **¿Cuáles son las señales de una iglesia orgánica saludable? ¿Y cuáles las de una iglesia orgánica no saludable?**

Algunas de las señales de una iglesia orgánica saludable son:
- la edificación conjunta de los hermanos y hermanas en una comunidad interrelacionada y centrada en Cristo.
- la transformación del carácter en la vida de los miembros.
- reuniones que expresan y revelan a Jesucristo, en las que cada miembro funciona y comparte.
- una vida comunitaria vibrante, próspera, auténtica, en la que los miembros van creciendo para amarse los unos a los otros cada vez más.
- una comunidad de creyentes que están absolutamente obsesionados por su Señor, y que no son ni legalistas ni libertinos en su estilo de vida.

Las señales de una iglesia orgánica no saludable son semejantes a los problemas que el apóstol Pablo señalaba en la iglesia de Corinto:
- una perversión de la gracia de Dios que la transforma en licencia para pecar.
- una actitud elitista y sectaria.
- egocentrismo manifestado entre sus miembros.

Dado que las iglesias orgánicas son comunidades que se miran cara a cara, experimentan todo el espectro de problemas que los cristianos enfrentan dentro de relaciones muy cercanas. Esos problemas son encarados por Pablo en sus cartas. Las iglesias saludables sobreviven a esos problemas y se vuelven más fuertes luego de pasar por ellos. Las que no son saludables normalmente no sobreviven.

UNA SEGUNDA MIRADA AL SALVADOR: JESÚS, EL REVOLUCIONARIO

«Un verdadero radical debe ser un hombre que tiene raíces. Dicho en palabras que he usado en otra ocasión, "El revolucionario puede ser alguien de «afuera» de la estructura que él va a ver colapsar; de hecho, él mismo debe colocarse fuera de ella. Pero el radical va a las raíces de su propia tradición. Debe amarlas: Debe llorar sobre Jerusalén aun cuando tenga que pronunciar su condena"».
—JOHN A. T. ROBINSON, ERUDITO INGLÉS EN NUEVO TESTAMENTO DEL SIGLO XX

«Si es que el cristianismo va a experimentar un rejuvenecimiento, debe ser por medios distintos de los que se están usando ahora. Si la iglesia en la segunda mitad del siglo [veinte] va a recuperarse de las heridas que sufrió durante la primera mitad, debe aparecer un nuevo tipo de predicador. La clase de persona correcta y apropiada, al estilo del que gobernaba la sinagoga, nunca producirá resultados. Tampoco el tipo de hombre sacerdotal que lleva adelante sus deberes, acepta su paga y no hace preguntas; ni el tipo pastoral, que habla de manera suave y sabe cómo hacer que la religión cristiana resulte aceptable para todos. Esos modelos ya han sido probados y demostraron ser deficientes. Debe surgir entre nosotros otro tipo de líder religioso. Tiene que ser al estilo del antiguo profeta, un hombre que ha visto las visiones de Dios y que ha escuchado una voz desde el Trono. Cuando venga (y ruego a Dios que no sea uno sino muchos) se va a levantar en abierta contradicción con todo lo que nuestra cómoda y complaciente civilización tanto valora. Va a contradecir, denunciar y protestar en el nombre de Dios y se ganará el odio y la oposición de un gran segmento de la cristiandad».
—A. W. TOZER, MINISTRO Y ESCRITOR NORTEAMERICANO DEL SIGLO XX

CRISTO NO SOLO ES el Salvador, el Mesías, el Profeta, el Sacerdote y el Rey. Él también es el Revolucionario. Sin embargo son pocos los cristianos que lo conocen como tal. No cabe duda de que algunos de los lectores han luchado contra el siguiente pensamiento mientras leían este libro: *¿Por qué tienen que ser tan negativos con respecto a la iglesia contemporánea? Jesús no es una persona crítica. Es muy improbable que nuestro Señor hablara con respecto a lo que está mal en la iglesia. ¡Enfoquémonos en lo positivo e ignoremos lo negativo!*

Tales sentimientos revelan que no estamos familiarizados con Cristo como maestro revolucionario, profeta radical, predicador provocativo, alguien controversial, un iconoclasta, y un implacable oponente de la clase dirigente religiosa.

Lo admito: nuestro Señor no es crítico ni rudo con los suyos. Él está lleno de misericordia y bondad, y ama a su pueblo apasionadamente. Sin embargo, por eso precisamente es celoso de su esposa. Y es por ello que no transige con las arraigadas tradiciones que han mantenido cautivo a su pueblo. Ni va a ignorar nuestra fanática devoción por ellas.

Consideremos la conducta de nuestro Señor mientras estuvo en la tierra.

Jesús nunca fue un agitador ni un rebelde quejoso (Mateo 12:19-20). Sin embargo, constantemente desafió las tradiciones de los escribas y fariseos. Y no lo hizo por accidente, sino con toda deliberación. Los fariseos eran aquellos que, por amor a la «verdad» según ellos la veían, trataban de extinguir la verdad que no podían ver. Eso explica por que siempre se producían tormentas de controversia entre la «tradición de los ancianos» y las acciones de Jesús.

Alguien dijo una vez que «un rebelde intenta cambiar el pasado; y un revolucionario intenta cambiar el futuro». Jesucristo introdujo un cambio drástico en el mundo. Un cambio en la perspectiva que el hombre tenía de Dios. Un cambio en la visión que Dios tenía del hombre. Un cambio en la forma en que los hombres tenían de mirar a las mujeres. Nuestro Señor vino a producir un cambio radical en el viejo orden de cosas, reemplazándolo por un nuevo orden.[1]

---

1. Los siguientes pasajes arrojan luz sobre la naturaleza revolucionaria de Cristo: Mateo 3:10-12, 10:34-38; Marcos 2:21-22, Lucas 12:49, Juan 2:14-17, 4:21-24.

Vino a introducir un nuevo pacto, un nuevo Reino, un nuevo nacimiento, una nueva raza, una nueva especie, una nueva cultura, y una nueva civilización.[1]

Al leer los Evangelios, contemplemos a nuestro Señor, al Revolucionario. Mirémoslo producir pánico en los fariseos jaqueando deliberadamente sus convenciones. En incontables ocasiones Jesús sanó en sábado, quebrantando de plano sus amadas tradiciones. Si el Señor hubiera deseado apaciguar la cólera de sus enemigos, habría esperado hasta el domingo o el lunes para sanar a algunas de esas personas. En lugar de ello, deliberadamente sanó en sábado, sabiendo perfectamente bien que sus oponentes se pondrían furiosos.

Este patrón tiene raíces muy profundas. En una ocasión, Jesús sanó a un ciego mezclando arcilla con saliva y colocándole esa mezcla en los ojos al hombre. ¡Semejante acto directamente desafiaba la ordenanza judía que prohibía sanar los sábados mezclando barro con saliva![2] Sin embargo, nuestro Señor intencionalmente echó por tierra esa tradición en público y con una resolución absoluta. Observémoslo comer con las manos sin lavar bajo la mirada crítica de los fariseos, otra vez desafiando sus fosilizadas tradiciones.[3]

En Jesús encontramos un hombre que rehusaba inclinarse ante las presiones del conformismo religioso. Un hombre que predicaba una revolución. Un hombre que no toleraba la hipocresía. Un hombre que no temía provocar a aquellos que querían suprimir el evangelio liberador que él traía para hacer libres a los hombres. Un hombre al que no le importaba despertar la ira de sus enemigos, haciendo que se ciñeran los lomos para la batalla.

¿Cuál es el punto?

Este: Jesús no solo vino como el Mesías, el Ungido de Dios, para librar a su pueblo de la esclavitud de la caída.

No solo vino como Salvador, pagando una deuda que no era suya, para quitar los pecados del mundo.

---

1. La iglesia de Jesucristo no es una mezcla de judíos y gentiles. Es una nueva humanidad, una nueva creación, que trasciende tanto a los judíos como a los gentiles (Efesios 2:15). La ekklesia es una entidad biológica nueva sobre el planeta... es un pueblo que tiene la vida divina (1 Corintios 10:32; 2 Corintios 5:17; Gálatas 3:28; Colosenses 3:11). Aun los cristianos del segundo siglo hablaban de ellos mismos como «la nueva raza». Ver la obra de Clemente de Alejandría *Stromata*, o *Miscelanea*, libro 6, capítulo 5. «Nosotros, los que adoramos a Dios de una nueva manera, como la tercera raza, somos los cristianos»; *Epistle to Diognetus* [Epístola a Diogneto], capítulo 1, «esta nueva raza».
2. La Mishnah declara: «Para sanar a un ciego en sábado está prohibido inyectarle vino en los ojos. También está prohibido hacer barro con saliva y untárselo en los ojos» (Shabbat 108:20).
3. Según la Mishnah, «Uno debería estar dispuesto a caminar cuatro millas hasta el agua para poder lavarse las manos, en lugar de comer con las manos sin lavar» (Sotah, 4b); «El que no cumple con el lavado de manos es como un asesino» (Challah, J, 58:3).

No solo vino como Profeta, para confortar a los afligidos y afligir a los que estaban cómodos.

No solo vino como Sacerdote, para representar al pueblo delante de Dios y a Dios delante del pueblo.

No solo vino como Rey, triunfando sobre toda autoridad, principado y poder.

También vino como un Revolucionario, para despedazar el viejo odre en vistas a introducir el nuevo.

¡Miren a su Señor, el Revolucionario!

Para muchos cristianos este es un costado de Jesucristo que no han conocido antes. Sin embargo, creemos que explica el por qué resulta tan crucial exponer lo que está errado dentro de la iglesia contemporánea, de modo que el cuerpo de Cristo pueda cumplir con la intención última de Dios. Simplemente constituye una expresión de la naturaleza revolucionaria de nuestro Señor. La meta dominante de esa naturaleza es ponernos a ti y a mí en el centro del latido del corazón de Dios. Ponernos a ti y a mí en el mismo meollo de su propósito eterno, propósito con que todo fue creado.[1]

La Iglesia primitiva comprendía ese propósito. No solo comprendía la pasión de Dios por su iglesia, sino que la vivía. ¿Y cómo era ese cuerpo viviente? Consideremos este vistazo fugaz que hacemos de él:[2]

> Los cristianos primitivos estaban apasionadamente centrados en Cristo. Jesucristo era el latido de su corazón. Era su vida, su respiración, y su punto fundamental de referencia. Era el objeto de su adoración, el sujeto que aparecía en sus canciones, y el contenido de sus reflexiones y vocabulario. La iglesia del Nuevo Testamento consideraba a Jesucristo como central y supremo por sobre todas las cosas.

> La iglesia del Nuevo Testamento no tenía un orden de culto fijo. Los cristianos primitivos se reunían en encuentros abiertos y participativos en los que todos los creyentes compartían su experiencia de Cristo, ejercían sus dones y procuraban edificarse los unos a los otros.

---

1. Véase el libro de Viola *God's Ultimate Passion* [La pasión suprema de Dios] para acceder a una consideración sobre el eterno propósito.
2. El tema de la iglesia orgánica es tan amplio que no se lo puede cubrir en este libro. Pero el libro de Frank, *Reimagining Church* [Redescubre la iglesia] (David C. Cook, Colorado Springs, 2008) ofrece una mirada exhaustiva y centrada en las Escrituras en lo que hace a las prácticas orgánicas de la iglesia del Nuevo Testamento.

Nadie era espectador. A todos se les concedía el privilegio y la responsabilidad de participar. El propósito de las reuniones de esa iglesia era doble: la edificación mutua dentro del cuerpo, y la visibilidad del Señor Jesucristo a través del funcionamiento de cada miembro de su cuerpo. Las reuniones de la iglesia primitiva no eran «servicios» religiosos sino encuentros informales permeados por una atmósfera de libertad, espontaneidad y gozo. Las reuniones les pertenecían a Jesucristo y a la iglesia; no servían de plataforma para ningún ministerio o persona dotada en particular.

➤ La iglesia del Nuevo Testamento vivía como una comunidad en la que las personas se encontraban cara a cara. Aunque los cristianos primitivos se congregaban para adorar en conjunto y para la mutua edificación, la iglesia no existía simplemente para reunirse una o dos veces a la semana. Los creyentes del Nuevo Testamento vivían una vida compartida. Se preocupaban unos por los otros fuera de los encuentros programados. Eran familia en el sentido real de la palabra.

➤ El cristianismo fue la primera y única religión del mundo, de la que se tenga conocimiento, libre de rituales, clero y edificios sagrados. Durante los primeros 300 años de existencia de la iglesia, los cristianos se reunieron en los hogares. En situaciones especiales, los obreros cristianos ocasionalmente utilizaban instalaciones más amplias (como el Pórtico de Salomón [Juan 10:23, Hechos 3:11] y la escuela de Tirano [Hechos 19:9]). Pero no manejaban el concepto de un edificio sagrado, ni gastaban grandes sumas de dinero en edificios. Tampoco hubieran llamado «iglesia», o «la casa de Dios» a un edificio. El único edificio sagrado que los cristianos primitivos conocían era el que no está hecho por manos humanas.

➤ La iglesia del Nuevo Testamento no contaba con un clero. El sacerdote católico y el pastor protestante eran absolutamente desconocidos. La iglesia tenía obreros apostólicos que establecían iglesias y las cuidaban. Pero esos obreros no eran considerados como parte de una casta clerical distinta. Eran parte del cuerpo de Cristo, y *servían* a las iglesias (y no al revés). Todo cristiano poseía algún don distinto y funciones diferentes, pero solo

Jesucristo tenía el derecho exclusivo a ejercer autoridad sobre su pueblo. Ningún hombre poseía ese derecho. El don de ser ancianos o pastores era simplemente uno más entre los dones. No se trataba de un cargo especial. Y no monopolizaba el ministerio en las reuniones de la iglesia. Aquellos eran simplemente cristianos maduros que cuidaban de los miembros de la iglesia de una manera natural durante los períodos de crisis y ofrecían cobertura y supervisión a toda la asamblea.

➢ La toma de decisiones en la iglesia del Nuevo Testamento recaía sobre los hombros de toda la asamblea. Los iniciadores de iglesias, itinerantes, en ocasiones hacían aportes y brindaban orientación. Pero finalmente, toda la iglesia tomaba las decisiones locales bajo el señorío de Jesucristo. Era responsabilidad de la iglesia descubrir en unidad el pensamiento de Dios y actuar de acuerdo con ello.

➢ La iglesia del Nuevo Testamento era orgánica y no organizacional. No había sido *soldada* colocando gente en distintos cargos, creando programas, elaborando rituales, y desarrollando una jerarquía de arriba hacia abajo o una cadena de mandos. La iglesia era un organismo viviente, palpitante. Nació, creció, y produjo naturalmente todo lo que había en su ADN. Eso incluía todos los dones, ministerios y funciones del cuerpo de Cristo. A los ojos de Dios, la iglesia es una hermosa mujer. La esposa de Cristo. Y ella es una colonia del cielo, y no una organización de la tierra, creada por el hombre.

➢ El diezmo no fue una práctica de la iglesia del Nuevo Testamento. Los cristianos primitivos utilizaban sus fondos para sostener a los pobres que había entre ellos, así como también a los pobres del mundo no cristiano. También sostenían a los obreros itinerantes que fundaban iglesias para que el evangelio se extendiera y se levantaran iglesias en otras tierras. Daban conforme a sus posibilidades, y no motivados por la culpa, el deber o alguna compulsión. Nunca oyeron sobre salarios para el clero o los pastores. Cada cristiano de la iglesia era un sacerdote, un ministro y un miembro del cuerpo en pleno funcionamiento.

➢ El bautismo era la expresión externa de la conversión cristiana. Cuando los cristianos primitivos llevaban la gente al Señor, *inmediatamente* la bautizaban en agua como testimonio de su nueva situación. La Cena del Señor constituía una expresión permanente dondequiera que los cristianos primitivos reafirmaran su fe en Jesucristo y su unidad con su cuerpo. La Cena era una comida completa de la que disfrutaba toda la iglesia junta en un espíritu de gozo y celebración. Era la comunión del cuerpo de Cristo, no un ritual simbólico, ni un rito religioso. Y nunca lo oficiaba un clero o sacerdocio especial.

> Los cristianos primitivos no construyeron escuelas bíblicas ni seminarios para entrenar a los obreros jóvenes. Los obreros cristianos eran educados y entrenados por los obreros más antiguos, dentro del contexto de la vida de la iglesia. Ellos aprendían «mientras realizaban la obra». Jesús les había provisto el modelo inicial de entrenamiento «mientras realizaban la obra» cuando él guiaba a los doce. Pablo repitió ese modelo al capacitar obreros gentiles jóvenes en Éfeso.

> Los cristianos primitivos no se dividieron en diversas denominaciones. Ellos comprendían su unidad en Cristo y la expresaban en forma visible en cada ciudad. Según su comprensión, había una sola iglesia en cada ciudad (aun cuando se reunieran en muchos hogares diferentes a través de toda la localidad). Si uno era un cristiano del primer siglo, pertenecía a esa única iglesia. La unidad del Espíritu estaba bien resguardada. El asumir denominaciones («Yo soy de Pablo», «Yo soy de Pedro», «Yo soy de Apolos») era considerado como sectario y divisivo (véase 1 Corintios 1:12).

Creemos que estos son algunos de los aspectos de la visión de Dios para toda iglesia. De hecho, hemos escrito este libro por una razón: crear espacio para la absoluta centralidad, supremacía y liderazgo de Cristo dentro de su iglesia. Afortunadamente, cada vez más revolucionarios hoy están captando esta visión. Ellos reconocen que lo que se necesita es una revolución dentro de la fe cristiana, un sacudón completo a aquellas prácticas que son contrarias a los principios bíblicos. Debemos comenzar todo de nuevo, sobre el fundamento correcto. Cualquier otra cosa resultaría deficiente.

Así que nuestra esperanza es triple, al ir finalizando este libro. Primero, esperamos que comiencen a hacerse preguntas con respecto a la iglesia tal como la conocen en el presente. ¿Cuánto de ella es verdaderamente bíblico? ¿Cuánto de ella expresa el liderazgo absoluto de Jesucristo? ¿Cuánto de ella le permite a los miembros del cuerpo una libertad de funcionamiento? En segundo lugar, esperamos que empiecen a compartir este libro con todos los cristianos que conozcan, de modo que ellos también confronten el desafío de este mensaje. Y en tercer lugar, esperamos que oren seriamente con respecto a cuál debería ser la respuesta de ustedes a este mensaje.

Si tú eres un discípulo del Revolucionario de Nazaret... el Mesías radical[1] que puso el hacha a la raíz... finalmente deberías articular una pregunta específica. Es la misma pregunta que le hicieron los discípulos al Señor cuando él andaba sobre la tierra. Y es esta: «¿Por qué quebrantan tus discípulos la tradición de los ancianos?» (Mateo 15:2).

➤Profundizando

1. *¿Por qué son ustedes tan críticos de la iglesia? Dios ama a la iglesia. Me irrita que sean tan críticos de ella.*

Esta pregunta proporciona un buen ejemplo acerca del problema que intentamos exponer en este libro. A saber, muchos cristianos se confunden con respecto a lo que la Biblia quiere decir cuando usa la palabra *iglesia*. La palabra *iglesia* hace referencia al pueblo de Dios. Y más específicamente, se refiere a la comunidad conjunta de aquellos que siguen a Jesús. No se refiere a un sistema, a una denominación, a un edificio, a una institución o a un servicio.

Hemos escrito este libro porque amamos mucho a la iglesia. Y deseamos verla funcionar de una manera que le traiga gloria a Dios. El sistema y la estructura de la iglesia institucional no son bíblicos. Y como ya hemos argumentado, obstaculiza el funcionamiento del pueblo de Dios tal como el Señor lo ha planeado.

Cuando Martín Lutero desafió a la iglesia institucional de sus días, hizo enojar a mucha gente. Y de paso, si Lutero no hubiera contado con el apoyo de Federico el Sabio y sus ejércitos, lo hubieran matado por sus creencias (como lo hicieron con muchos otros de los reformadores).

Hoy, los protestantes miran retrospectivamente a Lutero y lo consideran un héroe. Lutero amaba a Dios y a la iglesia, pero estaba en fuerte desacuerdo con el sistema eclesial que lo rodeaba, y alegaba que no era

---

1. La palabra *radical* deriva del latín *radix*, que significa «raíz». Por lo tanto, un radical es alguien que va a la raíz u origen de algo. Jesucristo era tanto un radical como un revolucionario. Ver la definición que A. T. Robinson hace de ambos términos en el epígrafe con que comienza este capítulo.

bíblico. Y tuvo el coraje de manifestar proféticamente ese desacuerdo en público. (De paso, Lutero era mucho más fuerte en su retórica de lo que lo hemos sido nosotros. Si ustedes piensan que este libro ha sido difícil de asimilar, intenten leer algunas de las diatribas de Lutero en contra del sistema eclesial de sus días).

Resumiendo, es debido a nuestro amor por la iglesia y a nuestro deseo de ver al pueblo de Dios liberado que hemos escrito este libro. Y tenemos la esperanza de que Dios lo use para ayudar a cambiar el curso de la historia de la iglesia.

2. *Ustedes dicen que en una iglesia orgánica sana, todas las semanas «cada uno de los miembros hace una contribución al encuentro con algo de Cristo». ¿Significa eso que se espera que cada semana en la reunión cada uno de los creyentes comparta la forma en que Cristo se le ha revelado? ¿Cómo podemos estar seguros de que un inconverso o alguien con poca comprensión de las Escrituras no se levante y hable cosas que son falsas? Además, ¿no se sentirán presionados algunos de los asistentes a hacer una contribución aunque realmente no tengan nada que dar en ese día en particular?*

Si la iglesia ha sido debidamente preparada, esos problemas raramente ocurrirán. La instrucción de Pablo acerca de que «los demás examinen con cuidado lo dicho» (1 Corintios 14:29) cuando alguien ministra en las reuniones hace un buen aporte en cuanto a proporcionar una red de seguridad para las reuniones participativas sanas.

Notemos que lleva un tiempo preparar a una iglesia para conducir una reunión abierta. Y allí entra en juego el rol de los que fundan iglesias. Su tarea es equipar a los miembros para funcionar de una manera coordinada. Eso incluye alentar a aquellos que raramente participan para que funcionen más, y enseñar a aquellos que tienden a dominar la reunión que deben funcionar un poco menos. También incluye mostrarle al pueblo de Dios cómo tener comunión con el Señor de una manera tal que tengan algo con que contribuir a cada reunión.

Además, el temor de que alguien diga algo «falso» durante una reunión nunca debe llevarnos a reemplazar las reuniones abiertas y participativas por servicios dirigidos por alguien del clero. Como Pablo, debemos confiar en el pueblo de Dios lo bastante como para que si alguien comparte algo que no concuerda dentro de una reunión, la iglesia tome eso como una oportunidad para subrayar y destacar la verdad. Lo sorprendente es que cuando el pueblo de Dios ha sido preparado adecuadamente, es precisamente eso lo que hace.

3. *Si Cristo le enviara un mensaje a la iglesia institucional hoy (de la manera en que lo hizo en Apocalipsis capítulos 2 y 3), ¿qué creen que le diría? ¿Le brindaría algunas palabras encomiosas?*

Sería muy presuntuoso responder a esta pregunta con cualquier tipo de certeza. Y dado que la iglesia institucional no es un bloque monolítico, lo que Cristo dijera sin duda variaría de iglesia a iglesia.

Sin embargo, sospechamos que probablemente diría algunas de las mismas cosas que les dijo a las iglesias en Apocalipsis 2 y 3, porque se aplican a todos los cristianos de todas las épocas. Probablemente tuviera mucho que elogiar con respecto a ciertas iglesias. Quizás alabara a algunas por ocuparse de los perdidos y por predicarles fielmente el evangelio. Podría felicitar a otras por ocuparse de las viudas, los huérfanos y los oprimidos. Tal vez ponderara a otras por su fidelidad en cuanto a seguir sus enseñanzas sin negociarlas.

Al mismo tiempo, probablemente encararía algunas falencias específicas de cada iglesia, como lo hizo en Apocalipsis. Además, es posible que les diera una reprimenda a aquellas iglesias en las que el pueblo de Dios hubiera sido reprimido, manipulado o silenciado en cuanto a hacer ciertas cosas, o hubiera sufrido abusos. Y también hay buenas chances de que le diera una palabra correctiva al pueblo del Señor por permitir ellos mismos que los trataran de esa manera. Como él lo dijo en otro tiempo: «Los profetas profieren mentiras, los sacerdotes gobiernan a su antojo, ¡y mi pueblo tan campante! Pero, ¿qué van a hacer ustedes cuando todo haya terminado?» (Jeremías 5:31).

►EL PRÓXIMO PASO

palabra final

> «Cuando oyeron esto, todos se sintieron profundamente conmovidos y les dijeron a Pedro y a los otros apóstoles: "Hermanos, ¿qué debemos hacer?"»
> —HECHOS 2:37

> «Y conocerán la verdad, y la verdad los hará libres».
> —JESUCRISTO EN JUAN 8:32

LEER ESTE LIBRO REQUIERE CORAJE

No es que ese coraje sea necesario por lo que el libro dice, sino por causa de lo que nosotros hagamos, como seguidores de Cristo, en respuesta a lo que hemos leído.

¿Es *posible* para un creyente conocer la verdad e ignorarla? Sí, por lo que evidencian esos pequeños pasos que los cristianos han ido dando a través de los pasados dos milenios, y que los fueron alejando del plan de Dios para la iglesia.

¿Es *adecuado* que nos alejemos del plan de Dios para su iglesia? No, en lo absoluto. ¿Resulta aceptable que simplemente reconozcamos haber realizado muchos giros equivocados en el pasado, sin volver a alinearnos con el plan de Dios en el presente? Por supuesto que no. Una de las marcas distintivas de los cristianos es su integridad. Demostramos esa integridad al seguir a nuestro Señor, independientemente de lo que otros hagan, solo porque él es el Señor.

Habiendo leído este libro, tenemos que tomar una decisión: ¿*Actuaremos* en base a lo que hemos leído, o simplemente nos *informaremos* de ello?

Muchas personas se encuentran en un verdadero dilema hoy. Quieren ser la iglesia, tal como Dios lo ha planeado, pero con exactitud no saben cómo. En especial en un día en el que las expresiones no bíblicas de la iglesia constituyen la norma.

Para decirlo con una pregunta: Ahora que hemos descubierto que la iglesia institucional no se basa en las Escrituras, ¿cuál es el siguiente paso? ¿Qué deberíamos hacer?

Aquí incluimos algunas áreas sobre las que reflexionar y orar:

UN NUEVO ENFOQUE SOBRE LA ADORACIÓN

Si somos como muchos cristianos, es posible que visualicemos la adoración como algo que hacemos los domingos por la mañana (y probablemente los miércoles por la noche) cuando el equipo de alabanza o el ministro de alabanza lleva a la congregación a entonar canciones de «alabanza y adoración». O... tal vez cuando en nuestra casa cantamos acompañando a un CD o a una cinta de adoración.

Sin embargo, el Nuevo Testamento pinta un cuadro muy diferente de la adoración. En primer lugar, es algo de suma importancia para Dios. Por lo tanto, la adoración debería ser un estilo de vida y no un evento (ver Romanos 12:1). En segundo lugar, desde el comienzo, en el Antiguo Testamento, cuando Dios le dio la ley a Israel, y luego a través de todo el Nuevo Testamento, la adoración se ve mayormente como un ejercicio *comunitario*. No era del dominio exclusivo de los individuos. En tercer lugar, Dios nos ha dado instrucciones específicas acerca de *cómo* adorarlo.

Recordemos el momento en el que el rey David quiso llevar el Arca del Pacto a Jerusalén. Israel respondió a su deseo y condujo esa Arca santa a la ciudad elegida sobre un carro de madera. Y mientras el carro se dirigía hacia la Santa Ciudad, Israel danzaba, cantaba y celebraba con música. O sea, ¡adoraban! Y ellos adoraron con gran fervor y pasión. Fue una maravillosa celebración. Pero la tragedia los golpeó, y Dios dio por finalizada la celebración (véase 2 Samuel 6:1-15).

¿Por qué sucedió aquello? Porque la gente había violado la voluntad expresa del Señor acerca de *cómo* trasladar el Arca. Dios había determinado una manera específica en la que debía ser adorado, y él no transigía con otra cosa que no fuera lo que esperaba.

Aun cuando el corazón del pueblo de Dios era correcto y las intenciones de David puras, el error, según dijeron, fue que «no... consultamos al SEÑOR nuestro Dios, como está establecido» (1 Crónicas 15:13). Dios había dejado en claro a través de Moisés que el Arca de la presencia de Dios debía llevarse sobre los hombros santificados de los sacerdotes levíticos. Nunca debía colocársela en un carro de madera.

David lo entendió correctamente la segunda vez, y colocó el Arca sobre los hombros de los levitas, como Dios lo había establecido. Al Señor le agradó. Consideremos las palabras aleccionadoras de David con respecto al error que Israel había cometido la primera vez:

«La primera vez ustedes [les hablaba a los levitas] no la transportaron, ni nosotros consultamos al SEÑOR nuestro Dios, como está establecido: por eso él se enfureció contra nosotros» (1 Crónicas 15:13).

El error de Israel fue no haber buscado a Dios según «estaba establecido». O sea, no adoraron a Dios a la manera de él. Lo adoraron según su propia manera. Es importante notar que Israel tomó de los filisteos paganos la idea de colocar el Arca sagrada sobre un carro de madera (Ver 1 Samuel 6:1-12).

Dios tampoco se ha mantenido en silencio con respecto a la forma en que desea ser adorado. Él quiere ser adorado en espíritu y en verdad (Juan 4:23). «En verdad» significa en realidad y conforme a su manera. Lamentablemente, los vasos santos del Señor todavía se siguen llevando en carros de madera. Ustedes ya han leído la historia en este libro.

UN NUEVO ENFOQUE CON RESPECTO AL CRECIMIENTO ESPIRITUAL

La iglesia primitiva produjo seguidores de Cristo que pusieron su mundo de cabeza. Aún hoy esos cristianos del primer siglo tienen mucho que enseñarnos sobre cómo vivir a medida que crecemos en Cristo. El verdadero discipulado tiene que ver con llevar fruto para el reino de Dios en base al desarrollo y la activación de un carácter semejante al de Cristo. El verdadero discipulado es conocer a Jesucristo y permitirle vivir su vida en nosotros.

Resulta desafortunado que hayamos convertido el discipulado cristiano en un ejercicio académico y en una búsqueda individual. A través de todo el país hemos definido el «éxito» de la formación espiritual en términos de la cantidad de conocimiento recibido y retenido. Con frecuencia medimos eso en base a los programas o cursos de estudio que completamos. Hemos perdido de vista la auténtica meta del discipulado por buscar ciertos resultados imprácticos y pasivos que no nos modifican en lo que somos ni en nuestra manera de vivir.

Sin embargo, Jesús nunca nos dijo que «aquel que muere con el mayor conocimiento religioso es el que gana». Tampoco hizo del discipulado una tarea individual llevada a cabo únicamente a través de sudor y esfuerzo.

Jesús pasó su vida capacitando a otros para que vivieran la vida para Dios, y mostrándoles en una experiencia práctica cómo era eso. Él comenzó con una *comunidad* de doce hombres y un puñado de mujeres que vivían y compartían la vida juntos. Y esa comunidad se expandió a otras comunidades por todo el mundo romano. Esas comunidades fueron las iglesias primitivas.

El enfoque que Jesús tenía en cuanto a afectar las vidas era algo interactivo y práctico. Sus discursos fueron pocos y distanciados entre sí, y siempre condujeron a implementar el punto de la enseñanza en cuestión en las trincheras de la vida. Tomó su perspectiva del vasto cuadro del reino de Dios; o sea, lo basó en una cosmovisión conformada por una comprensión amplia de los caminos de Dios y los resultados que él desea obtener.

¿De qué manera se traslada esto a la acción personal y práctica?

Muy simplemente. La escuela de Cristo no es otra cosa que la comunidad de los creyentes, la ekklesia de Dios. Aprendemos de Cristo unos de otros y eso dentro de una vida comunitaria compartida y unida, en la que cada miembro es libre para compartir al Señor con sus hermanos y hermanas, de la misma manera en que lo hacían los cristianos del primer siglo.

Según Pablo, Jesucristo es alguien al que tenemos que *aprender* dentro de la comunidad de los creyentes (Efesios 4:20). Es en esa comunidad que «aprendemos a Cristo» para ser mejores discípulos. Es en esa comunidad que aprendemos de Cristo a ser padres, hijos, maridos y esposas. Es en esa comunidad donde cada miembro lo aprende a él junto con los demás, lo escucha junto con ellos, y lo siguen juntos.

No hay un substituto para eso. La vida cristiana nunca fue pensada para vivirse fuera de la comunidad cristiana. Y precisamente eso es la iglesia en el sentido bíblico: una comunidad de vidas compartidas bajo el liderazgo de Cristo.

UN NUEVO ENFOQUE EN CUANTO A MANEJAR LOS RECURSOS

Con nuestra vida tan repleta de actividades y compromisos, naturalmente apreciamos aquellas responsabilidades que son fáciles de recordar y rápidas de cumplir. El diezmo podría muy bien entrar dentro de esta categoría (aun cuando no tenga apoyo neotestamentario; véase el capítulo 8).

Como hemos considerado ya, manejar los recursos de Dios no es algo que debamos tomar livianamente. Tampoco es una obligación con la que podamos cumplir simplemente emitiendo un cheque que satisfaga un requerimiento legalista, y luego olvidarnos del asunto.

Ser parte de una familia incluye proteger los recursos familiares. No es diferente en la familia de Dios. Los recursos tangibles del reino de Dios han sido puestos a nuestra disposición. Tenemos el privilegio de invertir esos recursos —no solo nuestro dinero, sino nuestro tiempo, posesiones, ideas, relaciones, habilidades, dones espirituales y otras cosas— para producir resultados positivos para el Reino. El crecimiento de la obra de Dios depende en alguna medida de la manera en que utilicemos los vastos recursos que él nos ha confiado. Nosotros somos, en efecto, gestores de la cartera de inversiones del reino de Dios.

Invertir nuestro dinero, esfuerzos, experiencia, capital de relaciones y creatividad para construir más edificios religiosos, ¿es la mejor inversión que podemos hacer para su Reino? ¿Invertir el tres por ciento del total de nuestros ingresos como familia (que el es promedio que dedican los norteamericanos a las actividades religiosas de cualquier tipo) es suficiente para el avance de su obra?[1] ¿Se puede justificar el dar dinero a una organización que se ocupa de las necesidades de los pobres cuando ese es el único compromiso que se asume con la vida de los que están en situación de pobreza? Como cualquier inversor, nos veremos seducidos por distintas oportunidades: aquellas que probablemente produzcan buenos resultados y otras que dilapiden nuestros recursos. Cada elección que realicemos tendrá consecuencias eternas. La manera en que determinemos adjudicar los recursos del Reino afectará la vida de mucha gente.

Aunque la noción de darle a Dios el diez por ciento de lo que tenemos es percibida como una exigencia por muchos creyentes, tengamos en cuenta que hemos sido liberados de semejante objetivo. En lugar de eso, Dios nos ha dado una chequera y nos ha dicho que invirtamos todo lo posible en aquello que

---

1. Todos los años, el Grupo Barna rastrea lo que la gente da a las iglesias y a otras organizaciones sin fines de lucro. Se incluye un reciente análisis de esas donaciones en el informe "Americans Donate Billions to Charity, But Giving to Churches Has Declined" [Los norteamericanos donan miles de millones para caridad, pero ha declinado el dar a las iglesias]. Ese informe está accesible en http://www.barna.org.

produzca los mejores resultados para su gloria y propósitos. Y, por supuesto, seremos evaluados por la sabiduría con que invirtamos esos recursos.

Con frecuencia se ha dicho que uno puede señalar cuáles son las prioridades de una persona al examinar su chequera. Si alguien examinara nuestra chequera (y también nuestros programas y metas personales), ¿qué mensaje recibiría?

UNA NUEVA MIRADA A NUESTRA IDENTIDAD

Nuestros estudios han demostrado que la mayoría de los norteamericanos lucha por alcanzar claridad en cuanto a su identidad. Ellos tienden a verse como individuos únicos, norteamericanos, miembros de una familia, con una ocupación profesional, consumidores y además de eso, seguidores de Cristo: en ese orden de prioridades. En la mente y corazón de la mayoría de los estadounidenses (aún de aquellos cuyas creencias los colocan entre los "cristianos nacidos de nuevo"), la importancia de su identidad como seguidores de Cristo empalidece en comparación con los otros roles que adoptan. Extrañamente, la mayoría de los cristianos nacidos de nuevo se consideran siervos de Dios y creen que han sido transformados por su fe en Cristo. Resulta evidente que algunas conexiones se les han perdido al hacer la auto evaluación.[1]

Quizá la confusión se debe a la enorme cantidad de interacciones y responsabilidades que la gente asume cada día. Tal vez tenga que ver con las enseñanzas temáticas desconectadas que la mayoría de nosotros recibimos en nuestras iglesias. Podría aun ser atribuible al atractivo de las perspectivas e imágenes que se disputan nuestra atención, bombardeándonos desde los medios, eternamente presentes.

Pero la conclusión en realidad es muy simple. Somos sacerdotes de Dios, ministros del Señor Jesucristo, y miembros de su cuerpo glorioso. A través de nuestra declaración de lealtad a Jesús y nuestro deseo expreso de vivir con él para siempre, hemos adquirido la responsabilidad de ser sacerdotes *en funcionamiento*, ministros y miembros del cuerpo.

La iglesia organizada ha avanzado a través de un sendero sinuoso durante los pasados dos mil años. La única forma de

---

1. Esta investigación es descrita en mayor detalle en el libro de George Barna *Think Like Jesus* [Piensa como Jesús] (Integrity Publishers, Nashville, 2003).

volver a la huella es que cada uno de nosotros comience a explorar el plan original de Dios para su pueblo, en oración, y que luego esté dispuesto a responder con fidelidad a ese plan. De esa manera, la revolución que ha comenzado a echar raíces en nuestros días se extenderá a lo largo y a lo ancho. Y Dios logrará lo que siempre ha estado buscando.

PENSAMIENTOS FINALES

1. **1. Yo pertenezco a una iglesia institucional. Si asistiera a la reunión de una iglesia orgánica esta semana, ¿de qué manera diferiría esa experiencia del servicio regular de mi iglesia?**

    En la vida de la iglesia orgánica, las reuniones son diferentes cada semana. En tanto que los hermanos y hermanas de una iglesia orgánica pueden planear en oración el enfoque de sus reuniones (por ejemplo, pueden destinar un mes a que el cuerpo se concentre en Efesios 1), no planifican un orden de culto específico. En lugar de ello, cada uno tiene libertad de funcionar, compartir, participar y ministrar espiritualmente durante los encuentros, de modo que la creatividad que se expresa en ellos no tiene límites.

    Los participantes no saben quién es el siguiente que se levantará y hará un aporte, ni qué es lo que va a decir. Puede ser un sketch, es posible que se lea un poema, puede presentarse una nueva canción y hacer que se cante, pueden haber exhortaciones, testimonios, enseñanzas cortas, revelaciones y palabras proféticas. Debido a que todos se involucran y a que la gente hace su contribución de manera espontánea, el aburrimiento no es un problema. Las reuniones más significativas generalmente son aquellas en las que todos funcionan y participan.

    Jesucristo es el centro de la reunión. Se lo glorifica a través de canciones, poesías, oraciones, ministerio, y de todo lo que se comparte. La reunión está completamente abierta para que el Espíritu Santo revele a Cristo a través de cada uno de los miembros, según él lo considere apropiado. De acuerdo con las palabras de 1 Corintios 14:26: «cada uno» contribuye con algo de Cristo al encuentro. En la vida de la iglesia orgánica, la reunión conjunta constituye un fluir explosivo de lo que el Señor revela de sí mismo a cada miembro durante la semana. Esas características están prácticamente ausentes en los servicios de las típicas iglesias institucionales.

2. **Algunos han sugerido que gran parte de la estructura y de la jerarquía de las iglesias del día de hoy ha surgido a partir de la necesidad de protegerse contra potenciales sectarismos y herejías que se dieron en la iglesia primitiva. ¿Qué cosas salvaguardan a la iglesia orgánica de estos peligros?**

    En realidad, pensamos que como resultado de nuestra naturaleza caída la gente siempre avanza hacia la adopción de jerarquías y de relaciones estructuradas de arriba hacia abajo porque eso les da a los seres humanos una sensación de control y seguridad.

    Sin embargo, la historia nos enseña que las organizaciones jerárquicas no lograr frenar la herejía. De hecho, el testimonio que nos da la historia de la iglesia es que la impulsan y la aumentan. Cuando los líderes de una denominación o movimiento abrazan una herejía, esta se perpetúa a través de todas las iglesias relacionadas con esa denominación o movimiento.

Por el contrario, cuando se preserva la naturaleza autónoma de cada iglesia, la propagación del error tiene una mayor probabilidad de ser local. Cuando una iglesia es autónoma, resulta difícil que un maestro falso y ambicioso tome control de las iglesias no relacionadas.

De paso, prácticamente todas las principales sectas son organizaciones jerárquicas. (Noten que dijimos las «principales» sectas. Reconocemos que algunas sectas son conducidas por un solo líder que domina todas las decisiones y pisotea cualquier disenso. A veces esas figuras hasta declaran estar dirigiendo una «iglesia de hogar». Sin embargo, cualquier iglesia conducida por una persona que (1) es dictatorial y (2) avanza en base a su propia sabiduría pasando por encima la de las Escrituras, con toda seguridad no está siendo conducida por Cristo y debe evitársela por todos los medios).

Por las razones señaladas más arriba, creemos que las estructuras jerárquicas no frenan las herejías ni evitan el sectarismo. La única salvaguarda contra la herejía en una iglesia es la sujeción mutua de los miembros entre ellos bajo el liderazgo de Cristo. Y eso requiere de una comunidad en la que se da un contacto personal y en la que las relaciones se centran en Cristo.

El cuerpo de Cristo ha venido existiendo durante dos mil años. Eso implica que la sujeción mutua no solo incluye la sujeción de unos a otros dentro de una comunión local, sino la sujeción a la verdad sobre la que el cuerpo de Cristo en general ha acordado a través de los tiempos. De esa manera, los credos históricos pueden resultar mojones que mantengan a la iglesia en la huella cuando se trata de las enseñanzas esenciales de nuestra fe.

3. *¿Por qué ustedes están convencidos de que el modelo de iglesia del primer siglo es el que debemos seguir? Nuestro mundo del siglo veintiuno es muy diferente del de los primeros cristianos.*

Creemos que lo que dice la Biblia, y no la tradición humana, es la guía divina para la fe y la práctica cristiana, incluyendo la práctica de la iglesia.

La Biblia no se queda en silencio acerca de la manera en que la iglesia de Jesucristo tiene que funcionar. El Nuevo Testamento transmite una teología clara de la iglesia. También provee ejemplos concretos de la forma en que esa teología se encarna.

Debido a que la iglesia es un organismo espiritual, y no una organización institucional, es orgánica. (Los evangélicos concuerdan en que la iglesia es un organismo. A través de todo el Nuevo Testamento, la iglesia ha sido siempre descripta por medio de imágenes vivas, como por ejemplo, el nuevo hombre, un cuerpo, la esposa, una familia, un templo vivo hecho de piedras vivas).

Y dado que la iglesia es orgánica, tiene una expresión natural, como todos los organismos. Por esa razón, cuando un grupo de cristianos obedecen a su ADN espiritual, se reúnen de un modo que va de acuerdo con el ADN del trino Dios, porque tienen la misma vida de Dios. En tanto que los cristianos no somos de ninguna manera divinos, tenemos el privilegio de ser «participantes de la naturaleza divina» (2 Pedro 1:4, RVR1960).

En consecuencia, el ADN de la iglesia está marcado por las mismísimas características que encontramos en el trino Dios, a saber: amor mutuo, dependencia mutua, morada conjunta, comunión mutua, y auténtica comunidad. Como una vez lo dijo el teólogo Stanley Grenz, «La base primordial para comprender a la iglesia descansa en su relación con la naturaleza trina del mismo Dios».

Sin embargo, la idea de que la iglesia debe adaptarse a la cultura presente genera más preguntas de las que pueda responder. Por ejemplo, ¿qué prácticas deberían descartarse o adaptarse a la cultura actual y cuáles son normativas y nunca deberían ser cambiadas?

El ADN de la iglesia produce ciertos rasgos identificables. Algunos de ellos son: la experiencia de una comunidad auténtica, un amor de familia y la devoción de sus miembros los unos por los otros, la centralidad de Jesucristo, el instinto natural de reunirse todos juntos sin un ritual, el funcionamiento de cada uno de los miembros, el deseo innato de establecer relaciones profundas centradas en Cristo, y la inclinación interna hacia los encuentros abiertos y participativos. Creemos que cualquier práctica de la iglesia que obstruya estas características innatas no tiene solidez, y por lo tanto está en desacuerdo con la Biblia.

Mientras que la semilla del evangelio *naturalmente* produce estos rasgos en particular, la forma en que se expresen resultará ligeramente distinta de una cultura a otra. Por ejemplo, yo (Frank) en una ocasión establecí una iglesia orgánica en la nación de Chile. Las canciones que esos creyentes escribían, la manera en que interactuaban unos con otros, la forma en que se sentaban y lo que hacían con sus niños, todo ello se veía diferente de lo que hacían las iglesias orgánicas originarias de Europa y los Estados Unidos. Sin embargo, estaban presentes los mismos rasgos que porta el ADN de la iglesia. Y nunca aparecieron en ellas las formas de la iglesia institucional.

Las iglesias orgánicas sanas nunca producen un sistema clerical, o el pastorado singular, o una estructura de liderazgo jerárquica, o un orden de culto que convierta a la mayoría en espectadores pasivos. Según nuestro pensamiento, tales cosas rompen el código genético y violan la expresión innata. También van en contra de los principios neotestamentarios.

En los días de Constantino, cuando la iglesia comenzó a preocuparse más por su status dentro de la cultura que por su ADN, la forma de la iglesia comenzó a cambiar significativamente con respecto a lo que había sido durante el primer siglo. El erudito en Nuevo Testamento F. F. Bruce señalo con sabiduría: «Cuando la iglesia piensa más en su status que en su servicio, ha tomado un camino equivocado e inmediatamente debe volver sobre sus pasos».[1] En conexión con esto, sentimos que la iglesia debe volver sobre sus pasos y regresar a sus raíces bíblicas.

Dicho de otro modo: ¿Deberíamos seguir un modelo de iglesia que tiene sus raíces en los principios y ejemplos del Nuevo Testamento, o deberíamos seguir aquel que tiene sus orígenes en las tradiciones paganas? Esa es la pregunta primordial que debería llevarnos a enfrentar este libro.

4. Ustedes señalan que la Trinidad se destaca por su mutualidad. Sin embargo, ¿no nos enseñan Juan 14:28 y 1 Corintios 11:3 que existe una jerarquía dentro de la Deidad?

No. Esos pasajes tienen en la mira la relación temporal del Hijo con

---

1. F. F. Bruce, *A Mind for What Matters* [Una mentalidad para lo que importa], Eerdmans, Grand Rapids, 1990, p. 247.

el Padre, como ser humano, que se sometió voluntariamente a su voluntad. Dentro de la Divinidad, el Hijo y el Padre experimentan comunidad y sumisión mutua.

Por esa razón la ortodoxia bíblica rechaza la eterna subordinación del Hijo de Dios. En lugar de eso acepta la subordinación temporal del Hijo durante su encarnación.

Como lo expresó el teólogo Kevin Giles: «La ortodoxia histórica nunca ha aceptado un orden jerárquico dentro de la Trinidad».[1] Parafraseando al Credo de Atanasio, el Hijo solo es inferior al Padre en relación a su humanidad; es igual al Padre en relación a la divinidad.

5. A través de la historia de la iglesia, diversas personas y movimientos han llamado a regresar al modelo neotestamentario de práctica y gobierno. ¿Se ven a ustedes mismos como parte de uno de esos movimientos o como algo completamente nuevo?

Dios siempre ha tenido un pueblo que se mantuvo fuera de la iglesia institucional. Los historiados lo han llamado «la reforma radical». Algunos historiadores los han llamado «La estela de sangre» porque fueron perseguidos salvajemente por su postura.[2]

Esos cristianos, de todas las épocas, se rehusaron a conformarse a la iglesia institucional de sus días. Ellos creían que la iglesia institucional era una desviación de la iglesia instituida por Jesús y no su desarrollo. Esos inconformistas defendieron con firmeza la centralidad de Jesucristo, el funcionamiento de todos los miembros de su cuerpo, el sacerdocio de todos los creyentes, y la unidad del cuerpo de Cristo. Ellos sostuvieron en alto la antorcha, y fueron maltratados e injuriados por sus compañeros cristianos como consecuencia. Nosotros (los autores) estamos en la misma línea.

6. Ustedes hablan de que los cristianos estamos «condicionados a leer la Biblia con las lentes que nos ha pasado la tradición cristiana a la que pertenecemos». ¿Cómo puedo yo estar seguro de que ustedes no están también interpretando la Biblia para que encaje con su propio pensamiento y experiencia?

Cada cristiano que haya vivido en cualquier tiempo interpreta la Biblia a través de las lentes de su propia experiencia y pensamiento. Nosotros no somos la excepción.

Sin embargo, existe un fuerte consenso entre los eruditos evangélicos en cuanto a que la iglesia primitiva no contaba con un clero, no se reunía en edificios sagrados, no tomaba la Cena del Señor independientemente de una cena completa, no tenía una liturgia predeterminada, y no adoptaba una vestimenta formal para las reuniones de la iglesia. Además, no se puede discutir el hecho de que la iglesia institucional moderna derivó muchas de sus prácticas del paganismo greco romano. (Este libro proporciona la documentación histórica).

---

1. Véanse los libros de Kevin Giles *Jesus and the Father* [Jesús y el Padre], Zondervan, Grand Rapids, 2006; y *The Trinity & Subordinationism* [La Trinidad y la subordinación], InterVarsity Press, Downers Grove, IL, 2002; el de Gilbert Bilezikian *Community 101* [Comunidad 101], Zondervan, Grand Rapids, 1997, apéndice.
2. Véase el libro de John W. Kennedy *The Torch of the Testimony* [La antorcha del testimonio], Gospel Literature Service, Bombay, 1965; el de E. H. Broadbent *The Pilgrim Church* [La iglesia peregrina], Gospel Folio Press, Grand Rapids, 1999; y el de Leonard Verduin, *The Reformers and Their Stepchildren* [Los reformadosres y sus hijastros], Eerdmans, Grand Rapids, 1964.

Resumiendo, nosotros los cristianos hemos convertido en aceptables y normativas ciertas prácticas que el Nuevo Testamento ni enseña ni ejemplifica. Y hemos abandonado aquellas prácticas de la iglesia que eran aceptables y normativas según el Nuevo Testamento.

Así que al fin y al cabo todo se reduce a la siguiente pregunta: ¿Las prácticas de la iglesia institucional (el sistema de clero/laicado, los pastores asalariados, los edificios sagrados, el orden del culto y otras cosas) son un avance de la iglesia, aprobado por Dios y previsto por el Nuevo Testamento? ¿O simplemente se trata de una desviación?

Esa es la pregunta que nos gustaría que cada lector considerara en oración.

7. **En tanto que ustedes atribuyen ciertas prácticas de la iglesia, como la construcción de santuarios y el surgimiento del clero, a una influencia pagana, ¿no es cierto que los seres humanos naturalmente comienzan a organizarse adaptándose a la cultura que los rodea?**

Si obedecemos a nuestra naturaleza caída, sí, es cierto que los seres humanos nos organizamos adaptándonos al mundo. Uno de los golpes maestros de nuestro Dios, sin embargo, es que ha instalado en el ADN del cuerpo de Cristo gente con ministerios que les fueron dados para evitar que eso sucediera. (Véase 1 Corintios 3:5-15; 12:28-31; Efesios 4:11-16; Hechos 13-21). Esos eran obreros apostólicos itinerantes que establecieron iglesias, las dejaron para que funcionaran por ellas mismas, luego las visitaron periódicamente para equiparlas, volver a centrarlas y animarlas. Una de sus tareas era evitar que las iglesias experimentaran desorden y caos. También mantenían los elementos foráneos fuera de la iglesia de modo que las iglesias pudieran crecer sanas y permanecer fieles a su naturaleza orgánica. Pablo de Tarso era uno de esos obreros itinerantes, y sus cartas ilustran bellamente el rol que cumplían tales personas.

Lamentablemente, durante las persecuciones de los siglos primero y segundo, el ministerio itinerante desapareció. Con todo, desde entonces ha sido restaurado dentro de las iglesias orgánicas. Ese ministerio en particular constituye un freno importante para evitar que graviten hacia la cultura que las rodea y adopten sus valores.

8. **En tanto que ustedes culpan a las iglesias tradicionales por convertir a los miembros en espectadores pasivos, yo no solo asisto a los servicios de los domingos por la mañana, sino que pertenezco a un pequeño grupo de la iglesia que se parece mucho a la experiencia de la iglesia orgánica. Adoramos, estudiamos la Palabra de Dios juntos, y buscamos apoyo los unos en los otros cuando enfrentamos desafíos o crisis. Según mi perspectiva, yo tengo lo mejor de los dos mundos.**

Si entiendes que lo que has descrito es lo mejor de los dos mundos, entonces, por supuesto, quédate donde estás. Sin embargo, a muchos de nosotros nos preocupan ambos. Hemos observado que la mayoría de los grupos pequeños adjuntos a una iglesia institucional cuentan con la presencia de un líder que encabeza las reuniones. Por lo tanto, según nuestro criterio, esas reuniones están dirigidas por una cabeza humana que la controla o le presta asistencia.

Yo (Frank) he estado en incontables reuniones de pequeños grupos de esta naturaleza a través de distintas líneas denominacionales. Nunca vi una reunión que estuviera completamente bajo la dirección de Cristo en la que los miembros llegaran al encuentro para compartir libremente a su Señor con sus hermanos y hermanas sin algún control o interferencia humana.

Todos esos encuentros operan más bien como estudios bíblicos o reuniones de oración tradicionales más que como el encuentro abierto y participativo previsto por el Nuevo Testamento en el que Jesucristo se vuelve visible a través del funcionamiento de todos los miembros de su cuerpo.

Me he encontrado con algunos de los fundadores del movimiento de pequeños grupos dentro de la iglesia institucional, y ellos intentaron defender la idea de que alguien debe conducir esos encuentros. Estoy en desacuerdo. Si el pueblo de Dios está apropiadamente capacitado, puede tener reuniones que no cuenten con otro líder que Jesucristo.

Todo esto es para decir que existe una enorme diferencia entre el típico grupo pequeño dependiente de una iglesia institucional y la iglesia orgánica prevista en el Nuevo Testamento. No obstante, si una persona se siente cómoda con el anterior modelo de iglesia, creemos que debería permanecer en ella hasta que el Señor le muestre otro camino.

9. *Algunos cristianos se sienten naturalmente atraídos por ciertas formas tradicionales como la liturgia y la música coral, las que los ayudan a conectarse tanto con Dios como con el cuerpo de Cristo a través de las edades. ¿Creen ustedes que el Espíritu Santo no opera a través de esas formas? Y si lo hace, ¿consideran que ese no constituye su medio preferido de atraer a las personas hacia sí? ¿De qué manera respaldan esa aseveración con las Escrituras?*

Creemos que la pregunta «¿Pueden ustedes probar con la Biblia que el Espíritu Santo no va a operar a través de determinadas prácticas tradicionales?» es errónea dado que no se puede responder con sinceridad. Se trata de un principio que no se puede probar debido a que las Escrituras nunca lo encaran. La pregunta que se debería hacer es: «¿Qué es lo que la Palabra de Dios enseña con respecto a las prácticas de la iglesia?»

Podemos estar seguros de que Dios no avala ninguna práctica eclesial que viole los principios del Nuevo Testamento. Por ejemplo, creemos que la distinción entre clero y laicado viola el principio neotestamentario del sacerdocio de todos los creyentes (véase el capítulo 5).

Según nuestra comprensión, si estamos deseosos de abandonar todas las tradiciones que entran en conflicto con la Palabra de Dios, la pregunta que debería dominar nuestros pensamientos sería: «¿Qué es lo que la Palabra de Dios enseña con respecto a su iglesia: su propósito, su función y su expresión?»

Esa pregunta nos proporciona un patrón útil a través del que discernir si una estructura eclesial mejora o sofoca los principios neotestamentarios. Repito, si una estructura de la iglesia viola una directriz del Nuevo Testamento, entonces debemos desafiarla.

Y esto es lo que deseamos que nuestros lectores se pregunten y exploren.

Habiendo dicho esto, queremos señalar que no dudamos que Dios puede obrar, e indiscutiblemente lo hace, a través de prácticas inventadas por los seres humanos que no cuentan con una base bíblica. Que Dios sigue obrando a través de la gente de la iglesia institucional está más allá de cualquier discusión. Nosotros dos, los autores, le debemos nuestra salvación y bautismo a gente que trabaja dentro de la iglesia institucional.

Pero simplemente porque Dios use a su pueblo dentro de un sistema en particular no significa que él apruebe ese sistema. Recordemos que Dios usó y bendijo a Israel en un momento en que este rechazaba su voluntad en cuanto a ser su único rey. En lugar de eso ellos quisieron imitar a otras naciones y tener un rey terreno. Dios les concedió su pedido. Y todavía los siguió amando y usó a su pueblo a pesar del rechazo a su voluntad expresa.

10. *¿Una gran parte de nuestro problema con la iglesia no tiene que ver con el hecho de que a menudo vamos a ella con una actitud que implica «¿Qué voy a sacar de esto?» más que «¿De qué manera puedo honrar y glorificar a Dios a través de mi adoración?»? ¿Recuperar la perspectiva correcta de la adoración no marcaría una gran diferencia?*

No, no en realidad. Esta pregunta presupone dos cosas: en primer lugar, que la única razón para el encuentro de la iglesia es la adoración cristiana individual, y en segundo lugar, que la iglesia es un lugar al que «vamos». (Volvamos a leer la pregunta con cuidado). Ninguna de las dos presunciones tiene valor desde las Escrituras, y sin embargo están incrustadas dentro de la mentalidad cristiana como resultado de años de tradición religiosa. El Nuevo Testamento no menciona nada acerca de un «servicio de culto». Y la gente no puede «ir» a la iglesia. Ella es la iglesia.

La iglesia primitiva se reunía con el propósito de mostrar a Cristo a través del funcionamiento de cada uno de los miembros del cuerpo. La meta era volver visible a Cristo y edificar a toda la iglesia durante el proceso. La edificación mutua a través de un mutuo compartir, un ministerio mutuo y una exhortación mutua era la meta.

Según nuestro entender, lo que marcaría una diferencia sería que el pueblo de Dios fuera capacitado y luego animado a llevar adelante reuniones en las que cada miembro compartiera al Cristo con el que se han encontrado esa semana, de una manera libre y abierta, según la exhortación de 1 Corintios 14:26, 31 y Hebreos 10:25. Como resultado Dios sería visto y por lo tanto glorificado.

Consideremos nuestro cuerpo físico. Cuando todos los miembros del cuerpo funcionan, nuestra personalidad se expresa. Es lo mismo con Cristo. Cuando cada uno de los miembros de su cuerpo comparte su propia porción de Cristo, entonces Cristo se ensambla (1 Corintios 12-14).

Esta dinámica es semejante a armar un rompecabezas. Cuando todas las piezas encajan juntas, alcanzamos a ver el cuadro. Pero si solo son visibles algunas piezas, no se puede comprender la totalidad del cuadro. No deja de tener significado, entonces, que la palabra griega traducida como «iglesia» (*ekklesia*) en el Nuevo Testamento en verdad signifique «asamblea». La reunión de la iglesia tiene el propósito de volver a ensamblar a Jesucristo sobre la tierra.

Yo (Frank) he estado en tantas reuniones al estilo del Nuevo Testamento que he perdido la cuenta. Pero puedo decirles que no hay nada como ellas. Voy a ensayar una corta historia para hacerles saborear la respuesta que una reunión de este tipo puede producir.

Uno de los hermanos de una de las iglesias orgánicas de las que yo formaba parte trajo a un amigo inconverso a una de nuestras reuniones. Nos encontrábamos en una gran sala. Durante la reunión cada miembro compartió su experiencia con el Señor esa semana. Jesucristo fue revelado, exaltado, compartido, declarado, hecho conocer, y testimoniado a cada miembro del cuerpo que había en esa sala. El fluir del Espíritu resultaba innegable. Surgió un tema en común en esa reunión, aunque no se había establecido un programa referido a eso.

Cuando la reunión comenzó a declinar, el incrédulo cayó sobre sus rodillas en medio de la sala y clamó «¡Quiero ser salvo! ¡He visto a Dios aquí!» A ese hombre no se lo instó, ni se le pidió que hiciera eso. No hubo un «llamado al altar» ni una «invitación a ser salvo». Simplemente sucedió.

Esta es una de las cosas que suceden de manera orgánica cuando Jesucristo cobra visibilidad a través de su Cuerpo (véase 1 Corintios 14:24-25). He observado este fenómeno en numerosas ocasiones durante encuentros de este tipo; sin mencionar la transformación que esas reuniones producen en los creyentes.

11. **Su libro realmente me causa perturbación porque creo que algunas personas pueden salir de sus iglesias luego de terminar de leerlo. Me preocupa en particular el lector que decide abandonar su iglesia y luego fracasa en conectarse con otro cuerpo de creyentes.**

Esperamos que este libro le de al pueblo de Dios el permiso de seguir la guía del Espíritu Santo, para ir dondequiera que él lo conduzca. Nadie debería sentirse presionado a permanecer en algún tipo de iglesia en particular si siente que el Señor lo guía a salir. Y nadie se debería sentir presionado a irse tampoco.

Teniendo eso en mente, el consejo que les ofreceríamos a aquellos que se sienten llamados a salir de la iglesia institucional es el siguiente: 1) Váyase calladamente y no se lleve a nadie con usted. En otras palabras, no cause división. 2) Resista una actitud de amargura en contra de la iglesia institucional. Si ha sido herido por algunas personas allí, lleve su sufrimiento a la cruz. El albergar amargura es como tomar veneno y esperar que la otra persona sea la que se enferme. Pocas cosas resultan tan letales. 3) Busque activamente otros cristianos con los que tener comunión en torno a Jesucristo. El sitio Web http://www.housechurchresource.org les proporcionará recursos a los que estén interesado en la vida de una iglesia orgánica y los pondrá en contacto con iglesias que estén explorando nuevos caminos para ser fieles a la visión que muestra el Nuevo Testamento sobre la iglesia. Tómense el tiempo de visitar iglesias de ese tipo (todas son diferentes) y de conectarse con ellas. Y si se sienten guiados, reubíquense para formar parte de una de ellas.

Para obtener respuestas a las preguntas más frecuentes con respecto a este libro, visiten la página www.paganchristianity.org.

RESUMEN DE LOS ORÍGENES

«Lo que la historia nos enseña es que los hombres jamás han aprendido nada de ella».
—G. W. HEGEL, FILÓSOFO ALEMÁN DEL SIGLO DIECINUEVE

El siguiente resumen no es completo ni detallado. Noten que todas las prácticas que cubre son posteriores a la Biblia, post apostólicas e influidas por la cultura pagana.

CAPÍTULO 2: EL EDIFICIO DE LA IGLESIA

El edificio de la iglesia—Se construyó por primera vez bajo Constantino alrededor del año 327 d.C. Los edificios primitivos de la iglesia siguieron el patrón de las basílicas romanas, que habían tomado el modelo de los templos griegos.

Los espacios sagrados—Los cristianos tomaron esta idea de los paganos, durante los siglos segundo y tercero. Los lugares de sepultura de los mártires fueron considerados «sagrados». En el siglo cuarto, se erigieron edificios de la iglesia en el emplazamiento de esas sepulturas, lo que los constituyó en edificios «sagrados».

El asiento del pastor—Deriva de la cátedra, que era el asiento o trono del obispo. Ese sillón reemplazó al asiento del juez de la basílica romana.

El status de exención de impuestos de la iglesia y del clero cristiano—El emperador Constantino les dio a las iglesias un status de exención de impuestos en el año 323 d.C. También exceptuó al clero de pagar impuestos en el año 313 d.C., privilegio del que disfrutaban los sacerdotes paganos.

Las ventanas con vitrales—Fueron introducidas por Gregorio de Tours y perfeccionadas por Suger (1081-1151), abad de St. Denis.

Catedrales góticas—Siglo doce. Esos edificios fueron construidos siguiendo la filosofía pagana de Platón.

Los campanarios en forma de aguja—Con sus raíces en la arquitectura y filosofía de la antigua Babilonia y Egipto, el campanario

aguja fue un invento medieval, popularizado y modernizado por Sir Christopher Wren en Londres alrededor del año 1666.
El púlpito—Fue utilizado en la iglesia cristiana en épocas tan tempranas como el año 250 d.C. Su proveniencia es el ambo griego, que era un púlpito utilizado tanto por griegos como por judíos para la disertación de monólogos.
El banco—Evolucionó entre los siglos trece a dieciocho en Inglaterra.

CAPÍTULO 3: EL ORDEN DEL CULTO

El orden de culto de los domingos a la mañana—Fue evolucionando a partir de la Misa de Gregorio, en el siglo sexto, y de las revisiones efectuadas por Lutero, Calvino, los Puritanos, la tradición de las iglesias no dependientes del estado, los metodistas, el Avivamiento de Frontera, y los pentecostales.
La centralidad del púlpito dentro del orden de culto—Instaurado por Martín Lutero, en 1523.
Las dos velas colocadas sobre la «mesa de la Comunión» y el quemar incienso—Las velas eran usadas en la corte ceremonial de los emperadores romanos en el siglo cuarto. La mesa de la Comunión fue introducida por Ulrich Zwinglio en el siglo dieciséis.
Participar de la Cena del Señor trimestralmente—Práctica instaurada por Ulrich Zwinglio en el siglo dieciséis.
La entrada del clero con la congregación de pie y cantando—Tomada de la corte ceremonial de los emperadores romanos del siglo cuarto. Introducida dentro de la liturgia protestante por Juan Calvino.
Asistir a la iglesia con una actitud sombría y reverente—Fundada sobre la percepción medieval de la piedad. Introducida en el servicio protestante por Juan Calvino y Martin Bucer.
Sentimientos de condenación y culpa por perderse el servicio del domingo—Aparece en el siglo diecisiete, introducido por los puritanos de Nueva Inglaterra.
La larga «oración pastoral» antecediendo al sermón—Originada en los puritanos del siglo diecisiete.
La oración pastoral musitada en un inglés isabelino—Introducida por los metodistas del siglo dieciocho.
La meta de toda predicación: ganar las almas de forma individual—Originada en el Avivamiento de Frontera del siglo dieciocho.
El llamado al altar—Instituido por los metodistas del siglo diecisiete y popularizado por Charles Finney.

El boletín de la iglesia (la liturgia escrita)—Se originó en 1884, con la máquina de duplicación por esténcil de Albert Blake Dick.
El himno de salvación cantado por un «solista», el testimonio puerta por puerta, la campaña de evangelización publicitada—D. L. Moody.
La tarjeta de decisión—Inventada por Absalom B. Earle (1812-1895) y popularizada por D. L. Moody.
Inclinar la cabeza, cerrar los ojos y levantar la mano en respuesta al mensaje de salvación—Introducido por Billy Graham en el siglo veinte.
El slogan «La evangelización del mundo en una generación»—Creado por John Mott alrededor del año 1888.
Música ejecutada por un coro o por un solista durante la recolección de la ofrenda—Introducida por los pentecostales en el siglo veinte.

CAPÍTULO 4: EL SERMÓN

El sermón contemporáneo—Tomado de los sofistas griegos, que eran maestros en la oratoria y en la retórica. Juan Crisóstomo y Agustín popularizaron la homilía (sermón) greco romana y la convirtieron en parte central de la fe cristiana.
El sermón de una hora, las notas del sermón, y el bosquejo de cuatro puntos del sermón—Se deben a los puritanos del siglo dieciséis.

CAPÍTULO 5: EL PASTOR

El obispo único (predecesor del pastor contemporáneo)—Comienza con Ignacio de Antioquía, a principios del segundo siglo. El modelo de Ignacio, de gobierno por parte de un solo obispo, no prevaleció en las iglesias hasta el tercer siglo.
La doctrina de la «cobertura»—Se originó bajo Cipriano de Cartago, un ex orador pagano. Fue revivida por Juan Carlos Ortiz, de la Argentina, y los Cinco de Fort Lauderdale, de los Estados Unidos, creando el así llamado «Movimiento de pastoreo-discipulado» en la década de 1970.
Liderazgo Jerárquico— Introducido en la iglesia por Constantino en el siglo cuarto. Ese era el estilo de liderazgo de los babilonios, persas, griegos y romanos.
Clero y Laicado—La palabra laicado aparece por primera vez en los escritos de Clemente de Roma (muerto en el año 100). La palabra clero aparece por primera vez con Tertuliano. Ya en el

tercer siglo, los líderes cristianos eran universalmente llamados clérigos.
La ordenación contemporánea—Evolucionó desde el siglo segundo al cuarto. Fue tomada de la costumbre romana de nombrar hombres para funciones civiles. La idea de un ministro ordenado como el «hombre santo de Dios» puede trazarse hasta Agustín, Gregorio Nacianceno y Crisóstomo.
El título de «pastor»—Los sacerdotes católicos que se convirtieron en ministros protestantes no fueron llamados pastores universalmente hasta el siglo dieciocho, bajo la influencia de los pietistas luteranos.

CAPÍTULO 6: LA ROPA DEL DOMINGO A LA MAÑANA
Costumbre de que los cristianos usaran su «mejor ropa de domingo» para asistir a la iglesia»—Comenzó hacia fines del siglo dieciocho con la revolución industrial y se generalizó a mediados del siglo diecinueve. La práctica se arraigó en el esfuerzo de la clase media emergente para ser como sus contemporáneos, los aristócratas acomodados.
Atuendo clerical—Comenzó en el año 330 d.C., cuando el clero cristiano comenzó a utilizar la vestimenta de los oficiales romanos. En el siglo doce, el clero comenzó a usar ropa cotidiana de calle que los distinguiera del pueblo.
El traje del pastor evangélico—Descendiente de la toga negra usada por los ministros reformados, el traje de calle negro del siglo veinte se convirtió en la típica vestimenta del pastor contemporáneo.
El cuello clerical (cerrado hacia atrás)—Fue inventado por el Rev. Dr. Donald McLeod, de Glasgow, en 1865.

CAPÍTULO 7: LOS MINISTROS DE LA MÚSICA
El coro—Surgió por el deseo de Constantino de imitar la música profesional usada para las ceremonias imperiales romanas. En el siglo cuarto, los cristianos tomaron la idea del coro de los coros utilizados en las obras de teatro griegas y en los templos griegos.
El coro de muchachos—Comenzó en el siglo cuarto, inspirado en los coros de muchachos usados por los paganos.
Procesiones y discursos fúnebres—Fueron tomados del paganismo greco romano del tercer siglo.

El grupo de alabanza—Calvary Chapel le dio origen en 1965, siguiendo el patrón de los conciertos de rock seculares.

CAPÍTULO 8: EL DIEZMO Y EL SALARIO DE LOS CLÉRIGOS

El diezmo—No se convirtió en una práctica generalizada hasta el siglo octavo. El diezmo fue tomado de la carga de renta del 10% utilizada por el Imperio Romano y luego justificado a través del Antiguo Testamento.

El salario de los clérigos—Fue instituido por Constantino en el siglo cuarto.

El plato de las ofrendas—El plato de las limosnas hizo su aparición en el siglo catorce. El pasar el plato para las colectas dio comienzo en 1662.

El ujier—Comenzó con la reina Elizabeth I (1533-1603). El predecesor del ujier fue el portero de la iglesia, un puesto que se puede trazar hasta el tercer siglo.

CAPÍTULO 9: EL BAUTISMO Y LA CENA DEL SEÑOR

Bautismo de infantes—Arraigado en las creencias supersticiosas que dominaban la cultura greco romana, se introdujo en la fe cristiana hacia fines del segundo siglo. En el siglo quinto, reemplazó al bautismo de adultos.

La aspersión reemplaza a la inmersión—Dio comienzo hacia fines de la Edad Media en las iglesias de Occidente.

El bautismo separado de la conversión—Comenzó a principios del segundo siglo, como resultado de una perspectiva legalista referida a que el bautismo era el único medio para el perdón de los pecados.

La «oración del pecador»—Tuvo sus orígenes con D. L. Moody y se volvió popular en la década de 1950 a través del tratado de Billy Graham Paz con Dios y más tarde con Las cuatro leyes espirituales de la Cruzada Estudiantil para Cristo.

Utilización del término «salvador personal»—Se generó a mediados de 1800 por influencia del Avivamiento de Frontera, y fue popularizado por Charles Fuller (1887-1968).

La Cena del Señor resumida: de una comida «ágape» completa a solo el pan y la copa—Se inició durante el segundo siglo como resultado de la influencia de un ritual pagano.

CAPÍTULO 10: LA EDUCACIÓN CRISTIANA

El seminario católico—El primer seminario comenzó como resultado del Concilio de Trento (1545-1563). El currículo se basaba en las enseñanzas de Tomás de Aquino, que eran una mezcla entre la filosofía de Aristóteles, la filosofía neoplatónica y la doctrina cristiana.

El seminario protestante—Comenzó en Andover, Massachusetts, en 1808. Su currículo, también se basaba en las enseñanzas de Tomás de Aquino.

La escuela bíblica— Por influencia del evangelismo de D. L. Moody, las dos primeras escuelas bíblicas fueron el Missionary Training Institute (Nyack College, Nueva York), en 1882, y el Moody Bible Institute (Chicago), en 1886.

La Escuela Dominical—Creada por Robert Raikes, de Gran Bretaña, en 1780. Raikes no fundó la Escuela Dominical con el propósito de brindar instrucción religiosa. La fundó para brindarles a los niños pobres los elementos básicos de la educación.

El pastor de jóvenes—Se inició en iglesias urbanas de fines de la década de 1930 y en la de 1940 como resultado de buscar suplir las necesidades de una nueva clase sociológica denominada los «adolescentes».

CAPÍTULO 11: REENFOCAR EL NUEVO TESTAMENTO

Las cartas de Pablo se combinan en un canon y se ordenan según un orden decreciente de extensión—Sucede a principios del segundo siglo.

Se coloca numeración de capítulos dentro del Nuevo Testamento—Lo realiza Stepehn Langton, profesor de la Universidad de Paris, en 1227.

Se agregan los versículos a los capítulos del Nuevo Testamento—Lo lleva a cabo el impresor Robert Stephanus, en 1551.

FIGURAS CLAVES DE LA HISTORIA DE LA IGLESIA

Abelardo, Pedro: Filósofo y académico francés y creador de la teología moderna (1079-1142).
Agustín de Hipona: Obispo de Hipona e influyente teólogo y escritor (354-430).
Ambrosio: Obispo de Milán que creó los primeros himnos y cánticos post apostólicos (339-397).
Aquino, Tomás de: Teólogo y filósofo italiano que escribió la *Summa Theologica*; fue el primero en articular la doctrina de la transubstanciación (1225-1274).
Aristóteles: Filósofo griego (384-322 a.C.).
Arnobio de Sicca: Apologista africano del cristianismo primitivo (muerto en el año 330).
Atanasio: Teólogo y obispo de Alejandría (296-373).
Barth, Karl: Teólogo suizo reformado (1886-1968).
Beza, Teodoro de: La «mano derecha» de Juan Calvino (1519-1605).
Bruce, F. F.: Erudito bíblico británico (1910-1990).
Brunner, Emil: Teólogo suizo (1889-1966).
Bucer, Martín: Reformador alemán (1491-1551).
Bushnell, Horace: Ministro congregacionalista (1802-1876).
Calvino, Juan: Reformador francés(1509-1564).
Carlomagno: Emperador del Santo Imperio Romano (alrededor de 742-814)
Carlst, Andrea: Reformador alemán (1480-1541).
Chemnitz, Martin: Teólogo luterano que formó parte de los «Escolásticos Protestantes» (1522-1586).
Crisóstomo, Juan: Orador cristiano de Constantinopla (347-407).
Clemente de Alejandría: Maestro cristiano que unió la filosofía griega con la doctrina cristiana, y el primero en usar la expresión «ir a la iglesia» (150-215).
Clemente de Roma: Obispo de Roma que fue el primero en utilizar el término *laicado* en contraste con la idea de *clero* (murió alrededor del año 100).
Constantino I: Emperador que promovió el cristianismo a través del Imperio Romano (alrededor de 285-337).
Cipriano de Cartago: Obispo de Cartago, teólogo y escritor (alrededor de 200-258).
Cirilo de Jerusalén: Obispo de Jerusalén que introdujo la oración al Espíritu Santo para transformar los elementos de la Eucaristía (315-386).

Darby, John Nelson: Uno de los fundadores del movimiento de los Hermanos Libres, que conformó su teología en base a los «textos de prueba» (1800-1882).
Dick, Albert Blake: Inventor de la duplicación por esténcil (1856-1934).
Dow, Lorenzo: Evangelista metodista que invitaba a la gente a pasar adelante para recibir oración (1777-1834).
Durant, Will: Historiador norteamericano, escritor y filósofo (1885-1981).
Earle, Absolom B.: Inventor de la tarjeta de «decisión» (1812-1895).
Edwards, Jonathan: Ministro congregacionalista y teólogo (1703-1758).
Elizabeth I: Reina de Inglaterra que reorganizó la liturgia de la Iglesia de Inglaterra (1533-1603).
Eusebio: Obispo de Cesarea e historiador de la iglesia primitiva (alrededor de 260-alrededor de 340).
Finney, Charles: Evangelista norteamericano que popularizó el «llamado al altar» (1792-1875).
Foote, William Henry: Ministro presbiteriano (1794-1869).
Fuller, Charles: Clérigo estadounidense y evangelista radial que popularizó la expresión «salvador personal» (1887-1968).
Goodwin, Thomas: Predicador puritano, escritor y capellán de Oliver Cromwell (1600-1680).
Gregorio Nacianceno: Padre de la iglesia de Capadocia que desarrolló la idea del sacerdote como un «hombre santo» (329-389).
Gregorio de Nisa: Padre de la iglesia de Capadocia que desarrolló la idea de «dotación sacerdotal» (330-395).
Gregorio de Tours: Obispo de Tours que introdujo los vitrales en los edificios de la iglesia (538-593).
Gregorio el Grande: Papa que le dio forma a la misa (540- 604).
Guinness, H. G.: Pastor londinense (1835-1910).
Gutenberg, Johann: Impresor de la Biblia (1396-1468).
Hastings, Thomas: Compositor que trabajó con Charles Finney (1784-1872).
Hatch, Edwin: Teólogo e historiador inglés (1835-1889).
Hipólito: Sacerdote romano que escribió acerca de que el obispo tenía el poder de perdonar pecados (170-236).
Huss, John: Reformador de Bohemia (1372-1415).
Ignacio de Antioquía: Obispo de Antioquía que elevó al «obispo» por encima de los ancianos (35-107).
Inocente I: Papa que hizo obligatorio el bautismo de los infantes (murió en 417).
Ireneo: Obispo de Lyon y teólogo que escribió sobre la sucesión apostólica (130-200).
Isidoro de Pelusio: Monje y escritor que adjudicó interpretaciones simbólicas a las vestiduras sacerdotales (murió alrededor de 450).
Jerónimo: Padre de la iglesia latina y creador de la *Vulgata* en latín; él propugnaba una vestimenta especial para el clero (342-420).
Justino Martir: Influyente maestro cristiano y apologista (100-165).

Kierkegaard, Søren: Filósofo y teólogo danés (1813-1855).
Knox, John: Reformador escocés (1513-1572).
Lactancio: Apologista cristiano latino y maestro de retórica (alrededor de 240-alrededor de 320).
Langton, Stephen: Profesor de la Universidad de París y luego arzobispo de Canterbury; le agregó la división por capítulos a la Biblia (alrededor de 1150-1228).
León I (León el Grande): Papa que estableció la primacía de Roma (murió en 440).
Lutero, Martín: Reformador alemán (1483-1546).
Moody, D. L.: Influyente evangelista norteamericano (1837-1899).
More, Hannah: Cofundadora de la Escuela Dominical (1745-1833).
More, Sir Thomas: Abogado inglés, autor y hombre de estado (1478-1535).
Mott, John: Metodista norteamericano y fundador del Student Volunteer Movement for Foreign Missions (1865-1955).
Newton, John: Clérigo anglicano y autor del himno «Sublime gracia» (1725-1807).
Orígenes: Erudito cristiano y teólogo que organizó los conceptos doctrinales en una teología sistemática (185-254).
Owen, John: Teólogo inglés y escritor puritano (1616-1683).
Pascal, Blaise: Filósofo religioso y matemático (1623-1662).
Platón: Filósofo griego (427-347 a.C.).
Plotino: Fundador de la influyente filosofía pagana del neoplatonismo (205-270).
Radbertus, Pascasio (Radbert): Teólogo francés (790-865).
Raikes, Robert: Filántropo inglés y laico anglicano que fundó y promovió la Escuela Dominical (1736-1811).
Robinson, John A. T.: Obispo y escritor anglicano (1919-1983).
Routley, Erik: Ministro congregacionalista inglés, compositor y escritor de letras de himnos (1917-1982).
Schaff, Philip: Teólogo e historiador suizo (1819-1893).
Serapión: Obispo de Thmuis que introdujo una oración para que el Espíritu Santo transformara los elementos de la Eucaristía (murió después de 360).
Simons, Menno: Líder anabaptista (1496-1561).
Siricio: Papa que requirió que el clero fuera célibe (334-399).
Smith, Chuck: Fundador de Calvary Chapel y del concepto de «grupo de alabanza» (1927-).
Sócrates: Filósofo griego (470-399 a.C.).
Spurgeon, Charles: Predicador bautista reformado británico (1834-1892).
Stephanus, Robert (Estienne): Erudito e impresor parisino que agregó la numeración por versículos al Nuevo Testamento (1503-1559).
Esteban I: Papa que alegó en favor de la preeminencia del obispo de Roma (muerto en 257).

Stock, Thomas: Ministro de Gloucester que puede haberle dado a Robert Raikes la idea de llevar a cabo la Escuela Dominical (1750-1803).
Suger, Abad de St. Denis que introdujo los vidrios con pinturas sagradas (1081-1151)
Sunday, Billy: Evangelista norteamericano (1862-1935).
Tertuliano: Teólogo y apologista de Cartago que fue el primero en utilizar el término *clero* para diferenciar a los líderes de la iglesia (160-225).
Trimmer, Sarah: Cofundadora de la Escuela Dominical (1741-1810).
Turretin, Francisco: Pastor y teólogo suizo reformado que formó parte de los «Escolásticos Protestantes» (1623-1687).
Tyndale, William: Reformador y erudito inglés que tradujo la Biblia al inglés (alrededor de 1494-1536).
Watts, Isaac: Prolífico compositor de himnos inglés (1674-1748).
Wesley, Charles: Metodista inglés recordado por sus himnos (1707-1788).
Wesley, John: Evangelista y teólogo metodista inglés (1703-1791).
Whitefield, George: Evangelista inglés del Primer Gran Despertar (1714-1770).
Wimber, John: Líder del Movimiento Vineyard (1934-1997).
Wren, Sir Christopehr: Arquitecto de las catedrales de Londres que popularizó los campanarios aguja (1632-1723).
Zwinglio, Ulrich: Reformador suizo (1484-1531).

▶bibliografía

«Los mayores avances en la civilización humana sucedieron cuando recobramos lo que habíamos perdido: cuando aprendimos las lecciones de la historia».
—WINSTON CHURCHILL

Adams, Doug, *Meeting House to Camp Meeting*, The Sharing Company, Austin, TX, 1981.
Ainslie, J.L., *The Doctrines of Ministerial Order in the Reformed Churches of the 16th and 17th Centuries*, T. & T. Clark, Edimburgo, 1940.
Allen, Roland, *Missionary Methods: St. Paul's or Ours?*, Eerdmans, Grand Rapids, 1962.
Althaus, Paul, *The Theology of Martin Luther*, Fortres Press, Filadelfia, 1966.
Andrews, David, *Christi-Anarchy*, Lion Publications, Oxford, 1999.
Anson, Peter F., *Churches: Their Plan and Furnishing*, Bruce Publishing Co., Milwaukee, 1948.
Appleby, David P., *History of Church Music*, Moody Press, Chicago, 1965.
Aquinas, Thomas (Tomás de Aquino), *Summa Theologica*, Thomas More Publishing, Allen, TX, 1981.
Atkerson, Steve, *Toward a House Church Theology*, New Testament Restoration Foundation, Atlanta, 1998.
Bainton, Roland, *Here I Stand: A Life of Martin Luther*, Abingdon Press, Nashville, 1950.
Banks, Robert, *Paul's Idea of Community*, Hendrickson, Peabody, MA, 1994.
——, *Reenvisioning Theological Education: Exploring a Missional Alternative to Current Models*, Eerdmans, Grand Rapids, 1999.
—— *y Julia Banks*, *The Church Comes Home*, Hendrickson, Peabody, MA, 1998.
Barclay, William, *Communicating the Gospel*, The Drummond Press, Sterling, 1968.
——, *The Lord's Supper*, Westminster Press, Filadelfia, 1967.
Barna, George, *Revolution*, Tyndale House, Carol Stream, IL, 2005.
Barsis, Max, *The Common Man through the Centuries*, Unger, Nueva York, 1973.
Barth, Karl, "Theologische Fragen und Antworten", en *Dogmatics in Outline*, traducido por G. T. Thomson, SCM Press, Londres, 1949.
Bauer, Marion, y Ethel Peyser, *How Music Grew*, G. P. Putnam's Sons, Nueva York, 1939.
Baxter, Richard, *The Reformed Pastor*, Sovereign Grace Trust Fund, Lafayette, IN, 2000.
Bede, *A History of the English Church and People*. Traducido por Leo Sherley-Price, Dorset Press, Nueva York, 1985.

Benson, Warren, y Mark H. Senter III, *The Complete Book of Youth Ministry*, Moody Press, Chicago, 1987.

Bercot, David W., *A Dictionary of Early Christian Beliefs*, Hendrickson, Peabody, MA, 1998.

Bernard, Thomas Dehaney, *The Progress of Doctrine in the New Testament*, American Tract Society, Nueva York, 1907.

Bishop, Edmund, "The Genius of the Roman Rite", en *Studies in Ceremonial: Essays Illustrative of English Ceremonial*, editado por Vernon Staley, A.R. Mowbray, Oxford, 1901.

Boettner, Loraine, *Roman Catholicism*, The Presbyterian and Reformed Publishing Company, Phillipsburg, NJ, 1962.

Boggs, Norman Tower, *The Christian Saga*, The Macmillan Company, Nueva York, 1931.

Bowden, Henry Warner, y P. C. Kemeny, editores, *American Church History: A Reader*, Abingdon Press, Nashville, 1971.

Bowen, James, *A History of Western Education*, Vol. 1, St. Martin's Press, Nueva York, 1972.

Boyd, William, *The History of Western Education*, Barnes & Noble Books, Nueva York, 1967.

Boylan, Anne M., *Sunday School: The Formation of an American Institution 1790-1880*, Yale University Press, New Haven, CT, 1988.

Bradshaw, Paul F., *The Search for the Origins of Christian Worship*, Oxford University Press, Nueva York, 1992.

Brauer, Jerald C., editor, *The Westminster Dictionary of Church History*, Westminster Press, Filadelfia, 1971.

Bray, Gerald, *Documents of the English Reformation*, James Clarke, Cambridge, 1994.

Brilioth, Yngve, *A Brief History of Preaching*, Fortress Press, Filadelfia, 1965.

Broadbent, E. H., *The Pilgrim Church*, Gospel Folio Press, Grand Rapids, 1999.

Bruce, A. B., *The Training of the Twelve*. Keats Publishing Inc., New Canaan, CT, 1979.

Bruce, F. F., *The Canon of Scripture*, InterVarsity Press, Downers Grove, IL, 1988.

——, *First and Second Corinthians* (New Century Biblie Commentary), Oliphant, Londres, 1971.

——, *The Letters of Paul: An Expanded Paraphrase*, Eerdmans. Grand Rapids. 1965.

——, *editor*, *The New International Bible Commentary*, Zondervan, Grand Rapids, 1979.

——, *The New International Commentary on the New Testament*, Eerdmans, Grand Rapids, 1986.

——, *Paul: Apostle of the Heart Set Free*, Eerdmans, Grand Rapids, 1977.

——, *The Spreading Flame*, Eerdmans, Grand Rapids, 1958.

Brunner, Emil, The Misunderstanding of the Church, Lutterworth Press, Londres, 1952.

Bullock, Alan, Hitler and Stalin: Parallel Lives, Alfred A. Knopf, Nueva York, 1992.

Burgess, Stanley M, y Gary B. McGee, editores, Dictionary of Pentecostal and Charismatic Movements, Zondervan, Gran Rapids, 1988.

Bushman, Richard, The Refinement of America, Knopf, Nueva York, 1992.

Calame, Claude, Choruses of Young Women in Ancient Greece, Rowman & Littlefield, Lanham, MD, 2001.

Calvin, John (Juan Calvino), Institutes of the Christian Religion, Westminster Press, Filadelfia, 1960.

Campbell, R. Alastair, The Elders: Seniority within Earliest Christianity, T. & T. Clark, Edimburgo, 1994.

Case, Shirley J., The Social Origins of Christianity, Cooper Square Publishers, Nueva York, 1975.

Casson, Lionel, Everyday Life in Ancient Rome, John Hopkins University Press, Baltimore, 1998.

Castle, Tony, Lives of Famous Christians, Servant Books, Ann Arbor, MI, 1988.

Chadwick, Owen, The Reformation, Penguin Books, Londres, 1964.

Chitwood, Paul H., "The Sinner's Prayer: An Historical and Theological Analysis", disertación inédita, Southern Baptist Theological Seminary, 2001.

Clowney, Paul y Teresa Clowney, Exploring Churches, Eerdmans, Grand Rapids, 1982.

Cobb, Gerald, London City Churches, Batsford, Londres, 1977.

Collins, Michael, y Matthew A. Price, The Story of Christianity, DK Publishing, Nueva York, 1999.

Connolly, Ken, The Indestructible Book, Baker Books, Grand Rapids, 1996.

Craig, Kevin, "Is the Sermon Concept Biblical?", Searching Together 15, N° 1-2, 1986.

Cross, F.L., y E.A. Livingstone, editores, The Oxford Dictionary of the Christian Church, 3ª edición,, Oxford University Press, Nueva York, 1997.

Cullmann, Oscar, Early Christian Worship, SCM Press, Londres, 1969.

Cully, Iris V., y Kendig Brubaker Cully, editores, Harper's Encyclopedia of Religious Education, Harper & Row Publishers, San Francisco, 1971.

Cunningham, Colin, Stones of Witness, Sutton Publishing, Gloucestershire, UK, 1999.

Curnock, Nehemiah, editor, Journals of Wesley, Epworth Press, Londres, 1965.

Davies, Horton, Christian Worship: Its History and Meaning, Abingdon Press, Nueva York, 1957.

———, Worship and Tehology in England: 1690-1850, Princeton University Press, Princeton, 1961.

Davies, J.G., The Early Christian Church: A History of Its First Five Centuries, Baker Book House, Grand Rapids, 1965.

———, A New Dictionary of Liturgy and Worship, SCM Press, Londres, 1986.

———, *The New Westminster Dictionary of Liturgy and Worship*, Westminster Press, Filadelfia, 1986.
———, *The Secular Use of Church Buildings*, The Seabury Press, Nueva York, 1968.
———, *The Westminster Dictionary of Worship*, Westminster Press, Filadelfia, 1972.
Davies, Rupert, *A History of the Methodist Church in Great Britain*, Epworth Press, Londres, 1965.
Dawn, Marva J., *Reaching Out without Dumbing Down: A Theology of Worship for the Turn-of-the-Century Culture*, Eerdmans, Grand Rapids, 1995.
Dever, Mark, *A Display of God's Glory*, Center for Church Reform, Washington DC, 2001.
Dickens, A.G., *Reformation and Society in Sixteenth-Century Europe*, Hartcourt, Brace, & World, Inc., Londres, 1966.
Dickinson, Edward, *The Study of the History of Music*, Charles Scribner's Sons, Nueva York, 1905.
Dillenberger, John, y Claude Welch, *Protestant Christianity: Interpreted through Its Development*, The Macmillan Company, Nueva York, 1988.
Dix, Gregory, *The Shape of the Liturgy*, Continuum International Publishing Group, Londres, 2000.
Dodd, C. H., *The Apostolic Preaching and Its Developments*, Hodder and Stoughton, Londres, 1963.
Dohan, Mary Helen, *Our Own Words*, Alfred A. Knopf, Nueva York, 1974.
Douglas, J.D., *New Twentieth Century Encyclopaedia of Religious Knowledge*, Baker Book House, Grand Rapids, 1991.
———, *Who's Who in Christian History*, Tyndale House Publishers, Carol Stream, IL, 1992.
Duchesne, Louis, *Christian Worship: Its Origin and Evolution*, Society for Promoting Christian Knowledge, Nueva York, 1912.
———, *Early History of the Christian Church: From Its Foundation to the End of the Fifth Century*, John Murray, Londres, 1912.
Dunn, James D.G., *New Testament Theology in Dialogue*, Westminster Press, Filadelfia, 1987.
Dunn, Richard R., y Mark H. Senter III, editores, *Reaching a Generation for Christ*, Moody Press, Chicago, 1997.
Durant, Will, *The Age of Faith*, Simon & Schuster, Nueva York, 1950.
———, *Caesar and Christ*, Simon & Schuster, Nueva York, 1950.
———, *The Reformation*, Simon & Schuster, Nueva York, 1957.
Eavey, C.B., *History of Christian Education*, Moody Press, Chicago, 1964.
Edersheim, Alfred, *The Life and Times of Jesus the Messiah*, MacDonald Publishing Company, McLean, VA, 1883.
Ehrhard, Jim, *The Dangers of the Invitation System*, Christian Communicators Worldwide, Parkville, MO, 1999.
Eller, Vernard, *In Place of Sacraments*, Eerdmans, Grand Rapids, 1972.
Elwell, Walter, *Evangelical Dictionary of Theology*, Baker Book House, Grand Rapids, 1984.

Evans, Craig A., "Preacher and Preaching: Some Lexical Observations", *Journal of the Evangelical Theological Society* 24, N° 4, diciembre de 1981.
Evans, Robert F., *One and Holy: The Church in Latin and Patristic Thought*, S.P.C.K., Londres, 1972.
Ewing, Elizabeth, *Everyday Dress: 1650-1900*, Batsford, Londres, 1984.
Ferguson, Everett, *Early Christians Speak: Faith and Life in the First Three Centuries*, 3ª edición, A.C.U. Press, Abilene, TX, 1999.
——, editor, *Encyclopedia of Early Christianity*, Garland Publishing, Nueva York, 1990.
Finney, Charles, *Lectures on Revival*, Bethany House Publishers, Minneapolis, 1989.
Fox, Robin Lane, *Pagans and Christians*, Alfred A. Knopf, Nueva York, 1987.
Foxe, John, *Foxe's Book of Martyrs*, Spire Books, Old Tappan, NJ, 1968.
Fremantle, Ann, editora, *A Treasury of Early Christianity*, Viking Press, Nueva York, 1953.
Fromke, DeVern, *The Ultimate Intention*, Sure Foundation, Indianapolis, 1998.
Furst, Viktor, *The Architecture of Sir Christopher Wren*, Lund Humpries, Londres, 1956.
Galling, Kurt, editor, *Die Religion in der Geschichte und der Gegenwart*, 3° edición, J. C. B. Mohr, Tubingen, Alemania, 1957.
Geisler, Norman, y William Nix, *A General Introduction of the Bible: Revised and Expanded*, Moody Press, Chicago, 1986.
Gilchrist, James, *Anglican Church Plate*, The Connoisseur, Londers, 1967.
Giles, Kevin, *Patterns of Ministry among the First Christians*, HarperCollins, Nueva York, 1991.
Gilley, Gary, *This Little Church Went to Market: The Church in the Age of Entertainment*, Evangelical Press, Webster, NY, 2005.
Gonzalez, Justo L., *The Story of Christianity*, Prince Press, Peabody, MA, 1999.
Gough, J. E., *Church, Delinquent, and Society*, Federal Literature Committee of Churches of Christ in Australia, Melbourne, 1959.
Gough, Michael, *The Early Christians*, Thames and Hudson, 1961.
Grabar, Andre, *Christian Iconography*, Princeton University Press, Princeton, 1968.
Grant, F.W., *Nicolaitanism or the Rise and Growth of Clerisy*, MWTB, Bedford, PA, no disponible.
Grant, Michael, *The Founders of the Western World: A History of Greece and Rome*, Charles Scribner's Sons, Nueva York, 1991.
Grant, Robert M. *The Apostolic Fathers: A New Translation and Commentary*, 6 volúmenes, Thomas Nelson & Sons, Nueva York, 1964.
——, *Early Christianity and Society*, Harper & Row Publishers, San Francisco, 1977.
Green Joel B., editor, *Dictionary of Jesus and the Gospels*, InterVarsity Press, Downers Grove, IL, 1992.

Green, Michael, *Evangelism in the Early Church*, Hodder and Stoughton, Londres, 1970.

Greenslade, S. L., *Shepherding the Flock: Problems of Pastoral Discipline en the Early Church and in the Younger Churches Today*, SCM Press, Londres, 1967.

Gummere, Amelia Mott, *The Quaker: A Study in Costume*, Ferris and Leach, Filadelfia, 1901.

Guthrie, Donald, *New Testament Introduction*, edición revisada, InterVarsity Press, Downers Grove, IL, 1990.

Guzie, Tad W., *Jesus and the Eucharist*, Paulist Press, Nueva York, 1974.

Hall, David D., *The Faithful Shepherd*, The University or North Carolina Press, Chapel Hill, 1972.

Hall, Gordon L., *The Sawdust Trail: The Story of American Evangelism*, Macrae Smith Company, Filadelfia, 1964.

Halliday, W. R., *The Pagan Background of Early Christianity*, Cooper Square Publishers, Nueva York, 1970.

Hamilton, Michael S., "The Triumph of Praise Songs: How Guitars Beat Out the Organ in the Worship Wars", *Christianity Today*, 12 de julio de 1999.

Hanson, Richard, *The Christian Priesthood Examined*, Lutterworth Press, Guildford, UK, 1979.

Hardman, Oscar, *A History of Christian Worship*, Parthenon Press, Nashville, 1937.

Haskins, Charles Homer, *The Rise of Universities*, H. Holt, Nueva York, 1923.

Hasell, C. B., *History of the church of God, from Creation to 1885, d.C.*, Gilbert Beebe's Sons Publishers, Middletown, NY, 1886.

Hatch, Edwin, *The Growth of Church Institutions*, Hodder and Stoughton, Londres, 1895.

———, *The Influence of Greek Ideas and Usages upon the Christian Church*, Hendrickson, Peabody, MA, 1895.

———, *The Organization of the Early Christian Churches*, Longmans, Green, and Co., Londres, 1895.

Havass, Zahi, *The Pyramids of Ancient Egypt*, Carnegie Museum of Natural History, Pittsburgh, 1990.

Hay, Alexander R., *The New Testament Order for Church and Missionary*, New Testament Missionary Union, Audubon, NJ, 1947.

———, *What Is Wrong in the Church?*, New Testament Missionary Union, Audubon, NJ., no disponible.

Henderson, Robert W., *The Teaching Office in the Reformed Tradition*, Westminster Press, Filadelfia, 1962.

Herbert, George, *The Country Parson and the Temple*, Paulist Press, Mahwah, NJ, 1981.

Hislop, Alexander, *Two Babylons*, 2ª edición, Loizeaux Brothers, Neptune, NJ, 1990.

Hodge, Charles, *First Corinthians*, Crossway Books, Wheaton, IL, 1995.

Hoover, Peter, *The Secret of the Strength: What Would the Anabaptists Tell This Generation?* Benchmark Press, Shippensburg, PA, 1998.
Howe, Reuel L., *Partners in Preaching: Clergy and Laity in Dialogue*, Seabury Press, Nueva York, 1967.
Jacobs, C. M., transcriptor, *Works of Martin Luther*, Muhlenberg Press, Filadelfia, 1932.
Johnson, Paul, *A History of Christianity*, Simon & Schuster, Nueva York, 1976.
Jones, Ilion T., *A Historical Approach to Evangelical Worship*, Abingdon Press, Nueva York, 1954.
Jungmann, Josef A., *The Early Liturgy: To the Time of Gregory the Great*, Notre Dame Press, Notre Dame, 1959.
——, *The Mass of the Roman Rite*, vol. 1, Benziger, Nueva York, 1951.
Kennedy, John W., *The Torch of the Testimony*, Gospel Literature Service, Bombay, 1965.
Kierkegaard, Søren, "Attack on Christendom", en *A Kierkegaard Anthology*, editada por Robert Bretall, Princeton University Press, Princeton, 1946.
King, Eugene F. A., *Church Ministry*, Concordia Publishing House, St. Louis, 1993.
Kistemaker, Simon J., *New Testament Commentary: Acts*, Baker Book House, Grand Rapids, 1990.
Klassen, W., J. L. Burkholder, y John Yoder, *The Relation of Elders to the Priesthood of Believers*, Sojourners Book Service, Washington DC, 1969.
Klassen, Walter, "New Presbyter Is Old Priest Writ Large", *Concern* 17, 1969.
Kopp, David, *Praying the Bible for Your Life*. Waterbrook, Colorado Springs, 1999.
Krautheimer, Richard, *Early Christian and Byzantine Architecture*, Penguin Books, Londres, 1986.
Kreider, Alan, *Worship and Evangelism in Pre-Christendom*, Alain/GROW Liturgical Study, Oxford, 1995.
Larimore, Walter, y Rev. Bill Peel, "Critical Care: Pastor Appreciation", *Physician Magazine*, septiembre/octubre de 1999.
Latourette, Kenneth Scott, *A History of Christianity*, Harper and Brothers, Nueva York, 1953.
Leisch, Barry, *The New Worship: Straight Talk on Music and the Church*, Baker Book House, Grand Rapids, 1996.
Lenski, R.C.H., *Commentary on St. Paul's Epistle to the Galatians*, Augsburg Publishing House, Minneapolis, 1961.
——, *Commentary on St. Paul's Epistle to Timothy*, Augsburg Publishing House, Minneapolis, 1937.
——, *The Interpretation of 1 and 2 Corinthians*, Augsburg Publishing House, Minneapolis, 1963.
Liemohn, Edwin. *The Organ and Choir in Protestant Worship*, Fortress Press, Filadelfia, 1968.

Lietzmann, Hans, *A History of the Early Church*, vol. 2, The World Publishing Company, Nueva York, 1953.

Lightfoot, J.B., "The Christian Ministry", in *Saint Paul's Epistle to the Philippians*, Crossway Books, Wheaton, IL, 1994.

Lockyer, Herbert Sr., editor, *Nelson Illustrated Bible Dictionary*, Thomas Nelson Publishers, Nashville, 1986.

Mackinnon, James, *Calvin and the Reformation*, Russell and Russell, Nueva York, 1962.

MacMullen, Ramsay, *Christianising the Roman Empire: AD 100-400*, Yale University Press, Londres, 1984.

MacPherson, Dave, *The Incredible cover-Up*, Omega Publications, Medford, OR, 1975.

Marrou, H.I., *A History of Education in Antiquity*, Sheed and Ward, Nueva York, 1956.

Marsden, George, *The soul of the American University: From Protestant Establishment to Established Nonbelief*, Oxford University Press, Nueva York, 1994.

Marshall, I. Howard, *Last Supper and Lord's Supper*, Eerdmans, Grand Rapids, 1980-

——, *New Bible Dicionary*, 2ª edición, InterVarsity Fellowship, Downers Grove, IL, 1982.

Maxwell, William D., *An Outline of Christian Worship: Its Developments and Forms*, Oxford University Press, Nueva York, 1936,

Mayo, Janet, *A History of Ecclesiastical Dress*, Holmes & Meier Publishers, Nueva York, 1984.

McKenna, David L., "The Ministry's Gordian Knot", *Leadership*, invierno de 1980.

McNeill, John T. *A History of the Cure of Souls*, Harper & Row Publishers, Nueva York, 1951.

Mees, Arthur, *Choirs and Choral Music*, Greenwood Press, Nueva York, 1969.

Metzger, Bruce, y Michael Coogan, *The Oxford Companion to the Bible*, Oxford University Press, Nueva York, 1993.

Middleton, Arthur Pierce, *New Wine in Old Wineskins*, Morehouse-Barlow Publishing, Wilton, CT, 1988.

Miller, Donald E. *Reinventing American Protestantism*, University of Berkeley Press, Berkeley, 1997.

Morgan, John, *Godly Learning*, Cambridge University Press, Nueva York, 1986.

Muller, Karl, editor, *Dictionary of Mission: Theology, History, Perspectives*, Orbis Books, Maryknoll, NY, 1997.

Murphy-O'Conor, Jerome, *Paul, the Letter-Writer*, The Liturgical Press, Collegeville, MN, 1995.

Murray, Iain H., *The Invitation System*, Banner of Truth Trust, Edimburgo, 1967.

———, *Revival and Revivalism: The Making and Marring of American Evangelicalism*, Banner of Truth Trust, Carlisle, PA, 1994.
Murray, Stuart, *Beyond Tithing*, Paternoster Press, Carlisle, UK, 2000.
Narramore, Matthew, *Tithing, Low-Realm, Obsolete and Defunct*, Tekoa Publishing, Graham, NC, 2004.
Nee, Watchman, *The Normal Christian Life*, Tyndale House Publishers, Carol Stream, IL, 1977,
Nevin, J. W., *The Anxious Bench*, German Reformed Church, Chambersburg, PA, 1843.
Nichols, James Hastings, *Corporate Worship in the Reformed Tradition*, Westminster Press, Filadelfia, 1968.
Nicoll, W. Robertson, editor, *The Expositor's Bible*, Arsmstrong, Nueva York, 1903.
Niebuhr, H. Richard, y Daniel D. Williams, *The Ministry in Historical Perspectives*, Harper & Row Publishers, San Francisco, 1956.
Norman, Edward, *The House of God: Church Architecture, Style, and History*, Thames and Hudson, Londres, 1990.
Norrington, David C., *To Preach o Not to Preach? Urgent Question*, Paternoster Press, Carlisle, UK, 1996.
Oates, Wayne, *Protestant Pastoral Counseling*, Westminster Press, Filadelfia, 1962.
Old, Hughes Oliphant, *The Patristic Roots of Reformed Worship*, Theologischer Veriag, Zurich, 1970.
Oman, Charles, *English Church Plate 597-183*, Oxford University Press, Londres, 1957.
Osborne, Kenan B., *Priesthood: A History of the Ordained Ministry in the Roman Catholic Church*, Paulist Press, Nueva York, 1988.
Owen, John, *Hebrews*, editado por Alister McGrath y J. I. Packer, Crossway Books, Wheaton, IL, 1998.
———, *True Nature of a Gospel Church and Its Government*, James Clarke, Londres, 1947.
Park, Ken, *The World Almanac and Book of Facts 2003*, World Almanac Books, Mahwah, NJ, 2003.
Parke, H. W., *The Oracles of Apollo in Asia Minor*, Croom Helm, Londres, 1985.
Pearse, Meic, y Chris Matthews, *We Must Stop Meeting Like This*, Kingsway Publications, E. Sussex, UK, 1999.
Power, Edward J., *A Legacy of Learning: A History of Western Education*, State University of New York Press, Albany, 1991.
Purves, George T., "The Influence of Paganism on Post-Apostolic Christianity", *The Presbyterian Review*, N° 36, octubre de 1888.
Quasten, Johannes, *Music and Worship in Pagan and Christian Antiquity*, National Association of Pastoral Musicians, Washington DC, 1983.
Reid, Clyde H., *The Empty Pulpit*, Harper & Row Publishers, Nueva York, 1967.

Reid, Daniel G., y otros, *Concise Dictionary of Christianity in America*, InterVarsity Press, Downers Grove, IL, 1995.

——, *Dictionary of Christianity in America*, InterVarsity Press, Downers Grove, IL, 1990.

Richardson, A. Madeley, *Church Music*, Longmans, Green, & Co., Londres, 1910.

Robertson, A. T., *A grammar of the Greek New Testament in the Light of Historial Research*, Broadman & Holman Publishers, Nashville, 1934.

Robertson, D. W., *Abelard and Heloise*, The Dial Press, Nueva York, 1972.

Robinson, John A. T., *The New Reformation*, Westminster Press, Filadelfia, 1965.

Rogers, Elizabeth, *Music through the Ages*, G. P. Putnam's Sons, Nueva York, 1967.

Rowdon, Harold H., "Theological Education in Historical Perspective", en *Vox Evangelica: Biblical and Other Essays from London Bible College*, vol. 7, Paternoster Press, Carlisle, UK, 1971.

Sanford, Elias Benjamin, editor, *A Concise Cyclopedia of Religious Knowledge*, Charles L. Webster & Company, Nueva York, 1890.

Saucy, Robert L, *The Church in God's Program*, Moody Publishers, Chicago, 1972.

Schaff, Philip, *History of the Christian Church*, Eerdmans, Grand Rapids, 1994.

Schlect, Christopher, *Critique of Modern Youth Ministry*, Canon Press, Moscow, ID, 1995.

Schweizer, Eduard, *The Church As the Body of Christ*, John Knox Press, Richmond, VA, 1964.

——, *Church Orden in the New Testament*, W. & J. Mackay, Chatham, UK, 1961.

Sendrey, Alfred, *Music in the Social and Religious Life of Antiquity*, Fairleigh Dickinson University Press, Rutherford, NJ, 1974.

Senn, Frank C., *Christian Liturgy: Catholic and Evangelical*, Fortress Press, Minneapolis, 1997.

——, *Christian Worship and Is Cultural Setting*, Fortress Press, Filadelfia, 1983.

Senter, Mark H. III, *The Coming Revolution in Youth Ministry*, Victor Books, Chicago Books, Chicago, 1992.

——, *The Youth for Christ Movement As an Educational Agency and Its Impact upon Protestant Churches: 1931-1979*, University of Michigan, Ann Arbor, MI, 1990.

Shaulk, Carl, *Key Words in Church Music*, Concordia Publishing House, St. Louis, 1978.

Shelley, Bruce, *Church History in Plain Language*, Word Books, Waco, TX, 1982.

Short, Ernest H., *History of Religious Architecture*, Philip Allan & Co., Londres, 1936.

Sizer, Sandra, *Gospel Hymns and Social Religion*, Temple University Press, Filadelfia, 1978.

Smith, Christian, *Going to the Root*, Herald Press, Scottdale, PA, 1992.

——, "Our Dressed Up Selves", *Voices in the Wilderness*, septiembre/octubre de 1978.
Smith, M.A., *From Christ to Constantine*, InterVarsity Press, Downers Grove, IL, 1973.
Snyder, Graydon F., *Ante Pacem: Archaeological Evidence for Church Life before Constantine*, Mercer University Press, Macon, GA, 1985.
——, *First Corinthians: A Faith Community Commentary*, Mercer University Press, Macon, GA, 1991.
Snyder, Howard, *Radical Renewal: The Problem of Wineskins Today*, Touch Publications, Houston, 1996.
Soccio, Douglas, *Archetypes of Wisdom: An Introduction to Philosophy*, Wadsworth ITP Publishing Company, Belmont, CA, 1998.
Sommer, Robert, "Sociofugal Space", *American Journal of Sociology* 72, N° 6, 1967.
Stevens, R. Paul, *The Abolition of the Laity*, Paternoster Press, Carlisle, UK, 1999.
——, *Liberating the Laity*, InterVarsity Press, Downers Grove, IL, 1985.
——, *The Other Six Days: Vocation, Work, and Ministry in Biblical Perspective*, Eerdmans, Grand Rapids, 1999.
Streeter, B.H., *The Primitive Church*, The Macmillan Company, Nueva York, 1929.
Streett, R. Alan, *The Effective Invitation*, Fleming H. Revell Co., Old Tappan, NJ, 1984.
Stumpf, Samuel Enoch, *Socrates to Sartre*, Mc Graw-Hill, Nueva York, 1993.
Swank, George W., *Dialogical Style in Preaching*, Judson Press, Valley Forge, PA, 1981.
Swank, J. Grant, "Preventing Clergy Burnout", *Ministry*, noviembre de 1998.
Sweet, Leonard, "Church Architecture for the 21st Century", *Your Church*, marzo/abril de 1999.
Sykes, Norman, *Old Priest and New Presbyter*, Cambridge University Press, Londres, 1956.
Tan, Kim, *Lost Heritage: The Heroic Story of Radical Christianity*, Highland Books, Godalming, UK, 1996.
Taylor, Joan E., *Christians and the Holy Places: The Myth of Jewish-Christian Origins*, Clarendon Press, Oxford, 1993.
Terry, John Mark, *Evangelism: A concise History*, Broadman & Holman Publishers, Nashville, 1994.
Thiessen, Henry C., *Lectures in Systematic Theology*, Eerdmans, Grand Rapids, 1979.
Thompson, Bard, *Liturgies of the Western Church*, Meridian Books, Cleveland, 1961.
Thompson, C.L., *Times of Refreshing, Being a History of American Revivals with Their Philosophy and Methods*, Golden Censer Co. Publishers, Rockford, 1878.

Thomson, Jeremy, *Preaching As Dialogue: Is the Sermon a Sacred Cow?*, Grove Books, Cambridge, 1996.

Tidball, D.J., *Dictionary of Paul and His Letters*, InterVarsity Press, Downers Grove, IL, 1993.

Trueman, D.C., *The Pageant of the Past: The Origins of Civilization*, Ryerson, Toronto, 1965.

Turner, Harold W., *From Temple to Meeting House: The Phenomenology and Theology of Places of Worship*, Mouton Publishers, La Haya, 1979.

Ulam, Adam B., *Stalin: The Man and His Era*, Viking Press, Nueva York, 1973.

Uprichard, R.E.H., "The Eldership in Martin Bucer and John Calvin", *Irish Biblical Studies Journal*, 18 de junio de 1996.

Uschan, Michael V., *The 1940's: Cultural History of the US through the Decades*, Lucent Books, San Diego, 1999.

Van Biema, David, "The End: How It Got That Way", *Time*, 1 julio de 2002.

Verduin, Leonard, *The Reformers and Their Stepchildren*, Eerdmans, Grand Rapids, 1964.

Verkuyl, Gerrit, *Berkeley Version of the New Testament*, Zondervan, Grand Rapids, 1969.

Viola, Frank, *God's Ultimate Passion*, Present Testimony Ministry, Gainesville, FL, 2006.

——, *Reimagining Church*, David C. Cook, Colorado Springs, 2008.

——, *The Untold Story of the New Testament Church: An Extraordinary Guide to Understanding the New Testament*, Destiny Image, Shippensburg, PA, 2004.

von Campenhausen, Hans, *Tradition and Life in the Church*, Fortress Press, Filadelfia, 1968.

von Harnack, Adolf, *The Mission and Expansion of Christianity in the First Three Centuries*, G. P. Putnarm's Sons, Nueva York, 1908.

von Simson, Otto, *The Gothic Cathedral: Origins of Gothic Architecture and the Medieval Concept of Order*, Princeton University Press, Princeton, 1988.

von Soden, H., *Die Schriften des Newen Testamentes*, Vandenhoeck, Gottingen, Alemania, 1912.

Walker, G. S. M., *The Churchmanship of St. Cyprian*, Lutterworth Press, Londres, 1968.

Wallis, Arthur, *The Radical Christian*, Cityhill Publishing, Columbia, MO, 1987.

Warkentin, Marjorie, *Ordination: A Biblical-Historical View*, Eerdmans, Grand Rapids, 1982.

Warns, J., *Baptism: Its History and Significance*, Paternoster Press, Exeter, UK, 1958.

Watson, Philip, *Neoplatonism and Christianity: 928 Ordinary General Meeting of the Victoria Institute*, The Victoria Institute, Surrey, UK, 1955.

Welch, Bobby H., *Evangelism through the Sunday School: A Journey of Faith*, Lifeway Press, Nashville, 1997.

Wesley, John, *Sermons on Several Occasions*, Epworth Press, Londres, 1956.

White, James F., *Protestant Worship: Traditions in Transition*, Westminster/John Knox Press, Louisville, 1989.

——, *The Worldliness of Worship*, Oxford University Press, Nueva York, 1967.

White, L. Michael, *Building God's House in the Roman World*, John Hopkins University Press, Baltimore, 1990.

White, John F., *Protestant Worship and Church Architecture*, Oxford University Press, Nueva York, 1964.

Whitham, Larry, "Flocks in Need of Shepherds", *Washington Times*, 2 de julio de 2001.

Wickes, Charles, *Illustrations of Spires and Towers of the Medieval Churches of England*, Hessling & Spielmeyer, Nueva York, 1900.

Wieruszowski, Helen, *The Medieval University*, Van Nostrand, Princeton, 1966.

Wilken, Robert, *The Christians as the Romans Saw Them*, University Press, New Haven, CT, 1984.

Williams, George, *The Radical Reformation*, Westminster Press, Filadelfia, 1962.

Williams, Peter, *Houses of God*, University of Illinois Press, Chicago, 1997.

Wilson-Dickson, Andrew, *The Story of Christian Music*, Lion Publications, Oxford, 1992.

Wright, David F., *The Lion Handbook of the History of Christianity*, Lion Publications, Oxford, 1990.

Wuest, Kenneth S., *The New Testament: An Expanded Translation*, Eerdmans, Grand Rapids, 1961.

Youngblood, Ronald, "The Process: How We Got Our Bible", *Christianity Today*, 5 de febrero de 1988, pp. 23-38.

Zens, Jon, *The Pastor*, Searching Together, St. Croix Falls, WI, 1981.

ACERCA DE LOS AUTORES

FRANK VIOLA es una de las voces influyentes dentro del movimiento contemporáneo de las iglesias de hogar. Durante los últimos veinte años ha estado reuniéndose con iglesias de hogar orgánicas en los Estados Unidos. Frank ha escrito ocho libros revolucionarios sobre la restauración radical de la iglesia, los que incluyen *God's Ultimate Passion* y *The Untold Story of the New Testament Church*. Es nacionalmente reconocido como experto en nuevas tendencia de la iglesia, lleva a cabo conferencias de profundización sobre la vida cristiana, y está comprometido activamente con el establecimiento de iglesias al estilo del Nuevo Testamento. Su sitio Web, www.frankviola.com, contiene muchos recursos gratuitos destinados al enriquecimiento de la vida espiritual del pueblo de Dios. Frank y su familia residen en Gainesville, Florida.

GEORGE BARNA es el presidente de Good News Holdings, una firma de multimedios de Los Ángeles que produce películas, programas de televisión y otros contenidos para los medios. También es el fundador y Director General del Grupo Barna, una firma de investigación y recursos en Ventura, California, cuyos clientes van desde algunos ministerios como la Asociación Evangelística Billy Graham y Enfoque a la Familia, hasta corporaciones como Ford y Walt Disney, así como también la Marina y el Ejército de los Estados Unidos. Hasta la fecha, Barna ha escrito treinta y nueve libros, incluyendo algunos éxitos de venta como *Revolution*, *Revolutionary Parenting*, *Transforming Children Into Spiritual Champions*, *The Frog in the Kettle*, y *The Power of Vision*. Se lo considera como «la persona más citada dentro de la iglesia cristiana hoy» y se lo cuenta entre sus líderes más influyentes. Barna vive con su esposa, Nancy, y sus tres hijas (Samantha, Corban, y Christine) en el Sur de California.

FRANK VIOLA
- Redescubre la iglesia
- The Untold Story of the New Testament Church
- Rethinking the Will of God
- God's Ultimate Passion
- Gahtering in Homes
- Straight Talk to Pastors
- Bethany

GEORGE BARNA
- Revolution
- Revolutionary Parenting
- Transforming Children into Spiritual Champions
- Think Like Jesus
- A Fish Out of Water
- Growing True Disciples
- The Power of Vision
- The Power of Team Leadership

pag 40 -

Muchos predicadores se esmeran en comunicar que la iglesia/Adoración no son solo los domingos, pero me pregunto, si la forma en que la iglesia está diseñada y su localidad no debiliten el ese mensaje.

Nos agradaría recibir noticias suyas.
Por favor, envíe sus comentarios sobre este libro
a la dirección que aparece a continuación.
Muchas gracias.

Editorial Vida®
.com

vida@zondervan.com
www.editorialvida.com

Printed in the USA
CPSIA information can be obtained
at www.ICGtesting.com
LVHW030815050923
757166LV00010B/34

9 780829 758863